山右叢書·三編

山右歷史文化研究院　編

上海古籍出版社

二

目　録

劉鳳川遺書

〔明〕劉良臣　撰

田同旭　趙建斌　馬　豔　點校

劉鳳川遺稿

〔明〕劉良臣　撰

田同旭　趙建斌　馬　豔　點校

蘭坡遺墨

〔明〕寇　陽　撰

張勇耀　點校

巢雲詩集

〔明〕裴邦奇　撰

張勇耀　丁迎雪　點校

劉鳳川遺書

〔明〕劉良臣　撰

田同旭　趙建斌　馬　豔　點校

點校説明

《劉鳳川遺書》，明劉良臣撰。

劉良臣（？—1546），字堯卿，號鳳川，謚"文肅先生"，明山西解州芮城人。《明史》無傳，據其同鄉薛一鶚《刻〈劉鳳川先生文集〉序》，稱其"自少英邁過人，有擢然遠舉之志"。弘治十四年（1501）中舉，後三赴京試，皆落第而歸。正德九年（1514）赴吏部銓試急選，除南直隷揚州府通判。正德十三年，得罪權閹劉瑾，調平涼府通判。爲官清正廉能，清乾隆《芮城縣志》卷八《人物》稱其："授揚州通判，公廉不阿，革夫役閘壩銀七萬兩。織造中貴貪恣，裁之以法。改平涼，督餉西夏，力斥參將暴横，平反慶藩冤獄。"嘉靖初年告歸里居，閉戶讀書教子。嘗應縣令白世卿之邀，修《芮城縣志》。

劉良臣多著述，有《劉鳳川文集》傳世。據薛一鶚《大明承德郎平涼府通判鳳川劉老先生暨二配李孺人合葬墓表》記載，劉良臣告歸家居期間，"積三十年所著，有《維揚集》《朔方》《省侍》《奉椿》等集，《辯惑愚得》《克己示兒編》《倚廬録》《讀禮餘録》《家傳》《縣志》《壯游紀》《桂樓樂府》皆手自删定，授諸子藏之家笥"，共十二種。

劉良臣著述不止十二種，山西芮城圖書館藏有一部《劉鳳川文集》，爲清嘉慶年間抄本，共十册。首册《文集題目》，著録了劉良臣全部著述之目録，分爲三類：其一爲抄者注明"已刻文集目録"者：包括《（鳳川先生）文集》三卷、《克己示兒編》二卷、《家傳》一卷等三種。其二爲《壯游紀》等八種，抄者在每種文集題目後均注明此書"未刻"然皆傳世。其三爲未注明是否刻印，實際大多已經遺失的文集目錄十四種，其中僅見《撿拾碑文》一種傳世。由此統計，劉良臣一生著述共二十五種，傳世著述達十一種。此參見《劉鳳川遺稿》之“點校説明”。

一九八二年，北京中國書店在山西芮城劉良臣後裔家中，得到一部萬曆年間所刻“劉良臣遺書”書版。中國社科院研究員袁行雲“一九八三年十月七日”所撰《重印〈劉鳳川遺書〉序》云：“一九八二年，北京中國書店經多方搜訪，從山西運來兩部刻板。一部是明《薛文清公全書》，它比國內藏各大圖書館的藏本要完備。一部就是明劉良臣遺書，包括《鳳川先生文集》三卷、《克己編》一卷、《鳳川壯游紀》上下卷。這部書版藏於山西芮城劉家，雖經補版，且有闕葉，但向來印本不多，又不爲藏家注意，較薛書似更可貴。據我所知，在北京只有中央民族學院圖書館有一部補版後印的《鳳川文集》，而闕《克己編》和《壯游紀》，可見此書的稀見了。”中國書店據此書板重印此書，“統名爲《劉鳳川遺書》”。

《劉鳳川文集》所收三種，曾經先後三次刻印：

一、萬曆初刻本：薛一鶚《刻〈劉鳳川先生文集〉序》：“先生殁後三十餘年，文藏家篋。諸子以財力乏，不能刊布，士類惜之。至今年，本縣任侍禦君始捐俸資刊其節要者，其餘尚以俟他日。”序末題署爲“萬曆戊子（十六年，1588）歲長至後五日，賜進士出身、山東按察司僉事、奉勑整飭沂州等處兵備、邑人四野薛一鶚叙。”

同鄉任養心亦作《鳳川先生文集序》：“先生抱道懷奇，厥施未竟，董董垂空文以自見，乃其所不朽者，固在此而不在彼也。因稍爲銓次，捐貲付剞劂氏，且綴數語於簡端云。”序末題署爲“萬曆庚寅十八年（1590）冬十一月賜進士第中憲大夫欽差巡撫江西地方兼理軍務都察院右僉都御史前大理寺左少卿江西道京畿道監察御史侍經筵邑人正宇任養心撰。”

萬曆本《劉鳳川文集》原本共收三種，即《（鳳川先生）文集》三卷、《克己示兒編》二卷、《家傳》一卷，前二種流傳至今，《家傳》後佚失不傳。山西芮城圖書館所藏《劉鳳川文集·題目》（簡稱《文集題目》）可證。

二、嘉慶補刻本：據“嘉慶五年（1800）歲次庚申十月中浣高密後學單可基”所撰《〈壯游紀〉序》稱：乾隆甲寅（五十八年，1793），單可基任始興（今屬廣東）令時，劉良臣後裔劉君倚園適爲邑尉，二人同官二載有餘。倚園“出示其先人鳳川先生《壯游紀》而問序於予”。單可基“盥讀數過，爲正其字句之脱謬者，歸之倚園，并志數語”，遂成《〈壯游紀〉序》，劉倚園因在嘉慶年刻印了《壯游紀》。至於劉倚園是否將《壯游紀》與萬曆刻本《劉鳳川先生文集》合刊刻印，因未見合刊本行世，且存疑待考。

三、民國重印本：民國丁卯（十六年，1927）張互《重印劉鳳川先生文集序》云：“今年春，蕭子叔弼慨吾鄉風教之凌替也，思取先生之所著述重付簡編，以式吾鄉之士，而其文多放佚殘闕，不可收拾。於是乃與楊君静齋、張君壽山、梁君春濤廣爲蒐輯，僅得其已刊行而完整者，曰《鳳川文集》、曰《克己内編》、曰《壯游紀》，凡三種，餘以俟之异日。印既訖，又欲各序其簡端，乃以《壯游紀》屬馬君儀軒，以《克己編》屬叔弼伯兄鄭甫，而以《文集》屬予。”

民國重印本，是“僅得其已刊行而完整者”而重印的，其僅收入萬曆初刻本中的《鳳川文集》與《克己内編》二種，補入劉倚園嘉慶年補刻的《壯游紀》，遂成民國重印本“劉良臣遺書”。中國書店在芮城得到的“劉良臣遺書”書版，是民國重印時所用的那套書版。由於未收《家傳》，遂使《家傳》因此遺失不傳。

　　此次整理，即以一九八三年中國書店影印本《劉鳳川遺書》爲底本，其前有今人袁行雲一序，兹并録以供參考。其中的《壯游紀》，則以芮城圖書館所藏抄本爲參校。原書卷首有"四野薛一鶚批評""平野韓士校正""正宇任養心校刊""静宇雷應時同校"等署名，今删去。

重印《劉鳳川遺書》序

一九八二年，北京中國書店經多方搜訪，從山西運來兩部刻板。一部是明《薛文清公全書》，它比國內藏各大圖書館的藏本要完備。一部就是明劉良臣遺書，包括《鳳川先生文集》三卷、《克己編》一卷、《鳳川壯游紀》上下卷。這部書版藏於山西芮城劉家，雖經補版，且有闕葉，但向來印本不多，又不爲藏家注意，較薛書似更可貴。據我所知，在北京只有中央民族學院圖書館有一部補版後印的《鳳川文集》，而闕《克己編》和《壯游紀》。可見此書的稀見了。

作者劉良臣，《明史》無傳，他書亦不見記載。查《乾隆芮城縣志》卷八《人物》中有他的小傳云：

> 劉良臣，字堯卿，弘治辛酉舉人。授揚州通判，公廉不阿，革夫役閘壩銀七萬兩，織造中貴貪恣，裁之以法。改平涼，督餉西夏，力斥參將暴橫，平反慶藩冤獄。既而告歸家居，孝友溫克，不問生計，冠婚喪祭，動以聖賢爲法，著作甚多。大學士楊博志墓，祀鄉賢。

從《鳳川文集》卷一《先妣太安人壙記》和《先考承事郎劉府君先妣太安人李氏合葬墓志》中，可以獲知劉良臣的家世。他的祖先五世業農，“父釗，始讀書游鄉校。後應招輸粟助邊，授冠帶，階承事郎。”《壯游紀》卷上“成化二十年甲辰”下自注“予時方三歲”。可知劉良臣生於成化十八年。《壯游紀》編年迄嘉靖二十七年，但《文集》卷三有《庚戌元日贄西盤老》一詩，庚戌爲嘉靖二十九年，劉良臣尚在。《文集》有萬曆戊子薛一鶚序，稱“先生歿後三十餘年”。從萬曆十六年上溯至嘉靖二十九年，適爲三十五年。由此判斷，劉良臣大約就是在嘉靖二十九年死去的[一]。他至少活了七十歲。

《鳳川文集》第一卷是文，但又有《過汴行》、《榾柮歌》、《農民苦》、《少年行》、《示諸兒》、《興武營病中雜述》、《大雪節後落雨》等五篇五七言古體詩。第二卷爲詩，却只收五七言近體詩。第三卷也是近體詩，但又有《西郊野唱北樂府》。明人集詩文混編，是常見的事，不足爲奇。嚴格的説[二]，這三卷應分爲文集、詩集、樂府三集。今本《文集》卷一《西郊野唱引》又應當放在樂府的前面，做爲弁言。劉良臣的詩文，都有一定的歷史內容和文學價值。他居官於今甘肅、寧夏一帶，經歷了當日嚴重的邊患。他身爲下僚，頗知民間疾苦，又以山水崎嶇，發爲歌詩，格調老蒼。但我認爲最難得的還是《西郊野唱北樂府》了。北樂府，就是散曲，明代文士擅長此道者，如徐霖、陳鐸、王九思等，頗不乏人。劉良臣的散曲有八十餘首，取材廣泛，參互多變，有的寫得很出色。今錄二首如次：

醉太平（《田園雜興》二十四首錄二）

大官人模棱，小官人逢迎。依阿軟美不分明。大家都厮哄。金銀打就無星秤，綾羅卷做家堂挣。兒孫教成野狐精，田園中醉咏。

百姓每苦哉，百樣事推排。百萬剝取到骨骸，但粘著便責。天澤地利當堂賣，官倉私庫一齊解。不白不黑只胡歪，田園中醉給。

現在有的同志正輯《全明散曲》，我希望能看到此書，把《西郊野唱北樂府》收進去。

《克己編》原名《克己示兒編》，分正心、持身、居家、理財、明經、接人、崇禮、治官、識微、歸田十章。明代理學北方首推薛瑄，劉良臣受薛瑄的思想影響是很深的，但《克己編》講修齊之道，應當説是一部教世的書，還不如《文集》中的《辨惑愚得》於研究明代政治思想有用。劉良臣在寫成《克己編》和《辨惑愚得》後，曾求正於光禄寺卿馬理、副都御史夏邦謨等人（見《壯游紀》）。嘉靖二十七年由鍾如嶠梓行。今天能見到的印本，大部分已有補版。

《壯游紀》類似一部自訂年譜。它記載了作者從成化二十年到嘉靖二十七年間所經的大事。《芮城縣志》傳所説"平反慶藩冤獄"，在本書中有較詳的叙述。書中還兼記同僚的履歷，也有些史料價值。原版已毀。現存版是清嘉慶五年重刻的。

劉良臣晚年居里，嘗應縣令白世卿（字東川）之邀，修《芮城縣志》。平日與白唱酬亦多。《乾隆芮城縣志》還有劉良臣的《初建後樂亭燕集喜雨》（有序）、《八月十三日苗主簿招飲對月臨池予因誦唐人水聲到池盡之句東川邑侯命足成因成長律》、《奉和東川池亭》、《登觀音閣》、《游石鐘洞》五首詩，均爲《鳳川文集》所未收。據《壯游紀》載，劉良臣所著書，還有《筆録克示外編》，此書似未刊版。

中國書店重印此書，未得立名。我認爲現在所見到的劉良臣遺書，已經可稱全書了[三]。但爲妥切些，可統名爲《劉鳳川遺書》。至於爲什麽要印這部書，即使抛開搶救古籍的意義不談，也可以舉出許多理由。因此我不揣謭陋，寫此文以代序。

袁行雲

一九八三年十月七日

校勘記

〔一〕袁氏以爲"劉良臣大約就是在嘉靖二十九年（1551）去世的"。

今見抄本《劉鳳川文集》之《奉椿集後記》則記爲劉良臣死於嘉靖二十五年（1546）秋八月。其文云："癸卯（嘉靖二十二年，1543）秋，不肖喪先妣，至冬末始克葬，先君子殊無恙。甲辰春夏以來，有應酬之作，名曰《奉椿集》。丙午（嘉靖二十五年）秋八月，先君不禄，冬初葬。後爲李懷山公養所作壙記、祭文，仍附此集者，以公養父子之卒，吾妹直讒邪之口，至是始定而襄事，亦先考生時所注意者也。若夫先妣先考喪葬記、志、告謝諸言，則爲《倚廬録》云。丁未（嘉靖二十六年，1547）春三月廿八日識。"

〔二〕"嚴格的説"，據文意當作"嚴格地説"。

〔三〕袁氏以爲"我認爲現在所見到的劉良臣遺書，已經可稱全書了"，此説欠妥。劉良臣遺書除《劉鳳川遺書》所收三種外，尚有八種文集傳世。依據芮城圖書館另藏抄本《劉鳳川文集》由此統計，劉良臣共有十一種著述傳世，此參見後卷《劉鳳川遺稿》。

重印劉鳳川先生文集序

予少時嘗聞父老相傳，鳳川先生通判揚州時，州人誦爲"三分明月"，蓋取唐人"二分明月"之語，增先生爲三也。是其高風逸韻不減白之於杭、杜之於蘇，而律身謹嚴不流于放縱，則又非二子所及。及長，讀先生歸田後與縣令白公所唱和詩詞，觀其裨益白公之政教，又嘆魏文、段、卜之遺風復見於吾鄉也。

民國之初，予教學縣中，游於桂樓舊址，親拜於其祠，慨然想其爲人，低徊而不能去者久之。嗚呼！以先生之才之行，仕只別駕不克盡其能以惠天下，而僅窮老於山陬僻壤間，是足悲矣。自先生没後已五百餘年，能嗣先生之高徽者蓋寡，論世之士多鄙陋吾邑，以爲部婁無松柏，而不知松柏之不自植也。

今年春，蕭子叔弼慨吾鄉風教之凌替也，思取先生之所著述重付簡編，以式吾鄉之士，而其文多放佚殘闕，不可收拾。於是乃與楊君静齋、張君壽山、梁君春濤廣爲蒐輯，僅得其已刊行而完整者，曰《鳳川文集》、曰《克己内編》、曰《壯游紀》凡三種，餘以俟之异日。印既訖，又欲各序其簡端，乃以《壯游紀》屬馬君儀軒，以《克己編》屬叔弼伯兄鄒甫，而以《文集》屬予。予惟先生之爲人千百年一有者也。蓋學擷宋儒之理性而無其迂濶，文兼韓、蘇之奇縱而濟以淵懿，行繼田、段之清高而去其已甚，充其所行，直可登東魯之堂而紹西河之緒也。惜遭時不遇，無大力者以推尊而彰顯之，故遂身不用於當時，名幾即湮於後世，没而已數百年，欲傳先生者，僅出於其鄉之一二士人，而躋顯位、具大力者方馳逐榮利，鄙此事爲不足道，是則先生之不幸，而今時之世道人心蓋可知已。

　　嗟呼！叔弻以吾鄉少年而諄諄以表章先生爲多士式，是可以愧老生宿儒，而先生在天之靈聞之，當含笑首肯，以爲數百年後，尚能獲此知己之小友也，是又先生之幸已。

　　民國丁卯邑後學張互拜序

刻劉鳳川先生文集序

昔人謂：文生於氣。蓋天有正氣，故發之爲日月星辰，炯如文矣；地有正氣，故發之爲山川草木，森如文矣；人有正氣，故發之爲言語詞章，煥如文矣。有是氣，斯有是文，故氣昌則文裕，氣聳則文健，氣清則文粹。六經之後，文之雄者莫如《孟子》，波濤洶涌，百折不回。然求其所以然，則善養浩然之氣而已。彼其守古制以藐大人，自任大丈夫以妾婦儀、衍，所至王侯分庭抗禮，合則留，不合則去，乃其徵也。嗚呼！此其文所以雄視百世也與！人孰無是氣哉？然沉溺于利名，摧挫于權勢，則索然不振矣，將何發之以成章哉？蓋培植不深者葉必萎，醞釀不至者味必漓。

鳳川先生之文，其得於氣之所養者深乎！先生自少英邁過人，有擢然遠舉之志。弱冠登鄉科，乃數屈南宮，竟選揚州府倅，然正氣挺挺，時露鋒鋩。數年，以直道忤當路，改平涼府。又數年，以直道忤當路，遂假給由以歸。持方柄納圓鑿，固知其不相入哉！家無餘貲，惟翻書史，守田園，以耕讀教子終其身。至於辭受取予，冠婚喪祭，各以禮義爲據，下至言動瑣細悉無苟。蓋剛大之氣無地不伸，官可棄，身可貧，而氣不可奪。故其爲文疏通條暢，下筆數千言，滾滾不竭，核典故，盡事情；詩則莊重典則而奇特自見，感慨憂時之意，鬱結不平之情，悉于此洩之。蓋老而益壯，窮而益工，上逼杜甫，今時鮮儷之者。此豈弄筆墨、習華藻、成癖類俳者之爲哉？先生没後三十餘年，文藏家笥。諸子以財力乏，不能刊布，士類惜之。至今年，本縣任侍御君始捐俸資刊其節要者，其餘尚以俟他日。

嗚呼！先生之爲人不可見矣，然觀其氣可以知其人；先生之氣不可見矣，然觀其文可以知其氣。然則後人之于先生，其勿以文士目之。先生劉姓，名良臣，字堯卿，鳳川號也，河東芮城人。

萬曆戊子歲長至後五日，賜進士出身、山東按察司僉事、奉敕整飭沂州等處兵備、邑人四野薛一鶚叙

鳳川先生文集序

鳳川先生，余邑人也。自爲諸生時已博學，好爲古文辭。弱冠，舉明經，嫻習當世務，顧公車數上，竟不第。選揚州別駕，負氣豪宕，絕不爲脂韋態，遂調平凉。先生曰："吾豈以轗軻而遽易初志哉？"益挺然不撓，視時輩紛華躁競無一當意者。居數年，自分骯髒不諧於世，輒拂衣去，隱於中條之陽。留情翰墨，托志烟霞，意甚適也，前後著作若干卷。

先生即世垂三十餘年，厥嗣學博子宁手遺文一帙，屬余曰："此予先人存筍稿也。不肖力不能梓，恐手澤堙滅，心甚悲之。古人尚友先自其鄉，門下獨無意乎？"余受而讀之，詩導性情而用意深婉，文述名實而叙事簡嚴，殆蔚然一家言也。昔韓昌黎謂"物不得其平則鳴"，以先生之才而偃蹇若此，其真有不平者耶？太史公文疏宕而氣奇，人猶謂其資游歷而長。先生轍迹遍燕、趙、兩淮、三秦之墟，諸國俗民風、名山大澤，皆寓於目而盪於心，故以其沉鬱之思、寥廓之興寄之詩文，以發其憫時憤俗之意，何其慷慨激卬，如其人哉！若夫居官、居鄉，大節凛凛，是又非文辭所能概矣。余嘗慨夫世之躋膴冒榮未久而泯泯者何限，惟著作之士千百世以下猶稱焉。先生抱道懷奇，厥施未竟，董董垂空文以自見，乃其所不朽者，固在此而不在彼也。因稍爲銓次，捐貲付剞劂氏，且綴數語於簡端云。

萬曆庚寅冬十一月，賜進士第、中憲大夫、欽差巡撫江西地方兼理軍務、都察院右僉都御史、前大理寺左少卿、江西道京畿道監察御史、侍經筵、邑人正宇任養心撰

序

虎帳談兵圖序

寧夏爲古朔方地，自拓跋赫連氏所據數百年不入職方。我聖祖復古疆域，淨掃虜穴，遷易其民而控制之，百餘年内外寧謐，兵銷爲農，將驕士惰，武備不修。弘治末，醜虜入套，屢抗王師，自是以後叛者蜂起，雖旋踵間元凶授首，而廷議武備日益加詳，英雄豪杰乘時奮勇，脱穎出者亦多矣。桂亭寶君以世家將子奉璽書分守寧夏西路之廣武，撫疲癃，振威令，觀者改色。愚初入其境，見軍容之整肅，即概其賢，及接其言論豐采，又皆光明正大，謙謹樂易，説詩書，敦禮義，慕忠持介，有古名將風。騎射之優、兼人之勇，殆餘事耳。薦剡數登，超遷可待，乃素位安常，略無欲速之色，於是乎可以占器識矣。

公暇以《虎帳談兵圖》索題。夫兵非易言也，旁批〔二〕：主意極是。言之易非善用兵者也。趙括能讀父書輕言兵，旁批：用得恰好。竟以覆趙。蓋兵凶戰危，孔子所慎，其曰："臨事而懼，好謀而成。"旁批：用得却好。兹其爲善談者。廣武遠在河外，環四境之地不百里，烽火之警日報而月聞，兵蓋不可一日而不講。桂亭身先士卒，選練有素，乃猶於虎帳之下談之，則量敵審勢，兢兢戒謹，取衆長，集群策，守吾孔子之道而廣以孫吳之術，不徒鎖鑰邊關，安靖一隅，行當柱石廊廟以清四海，皆其所有事也。且以見我國家幅員之廣，德澤之深，得人之盛，有非唐宋之世之所能及云。桂亭其勉之哉。

外大母李夫人樊壽九十賀序

昔李令伯侍九十六年之祖母，旁批：起甚切。乃辭徵辟於晉武，曰：“臣無祖母無以至今日，祖母無臣無以終餘年。”千載下讀其言，未嘗不嘆其誠孝而哀其志行也。良臣外大母武邑夫人，今年九十矣。方弘治初，良臣未能負薪，遭家之索，旁批：叙家事情真。大母命予父母携就武邑，教育如己出，雖膺薦後，室如懸罄，及上春官，游上庠，卜居買田，恒惟大父母資依焉。無何，武邑君不祿，大母與内弟良佐煢煢在疚，無五尺應門之童，族奸里猾，覘爲奇貨，摩牙抵掌，思蹂攘蚕食之。良臣左右周旋，歙怨積訴，數年後已。既而良佐官義民，曾孫大寶生，又命納聘於弱息，頗慰大母之心。以後予雖仕南北數年，善覘巧食之奸帖帖矣。庚辰西行時，大母哭送之，曰：“吾老矣，爾前程遠大，會晤未可知，旁批：叙家事情切。便道期相見也。”予父母在側悲且泣，予亦泣數行下，不能別。遠游塞外，道梗未獲迎養，此心未嘗一日不在膝下。甲申秋，得假給由以省母疾。乙酉春，抵家，瞻拜大母，德顔孺色，眠食康强，視吾母之弱羸去十五焉。總理家政益井井倍前，蓋天壽平格，爲大母純嘏之地者未艾也。吾母疾亦向安，良臣且喜且懼，力田課子，日侍二母之側，西行檄北上考績之念灰冷矣，親友之迫麇應也。

今三月二十六日爲大母初度之辰，瓜瓞之屬，各欲伸賀，乃徵言於予。《王制》曰：“九十，飲食不離寢，膳飲從於游。”又曰：“九十者，天子欲有問焉，則就其室以珍從。”又曰：“九十者，日有秩，其家不從政。”蓋生年期百，九十殊艱，故先王養之重之之禮備至，矧在子姓眷屬之末。大母壽年由耄耋而越期頤，稱頌侍養之誠烏能已耶？《詩》曰“萬有千歲，眉壽無有害"，大母以之；"爲此春酒，以介眉壽"，賀客其酌而祝焉，則李令伯之祖母不得專其美也。旁批：顧首。

嘉靖六年歲次丁亥春三月吉，平涼府通判外孫劉良臣謹序

賀李孟和序

予讀太史公《貨殖傳》，旁批：通篇以《貨殖傳》爲案。見其鋪叙天地生物之利，生人用財之節，及分別君子小人財富之得失，與夫善富者之用術，理財爭利者之品類，形狀人情之趨向，畏敬委曲靡遺，胡拳拳於是若有所欣羨焉者，毋乃崇勢導利啓千古好貨之害耶？嗚呼！此固子長之所以爲子長也。子長博學高才，家世清素，無財行賂以贖直言之罪。旁批：是子長本意。其爲此傳也，意甚悽惋，言甚激烈，所謂不得其平則鳴，以見代之役役者無富踰焉，故曰"千金之家比一都之君，巨萬者乃與王者同樂"，命曰"素封"。至其曰"富好行其德"、曰"來之以德"者，即所謂積而能散之意，又未嘗不歸於正本於義也。雖歷千萬世之遠，更千萬人之言，貨殖通術寧有能易之者乎？班史謂其"崇勢利而羞賤貧"，非知子長之寓意者也。

吾邑上郭李孟和氏，家饒於財，可擬封君，鄰壤數百家皆待孟和以舉火。問其術，則舉白圭之言，曰："智不足與權變，勇不足以決斷，仁不能以取予，强不能有所守，雖欲學吾術，終不若之矣。"嗚呼！允乎致富之術其極於此乎！孟和昔年嘗與里豪訟於縣，縣大夫謂其武斷鄉曲也，深抑之。孟和不得其直，人亦咸爲孟和冤。無何，縣大夫諭以賑濟之令，孟和輸麥百餘斛，縣大夫嘉其義，且悟前屈抑，於是具酒公堂，親製旗對，以鼓吹送至第，孟和之德始白於人人，而舉邑之眉舒矣。

孟和之季子士魁從予游，予素稔其行，乃約諸親友爲文以賀，深愧不能別有所言，爲演太史公之意而告焉。孟和善保其富

以流聲久遠，必有超乎財富之外之道以自處，如吾夫子好禮云者，斯其至矣。蓋孟和於白圭、任氏之術得意已深，取效已著，其將獨爲懷清寡婦之自衛取榮，熙熙攘攘而來往乎？抑好行其德如陶朱公乎？得勢益彰，無諂無驕，爲端木子貢乎？旁批：應前歸于正而本于義。不知所擇以媚於世，非予所望於孟和者也，非縣大夫旗對贈言之意也。异時國史、縣志之傳食貨，必期孟和爲首善。孟和勖哉。

送姚生良佑入學序

　　人皆曰：今天下之文郁郁盛矣，故士之進也難於昔。夫士難進於昔，宜才賢之選鑿鑿乎精，而治效良愧於昔焉，豈非文有真僞而弗察，人之賢否弗甚辨與？未有真僞不分而能辨賢否者也，亦未有賢否弗辨而成治功者也。蓋昔之爲文也，潛心經傳，體貼義理。醇雅不雜，故其人多循良；光明弗詭，故其人多正大；旁批：弘治以前之文大抵純樸，而士行似□□□□盛。龐博弗僻，故其人多豪雄。夫是之謂真文實才施諸用，乃安往而弗濟矣？

　　今之[三]則反是，背經離傳，尚詭好奇，纂類綴緝，苟圖徑捷，用活套之冒頭附會經旨，攘總括之要語務爲博洽。旁批：切中時弊。譬之通都大賈，收故家敝器目爲商鼎周彝，工匠雕錘土木銅鐵而飾以金珠，苟非真眼實見之主司未有不爲[四]眩惑，輒酬以重值者矣。雖上焉者究其所歸，曾亦不免於唐宋叔季之習，間有一二老成極力推挽，杯水輿火，卒莫能勝。世以爲甚盛者，不知其爲甚衰也、欲求治效如昔，胡可得哉？

　　姚生良佑性敏而才清，侍予者數年。予嘗先之以孝弟忠信[五]立其本，繼之以誦讀潛玩以昌其學，實之以嘉言善行以要其止，文可進矣。乃三四試，弗售於有司，儕輩獲升者咎其花樣違時也。生惑之，予曰：“秋水時至，溝澮獲灌溉之功，歲旱淵竭，江湖不能活魚鱉，豈江湖不如溝澮哉？物固係於所遭耳，爾惟勉爾之學以精爾之業，時至自達，勿患其合不合以徇時也。」生於是學益力。今歲一試，輒列優等。生始以予言為信，人亦以是賀之。董事者托尉生來言曰：「佑也必欲吾師一教言。」予嘉其不逐於時也，故以為文之真偽、士進之難易及治效今昔之良否為生告，生其自此益務真文以充實才，高第顯官識治體者必勿於生斬還淳反良之政。生其勿忘予言哉！生其勿忘予言哉！

賦

蘭夢鍾祥賦

賀鍾尹生子，鍾妾燕京人。

緊楚畹之滋蘭兮，旁批：便是楚詞。比君子而號國香。生階庭如琳瑯兮，與椒桂其同芳。蒔沙石兮沃若湯，芬襲人兮江之鄉。雜壤不可以亂兮，守貞介而保天常。旁批：句句可愛。靈均紉以為珮兮，陋桃李之爭春陽。朝墜露之可飲兮，夕菊英之共嘗。昔鄭文之有妾兮，南燕姞氏；燕有祖伯脩[六]兮，夢為天使。手持蘭以賜之兮，曰以是為而子。天啓之以進御兮，乃徵蘭以為志。後千載兮，姞復降於北燕。唱回風兮，體綽約如天仙。晉大夫兮楚之賢，羌邂逅兮瑤池邊。念宗祧兮時過丁年，索靈氛兮占以成言。曰兩美其必合兮，更宜男而作之天。辭帝閽而西牧兮，祈郊禖而及山川。敬天兮勤民，積德兮累仁。越三載兮歲戊申，月壬戌兮日庚寅。旁批：便是吉日良辰之句。佳氣鬱葱兮瑞靄匀，夜縋二鼓兮鍾[七]鳴晨。厥聲非惡兮祖生識真，孔釋抱送兮天上麒麟。英物啼聲兮試若充溫，郊野騰歡兮遙謝蒼旻。永言配命兮惟我令君，多男多壽兮福履駢臻。亂曰：蘭之芳兮，厥鍾祥兮。奕葉光兮，而永長兮。

記

李懷山墳記

芮城縣治東北一舍許，有村堡曰朱呂堡，旁批：主意在定李氏之家，次議論率有所屬，不徒爲記事云。東半里許爲懷山李君墳，廣十五弓，衮加廣二弓。卜地初不足，君内子請易於君再從弟東山子。東山子重其義，與之易，無難色。繚以周垣，外爲門曰“李氏之塋”；内列二廈房，左曰“守衛”，右曰“供應”。中爲門曰“時思”，内爲堂曰“時享”，後隆然而起者君墓也。下甃兆以磚石，桐棺而柏槨，費計數百金，於是墳成。旁批：記便了，下發議論。其仲兄晉川子狀其行實及事始末，來徵銘記。予既銘其墓，又爲記於堂曰：

懷山者，吾妹氏劉之夫君也。嘉靖丙午正月七日，年五十四而卒，妹蓋受其遺囑重托云。是時君子梯先卒，二孽方亂，一孫未晬，親愛者悲憐，旁批：主意。窺伺者謀議。妹則忍死節哀，慎起居，嚴婢僕，增門户，固扃鑰。請命於其族長及予兄弟，曰：“夫氏家門不幸至此，未亡人忍死而不敢殉者，以諸孫在耳。誓當一身與之存亡，苟負死者之托，即無緣以見諸尊長，惟諸尊長憐而教之。”言已，泣下沾襟，諸族長及愚兄弟，亦無不涕淫淫垂也。已而倡義者曰：“誰能百年？誰能子孫俱長大？爲之在人，無徒作無益之悲。昔晉襄公卒，旁批：據正理。太子夷皋少。晉人欲立長，逆公子雍於秦，秦以師納雍。公夫人穆嬴抱太子泣於朝曰：‘先君何罪？其嗣亦何罪？乃舍嫡嗣不立而外求君，將焉置此？’諸大夫卒立夷皋，禦秦師，<small>夾批：以有晉國。</small>爲靈公。爾今能爲穆嬴，我輩顧不能爲諸大夫耶？又不聞先正所謂‘家有主母，豪奴悍婢不敢與弱子抗’乎？當懷山生時，家政盡付爾統理，諸婢僕素受命不敢逆怠，今誰敢變厥初？惟勉之更加慎焉。其有不能專治者，責在我輩，勿慮。”妹收淚，拜且謝曰：“敬受教。”遂收其債負，佃其寫莊，凡力之不及爲者，皆無復事事。呼內外二姓諸侄督諸僮僕，更任迭用，若犬牙然，以防欺罔。理農治喪，不少廢弛。數月以來，中外帖帖，君家無虞。君葬有期，君子謂李氏之族多賢者，能以義道人而成其美；劉氏之女如丈夫，能以義自處而大有功於李氏，懷山其不死矣。

人常言今人不如古，豈其然乎？豈其然乎？夫聖學晦而民僞滋，貨利崇而骨肉暌，誰定是非之歸哉？若夫成王悟《鴟鴞》之詩，宣孟獲嬰杵之報，則事久論定，天定勝人，固不必駭塞翁之失馬，憎六一之蒼蠅，乃知平冀州之令下，信英雄整齊風俗之所先也。予記懷山壙，不能不三嘆而深悲云。

晉川名汾，字公道；東山名浚，字公遠，咸以太學生待次家食。懷山名浩，字公養，以太學生簿山陰。吾妹名桂花，字秋馥，先君子鍾愛而相攸者也。法皆得書。

先妣太安人壙記

嗚呼，痛哉！<small>旁批：情婉切而辭優游，自叙之體也。</small>此我先妣太安人體魄所止之地也，在芮城縣西稍北六里桂樓村西，又里許曰廣平新阡云。嗚呼，痛哉！痛哉！尚忍言哉！良臣無似先倅維揚，甫給由而蒙調恩。<small>夾批：國制：七品以上文職，三載考稱，得推恩父母妻室。不獲給由而遷官，雖極品無褒典。</small>當竊禄西夏時，聖明屢推恩於京職。丙申，詔得推恩七品以上外臣如京職，<small>夾批：此一時特恩。</small>良臣乃以母疾假給由歸省。十年餘矣，皆不獲沾褒典以顯揚萬一，而曰太安人者，鄉之人以我官階所應得，故內外皆習安其稱云。

太安人姓李氏，解之芮城人。高祖中，曾祖榮，祖盛。父綱，字文紀，武邑主簿，私謚"簡惠"。母樊氏，天順甲申十月五日子時生於西原里第，年十六歸我家君。散官名釗，字元發，劉氏廟下祖居。逮事祖父母、父母，孝敬克篤，貞順勤恪，內外咸宜，爭賀劉氏有婦。數當肇興，繼遭家難，依簡惠君以居，勤苦之狀人不能堪，而時節問遺舅姑無虛日。

弘治辛酉，良臣叨秋薦，謂諸兒曰："吾與而父勤苦有功矣，他日或豐泰，可相忘乎？耕讀其勉之！"壬戌，喪先大母，痛自哀毀，每以未竭孝養爲恨。正德丁卯，卜居桂樓，夾批：縣大夫爲予名。創置田廬，家益貧困，事先大父及外大父母益恭。甲戌，迎養於揚，家君途感危疾，乃素食祈安，後雖屢請，堅不肯復常食。唯曰："願爾曹常歡聚，淡素我自甘，殆勝肉也。"蓋逾今三十年不茹葷云。

先是，四、五弟相繼喪亡，撫遺諸孤，奚趨離於裹？凡百務足厥欲，雖廢食瘁形，污衣冠，穢席枕，未嘗見其皺眉。勦力既衰，朝夕事樊孺人及家君，一如少壯時，諸兒孫婦不知有左右就養之勞。諸兒孫婦或有過，無論巨細，弗形於色。諸乞者、貸者，無戚疏，咸推食解衣以濟。故己寧勞苦而必欲人安逸，己寧餓寒而必欲人飽暖。能否有無之不計，蓋其天性然也。以故卒之日，遠近大小無不悲悼，奠祭之禮丕變恒俗。茲彰彰在人耳目者，豈阿其所好哉？

生子男五：良臣，娶、繼皆李氏；良輔，義官，娶孫氏；良才，義官，娶尚氏；良翰，生員，及良士，皆先卒，皆娶李氏。女一：嫁山陰主簿李浩。孫男十三、女十：臣生子守，生員，娶張氏；子寧，娶靳氏，繼魯氏；子宇，娶李氏；子宁，生員，娶

張氏；子宋、子宗未娶。女，長嫁韓如陵，次嫁范登雲，次先嫁
□登雲而卒，次嫁生員李大實卒，次觴，次在室。輔生子耕，生
員，娶趙氏；子耘，娶馮氏；子榓，未娶。女嫁韓如玉卒，次再
嫁韓氏，次聘董一正。才生子官，娶靳氏，繼黃氏；子宦，未
娶。翰生子譽，子舉。士生女一，嫁孫世卿。曾孫男八，女九，
皆幼。

太安人生平遇所當爲不避風雨寒暑，故自强壯以來，終歲疾
恒居半，今夏疾作，眠食亦無甚异。人皆謂太安人昔事樊孺人壽
幾百歲，母子一氣，必享遐齡，疾其常耳。良臣亦以爲然，一旦
不諱，痛徹心骨。實嘉靖丁卯七月二十九日申時也，享年八十。
葬卜是年十二月二十七日，良臣飲泣執筆，淚與墨濡，荒迷不能
悉其遺事，彷彿記其大者納諸壙中。續當具述行實，求當代作者
爲志表，請命於家君，曰："可。"乃記。

令花村創建真武廟碑

芮城縣北二里餘，古魏城南梨花村，今訛曰"令花"者，旁
批：題本不可做，却善回護。著姓張氏世居之。地形西北頗昂，其族長
曰著，曰景暘，曰九思，信堪輿家龍虎伏降之説，相與謀於村東
以扶龍弱，乃鳩財於隙地，創建真武廟三楹。繚以周垣，左右廊
房六楹，外門一楹，搏泥肖像其中，爲祝釐祈禱之所。適北山羽
士以爭田被許至縣，將陶穴中所祀銅鑄真武像入官[八]毀，用召
民易銀，著輩遂捐數十金易請祀於殿中，蓋冥數有期云。

夫真武者，玄武也，旁批：有考據。乃北方七宿之像，以虚、危
似龜，而騰蛇在虚危度下，故曰玄武。玄者，北方之黑色；武則
以身有鱗甲，能禦侮也。宋真宗避聖祖趙玄朗之諱，改"玄"
曰"真"，至今神之者皆曰真武云。道家者流又附會以姓名、里
居、生辰，此其事雖不可知，而靈迹顯應，拯濟人之灾危、陰翊

人之邦家者，往往見其有真像。故我聖祖正百神之位號而存其廟於京師，文皇以金飾像於武當天柱峰。今上皇帝又尊崇之有加，豈迂淺者所能窺測邪？夫神爲北方之宿，故北方名山大村多祀之在禮，能禦大災，捍大患，以勞定國者皆合祭法，宜神之祀遍寰宇也。蓋事有常變，理無定形，天地之大，萬物之廣，鬼神之幽，千狀萬態，旁批：極是。豈耳目心思所及者所能盡乎？欲徇一人之知而擬造化之所爲，殆未可哉？

今張氏之神是廟也，水旱疾疫必禱焉，冤抑欺昧必質焉，又豈非《禮經》禱祀禬禳報彌之義乎？是宜書而爲碑。蓋廟工起於嘉靖□年□月□日，成於□年□月□日，碑撰於庚戌夏四月癸丑也。

墓表志銘

壽官李老先生合葬墓表

嗚呼！此九十三歲壽官李老先生與其配樊孺人合葬之墓也。旁批：古雅昌贍，杰作也。夫壽官者，以壽而得冠帶之稱也。老先生者，非以其壽之謂也，鄉人剖疑平爭者尊且師之，蓋自强年而有是稱。由是士大夫以事請問者，稱亦如鄉之人；由是縣大夫欲決疑事，稱亦如士大夫。故無論冠帶之得與不得，咸稱爲老先生云。

余表壽官墓，蓋重有所傷慨焉。夫自文武科興，世乃見攻文辭，習騎射，即目爲才賢。旁批：好議論。偶中第，或襲廕、擁旌持節、氣使盛喝者，便嗟羨畏敬以爲神明。而窮僻之鄉、力田飭行之士、進偶無階、老死於草莽畎畝而無聞者，豈少也哉？即壽官無厭孫之爲表見，雖鄉人知之，出其鄉誰復知之？鄉今人知之，後之人誰復知之？第愧予言蕪陋，不能垂久源也。他日顯揚，更附青雲之士，斯壽官爲不朽矣。

壽官少孤，與伯父同居而志暌。既長，稍露鋒芒，伯父愈不能容，遂違，依人以爲學，有嘗膽茹荼之苦。後伯父嗣絕，始誅茅補漏。治生以勤儉，消侮以恭嚴，廣施以仁，處物以義，才以濟變，明以燭微。凡爲居室場圃，豫擇善地，樹木引水，終必如志，始人迂笑者終嘆服之。家積萬金，終其身惟衣布袍，隆寒溽暑無狐貉絺葛之飾。出不遠一亭，雖耆耄必步，曰："吾農家，當如是，且欲後世子孫如我耳。"見侈靡相衒者，必掩目蹙額不欲觀。縣官代至者，必欲相成其循良，或殃民則面白之無忌。其爲石尹、趙守委任之重，白尹大賓之禮，又彰彰在人耳目，斯壽官之行也。使其儋一爵，膺一寄，必有體國利民之益乃竟已矣，予安得不爲世道傷慨耶？

壽官諱鑒，字克明，芮城西原人。景泰丁卯正月四日生，先樊二年；嘉靖己亥二月五日卒，後樊十七年。樊孺人生己巳十二月二十九日，卒則癸卯三月二十一日，壽七十五耳。葬在壽官卒之年十一月三日，墓在所居斜口村南新塋。先世及子孫俱見銘志不表，茲特表其大者云。

薛母蔡孺人墓表

故同州判官薛世威先生配蔡氏，*旁批：格新奇。*卒於嘉靖十一年六月一日，後同州之卒越六稔，壽七十有二。其男國學生顯忠輩諏得十三年十月二十七日葬祖塋東北，去同州墓僅數弓。乃狀其行實家世來請，表諸墓左，曰："先君子葬在嘉靖四年，表志咸具。顯忠今已自志先妣墓石，將納之壙中，惟表有石礱已訖工，敢蘄先生文垂諸久。先生素知先君子，其哀之勿拒。"

予閱狀已，問曰："何略也？"曰："《禮》不云乎？'無美而稱是誣也，有善弗知不明也，知而弗傳不仁也。'顯忠鞫於父母，惟知慈愛焉耳，勤儉焉耳。他固不敢溢美以自誣也。其或弗知也，先生盍教我乎？"予曰："若知同州君之游上庠乎？"曰："然。""予時適同在號舍，見同州君衣食焉足耳，學業焉課耳，友朋焉游樂耳，行無礙而色無憂，安若家庭，然其携幾僕御乎？"旁批：意味全在問答上。曰："無也。"曰："子兄弟其從行乎？"曰："顯忠名在邑庠，且理家政，不可往。諸弟咸幼，不任負薪也。"曰："然則其將奚役賴乎？"曰："惟吾母焉。"曰："一弱質而當數健僕之力，不賢而能之乎？"國學生泣拜伏地，曰："審若先生言，先妣爲不死矣，先生幸終教之。"曰："子之田廬封植，困庾充盈，自先世乎？"曰："否。先廬僅蔽風雨，田之所出，豐歲猶貸人。至先君子得先妣，稼穡織紡，課諸子，婦咸有式，閭里爭傳效焉。貲用日饒，市有樓館，里有別業，粟如坻而屋如櫛，兄弟子姪食指若林，凶歲無慮，狀不能過言以自矜也。先生以爲何如？"予曰："慈愛者孝敬之推，勤儉者起家之本。要之子前所言盡矣，固不在夫詳與略也。予析其目，薛氏文獻足徵哉！"又拜請曰："世由先生知有先考妣。"予遂諾而表諸。

按狀：孺人姓蔡氏，高、曾祖俱弗耀。父志，母呂氏，世居芮之南郭里。孺人生於天順五年二月五日，年十六歸同州。生子男五，長即顯忠，次□□□□，光祖，光先，縣學生。女一，呂珍婿也。旁批：有法。孫男十有六，女十一，一適張友直，餘在室。曾孫男四，皆幼。孺人之澤方瀁瀁云。

九十翁焦處士墓表

嘉靖癸卯二月二日處士焦秉元卒，壽九十矣。旁批：叙處士事得體，且文有源委。諸子孫於某月十二日，啓其鄉北原厥配董墓，合

葬如禮。蓋董葬先處士十八年，今合葬，又三年矣。厥仲子太學
生文卿，持其友太學生尚子登雲所爲狀，來謁予表諸墓道。予諾
而閱狀不過，曰："處士循雅儉勤，能開大先業，鄉里敬服，縣
官賓請鄉飲而已。初無驚世異常赫赫行也，蓋士生盛世，不獲致
用。其爲子弟不忤犯父母，爲父兄不虐棄子弟，爲族鄰能雍睦不
争，爲民庶能奉法供賦，爲生理不妄取妄費，韜光正終，斯君
子修己之常道也。不幸而值變，窮厄困苦，捐軀握節，使人酸
鼻痛心、擊節頓足而嘆羨，則非君子之所願矣。外此爲詭怪，
爲奸僞，離人遠道，欺世盜名，又豈君子之所爲哉？焦處士爲
臣而遭列聖之熙洽，爲子而承無爲之宦業，爲父而教太學之承
傳，爲兄而式諸弟之和敬，爲夫而刑厥配之宜家，其他細務姑
勿論，即能富康享遐壽，非德積行修之明驗與？又焉用赫赫者
然後可表耶？"

處士諱仁，字秉元，家世芮城王村里。高祖某，曾祖某，祖
某。父雨，字洪濟，以監生任無爲州吏目。嫡母韓氏，母吕氏。
生在景泰甲戌五月二十七日。配董氏，東吕董某女，母儀婦道，
足媲美於處士，天順庚辰正月二十六日生，嘉靖己酉正月二十八
日卒，享年六十六歲。子男三：巨卿，娶王氏、喬氏；文卿，太
學生，娶馮氏；漢卿，娶景氏，卒。女三：太學生李時中、關廷
輝、孫豸婿也。孫男四：九思、九支、梓、柄。女三：一適郭金，
二在室。曾孫男三，俱幼。

尚處士配徐合葬墓志銘

處士諱文，字朝用，姓尚氏，生景泰甲戌十二月十日，卒嘉
靖癸未五月十五日，得壽七十，其年九月葬其鄉塌磨原矣。後十
又二年，甲午九月二十四日，厥配徐亦卒，其子登雲將以丙戌
閏十二月九日啓處士窆合葬焉。徐少處士一紀，生成化丙戌八

月十五日，壽六十九耳。登雲持其友李汾之狀，丐銘於鳳川劉子。劉子曰：“高山之下必有重淵，沃壤之區草木叢茂。不知其父，盍視其子乎？”登雲字九霄，溫雅而孝敬，勤學而多藝，蓋胚胎前光矣。取友於李子，又謹厚士也，狀不亦可據乎？乃按而志之。

尚世居芮之劉九里窰頭村，後遷陌底鎮。世亦莫可譜矣，所可知者，達爲處士之祖，聰爲父也，母某氏。陌底鎮爲通衢，尚氏世業商賈，至處士，始置常稔田百餘畝，于今圪瘩村家焉。旁批：叙事有法。乃盡棄其賈，專力於農，謂子孫曰：“人無恒產，惟末是逐，必流爲游民，有莫問其祖先者矣。吾子孫其世農勿廢，苟有秀者宜爲士。”尚氏自此爲農家，而九霄爲士，嶄然見頭角，廩食邑庠，成先志矣。處士性敏識高，不通書而知字義，通史傳，英氣勃勃逼人，能洗刷先世寡弱之恥。好接士大夫，遇者得其歡。族有二孤，恤之，至爲娶妻生子。里有穿窬之盜被執者，暮夜懷金乞解。處士正色曰：“此金胡爲乎？污我哉？爾能改爾之爲，當即爾活。急持金去，勿重爾譴也。”至曉，白盜於主而釋之。盜感泣，自是終其身未嘗復穿窬也。鄉里剖疑決爭者，亦必處士乎之爲〔九〕，茲非陳太丘、王彦方之流亞與？配徐氏，陌底人，父尚德，母楊氏，孝敬儉勤，出於天性，助夫起家，教子成立，惠及婢妾，廱及孫曾，是大有功於尚氏，君子謂匹德肩美矣。生子一，即登雲，娶張氏曰登瀛，側室趙氏，養子娶楊氏。孫男五：曰賓，娶楊氏，曰賢、曰寶、曰實，皆登雲子也；曰貴，登瀛子也。孫女九：梁士魁、董良輔、黄世林、馬教婿也。銘曰：

古惟重農，今則病矣。誰如處士，爲獨行矣。學以充之，基斯正矣。塌磨之原，夫婦同眠。君子有穀〔一○〕，貽厥綿綿。過者必式，百世其傳。

山陰主簿李君墓志銘

李君諱浩，字公養，一字公化，號懷山，旁批：寫得生色。李君跌蕩之狀如見，傳神筆也。家世芮城朱吕里。高祖八，曾祖文質，祖泰。父銤，寧津縣丞，母韓氏，真定府知府文之女。君少聰穎，能文，正德中以縣學生濟軍餉□，例入國學，嘉靖丁酉銓授浙之山陰縣主簿。南北殊俗，君才能通變，政多宜民，惟逐逐於監司送迎，郡長貳召呼委任，遂有東山之興。欲請休，適以繼母憂歸，服闋。即付妻子以家政，乃放情於詩酒，歌妓昧賤，伐越禮閑，窮日落月，沉溺無厭。

鳳川子面規之，則口謝而心違焉。乙巳春，君子梯夭死，哭之慟。已而其孫生，君喜而太〔一〕呼於門，曰：“來賀我孫，來賀我孫，旁批：生色。兒梯其不死矣。”鄰里親朋皆往賀，顧益悲痛，仰天長號，曰：“兒梯，兒梯！爾子生，爾何在耶？”聞者非鐵心罔不酸鼻。情無聊，即游神於醉鄉。鳳川子憂曰：“懷山子素嗜醇耽艷，今悲甚，更假以遣懷，奈過病何？”秋九月，而疾作，不能語。數日，小愈，不守醫戒。丙午正月七日，遂長逝。

鳳川子聞訃，往哭之，曰：“懷山，懷山！天乎，天乎！不聽予言，命豈在天而不在人乎？爲之者人，莫之爲者非天乎？胡兩新歲君父子相繼而喪乎？”先是，歲晏君無恙，忽長呼沉思，呼其内子，吾妹氏者，旁批：生色。欲言復止。既而曰：“予欲不言，恐臨時不能言，欲言又非所宜言。試言之，卿無訝，吾過新歲必不利。諸婢妾孤幼，惟卿是托，卿必不負予。”托言已，呼酒飲。内子耳其言，疑弗忍信也，豈期其果然哉？君性坦夷，醉酣思臥，即就座而瞑，鼾呼若雷。旁批：生色。王公太人在座，弗忌也；人或譏誚之，亦弗恤，頗類古達者云。君家世豐財，施予周給無吝，前後縣尹悉禮重之。

　　生爲弘治癸丑十一月八日，壽五十四耳。先娶朱陽壽官劉璋女，弘治甲寅十一月四日生，正德戊寅九月一日，年二十五而卒。生一女，歸王承叙。繼娶則吾妹氏，側室杜氏，生一子，即梯，娶侯氏。一女，歸平陸太學生張濟世。吾妹皆育如己出，厥子女及侯[一二]事吾妹愛敬，不翅如其所出。婢子嚴氏，生二子，曰根，曰株。孫男焜，梯子也。君卒，内子統家益嚴肅，内外井井。理君之喪，易地卜兆，合先配而葬，果不負君臨終所托之言，識者韙之。外而贊襄，則其侄桐、櫃、柄、杭也。往君嘗以從兄晉川、太學生汾所爲狀來徵銘其澗壑、階州兩兄。今晉川又狀君行來徵銘，予安得而弗銘？君葬期在是年十一月十九日，墓在其村東原。銘曰：

　　少壯所獲，君其豐兮。一官思效，仕而通兮。雖嗇壽考，亦令終兮。惟孫子幼沖，惟天其基墉。村堡之東有崇其封，曰藏者爲山陰簿公。

薛耆士墓志銘

　　薛耆士，諱宗正，字世貞，芮城朱吕人也。其先則避金元亂遷自猗氏，譜亦莫詳其世矣。其曰諱彦者生七，配李氏。七生十八，配陳氏。十八生子法，字伯度，配馮氏。_{旁批：叙事簡而有法。}解氏，則耆士之先高、曾、祖、考也。伯度已耄，始生耆士及弟宗直。五兄慶、祥、忠、寧、吉，先已析田廬，故耆士與弟所獲僅十之五六。_{旁批：見得善富。}伯度卒，母解躬織紡，撫之成立。甫勝冠，即嶄然見頭角，乃折節爲勤儉，力田畜，與時低昂，日增月益，拓産建屋，積粟麥千餘鍾。

　　戊子、壬辰，歲荒旱，鄉鄰告急。耆士曰："窮通有時，豐嗇豈相厄哉？君等今日，即吾之前日也。"遂周之無吝，賴其全活者，值有年即倍償之。自後歲以爲常，流通蕃息，囷囊充溢，顧深藏若虛。及大工興，內帑告乏，冬官卿請開入銀之例。即呼其二子游邑庠者廷璋、廷珍，曰：“士由科貢進尚矣。科第固難，即歲貢亦迂緩，終老黌舍者滔滔也。茲幸有捷途，機不可失，且與科第亦不相妨。我勤苦數年，所蓄足發爾身。”旁批：叙得婉然。其治裝北行，於是相繼助工，獲游太學，待次銓曹，所費殆千金，寂無聲色，人始智耆士之善富。縣大夫賢其行，禮爲鄉飲介賓，稱耆士云。即是以觀，則狀稱其剛正有器度，蓋爲名稱其情有足徵矣。

配李氏，生子男三：廷璋、廷珍、廷瑀。女一，歸王情。孫男四。墓在其村堡南原，從先兆也。銘曰：

厥積孔厚乎而，厥享中壽乎而，厥器成就乎而，厥豐必後乎而，惟茲其究乎而。旁批：銘甚佳。

先考承事郎劉府君先妣太安人李氏合葬墓志

皇明嘉靖二十五年歲次丙午秋八月二十九日卯時，我先考府君卒於正寢。旁批：詳瞻健雅，真有史筆。先是，癸卯七月二十九日申時，喪我先妣，擇地卜兆，陶磚甃壙，費大工艱，至其年十二月二十七日，始克襄事以葬。今先考棺衾斂殯粗備，卜吉冬十月十六日啓廣平新阡先妣壙所虛左位合葬焉。蕩蕩昊天，瞻報靡及。嗚呼，痛哉！

府君諱釗，字元發，姓劉氏。其先曰士會，爲晉大夫，奔秦，既歸，子孫留秦者無官邑，復以鼻祖受封於劉爲氏。九世以上居同州羌白鎮，至勝國時，知河中，府君卜居遷芮之西窰。介孫諱敏君，婿廟下靳氏。入國朝，遂爲芮城廟下人。敏生府君，高祖諱忍君，妣張氏。曾祖諱敬通，妣馮氏，繼段氏。祖諱斌，妣楊氏。考諱江，妣張氏，五世皆業農。府君少讀書，游鄉校，未幾，弗樂，棄去。後應詔實粟助邊，授冠帶，階承事郎。

天性孝友坦厚，與人處，言不輕妄，人或侮之，無尊卑長幼皆不校。酬售物者，必過其直。故出言而人信服，終身無怨敵家。成化末歲，大飢，出糴於汝信等處，逾年不返。旁批：詳。先大父恐其流落也，納妾以廣嗣，已而嬖之。及歸，并吾大母即弗悅於嬖人，家事日衰替。或奉母依妹氏，或攜妻子依外氏，皇皇奔走，日夜號泣待命，勤勞萬狀無一怨言。外大父武邑簡惠公賢而憐之，攜往宦邸，授不肖以經學，俯足以畜，即徒步歸省，不憚數千里往來之苦。嬖人死，大父母歡愛如初，二嬖子侍始攜妻子歸，然已無栖止屋矣。僑居外氏，擬卜鄰焉。大父母薪米奉罔或缺，服勤農事，與傭人共甘苦。及定居桂樓，大母已捐館。迎大父，與嬖子、若族子無依者以居，略不念其先世之舊惡，人以是益賢之，咸曰佛子云。不肖初應鄉、會兩試，時年已勝冠，猶視若嬰孩，恐在途童僕不能當意，即躬往提携，眠食必呼，蓋世有慈愛者未能或之先也。生平少寒暑疾，屬纊亦談笑無苦，惟晚年兩目失明云。距生則成化丙戌二月十五日酉時，壽八十一。太安人，姓李氏，簡惠公長女，母樊孺人，即老壯無一語忤上，下及內外婦道母儀可推矣。天順甲申十月五日子時生，壽八十。生子男五：良臣、良輔、良才、良翰、良士。女一：李浩婿也。孫男十三：子守、子寧、子宇、子宁、子寀、子宗、子耕、子耘、子耨、子官、子宦、子譽、子舉。女十，曾孫男女，如其孫男女。詳有壙記。

嗚呼！吾父吾母勤勞樹善，覆廕不肖竊祿兩郡，始以拙迂被調，終以侍疾歸養，不能顯揚萬分之一。今已矣！已矣！傷哉！傷哉！不得無財，何以爲悦，此痛此恨，終天罔極。號慕殞絶之餘，謹次叙世系行業梗概，刻石以掩諸幽。千百世下，陵谷變遷，仁人君子必有推愛親之心以永此丘者矣。嗚呼痛哉！

雜　著

葵軒解

條坡劉子定居桂樓，_{旁批：妍麗秀發。}生徒就學日夥，_{旁批：如游絲舞空之狀。}乃縛草爲軒，植葵數品於其前。花既盛開，紅白爛熳，劉子愛之，因以名軒。

進諸生而謂之曰：“凡厥有生，均禀同氣。_{旁批：先説主意）。}父子之親，君臣之義，恩德罔極，分嚴天地。我食我衣，我里我第。業儒者復其家，樂農者安其位。工藝相資，遐邇無异。凡萬物之生成，咸若性於宇内。孰非君上之賜也耶？若理會乎？”

諸生曰：“蕞爾小子，飲食耕耘。不識不知，樂我冬春。父母愛我，曳裾先生之門，俾習句讀，欲以文而發身。君恩之大，既聞命矣。臣子圖報，果何道耶？”

曰：“若知予名軒之義乎？牡丹艷艷，世所争悦；濂溪君子，惟蓮愛説；靖節逸翁，芳菊高潔。余乃舍是三者，惟與葵以盟設，匪求异於古人，蓋將竭涓涘於魏闕。”

諸生曰：“臣之事君，道至大也。_{旁批：拓開。}陳善責難，斯之謂恭；奉法守職，斯之謂敬；調和燮理，斯之謂德；鎮定撫擊，斯之謂行，剖心抉睛，斯之謂忠；進禮退義，斯之謂正。他若鞠躬屏氣，拜下色勃者，皆其剩也。今夫葵發舒於陽春之榮，穠艷於盛夏之日。層蕊來蜂蝶之紛紛，_{旁批：粧點佼秀可愛之甚。}绿蔭引稚童之喞喞。游女笑插於釵鬐，騷人寄興於紙筆。固不若稻粱之適口，又豈若菽粟之富國？先生以此爲事君之擬，殆非二三子之所識也。"

曰："子知其粗，未知其精，睹其身，未睹其心。《埤雅》云：'心隨日光而轉。'《説文》云：'葵常向日而衛其根。'旁批：根據。是未常一時背於日也。夫太陽煦物之恩，人君憫下之仁也；葵心向日之誠，人臣忠上之義也。子徒見其涵濡陰陽，衆芳類也；旁批：覆前。春生夏榮，秋殞瘁也；在在有之，可立會也；游女嬉兒，逞妍媚也；上苑名園，不屑貴也。韓忠獻詩云：'不入時人眼，其如向日心。'殆子之謂也。"

諸生曰："葵之爲葵，其异乃爾，微先生之言，則葵受辱多矣。自今以往，生等之瞳既開，先生之心白矣。'在江湖之遠，則憂其君；居廟堂之高，則憂其民'。惟先生益進厥學，益博厥聞，益宏厥德，益溥厥仁。甲科獨步，仕歷要津。窮養達施，勿壞以人。廉頑立懦，返樸還淳。非勒銘於燕然，必建節於昭勛丈前，二三子或可備藥籠之一物，天下之桃李盡收入於狄門，使斯軒炳乎其名世。千載之下，仰遺風之恒存，增重條坡，接武河汾。不徒詡遼東之白豕以誑愚目，攻無益之詩文以負明君也。葵心，葵心，先生之云。"

劉子嘆曰："起予者二三子也。予雖不敏，不能如二三子之所期，而年方盛壯，自今以始，尚可爲也，盍相與圖之以無忝厥生焉？"作《葵軒解》。

五倫圖

鳳兮聖王瑞，旁批：小作亦自好。烏乎孝烏賢。雎鳩有定偶，脊令急在原。黄鳥聲求友，嚶嚶喬木遷。所敦各一倫，所得氣還偏。一倫義獨至，奚必求其全？靈物者爲人，五常咸具焉。嗜欲迷天性，骨肉操戈鋋。矧彼義合者，孰非勢利牽？自爲若得計，到處相欺謾。嗟哉如此徒，無異鶴乘軒。人而不如鳥，人又安足言？面圖漫吟哦，中心自冷然。

過汴行

黃河水，流瀰瀰，冥昭就下無停已，_{旁批：高古。}星宿之海崑崙巔，源派還應來上天。百折九曲不可數，千秋萬歲思神禹。雖通淮泗注東海，北汊南支盡港渚。舟底恒憂樹杪牽，民居倏爾成深淵。浪風驟雨檣上響，蛟龍魚鱉田中眠。驚濤怒奔岸，雷霆聲歷亂。_{旁批：句法似《蜀道難》。}有時摧山裂崗阜，行人敢言不敢看。畏舟子，如瞿峽。不可親，矧可狎。西北風氣殊中州，無乃山水到此量亦狹。長江浩浩穩不驚，潮去潮來波自平。風帆上下各相馭，唯有爾河漫漫最險行。舟中俯視城垣小，長堤如甕人烟杳。王樓之滸近數家，茅扉草舍栖飛鳥。生涯只望往來舟，門前列坐盡倡優。雖緣衣食相驅遣，況以風教轉淪偷。_{旁批：叙及經歷，聽見如老杜《北征篇》。}平平艮岳看不見，杏花誰探瓊林苑。夷門烟鎖老侯生，沙海豈能攻水戰？吁嗟此地古中原，南北擾擾鼓鼙喧。我祖開基疆域復，始作北京再作藩。四海一家萬國通，赫赫紅日當天中。黃陵崗頭風色静，浪濤但作聲淙淙。小臣戴天效一職，此日經過歌聖德。聖德神功不可磨，堯天舜日禹山河。太行隱隱通汾濟，直與泰華同嵯峨。

送賀孫大參先生帳詞

蚤第甲科，歷官郎署。烈丈夫不屈於權要，直節素聞；良郡守旌异於天卿，清聲益著。雨露借揚郡，二年間沛澤愈深。_{夾批：公擢大參管府事又二年。}陽春入晉藩，三千里和風又布。促裝府治，烏鵲群擁車頭；祖餞河橋，老幼爭攀船尾。吏治倀倀以何之，念恩難再；寮寀依依而北望，歌《意難忘》。

詞曰：

四載維揚，喜德星炯炯，政日洋洋。性天成我是，時態任人粧。荆棘裏、沸絲簧，白璧信無雙。謾驚疑，官遷常調，民遂歡康。

那堪江水茫茫，望飄飄帆影，無計留將。總漕還撫治，三晉謾徜徉。遺愛在，久彌光，桃李萃門墻。看他年，澄清海宇，坐論朝堂。

榾柮歌

旦旦伐山山欲焚，惟餘枯樹土中根。旁批：先叙取榾柮。連根掘得地壚爇，旁批：後嘆榾柮。青灰紅焰帶炯熏。熏來不管黑白混，眼下只圖生暖温。室暖那知郊野苦，衝風冒霧膚裂皴。吁嗟乎！榾柮可愛亦可嗔，幾年在土誇枝葉，一旦出土萌芽髡。胡不逢時出劫作獸炭，旁批：寓意。王孫公子日相親。綉帳珠簾圍火井，金尊玉燭無朝昏。又胡不生長巔崖深澗裏？龍踞蛇蟠虎豹蹲。智者不敢近，强者不能吞。吁嗟乎！榾柮欲圖用，智避莫若得仁存。留得本根生，意在燒痕春入青還魂。樵牧不游雨露飽，新條舊葉發生勻。謾言供釜鼎，豈但造輿輪？山毛地髮安足數？蔽日參天架紫宸。

孝悌堂訓

鳳川子劉良臣出倅兩郡，旁批：似書經文字。奄踰八載，考績西歸，倦意北上。葺弊理蕪，戲萊子之衣，督任柳氏之約，誠獲孟三樂，永矢弗諼。誕直佳日，乃奉二親坐孝弟之堂，捧觴稱壽，白首青衿，翕翕愉愉，乃舉酒告曰：

予弟、予侄、予子、予孫，悉聽予訓。旁批：訓誥多此體。維我劉氏，系出陶唐，因封受姓，代有顯人，隨會遺裔，散居關陝。

迄河中君，夾批：我劉氏之先同州羌白鎮人，至九世祖仕元，爲河中知府，子孫遂家於芮。肇有家於芮，載籍廟下，僅二百稔。厥業惟農，厥財匪充。豐無踰千金，嗇靡至凍餒。中遭多難，我父母無攸居，乃依外氏，卜居於兹。爰讀爰耕，期胥勤胥力，以永保厥家，乃建兹堂，越三十載。

　　若知予名堂之義乎？古人有言曰："立愛惟親，立敬惟長。旁批：頭腦。始於家邦，終於四海。"帝如堯舜，盡性踐形，厥垂範於千古。惟孝弟降及邦家及卿士及庶民，罔有克孝弟而弗興，亦罔有弗克孝弟而弗殞。嗚呼！矧予與爾，奈何弗胥誠於孝弟？顧瞻斯名，必恭敬止。毋視曰無益，毋諉曰無傷。允迪訓，匪予良，惟予父母之德；弗率訓，乃遺父母羞，益重予一人之愆。古人有言曰："吉人爲善，惟日不足；凶人爲不善，亦惟日不足。"汝等欲爲吉人乎？善莫大於孝弟。欲爲凶人乎？不善亦莫大於匪孝弟。家之升降在兹，天之視聽惟人，勖哉小子！惰四肢，棄三物，私財貨，悖天常，逐時遷業，怙勢陵人，犯上虐下，疏内惇外，崇偽縱奸，違禮背義，有一於此爲凶德，其胥勖哉！言有章，動有禮，肄業精，修職謹，入恭出敬，崇儉睦鄰，忠君信友，尊德樂義，涖官循良，謀慮深遠，信能行此爲吉人，其胥勖哉！於惟典常，六經孔彰，進德入道之門，有家終身之用。惟小學，惟家禮，若啓蒙，予竊有《克己示兒編》。爾克勖，乃惟劉氏之良，斯亦無忝於先人，家其永孚於休。爾勿勖乃非吾族家，罔不索其削爾籍，任爾之無俾登我堂，以污亂我譜。嗚呼！尚胥慎聽之哉！

　　嘉靖戊戌中秋後二日，鳳川子手書。

西郊野唱引

　　西郊野唱北樂府者，今所謂金元曲也。旁批：南詞傷於軟媚，當以北曲爲正。蓋是體始于金而盛於元，故云。旁批：議論極當，亦足見公之多能矣。北方風氣剛勁，人性樸實，詩變之極，而爲此音，亦氣機之自然爾。歌唱之餘，真足以助英夫壯士之氣，而非優柔齷齪者之所知也。正德以來，南詞盛行，遍及邊塞，北曲幾泯，識者謂世變之一機，而漸返之。返之，誠是也。世顧以爲胡樂而鄙之，豈其然哉？

予曩在京師嘗聞爲渾不似之胡樂者矣，在塞下又嘗聞諸胡倒刺之聲者矣。曠寂悲哀，真與秋風胡笳相應。李陵所謂不入耳之樂者是也，何嘗有此音調哉？夫大河南北，泰華東西，實古中原之地，聖帝明王之所經營疆理，以立人極者也，豈金元氏所得而私之？今言詩者，必上唐與漢魏，若曹劉李杜，孰非北產？雖三百篇，何嘗有楚越之風耶？蓋是曲得天地之正氣，爲中原之正聲。周挺齋以西江之人，而定中原音韻，非無所謂也。我聖祖郊廟大慶樂章，亦皆用其腔，旁批：有考據。而爲一代和平之聲，豈樂因襲者乎？其民間之歌，或傷于雄厲急促，在調之者何如耳，明眼者當自識之。

予西北鄙人也，不敢從東南之説爲軟美之調，林野咏歌，恒爲是體。間成南詞，亦略兼北音，歌之始得和平，以合絲竹，暢幽懷。積久成帙，命子侄録之，寓以是名，不拘套數散曲，惟以時之先後爲序。在維揚西夏四曲，皆首録之。惟文林所作，自成集不録。觀者不能無感慨於其間云。

猫食鷄雛

碩鼠害田稼，迎猫以食之。賓祭供翰音，畜勿失其時。嗟哉二微物，民生日所資。邇來猫乳子，夜夜窺鷄塒。小雛食欲盡，大雛自悲疑。一夜四五驚，不栖舊巢枝。鼠來翻甕盆，相視若弗知。主人赫然怒，命奴縛來笞。數彼失職罪，拷掠無完肌。詰彼貪害情，剪耳血淋漓。而猶不肯悛，磔腹斷頷頤。作詩戒餘猫，慎勿效其爲。

勇退問

縣大人朱公視篆三日，即出郊垌，旁批：形容曲盡如良工之點化。旌旗蔽空，鼓吹震霆。旁批：色色可人。乃下桂樓劉子之廬，載式載憑。劉子駭愕，倒裳出迎。乃叙揖讓，乃坐茅楹。禮爲賓主，歡若生平。

大夫問曰：“子之居此，胡卜胡差？予履其田，高下塉堌，旁批：句俊秀。半雜石沙。入其村，僻陋曠寂，居僅數家。登其堂，土階茅欄，棟宇不華。吾聞子弱冠而取鄉科，强仕即歸烟霞。錢寧靖〔一三〕急流勇退，邵東陵青門種瓜，高風凛凛，至樂無涯，不亦可嘉也耶？”

劉子對曰：“村農少小志學，方期進取，悠悠半生，與世無補。拙迂所如而難合，不能折腰以納侮，既定省之久違，假給由以解組。年豐而菽水足供，日暖而茅堂歡聚，不能積玉以堆金，安得崇堂而邃宇？德愧前修，志無外慕，斯農夫之善經，腐儒之家數也，又何足語乎？”

問曰：“時見善宦而歸者，甲第雲飛，沃壤星垂，居則列鼎重裀，出則乘堅策肥，鄉閭仰視，親友嗟奇。子倅兩郡，先後八期，顧乃居第僅同齊民，應門惟一牧兒。青襟白首，盡日而談無倦；敝車羸衞，終歲而無所之。不戚戚於富貴，鮮落落以隨時。顓顓泄泄，如玉如芝，子亦有所師乎？”

對曰：“窮師孔、孟，達師皋、夔，吾儒事也。村農出不能報國恩，入不能養親志，躬耕課子，以力報賜，鷦鷯巢林，樗散出肆，安知其非是也？”

問曰：“予初與子之接，异其貌；既而見子之居，高其操。

今乃聞子之言，諒其心，隨又閱子著作，契其道。子弗鄙我，盍盡言以相告？"

對曰："籬鷃雲鵬，飛止殊程，昏昏豈能裨益於昭昭？千慮或有一得之可呈，持身之道曰敬曰誠，處事之道惟公惟平；涉於私則蔽，鑿於智匪貞；本之以清勤慎，守之以謙忍恒。此爲政之大節，鄙劣所嘗歷經者也，外此非所能焉。"

大夫笑曰："吾非是之問也。吾嘗屏迹故山，友安期而師關尹，雖叨老榜科名，將終身以甘隱遁，暫覽勝於名邑，非平生之素悃，有約山靈，無心政本，願子廣之，勿更招引。"

對曰："疲民望君，如日如雲。軺車戾止，萬物欣欣。雄才大器，宜民宜人。纔出未可以圖處，行道安得以謀身？請回高志，用福庇民。"

大夫笑而不答，村農莫測其因。數月政成，墜舉抑伸，弗謁當路，弗禮權門，懇以乞休，靜以養真。左右諫而弗納，僚友語若弗聞。乃携酒殽再下桂樓之村，語劉子曰："吾前有言，子弗以爲然。兹已挂冠，釋負而息肩，行將入節灘頭，游賞三休亭下吟眠。歐六一免描畫而驅逐，羨門子執羽蓋而蹁躚。子無金玉之贈，盍效仁者以言？"言已若有重獲，儀度暢閒。劉子憮然嗟羨，卒不能對，再拜而賀，遂颺言曰："陶靖節官彭澤，八十餘日而去。今大夫宰吾芮，乃八閱月而歸。靖節吾所希，每誦遺言而起遐思。大夫吾所師，欲操几杖而不能追，寇君不可借，鄧侯挽不回，櫽括問對之言，殊慚餒飣之非，再無奇語以壯行麾。"爲之歌曰："水汩汩兮東流，愈趨愈下兮何時休？障狂瀾兮砥柱，勇退歸兮孤舟。舟杳杳兮水悠悠，望美人兮河之洲。"歌已，又爲近體數絕，效陽關三疊之意。异日，載酒東郊以祖大夫，命童子次第而歌，主客從而和之，歌而飲，飲而歌，歌飲循環而更迭，於是賓主如痴如夢而別。

松坪高壽鍾封君夫婦松坪其號也

松坪高，數千百仞凌青霄。旁批：蒼然高古。我山夾批：鍾尹別號也。巍巍蟠其下，熊頭時住夾批：二山名，在辰溪。皆兒曹。大酉小酉相鼎立，夾批：二山名，在辰州辰溪。十洲三島同游邀。奇葩异卉盡逞毛髮媚，竹塢柏臺恒爲蒼翠交。霜風凛凛柳風和，千巖萬壑淅淅聲如濤。坪高高兮松青青，余難老兮夾批：余翁内姓。鍾長鳴。慣栖仙鶴枝頭滿，屢食蟠桃羽翰生。山即我兮我即山，我山誰敢妄躋攀？丹霞翠壁朝夕互掩映，長材巨木錯落五雲端。松之坪，山爲我，雄鎮江湖如岳隨。興雲致雨潤遐方，蘇息萬民出烈火。萬民祝頌口成碑，早晚恩光下玉墀。野叟載歌松坪高，綿綿福壽無窮期。

沅江遠送北野子之官

北野奇男子，慷慨恢廓，有萬里封侯之志，兩倅滇南無難色。予作此於臨歧歌之，以壯其行而鼓其氣，至五疊而不厭，蓋不獨若昔人《三疊陽關》區區以惜別也。事一室者，惡知豪士之志哉？

沅江遠，鄰交緬，西南夷夏重門楗。旁批：氣雄學誠杰作也。帝德弘敷萬里餘，千年誰復說蒙段。行不裹糧海不波，羊腸九折皆平坦。

元江[一四]遠，蕭郎行，輕車熟路不須停。懸弧便有四方志，异域封侯班仲升。拔劍高歌對尊酒，丈夫不戀兒女情。

元江遠，山水好，玉臺目樂夾批：元江三山。峰縹緲。石間迸出溫玉泉，禮社之江向城繞。紫檀黃薑烏蘇目，蟒蛇膽虫孔雀鳥。吾儒元不厭清貧，象齒南金任渠寶。

元江遠，地氣偏，三伏暑熱非中原。殊風异俗要隨宜，旁批：

亦班定遠之意。水若太清魚不淵。忠信篤敬終身符，仁人孝子難求全。

元江遠，太行高，相思相望路迢迢。晝繡過家躬祭掃，承恩倅郡獨賢勞。賢勞莫作北山賦，銅柱還將勛業標。誰道遠臣無近澤，徵書早晚下丹霄。

農民苦

農民苦，何若從前事商賈？旁批：寫得生色。商賈寧論千萬金，但使流通貨可估。目語額瞬機智高，計日收嬴健似虎。姓名脱去糧差籍，不解耕耘與機杼。欲食得食衣得衣，肥甘綺麗酣歌舞。金多更去結豪貴，茫得傍風與上雨。舟車鞍馬第宅新，笑殺農民終歲沾泥土。農民難，何若捷途營補官？一朝得志沾恩命，氣宇軒昂改舊觀。只知小處官人大，不將職分脚色看。楚猿衞鶴憐童稚，鼓吹肩輿忠靖冠。萬倍利息光破屋，殄民膏血及心肝。百孔千瘡到處補，乞哀昏夜將人謾。童僕揚揚妻子悦，笑殺農民終歲受飢寒。商賈樂，官人尊，不似農民日夜勤。年年水旱常相半，色色官租只要銀。貴銀賤穀卒難辦，盍分緩急富與貧？農民苦，此時最，厲鬼客星妖聚會。東司纔出又西衙，時聞捶楚聲相繼。旁批：可爲隕涕。湯火之中更助薪，四端情性與人背。男女哀號父子離，村空舍曠鴉鵲栖。禾苗長茂渾蒿草，麥田得雨不耕犁。古云苛政猛於虎，直當三復詩碩鼠。不知今日觀風者，採得閭閻此苦否？

少年行

貴家公子富家郎，飽食暖衣屋雕梁。招師往教長驕惰，喜得讀書記性强。悠悠不事鑽研力，放曠何曾知義方？恃勢倚財凌長老，欺天行詐僭侯王。紫絨襪套雲頭履，紵絲鶴氅色沉香。凌雲巾子亂忠靖，緣邊壓綫金輝煌。駿馬銀鞍增意氣，搖搖傘蓋生清涼。有時更乘肩輿過，青衣白面列成行。呼盧換彈縱鷹犬，輕彈慢舞飛瓊觴。貧兒換作天上人，前趨後擁相奔忙。獨不見絳商富，豈無金玉韋藩木棍過朝堂。又不聞翟黃賜車逼人主，誤觸子方驚且惶。爾有何功又何分？而乃敢爾肆猖狂！涼風蕭蕭萬木摧，旁批：結尤好。恐急吹爾難獨當。

示諸兒

憶昔前輩人，務本而敦倫。旁批：真情雅教，藹然懇惻。讀書貴專精，耕樵向晨昏。出則敬長上，入則孝親尊。服舍事堅樸，文質稱彬彬。發言少虛僞，制行多貞純。外戶或不閉，人人足饔飧。農商自冠履，罔敢擬儒紳。租賦依時供，雞犬聲不頻。弘治改元初，我方七八春。未堪家多難，號泣呼蒼旻。雖居重慶下，不得候祖門。母子依外氏，勞父往來奔。己未武邑來，舌耕筆爲耘。辛酉領賢書，丁卯始卜鄰。吾母與爾母，夙夜多苦辛。雞鳴上礲碾，抱子繫腰裙。清晨事爨釜，旁批：言人所難。不翅婢僕云。旁批：安貧可知。半世無定居，創兹桂樓村。甲戌倅維揚，戊寅蒙調恩。庚辰改西夏，終日望白雲。假給由省侍，衷情當路陳。乙酉便道歸，屋漏見星辰。反不若逆旅，所需無所因。惟喜供菽水，椿茂萱芳芬。郊野督農耕，草堂課學文。爾等參差長，各各效力勤。耕頗足衣食，學爲席上珍。雖未見大成，亦各能日新。任他驕富貴，莫我厭清貧。同舟期共濟，到處是通津。若冒爭先險，安流生妖氛。詩不碧紗籠，紅袖却拂塵。陰陽有消長，歲月有寒温。順理趁時爲，屈當終有伸。力爾各宜勉，職我獨愧存。祠堂未鼎建，丘墓多荆榛。老懷常耿耿，不孝罪莫伸。連喪我父母，人事直遭迍。不敢乖典禮，所欠者惟銀。向平債爾了，韓子屋廬均。耕讀不相妨，任爾爲合分。爾曹當憫我，爾亦有兒孫。千古元一理，要體我心身。庶幾全孝義，不愧虞周民。

興武營病中雜述

策馬東行擁旆戈，<small>旁批：寫景真而寓意切。</small>耳聞眼見更殊科。百年城古形猶勝，五月邊深氣始和。雨後山原蒿作陣，風來堡寨沙成窩。馬蹄橫野恣馳牧，人語雜胡縱笑呵。守隘正須地得利，徹籬寧用兵如河？禦來備去專長策，覘北窺南任短梭。出位有思真妄爾，素餐無補奈慚何？客懷兀兀臨書蠹，官況蕭蕭侮病魔。夜坐青燈千感集，朝看白髮半頭多。梁間燕子聲頻繞，墻外鶯兒語漸過。砧杵趁晴歸別院，牛羊逐晚下前坡。他人看好身何益，安得身閑對酒歌？

大雪節後落雨

維揚冬雪常爲雨，半空聞若水聲流。<small>夾批：次年有宸濠之變，駕幸揚州。</small>夏州八月却落雪，西風馬上擁狐裘。西北東南氣候偏，當時尚作非常憂。況此中州大雪節，寒風徹夜驚颼颼。不作雪霰却作雨，無乃地氣同遐陬。試問堯夫聞杜宇，洛陽冬月雨曾不？

辨惑愚得

或問曰："爲人後者不顧其私親，禮與？"<small>旁批：分析百代之得失，體貼先王之情禮〔一五〕。辦論窮極〔一六〕，處置安妥，當爲萬世立後者之標準。</small>

愚得子曰："禮也。"

曰："私親何以稱？"

曰："伯叔之也。"

曰："伯叔非天也，而可乎？"

曰："禮有常有變，常有經而變有權。權而得中即經也。何謂人而非天也？爲人後者爲之子。夫既爲之子，獨不可爲之父乎？兄弟之子，猶子也。父之兄弟，非諸父乎？猶子、諸父，所爭毫末耳。於所後者爲父，於所生者爲伯叔父，分也，天也，情也，禮也，何不可乎？”

曰：“歐陽子《濮議》不云乎？子未有不由父而生者，故爲人後者，必有所生之父，理之自然也。若自諱其所生，而絶其天性之親，視以爲伯叔父，以此欺九族，而亂人鬼親疏之序，曾禽獸之不若也。使其不忍而外陽絶之，是大僞也。此閭閻小人苟竊欺僞之所爲，非萬世之通制，天下之至公也。如我仁宗至聖至明！詔天下曰：‘是濮安懿王之子也。’”

曰：“‘濮安懿王之子’，則其爲所生父可知矣。蓋謂所養父，所生父，經典有是言矣。謂其父爲伯叔，無稽也。”

曰：“是正所謂執私意，溺偏見，以辭害義者也。既曰所生父，則自與餘伯叔父不同矣，但不可稱兩父而宗之耳。何嘗諱而不言以絶之哉？若仁宗既不諱其後，則英宗稱仁宗爲父，稱濮王爲皇伯父，有何不可？而謂效閭閻小人諱之絶之者何在也？其所諱者仁宗乎？英宗乎？何言之反覆不倫也？”

曰：“韓公何以是之也？”

曰：“此所謂似是亂真而惑人者也。蓋父子之情天性也。若己爲人後，極其富貴，壓於所後，於其所生不得盡其尊禮，人子之心所共歉也。一聞近似之説，孰不爲之動乎？《儀禮・喪服・斬衰》曰：‘爲人後者。’傳曰：‘何以三年也？受重者，必以尊服服之。’《齊期》曰：‘爲人後者，爲其父母，報。’傳曰：‘持重於大宗者，降其小宗也。爲人後者，後大宗也。大宗者，尊之統也。’其服既降，其名稱獨不可降乎？若不隆不降，謂所後爲伯叔，所生爲父母，又何必曰‘爲人後’與？伯叔何以喪三年？父母何以期與？譬之君臣，本以義合禮君前臣名。《春秋傳》所謂書退是矣，統於尊也。忠孝不兩立，不能順其親也，故曰君臣父子恩義。喪服無不同也，君可以奪父，所後不可以奪所生邪？正《喪服四制》所謂'門内之治恩掩義，門外之制義斷恩'者也。《禮經》之義明白易見，在在如此，何必曰'爲人後者爲其父母降而稱伯叔'，然後爲有稽與？是皆不通之甚者也。歐子既濬其源，波流遂至滔天。有曰伯叔父子之名，乾坤定位也，若其可移，猶江可移爲河，嵩可移爲岱也。斯事也，堯舜以來所未有也；斯言也，周孔以來所未聞也。嗚呼！是何言與？是何言與？乾坤固爲定位，然日月星辰孰非乾？山川草木孰非坤？當夜行也而必以月爲日，當處卑也而必以川爲山，可乎？瀹濟、漯而注之海，決汝、漢排淮、泗而注之江，孰非江海？而尚可以入江海之水爲濟、漯、淮、漢乎？其亦不思甚矣！有曰：'無子立後，血氣已絶，氣脉不可强通。雖曰立後，實則無後。聖王重拂人情，因謂之禮。'又曰：'立後之事人情所爲，非真實能繼於永遠。'嗚呼！斯殆兒童之見，以己之私心偏見、僞言詭辭，妄窺聖王至誠至公之道者也。蓋兄弟之身皆父祖之氣也[一七]。故大宗無子，以小宗支庶之子繼之，本一血氣也。譬之木焉，正幹枯而傍幹榮，枯者剥落，榮者滋益長茂而正之，無損其木之一本。而曰'血氣已絶，氣脉不可强通'者，一何謬也！先儒同姓异姓之辨，又何説也？且其人嘵嘵然自謂知道知禮，將誰欺乎？嗚呼！斯言行則辜立後者之心，寧棄大業於异姓私昵，而不顧血屬之昭穆，灰爲人後者之意？寧負養育付托之恩，而惟顧私親之小宗，率天下而禍之者必斯言也。其害豈淺淺哉？歐陽子又云：'斯議也，偶不爲人後耳，使其自度爲人後而忍爲此言，以不恭不愛待其父母耶？'予亦曰：'斯議也，偶不乏嗣耳。使其自度無子，而以兄弟之子爲嗣，其必是魏明之詔，尊師丹程子之議而叱諸説矣。'忍受爲之後者，辜恩負義，忘其大統，顧其私親而肯以大業與之耶？"

曰：“魏明之詔度已無子，預爲是説，非通義也。予亦曰：先王制禮，不預爲無子者設，何以有爲人後之禮耶？”

曰：“漢宣之考史皇孫何也？”

曰：“昭帝，宣之叔祖也。宣以兄孫入繼大統於昌邑廢後，俱孝昭悼園没後事也。旁批：的見。又孫無考祖之義，悼無兩考之嫌，不稱皇考而奚稱？且廟立於奉明園而不稱禰以主祭，不祖戾太子以干正統，何不可之有？”

曰：“何以稱昭帝也？”

曰：“叔祖考、皇祖考，皆可也。”

曰：“是不類衛輒不父其父而禰其祖乎？”

曰：“否，不同也。蒯瞶得罪於父而出奔，輒據國以拒父，皆無父之人也，故孔子爲正名耳。使蒯瞶以疾而卒，輒爲嫡孫，豈不當立耶？三代以來，有以祖孫、兄弟、叔侄相繼立者不一，而一主於大統，初不是計也，故九廟七廟之制，昭穆世次不可豫定，馬端臨所謂‘雖晦公無以自處，不能不變其初説’者是已。宣不可以孫繼祖，而必欲以悼園爲孝昭後，可乎？”

曰：“哀帝定陶之稱皇立廟，禮乎？”

曰：“非也。禮，嫡子不可後太宗，況一子豈可爲人後？哀與定陶爲嫡子，又止一身，而可棄其父，爲若敖氏之鬼而後成帝以繼太宗乎？當成帝立嗣之日，既以不才不用孔光中山親弟之議，而欲立哀，師丹等何不熟思審處，援經據禮，謹之於初，而顧欲爭之於後耶？哀帝苟明此義，必不從。傅太后預結帝之親信以圖嗣，當徵入之日必力辭而不奉詔。辭之不得，則當竊負其父之主以逃。旁批：正大之論。當時若得其情，師丹等必有所處，豈欲二月立爲皇子，至十一月始立楚孝王孫景以嗣定陶邪？不知此義，而棄其父以利天下，是不孝也；明知此義，以圖後日之計而欺君罔人是不仁也，是皆背禮自私者也。觀其立景之時，哀欲入謝，真情畢露矣。閻崇以爲不當謝，逆成意也；趙玄以爲當謝，逆哀意也。及詔問狀而左遷玄，以丹代爲太傅，吾知丹於是時難爲處矣。蓋定陶本有子，而使之爲人後以絶嗣，却以楚王孫爲己後，若相易貨然，是皆利之也，私之也，非情也，謬也，非禮也，定陶之神豈能安？哀帝之心豈終無怨悔乎？一時君臣母子之失非小也。雖言之諄諄，徒增疏戻，果何益乎？丹之言曰：‘孝成皇帝聖恩深遠，故爲共王立後奉祀，令其常爲一國太祖，萬世不毀，恩義已備。陛下既繼體先帝，持重太宗，承天地宗廟社稷之祀，義不可復奉私親祭入其廟。今立廟京師，而使臣下祭之，是無主也。又親盡當毀，空去一國不隳之祀，而就無主不正之禮，非所以尊厚共皇也。’嗚呼！丹等之處既失於前，不可改救，必如此，庶亦可於情理兩盡而無嫌，可久而爲當也。而議者猶欲云云，不幾於愈失而愈遠邪？哀帝竟以一己之私，聽冷褒、段猶、朱博、魏相等之邪説，去定陶藩國之號而稱共皇，立廟京師，自主其祭，徙景爲信陵王而弗嗣定陶。蓋共皇既不可入祖廟以亂正統，又不得專祀其國以爲太祖，是哀帝既稱成帝以入祖廟，又禰共皇而主定陶，真二考也，而可乎哉？譬之爲富室之後者，所生父母從而衣食之，然而家產終非其有也。曷若從其別子自食其家？雖不能如富室之豐，旁批：人情。而心安意適，父子一家，其樂爲何如耶？所後富室之子所得甘美，時時遣使奉薦，自盡其心，情也，禮之所不禁也。若以景主廟祀於定陶，帝惟於大内便室設位陳衣冠，時私享薦，止於帝身，庶合禮。庶子爲君，爲其母築宫，使公子主祭之意也。若如哀帝立廟京師，則爲百世不遷乎？并於太祖不可也。旁批：直窮到底。隨世遞遷乎？遷於何所？皆不通也。或者又以爲廟必有寢□□□，逮其親既盡當遷，則藏其主於寢，四時不祭，惟於歲暮一祭如祫可也。大凡廟制，前廟以奉神，後寢以藏衣冠。今制，後寢各室藏主，前廟惟設神位，祭時設其衣冠，畢則藏之。藏主於寢非古禮，設主於廟非今制，若時異勢殊，安知無別議乎？一己一時之私情，安能通天下後世乎？不特二統之嫌而已。若曰侯帝有餘子當繼定陶而專祀，不知其祀於京師乎？於定陶乎？旁批：直窮到底。若於定陶，則京師之廟存乎？毀乎？若存而帝祀之，定陶又祀之，是定陶有大宗小宗二祀矣，而可乎？若毀京廟而獨祀於其國，則定陶二字可復加皇后等字，可復去乎？不加不去，諸侯可以祖天子乎？是又不通之甚者也，吾知定陶之祀斬矣。厥後哀帝無嗣而崩，平帝以中山王子入繼。王莽竊政，追貶共皇二后之稱，更爲藩服之妾，隳共皇之廟，徙謫褒、猶等官。然則前日之迎合尊禮之者，適所以爲今日戕辱之地也，非惟哀帝無顏以見成帝於地下，亦將深怒褒、猶等之誤己也。大抵議禮處事不可設於有心，苟設於私，雖幸得一時之榮寵，未有不反中其身以禍其後者也。若平帝於哀，乃入繼大統於既崩之後，而非預養於宮中以繼嗣，考不考皆可也，而不追崇，中山王則得其正矣。”

曰：“天子不可爲人後，爲人後者爲之子，乃士庶人之禮，豈可援以爲帝證耶？”

曰：“此言爲天子者既承大統，更後何人而承何統耶？譬之宗子不可以後支庶也，天子不可爲人後也，人顧不可爲天子後耶？宗子不可爲支庶後也，支庶顧不可後宗子耶？爲是言者真自誣也，而可以誣人耶？”

又曰：“《禮・曾子問》曰：‘君去其國，大宰取群廟之主以從。’哀立共皇廟於京師，正此禮也。”

曰：“《禮》所謂去國者，去諸侯之國而爲天子乎？以他故去國而爲寓公乎？若入爲天子，而以群廟之主從，則將盡毀其天子宗廟之主，而奉其國群廟之主以易之，有是禮乎？不究禮之爲禮，而竊近似者以惑人，且曰人不知禮，一何謬與？”

曰："立廟稱親固不可，而稱皇可乎？"

曰："不可也。人子於親，心雖無窮而分則有限。孔子曰：'生，事之以禮；死，葬之以禮，祭之以禮。'所謂禮者，分也，功德也，非特以位而已也。周公成文武之德，追王太王、王季。蓋以太王肇基王迹，_{旁批：極是。}王季其勤王家，文武所以受命之本也。周公成先志德，因以爲萬世追崇之禮。至若郊祀后稷以配天，宗祀文王於明堂以配帝。雖以義起，而稷教稼穡，實開有周之始，非特周之子孫當祀，雖天下萬世皆當祀也。後世無稷之祖，而始祖配天之議未定，如宋僖祖之議者，至我朝郊祀，始配以仁祖，後唯以太祖、太宗始得其正，正以《周禮》之追崇，非後世所可妄擬也。若舜受堯，禹受舜之天下，而不尊崇瞽瞍與鯀者。雖曰追封之典未備，而其受命亦非文武比也。蓋舜、禹之德、之功，雖可以有天下，而其位則受之於人，非藉祖父之基，亦非創業，自己無所拘礙，得以尊厚其父祖者也。專奉傳位之祀重大統也，尊養所生之父重大倫也。孟子曰：'爲天子父，尊之至也，以天子養，養之至也。'尊之養之，子之職其克盡矣。子之位非敢上其父也，是未嘗不父其父而疏之也，未嘗不君其君而負之也，舜、禹、文、武，其道一也，何必虛名其父爲天子，必與其傳位者并立？使彼此疑忌，心不獲安，然後爲孝耶？昔人有二子者，伯賢而致位通顯，仲愚而不治生業。其父責之，乃反詰其父曰：'父以伯兄爲孝耶？殊不知兒愚之爲大孝也。'其父曰：'何謂也？'曰：'伯兄位高名顯，人謂其父者必曰："是某官之父也。"人知有伯兄而已，父因伯兄而重也。至於兒，人則曰："有是賢父而生此愚子"，則父之德愈彰矣。父以兒而德彰，顧不孝於伯兄耶？'父笑而置之。今議者必欲加其父以子位而爲孝，寧免愚子之笑乎？"

或又曰："人臣之心皆欲尊顯其親而追崇遵後世之禮也，獨於人主欲遵三代以前故事，使視其親如路人而不得追尊，是人臣之自處過厚而處其君過薄也。若漢文以支庶入繼，推代來恩，陪臣皆遷秩，子女弟妹皆增封，何獨於父母而不得尊崇耶？”

曰：“是何言之不類也？人臣皆欲追尊其親者。果為人後者，襲其養父之職，而復顧其生父耶？旁批：破得倒。抑皆無所拘礙者耶？且以今之藩國及武職論之。有親王嗣絕而以郡王入繼者，未聞追崇其父之郡王為親王也。旁批：愈明白。有公、侯、伯、指揮等官嗣絕而以兄弟、侄孫襲繼者，未聞追尊其所生父為公、侯、伯、指揮等官也。又況文臣仕至通顯，未得給由，未任京職，不蒙追尊其親者亦多，何謂臣自處厚而處君上薄耶？所謂事有常變，不可齊一。若不論義禮，不拘經權，而獨論其心，所謂博施濟眾，堯舜其猶病諸，否則不奪不饜矣。其陪臣遷秩，子女貴重之擬，猶為無謂。蓋用人取其才賢功能，人君之職也。其弟妹子女得隨其兄父貴重者，亦古之親睦九族之常典，如舜之有象封之有庳而富貴之，乃上之與下無嫌無疑。天無二日，而星辰則百千也；人無二王，而公侯、卿大夫則百千也。《禮》：‘賤不誄貴，幼不誄長。’人臣稱天以誄其君，以是為證，又何妄耶？”

又曰：“孝親縱使越禮，亦君子過厚之情，孝道多方，皆當屬善。人臣當將順之，何苦以去就爭？噫事之無害於義者，從俗可也，況過厚乎？若害於義，毫髮不可僭差也。孟子不曰‘不得，不可以為悅’乎？若不顧禮義，而徒以過厚為善，則魯之郊禘，三家之僭禮，孔子不非之矣，君子過於厚，豈謂是耶？”

又曰：“《春秋》之義，母以子貴，庶子為君，得以稱其母為夫人，父獨不可以子貴而稱帝耶？”

曰：“母以子貴，公羊子之創論，聖經無稽也。《禮》：‘庶子為君為其母，無服不敢二尊者也。’故胡子曰：‘欲崇貴其所生則賤其父，欲尊寵其所愛則卑其身。卑其身則失位，賤其父則無本。'魯惠公欲以妾爲嫡，隱公成其志，而啓弑逆之禍。厥後僖公尊其母而葬附之，故《春秋》於天王歸仲子賵則名其宰於賵，會成風葬則去其天而嚴以示貶，於考仲子之宮及致夫人，則書其越禮以志變。公羊子之言果何所據而爲定論乎？自是人子欲私其親者，皆踵爲之以爲孝。至漢孝文、孝昭之稱太后，匡衡、韋玄成等但争其非嫡不可入廟配食而已。其别廟稱尊不知其越禮，非《春秋》之旨也，而可乎？"

曰："光武之不可追封南頓君是與？"

曰："非也。王莽篡弑，漢統已絶十八年，光武奮起民間，雖曰中興，實爲創業，初未嘗受平帝之傳，但當祖高皇而帝，四親春陵以下皆追崇之，雖上祀長沙以天子之禮，足爲七廟亦未爲過。惠、文以下，至於哀、平，通作祧毁之主祔之高皇太祖夾室大祫。一祭可也，_{旁批：處置。}或祀於長安高廟亦可也。"

曰："與南頓以上何以序昭穆也？"

曰："不必然也。南頓以上既有四時之祭，禘祫不必與之同，或别廟别日皆可也。_{旁批：處置。}張純、朱浮以爲人後爲言，過矣。"

曰："如子之言，則凡自支子入承大統者，於其生稱親、稱帝、立廟、主祀皆不可矣。如元之廟制，睿、裕、順三宗皆未嘗爲帝，而以昭穆列於太廟，何也？"

曰："裕、順二宗以成、武故，以臣之卑并君之尊，失固不小。至於睿宗，以世祖故而去太宗、定宗二廟之主，置之閏位，直繼太祖。當時君臣忍心背理，一至於此。蓋君子不以親親害尊尊，生爲臣子，北面事之，死以子故，覥然居君之上而奪君之主，此夷狄禽獸之道也，尚可以言吾華夏帝王之禮乎？昔魯僖公繼弟閔公而爲君，文公夏父躋僖、閔上。《春秋》書曰：'八月丁卯，大事於太廟，躋僖公。'傳曰：'逆祀也。'説者謂君臣猶父子也，君既授以國，則所傳者雖非子，亦有子道焉。傳之者雖非父，亦猶父道也。當嗣者乃以兄弟之故，不繼所授而反繼先君，生則以君臣事之，死則以兄弟治之，忘生背死，逆天無祀也。躋猶不可，況可奪而專之乎？律以《春秋》之法，當與弒逆同科，豈特全親親之恩，失尊尊之禮而已哉？尚可挂之齒牙間邪？」

曰：「宋英之於濮園，是非何決？」

曰：「程說至矣。帝聞司馬諸臣之言，輒會罷議。後雖以太后之命稱親，乃與政府從容諭議。初無固執之心，未嘗立廟京師親祀也，未嘗追尊爲帝也。於正統無嫌也，於仁宗無負也，於太后無違也，於正言無忤也，於迎合無信也。濮園之繼祀最久，與他藩異者，是皆帝仁厚所致。當時諸臣之力，豈漢哀可同日語哉？其執私意，溺偏見，迎合取寵之徒，乃猶非程而是歐，且妄肆詆毀，言無忌憚。考歐之言，何嘗有此粗浮氣哉？其謂人曰：‘始於講學之不明，終於執私意’，真自謂也。且喋喋謂彼則喑啞，彼將何辭以應？多見其不知量也。」

曰：「子之言信辨矣，若《家語》所謂孔子與門人習射於瞿相之圃，乃以爲人後者，與奔軍之將、亡國之大夫同科，何也？」

曰：「孔子寤寐周公者也，堯、舜、周、孔一道也。《儀禮》非周公之道乎？《喪服傳》非子夏之作乎？經傳所言服制，於爲人後者，咸無貶辭。魯《論》孔子弟子問答之際，通無一言之及。《春秋》之修，《易》《書》之贊，《禮》《樂》之述，亦無一詞，何獨於習射之際而有是言哉？昔人謂孔鮒之作《家語》，在《莊》《老》《史記》之後，中間不可據而盡信者多。旁批：是。此其一也。爲人後者何可深鄙耶？」

曰：「程子之定《六禮》曰：‘凡配止於正妻一人，如諸侯元妃是也。或奉祀者是再娶所生，即以所生之母配。’是婦人無子可不祀矣，無子立後不猶是乎？"

曰："此非程子之言，或錯簡缺文，記之者誤也。不然，則或有爲而言，未定之論也。蓋古者諸侯一娶九女，元妃之外，皆姊侄媵妾也。廟無二嫡，所以預杜其爭心也。後世士大夫再娶，皆正嫡也，豈可儕於媵妾乎？初娶即元妃，雖無子而死，祭葬皆當配而先；再娶亦元妃也，雖無子，葬祭皆當配而後。非惟再娶也，雖婢妾之子奉祀，葬祭亦當袝於其側。如今制，繼母、生母皆得受封，皆許服三年之喪，與母同也。若以無宗子去而不祀，豈禮也哉？"

曰："晉武帝欲追尊皇帝夏侯夫人〔一八〕，任茂、傅玄等謂：'夫人初歸景帝，未有王基之道，不及帝統百揆而亡，后妃之化未著遠近，追尊無經義可據。'宋臣嘗引之以正太宗淑德、懿德之追尊，程子之言本於是也。況女婦未廟見則不成婦，諸侯未踰年則不成君，初娶早亡，去之宜矣。"

曰："夏侯夫人果未及廟見而死乎？抑未及景帝成功而死乎？皆未得而知也。武帝、太宗竟不從諸臣之議，必有見焉。"

曰："禮，婦無子，去。生而無子尚可去，死而無子獨不可去，廟祀乎？"

曰："無，去之。禮，無子者，固當去。'三不去'之禮不曰'前貧賤後富貴不去'乎？玄等謂夏侯夫人'不及帝統百揆而亡'，是貧賤之妻也。假使不死無子，而可於'統百揆'後去之乎？程子之言殆不如是也。大抵君未踰年無子不必立，後婦未廟見而亡，不必配葬祭可也。若概以無子語之，則以庶奪嫡、以私滅公者接迹於天下矣。"

曰："後世再娶，既非媵妾，元娶無子又不可去，旁批：緒餘。若葬祭位次則如之何？"

曰："元左而繼右，夫居中也。"

曰：“豈神道尚右之意乎？”

曰：“神道、人道，皆當尊左而卑右，三代之達禮也。古人以右爲尊，神道尚右之説，皆漢儒傅會以惑儒先者也。”

曰：‘《朱子家禮》：祠堂之制，以右爲上。其答陳淳之問合葬曰：‘祭以西爲上，則葬亦當如此。’朱子豈漢儒之所能惑乎？’

曰：“天道左而陽，地道右而陰，尊卑之分截然不可紊。尊右之説，專指地而言。如凡婦女尚右之意，非謂地尊於天、陰尊於陽之意也。觀朱子葬劉夫人，虛其東畔，則出於其心之自然。第以漢儒之説因襲既久，未遽釐正而姑從衆耳。若我太祖高皇帝以天縱之聖，契千聖之心，肇復尚左之制，郊廟之位、百官之序皆因之。又令庶民之祭曾祖居中左右襧，真與天地同道，陰陽合德，掃千古之弊習，天下萬世所當遵行。生今之世，爲今之民，幸莫大焉者也。而猶溺尚右之説，不亦惑之甚而未深思乎？”

曰：“子定家傳葬祭皆如此，是矣。其祠內東曰支昭，西曰支穆，豈以昭左而穆右以分尊卑乎？古人昭穆之義不如是也？”

曰：“長寧周氏不云乎？古人於昭穆之列，室事則南北向，堂事則東西向。蓋左爲陽有明顯之義，右爲陰有深遠之義。非專以向南爲明顯，向北爲幽深也。支昭、支穆，即合享分昭穆之義也，又何有二義乎？”

曰：“始祖之祭，立春合享，不亦僭乎？”

曰：“創業垂統、功德服制，通於上下，秋雲談氏論之詳矣，非予一人之私言也。”

校勘記

〔一〕底本無此標題，爲編者所加，後同。

〔二〕“旁批”，後文“主意極是”爲底本批語，“旁批”二字則爲編者

所加。劉氏文集中，有較多評點批語，編者統稱爲"旁批"或"夾批"及
"眉批"。除"評點批語"外，尚有一些文字屬簡注或説明等，一併歸屬
"旁批"或"夾批"。以下全書同，不再出校。

〔三〕"今之"，後卷《劉鳳川遺稿》所收《奉椿集》作"今之文"。後
卷《劉鳳川遺稿》共收八種著述及《文集題目》。《劉鳳川遺書》中所收的
若干詩文，同時又見於《劉鳳川遺稿》所收不同文集。《劉鳳川遺書》與
《劉鳳川遺稿》中互見的同題詩文，題目及文字略有差異，差異處皆出校勘
記。全書出校時，統一簡作"不爲：《奉椿集》作'不爲其'"云云，或
"此詩又見《揚州集》共二首"云云，不再繁稱"今之：後卷《劉鳳川遺
稿》所收《奉椿集》作'今之文'"云云。此説明，以下不再出校。

〔四〕"不爲"，《奉椿集》作"不爲其"。

〔五〕"孝弟忠信"，《奉椿集》作"孝弟忠信以"。

〔六〕"脩"，《讀禮餘録》作"儵"。

〔七〕"鍾"，《讀禮餘録》作"鶏"。

〔八〕"真武像入官毀"，此處疑有文字脱誤。

〔九〕"乎"，據文意當作"平"。

〔一〇〕"穀"，據文意當作"穀"。

〔一一〕"太"，疑增筆而誤，據文意當作"大"。後文"王公太人在
座"，疑亦當作"大人"。

〔一二〕"侯"，據文意當作"候"。

〔一三〕"錢寧靖"，據宋李燾《續資治通鑒長編》卷五五應作"錢
宣靖"。

〔一四〕"元江"，疑即"沅江"，下同，不再出校。

〔一五〕"情禮"，據文意當作"情理"。

〔一六〕"办論"，據文意當作"辨論"。

〔一七〕"氣也"，據後文之意當作"血氣也"。

〔一八〕"皇帝"，據後文之意當作"景帝"。

詩

謾　成

東君昨日偶邀來，花柳迷人眼倦開。不是多情易相挽，玉人苦意欲憐才。

笑折階前石竹花，折來插遍鬢邊鴉。幾回歌舞纖腰困，斜立箏頭手抵牙。

柳樣輕盈花樣嬌，紅桃零落綠荷飄。楚人莫羨東鄰美，一種相思萬口囂。

愛唱時興曲令鮮，鶯聲嚦嚦和絲絃。向人耳畔頻相囑，莫負今宵夜月圓。

生來偏愛桂枝香，蘭麝何曾入縞裳？莫惜終朝携酒飲，恐孤九十好春光。

一從樓上從容話，到處逢人問起居。盡道此情亦不惡，何妨紅葉爲渠書。

中秋會飲

暮雲收盡湛清空，共把金樽對玉容。皓魄十分今夜滿，清光萬里每年同。霏霏粉黛添新媚，個個情懷比舊濃。記得少年折桂處，此身曾到廣寒宮。

徵庵樓上慢盤桓，寶鑒橫空照膽寒。風静纖塵飛欲起，星稀銀漢杳難看。羅裙窣地腰憐細，粉汗□□□覺寬。不管更籌頻換久，任教俗子笑狂酸。

送解守李君考績

夾道牽車不可留，使君東北上皇州。都將愛士憂民政，付與天曹次第收。

秋　興

晴日透簾明，西風滿樹聲。紅芳猶艷麗，黃卷足經營。落落襟懷闊，悠悠歲月更。行藏點檢處，閒看老農耕。

坐對槐花滿樹黃，明年此日爲君忙。曉窗讀罷秋聲賦，真味從今更覺長。

秋雨感懷

唧唧暮蛩鳴，微微冷雨降。人猶處困中，秋又來天上。

中秋無月_{凝翁提學試士至蒲而返}

如篦如弓望望增，旁批：寓意。及逢光滿又如盲。等閑掃却浮雲氣，碧海清天萬國明。

春　日

郊原芳草盡青青，淑景和風日色明。閑坐小窗翻詩傳，東林嚦嚦送鶯聲。

葡　萄

嚴冬枝幹土團漫，一鼓陽和蕚始看。未到三秋足味日，誰人入口不嫌酸？

晉藩夜作

凉月娟娟透絳紗，夢魂幾度又歸家。覺來依舊客樓裏，戍鼓鼕鼕斗柄斜。

送知印李珂歸武邑

都門携手送人離，習習谷風若我知。匹馬南行鄉思歇，孤鴻北向唳聲悽。滿斝沽酒傾將盡，閑訪昔人半已非。此去好爲勤事業，青年準擬副深期。

扇面小景

遠樹陰陰景色奇，旁批：詩中畫。乘舟有客欲幽栖。雲山烟水人家小，黃鳥一聲天外啼。

畫猫爲揚縣宰賦

翻盆窺甕鼠啾啾，攪亂心情未肯休。喜得貍君呈快捷，終宵清夢自優游。

條山滴翠

巍巍直上接雲端，旁批：壯麗。奠我皇圖萬載安。秀拔太行鍾俊彦，雄分少華長琅玕。雨餘翠戟添新色，春老蒼崖盡异觀。不用王維濃淡筆，奇峰怪岫上庭闌。

黃河雪浪

混混泉源日日流，旁批：壯麗。直來星宿海邊頭。倒沉明月雲濤暗，遠拍長空雪浪浮。短棹上應通泗洛，片帆還欲駕瀛洲。西南環帶真天險，千載吾人樂未休。

魏城春色

荒城遥峙北山麓，千載人猶道魏京。春色融融姿瀲灩，女墙隱隱尚崢嶸。園林氣壓君侯氣，絃管聲成野鳥聲。政在大夫國自弱，當年况説萬爲盈。夾批：魏祖畢萬邑也。

水谷秋風

中條山谷水泠泠，剛到秋來灝氣清。岩石乍聞噴瀑布，雲峰直擬擁旄旌。蕭蕭敗柿飛紅葉，琴瑟凉風入素屏。欲向樂全庵裏問，高人安得何南卿？夾批：前進士何南卿，金元亂，爲黄冠創樂全觀於此谷。

南塘烟柳

縣城南畔古塘非，猶説當年柳色迷。旁批：以下俱從“猶説”二字來寓感慨。清曉雲烟尚靄靄，平疇禾黍自離離。行人指點歸途近，飛鳥回翔落日低。陶令門前久寂寞，太平風物正熙熙。

楊林暮雨

楊林古寺創年年，不見昌黎訪太顛。金碧尚能明暮日，雲烟忽已暗霞天。山腰野馬看和氣，壁障蝸牛潤殼涎。安得琴操解佛語？風流太守共參禪。

山亭夜月

誰向山頭建小亭？露深偏喜月華明。摇摇桂兔鋪松影，汩汩笙簧奏水聲。翠岫摩天星斗近，銀河回夜浪濤平。蓬萊更比瀛洲遠，東北遥看是鳳城。

古寺疏鍾

鯨音百八震招提，幾度敲殘月影低。爲報新晴聲更遠，_{旁批：}改調舊句，何等妙！謾將半夜句生疑。夾批：歐陽公疑半夜不是鍾時，正不知姑蘇夜半起鍾也。

夢中迷向風前醒，壁上紗籠飯後題。禪室香烟尚繚繞，滿城高樹聽鳴鷄。

秋日都城寫懷

紙窗破處報新凉，紈扇從今欲退藏。砧韵乍驚游子聽，雁聲專爲遠人忙。客邊弱體隨時理，夢裏歸心徹夜長。旁批：好對。親舍此時應憶念，五兒中少一兒郎。

送李尚綱先生歸

兩載都城最我知，一朝先我話歸期。交情暗逐鶯聲碎，離興難將杯酒羈。彎首暫分宣武旁批：京師。外，途程直指太行西。到家勞爲吾親道，游子平安旁批：門名。莫重思。

留別京師諸友

情深未忍話分離，坐對寒燈淚欲垂。夢裏儘教尋舊約，年來誰復示新知？大家文字須珍重，小徑功名莫浪思。別後相期願相顧，春風携我上彤闈。

一枝丹桂月中開，旁批：秋懷雜咏。勾引吳罡日幾回。斫得新條帶微馥，不勝清露透人懷。

樹頭風定日華明，欲向園林訂舊盟。窗下有書終許富，囊中無術未須驚。黃金綻盡籬邊菊，綠罽飄殘水上萍。更問雲衢好消息，計程應自到蓬瀛。

卜　居

東西奔走意如痴，多少英雄向此羈？寒氣逼人冬欲半，春風煦處日還遲。窮思一夜腸千轉，大瘦全家眼四迷。王謝堂前舊燕子，於今端的傍誰飛？

下　第

正榜三面脱，旁批：極順。何須副榜題？翻令勞客邸，不但憶親闈。白日催人壯，□□笑我歸。前途終是闊，莫訝曉光微。

評　韵

詩家自合宗風雅，不必區區沈韵從。江左音聲元不正，如何明者亦相蒙？

正韵從來四海通，百家千載自當宗。今人習見隙光影，反訝中天日色紅。

悼　内

四女生來多病侵，數年曾費百年心。誰人更把書燈點？杳杳泉臺夜月沉。

母壽日感懷

去年此日同斟酒，齊向堂前致壽詞。今日壽觴無□欠，厨中不是舊仙姬。

秋　日

風搖槐影日無定，水到池心浪不翻。含英未吐黃金盞，帶笑争看白玉盤。

和程萬里韵

去歲觀音寺裏時，旁批：閑雅。四人一榻盡心知。於今迥有仙凡隔，望斷神京信息稀。

寓　意

舍前芳卉儘堪誇，可是無多桃李花。漸到秋來零落盡，出門別是一天涯。

正德甲戌春戰不利就試銓曹偶第者或相侮之笑而有作

幾番人事眼前新，自嘆還歌又自嗔。五試藝渾如一夢，百年身已到三旬。文章不必求名世，甲第從來便是真。認得此情分曉處，相逢何用苦相論？旁批：擺脫。

喜　雨

千里皇皇萬井烟，普天好雨忽新鮮。河添彩鷁行邊水，苗長荒村壟上田。棋戰有功衫似洗，夾批：舟人時有手談者，衣爲雨濕。詩魂無定思如泉。坐來幾度推蓬看，萬顆明珠碎却圓。

七月三日履揚州府任

當年青桂一枝客，此日黃堂六品官。諭屬綸音已朗讀，銘心戒石還頻看。雄繁久鎮江淮遠，少壯寧辭拜伏難。喜得滿堂俱清宦，菜羹不厭腐儒餐。夾批：時孫天錫爲守，李孔音爲二守，皆見於天官者。

秋 夜

奔走勞勞去復來，旁批：清亮。那看秋意到庭槐。蚊嫌我懶頻投幕，草避人行漸下階。白眼幸逢知己轉，清尊聊爲使君開。謾言監郡官非古，況是鄉科碌碌材。

五日高郵無一事，乘軒出入漫遨游。送秋雨洗清吟骨，守夜風狂驚枕頭。迎養每慚非養志，夾批：時余父母至，自家未會來此。居官常是爲官憂。家山夢覺渾忘寐，坐數長更第幾籌。

西風瑟瑟送微凉，杳靄燈光對夜光。到處須留鴻爪迹，長途寧惜馬蹄忙。詩成好句頻頭點，旁批：奇句。思入難言慨欲長。願得年豐無所事，不勞終日爲河防。

南行述所見

入眼真成豁眼時，風光雲物正相宜。旁批：寫景自在。烟生樹底人家小，山擁江心造化奇。壓壟苗成青泛泛，平田水涌碧澌澌。河邊巡視渾餘興，不是偷閑浪欲詩。

出嫁詞承乏以來，專事奔走。時人又以鄉
科目之，作此

寂寂深閨數載餘，德容元未減於渠。秖緣嫁得夫君早，阿姊相看意已殊。

憶昔深閨獨處時，每憐金屋貯嬌姿。自從嫁得夫君後，日與人家作侍兒。

初 寒

十月行舟水尚肥，掀窗晨起怯重衣。風光撩我情何淺，旁批：寓意。日色著人力已微。眼底乍寒還乍暖，個中誰是復誰非。一

腔春意常令在，不管陽和去與歸。

登觀音閣

石磴縈迴路，登登步轉難。竹風搖遠斾，荷沼漾塵冠。烟火鄉村杳，岡巒草木寒。憑闌時一顧，興入畫圖看。

瓜洲冬夜舟中

寒夜風生浪拍舡，江流聲到枕衾邊。簿書辛苦將成癖，夢寐荒唐未就眠。瓜步謾言今古迹，金山盡是短長篇。好奇每欲尋幽勝，苦爲塵囂日日牽。

興化短述

南北行行是此官，拙愚元未敢辭難。微生畢竟非真直，旁批：必有所指。子産何曾專主寬？池苻竈蛙人户少，重簾深院鳥聲闌。仕優學問吾家事，終日簿書堆案端。

登仲憲使遂寧樓奉和劉侍御韵[一]

大荒隱隱接層樓，拜訪遥看夜泛舟。松老儀刑留絶頂，夾批：憲使先通政君，號松東，刻像其上。取翁清致擬羅浮。夾批：憲君號取庵。湖光掩映驚飛鳥，樹色晴分欲化牛。道是遂寧今果遂，任君終日醉糟丘。

仲憲使假山[二]

濯纓亭子倚南山，造化分明指顧間。泉石逼真逞秀麗，竹松交翠破塵煩。寫殘楮素詩方健，坐久蒲團話欲删。最愛紅梅乍相識，一枝橫出水晶盤。

送提學趙具區之京

蕉城此日動離觴，渺渺孤帆對夕陽。三晉文儒懸舊眼，兩都詩賦貯新囊。已於清渚名增勝，再爲蒼生起治裝。桃李滿園春正好，會看培植棟明堂。

金　山

一峰屹立大江中，面面洪濤日日東。萬狀儘能供我興，纖塵那得到僧蔡？空濛薄霧渾疑雨，散亂輕帆各馭風。好景都爲名寺占，山靈今許俗人通。

畫竹爲天賦上人題

此君今占仰高節，夜夜江心空對月。縱使清風浪動搖，也應不肯凋一葉。

儀真曉寒

揚子江頭春色闌，朝來猶自帶輕寒。柳風含峭欺青幕，梅雨和烟鎖翠巒。氣候亦隨人事改，世情真合畫圖看。遣懷惟欲煩詩酒，笑殺遼東管幼安。

白塔河小述

連日愁風雨，行邊霽色多。鵲聲喧綠樹，燕尾點清波。牧竪互來往，漁翁爭笑歌。太平真有象，胡可廢吟哦？

江山一覽樓

樓外風潮迅若雷，掀窗清景入深杯。奔流直到海邊去，源派還從天上來。巧斷山形通地脉，旋生雨脚滌塵埃。乾坤有意留奇絕，圖畫年年向此開。

伯牙鼓琴圖

抱琴遠遠坐松陰，流水高山志已深。謾約清風對明月，眼前鍾叟最知音。

冬青樹蟬

晴光遠映冬青樹，道是冬青夏亦青。可怪午蟬看作柳，也來枝裏肆長聲。

和答馬紫泉〔三〕

蚤秋天氣半晴陰，旁批：二首清爽。出戶行吟思滿襟。病骨豈能勝佩玉，宦途何必說腰金？葵偏向日紅猶圃，柳未經霜綠正林。光大小樓新建處，一登便起故鄉心。

寒蛩一夜喚秋陰，頓覺新涼入肺襟。誰種碧桃和白露，仰看丹桂散黃金。疏慵恐未堪繁郡，賞眺終須致遠林。多少病懷剛欲寫，紫泉先得我同心。

和夏松泉吏部旅懷

此日誰能破此情？此情端共此身生。懷金豈是故人意？旁批：寓意。減竈深慚豎子名。新月湛光邀我白，爽秋佳氣逼人清。遠臣亦有匡時志，夜夜空堂夢帝城。

松泉何事太多情？筆底風雲陣陣生。身世浮沉真大夢，宦途左右亦虛名。天連野水無邊闊，雨過園林分外清。幾度放歌還醉酒，飛飛鸞鳳出高城。夾批：夏名邦謨，字舜俞。以吏部員外郎左遷兩淮運判，詩多感慨悲怨，予故多慰言云。

西　郊

出郭西行野興濃，故鄉風物眼前逢。年年尚有黃花待，未必秋香此日窮。西風吹面更吹衣，馬首雲山入望奇。贏得片時閑點檢，兩行烟柳自依依。

高郵審差徭

海天清露未爲霜，敗葉蕭蕭下短墻。愁雨聽風秋欲老，乍凉還熱日何忙。一身舊病勞多事，幾片閑雲蔽上方。民困此行無計解，庭槐羞對話甘棠。

過　淮〔四〕

一夜官舟楚水湄，朝來睡起意遲遲。春風岸畔閑行者，唱徹新興白蘋詞。

咏舟人〔五〕

水村烟市列居鄰，處處家間日日春。清曉殘粧尚零落，_{旁批：}真景。捲簾頻喚賣魚人。

泗州謁張西渠巡按

官作循良易，士逢知己難。自憐疏遠迹，亦有英雄看。親友何曾薦，吏民未可瞞。瓣香期報德，檢束肯求安。

過高郵湖〔六〕

面面湖光湛碧天，東風吹浪涌漁舡。桃花正好荷花發，盡與游人樂醉眠。

即　事

春老花猶媚，鶯嬌日正長。逢人莫遠避，任爾度橫塘。

儀真文山祠

濟世才猷國步艱，將臣謀士半凋殘。真州危險鬼神泣，燕市從容星斗寒。天地有終應不朽，古今閱盡始知難。中原自此皆戎虜，文武衣冠醉夢看。旁批：感慨。

雨中寫懷

時雨打蓬驚客夢，旁批：必有感。暮烟籠水亂鄉愁。楚天幾夜生新意，淮海頻年憶舊游。老樹倒懸根亦葉，嫩蒲斜出夏還秋。故人相別不相信，紙紙書來爲我留。

儀真鹽所監掣^{〔七〕}

睡起遲遲思欲狂，尋詩信意步長廊。階前蟻尚爭殘骨，旁批：誚時。檻外葵猶向夕陽。到處須教常惺惺，此心端不愧蒼蒼。飄颻帆影臨流遠，旁批：妙甚！可爲三嘆。又是歸人第幾檣？

夜　坐

烟籠淡月水圍臺，旁批：鏗鏘。小艇時時盪槳來。樹色模糊林外隱，燈花燦爛焰中開。邗江在望悲隋苑，芳草多情傍楚涯。忽憶晉山雲舍處，生兒何必欲憐才。

淮浦秋風有序^{〔八〕}

正德丙子秋，都臺以予請正閘壩事，逮淮數日，舟泊微雨中，作《秋風詞》十首，以明道先生"未須愁日暮，天際是輕陰"爲韵。

衰柳依依搖遠袂，旁批：悽惋蘊藉，有風雅之韵。時有舟人來鼓枻。秋風一夜薄我衾，道我如何歸又未。

新凉瑟瑟入郊墟，楓葉蘆花共客居。昨日有人來誑我，旁批：何等微婉。名情不必欲相須。

七月驚臨八月頭，客懷何處不優游。此心自信真如水，肯爲區區物外愁？

瓊樓高處風淅淅，蔀屋有人長太息。願得青槐似柳垂，不妨赤手扶紅日。

登臺遠望湖中路，星星村落迷烟霧。小艇女兒花滿頭，采菱不管日朝暮。

畫舫遥停淺水邊，風花魚鳥自忘言。捲簾正欲尋詩興，細雨濛濛暗碧天。

秋水浴鵝鵝欲戲，秋風敗葉葉還墜。秋聲入耳足傷情，秋色滿眼渾無際。

往來水面人如市，嘹唳空中雁排字。人雁紛紛日夜忙，畢竟不知誰更是。旁批：含蓄。

檣干喜鵲報聲聲，想是親闈亦慰情。明過槐樓更南下，遥遥歸去片帆輕。

心隨流水幾浮沉，機械何須問淺深？惟有年年秋水白，于今何畔亦藏陰。旁批：含蓄。

雜　興〔九〕

白日溪邊净，黃花何處香？微風來樹杪，小鳥自翺翔。
院竹纍依屋，林楓下覆苔。鶴驚飛又唳，鷗狎去還來。
露濕高秋樹，風敲晨寺鍾。曉來烟霧重，誰認是西東？
地少塵埃净，風輕雁字斜。近村臨碧水，遠樹射紅霞。

喜 晴

一夜西風發，浮雲盡捲殘。朝光映止水，佳氣擁平灘。衰草添新楚，寒花喜凈安。白鷗無機事，來傍畫舡看。

十月五日

慈闈今日壽，五十有三年。半世成家苦，三遷教子賢。游方今更遠，迎養亦徒然。罔極何能報，千秋願昊天

如皋道中喜晴

宿雨初收便作晴，片帆縹渺望中行。雲開畫障空天净，日映清波曉氣明。稚子灘頭籠五客，夾批：李昉蓄五禽爲五客。老僧石上説三生。郊原草色青無數，爲報春光到處榮。

三月望日甚晴因憶策試進士有感短述

賢俊登庸會有期，杏園花欲壓枝低。三年不到今番夢，旁批：絕唱。半世常憐此處虧。春草有情還莘莘，暮雲無意故遲遲。何人更占承明地，萬徑千蹊莫浪隨。

高郵紀事

一見那知着意深？衣冠此日盡銷沉。秋風轉覺回回急，暑雨何堪夜夜淫？幾點亂鷗清晝夢，片帆烟水故園心。自從陶令辭官後，五斗折腰笑到今。

病中對竹

朝雲片片過墻頭，旁批：絕妙。午日迎窗又欲流。唯有此君常伴我，清風直幹兩悠悠。

得周御史報

直道真難合，流言亦可驚。寒花憐此日，春草亂前楹。自笑逢迎拙，還因醞釀成。莫羞絳灌伍，公議恐分明。

不寐

寂寂夜將半，悠悠夢未成。柔腸千遍轉，歸思幾回生。漸覺鼓鍾動，翻疑歲月輕。柁樓風水急，攪亂此時情。

邵伯湖中夏松泉夜話限韵〔一〇〕

秋風湖上聽榔鳴，坐倚舡窗待月生。鄉榜偶逢同甲子，夾批：予長夏子三歲，先取鄉試一科。夏子再舉登第，予竟就於此云。詩壇獨步夢長庚。夾批：謂子夏。文章自我慚無用，物理與君恨未平。報道乘舟客又至，夾批：時同運祝，公至自淮。夜分猶得話深情。

牢落天涯已半生，論心握手問年庚。湖亭印月波還凈，柳帶牽風影欲平。銀燭吐殘文案炬，旁批：妍麗。玉簫吹斷故園情。何當更有謀身策？擬向河汾放浪鳴。

白露爲霜斗轉庚，高談聊以慰生平。遙知後夜相思夢，不盡今宵綣戀情。塞雁忍看雲裏過，池蛙況是月中鳴。與君且酌杯中物，肯爲勞勞太苦生？

漠漠天光四望平，坐深還擬足高情。穿簾夜氣沾衣濕，隔座陰聲入耳鳴。晴閣影搖秋宇動，寒花香送暮愁生。年年此日臨湖水，高興秋風又問庚。

秋風秋月總多情，深院誰家雙杵鳴？詩酒於人亦有分，雲山約我過餘生。個中翻覆勞昏曉，曆上分明見甲庚。聞道龍輿尚巡幸，小臣何以報升平？

相維善刑部寄書至有作

故舊書來寄語深，空庭搔首自沉吟。祇緣迂懶違時好，_{旁批：}過接妙。忽漫驚看是此音。千里相思頻入夢，百年勛業本無心。雪江欲問春消息，冷蕊疏枝隔上林。

魏處士草堂

閉户逃華蓋，投詩謝錦袍。肯將鍾鼎樂，易此林泉高。幽勝厪圖畫，清風仰譽髦。草堂千古地，瞻拜憶嚴陶。

聞先祖訃

纔報國哀至，_{夾批：太皇太后之喪也。旁批：悽愴。}何堪祖訃來。仰天魂欲舞，叩地聲如雷。素服當年夢，紅塵此日迴。老親多病後，逆旅莫相催。_{夾批：吾母多病，舟中纔愈。且佯以未的之意勸之。}

至　家

巷無新棟宇，境有舊山河。鄉里人情變，門庭子姓多。家園還客旅，桃李附藤蘿。再拜哭吾祖，萍蹤可奈何？

長樂別意卷

春日暖塵紅，行人步晚風。_{旁批：行雲流水之勢。}搖搖旌斾遠，去去水山通。翹首齊雲北，關心長樂東。到家煩着意，爲問李空同。_{夾批：空同，李夢陽獻吉，時寓於汴。}

述　懷

白水青山綠樹林，一宵清夢入幽深。紛華競欲投時好，定靜誰能識此心。高閣鳥聲輕嚦嚦，重簾香篆晚沉沉。何須更羨陶彭澤？醉把蒲觴强自斟。

秋日桂樓閑述

塵海茫茫頓息機，夢魂常逐野雲飛。旁批：清脱之甚，似不食烟火人説話。樓臺晶晶日初到，禾黍離離秋正肥。晴障四圍看不斷，好懷百歲笑多違。夜來草閣清如水，風露高寒憶紫微。旁批：忠愛。

徐溝曉寒

冽冽寒風撲馬頭，行人冬半過徐溝。道傍積雪懸瑶草，鬢上堅冰綴玉旒。民物富繁今盛代，雲山環抱古并州。幾經此地還今日，却向淮南憶舊游。

王屋山行喜晴

曈曨曉日上層巔，爭道黃綿襖覆肩。凍□□□□襪厚，冰髭解落水珠圓。旁批：寫得出。馬頭春色來千里，眼底詩懷入九天。故舊天涯應念我，浮雲流水自年年。

槐樹鋪夜坐

東山月色上迴廊，坐對重峰思轉長。起步欲謀終夜立，偷閑翻得幾回忙。屋檐低壓三生夢，石磴盤如九曲腸。陣陣寒風驚鼾睡，狂歌今夕更疏狂。

曉行井陘河水甚清可愛率成

晨出井陘道，山光接水光。源頭應自潔，到處异尋常。激石驚雷電，盤渦噴雪霜。淮陰千載士，下趙此流芳。旁批：以吊古結。

橫澗道中

山圍村落曉烟微，犬吠崇崗晝掩扉。紅日如春還氣象，白鷗似我欲忘機。鄉音頓覺殊汾晉，草舍争看尚衛齊。東望五雲天咫尺，釜承恩命慰庭闈。

始至平涼

一入涇原境，川原禾黍青。野田通水道，村落半山亭。太古衣冠朴，雜夷禮數輕。高秋征戍急，烽火夜臺明。

瓦亭道中

望望瓦亭道，巉岩山繆悠。胡麻欣識面，夾批：土人以胡麻作油。道傍見開花結實，問始知。麥穗尚昂頭。夾批：山高地寒，至八月，麥尚在野。旁批：佳對。雨霽仍餘水，風高思覓裘。牛羊滿川谷，蒿黍亂田疇。

瓦亭驛

石峽真天險，雄盤拱聖朝。淤泥填市面，城堞接山腰。旁批：佳對。漸覺冠裳變，翻憐道路遙。可堪行裏聽，清夜雨瀟瀟。

王母宮

王母祠前春復春，山頭松柏望如新。茂陵仙去今知否，安得瓊瑤贈玉人？

戲贈張以仁

風流京兆始離家，便向蒲東玩物華。燕子樓頭新月照，漫教三影自橫斜。

得武西安書館陶武時鳴，予承乏維揚時，知高郵州。後調徐州，升鳳翔同知，調西安府

維揚一旦偶相臨，君兩浮兮我更沉。書屬自忘今日貴，稱尊猶若舊時欽。獨慚塞外仍迂拙，忽漫天涯遇賞音。安得清談對終夕？持觴剪燭放聲吟。

謝尹環縣

橋門一別二十年，花縣重逢九月天。話舊儘拚終日醉，論文深喜世科傳。夾批：尹名承，字繼先，燕人。先君子登第爲僉憲。尹爲辛酉舉人云。春生紫塞秋風外，思入青燈夜雨前。珍重莫思窗下竹，夾批：尹號竹窗，時有歸志。蒼生久屬謝公賢。

題竇帥虎帳談兵圖

河山環帶草橫烟，大將提兵欲拓邊。旁批：二作壯麗，真贈武將之體。藩漢共遵新號令，荒沙復見舊耕畋。孫吳計妙南風競，韓范名高北斗懸。河套祇今成虜穴，將軍且莫問祈連。

連年烽火報邊頭，虎帳從容自運籌。計出萬全麾節鉞，圖分八陣擁貔貅。旌旗蔽日三山動，劍戟飛霜六月秋。勒石燕然隆世德，會看畫地取封侯。

謝安石東山圖爲竇帥題

典午山河日欲曛，東山高臥醉芳樽。旁批：許而不許。桃花水映羅裙色，怪石雲含翠黛痕。一代風流推俊彥，累朝勛業荷殊恩。行人指點薔薇洞，爭似柴桑五柳門。

奉和李宗伯先生轅門策士韵

斗下煌煌劍氣衝，轅門璧水盡英雄。鰲擎水激三山外，虎嘯風生六合中。宗伯掄才詩思永，將軍出鎮塞垣空。吟餘掩卷思前事，誰作當年第一功？

寧安道中

郊原春雨潤如膏，野燒回青地擁毛。二水中分洲渚闊，兩山對峙堠峰高。行人在在懸弧矢，村叟時時載醴醪。牛馬滿川林囿合，太平勣業莫辭勞。

曉發鳴沙

芳草和烟淡淡塵，旁批：優游。馬蹄踏遍塞垣春。山花向日斜穿徑，岸柳隨風欲傍人。旅夜夢回還戀闕，天涯腸斷倍思親。明朝又入寧安道，牧豎樵兒莫厭頻。

廣武雜詩

西北孤懸此彈丸，謀臣猛將膽常寒。旁批：主意在復河套。廟堂還有深奇策，不必軍中有范韓。

身未定居真傳舍，口多待哺只寒儒。西風昨夜薄衾布，爲問敝綿今有無。

夏城地震病中感而有作

曉夢初惺病未消，無端鄉思正寥寥。耳聞地底雷聲吼，目見窗間日影搖。陽伏恐爲陰所迫，夾批：孔晁曰：陽伏於陰下，見迫於陰，不能升則地震。靜安未許動相招。東皇此日深修省，莫使他年竟作妖。

靈州公署曉起

短髮朝梳覺漸稀，旁批：二作蘊藉可愛。西風黃葉繞庭飛。宦情
欲共秋雲薄，渠脉還滋晚稻肥。烽火通宵人語亂，樓臺侵晚曙光
微。兩年親舍千山遠，此日安能便拂衣。

苦爲微官絆此身，每將心迹愧朝紳。二毛入鏡形骸懶，千里
思親夢寐頻。京國共瞻新日月，邊庭猶報舊風塵。重陽忽憶東籬
菊，坐對南山意趣真。

冬夜思親

此日思親意緒長，星河歷歷吐寒芒。旁批：因星河起歸思，却先説
歸思懇惻。出門無地能容我，終歲有人恒憶鄉。烽火幾番猶擾擾，
家書千里正茫茫。聖恩若許歸田舍，菽水承歡具慶堂。

清水營

靈武東來笑大觀，午雲微雨浥塵冠。荒沙野草望不盡，去馬
來牛辨亦難。土室數椽排短巷，山城獨峙繞沙灘。一灣春水清如
玉，祇恐魚龍底尚寒。

雪晴有懷

歸心雁影急，病耳蟬聲聞。旁批：好對。晴雪消如雨，幽禽飛
若雲。山河千古壯，夷夏一墻分。安得同心友，高歌細論文。

隰寧道中

游子天涯路，高堂萬里憂。塵沙拂不盡，惡況每相投。山外
山層出，雲邊雲亂收。人生貴適意，何用苦奔求。隨俗機應巧，
存誠樂有餘。殊方渾可笑，吾道欲何如？食少形容瘁，心勞毛髮

疏。高哉陶靖節，歸去豈懷居？

題扇面小景

泛泛扁舟任所之，忽聞雲外雁聲遲。人生奔走塵埃裏，何异
南來北去時？

秋南春北往來忙，嘹唳聲中枉斷腸。觀物定知非俗子，釣竿
到處是吾鄉。

好　獵

使君日獵荒原西，旁批：諷刺。耳熟風生信馬蹄。鷹犬交馳天
欲動，網羅環布雲俱迷。更無殷聖解三面，安得西巴放一麑。狐
兔既稀草木赭，淡烟輕靄夕陽低。

興武營雨

黑雲四起壓邊城，怪雨疾風驀地生。飄瓦入檐山欲倒，打窗
驚夢盆爲傾。坐深不盡通宵滴，客久常關萬里情。倦鳥感時思故
壘，聲聲布穀又催耕。

安定堡夜坐

静聽戍樓鼓，不驚山寺僧。旁批：羨僧。夜深香霧重，風定燭
華增。萬卷一生苦，十年兩郡仍。昨朝報烽火，胡馬又奔騰。

聞警雜言

買肉飼狸奴，欲捕堂中鼠。旁批：譏刺中的，可以風。鼠來翻瓮
盆，狸寐寂無語。兵家分衆寡，地里限華夷。胡騎纔三五，長驅
登我陣。旁批：真是。天時不可恃，地險未如人。楚項江東子，能
亡百二秦。漢以拓地强，宋以和鄰削。薄伐是周宣，吉甫不可

作。風氣有强弱，虎狼無死生。如何兀术衆，膽落岳家兵？遇敵何曾戰？逢人盡欲欺。承傳家法遠，不必苦相疑。旁批：真是。

雨中至鳴沙州

黑雲潑墨迷山案，旁批：壯句。白雨隨風鼓水絲。禾黍漫漫秋有信，牛羊落落歸如期。長河草色欲相語，遠樹人家望不移。忽憶邵家觀物理，分明三偶對三奇。

贈寫神者沈榮

沈君寫真真是真，精神部位妙通神。酒杯歡洽量生臉，筆陣飛揚風捲塵。萍梗有情驚浪迹，天涯無地不綸巾。他年展卷還相憶，不是尋常陌路人。

塞垣春日寫懷

牢落朔方地，俄驚四度春。融和初到日，汗漫未歸人。鳥雀飛鳴遠，園林物象新。暖風渾欲醉，不動塞垣塵。

帝京新歲遠，鄉里舊情多。家得千金信，春成萬物和。郊原滋雨露，桃李附藤蘿。策馬閑來往，東山正鬱峨。

柳含青眼覷，杏艷粉腮迎。物物皆春意，欣欣不世情。四郊烽火寂，一帶野烟輕。界地多蘆葦，窗前當竹清。夾批：邊地無竹。

自笑天然拙，全無一事長。居官恒素食，媚世愧紅粧。趁暖寬詩眼，消閑放酒腸。歸耕終上計，夜夜夢高堂。

官閑俗慮少，地僻客來稀。望歲憂常賦，逢人問釣磯。長河烟雨潤，小院晚風微。散步尋詩句，游絲墮地飛。

居邊亦不惡，作吏未勝貧。燒葉烟灰積，添綿布被新。悠悠天外影，滾滾馬頭塵。病體常無思，還山學養真。

一朝看邸報，幾夜夢家山。聞見驚新异，英雄盡附攀。病多思就藥，才短欲辭官。爲笑談天叟，虛名滿世間。

盡道中朝貴，誰憐塞外遥。升沉惟聽命，富貴謾相招。兩郡羞呈面，十年笑折腰。枝頭乾亦已，終久是漁樵。

午日虛堂净，無言自笑歌。風光著片柳，雲影覆庭莎。教子痴難入，思親恨更多。邇來深睡處，合眼到山阿。

看春三月半，天氣艷陽餘。晨起親公務，夕閑閱舊書。山禽雜款款，庭草自與與。隨分足生業，飛揚一任渠。

鑷來白髮掌中盈，怪底春深睡尚輕。事爲多經隨手决，欲於寡後覺心清。紅芳此日争奸媚〔一〕，紫塞何年遍種耕？內夏外夷天限處，長河雲掩受降城。

碧天晴靄散鳧鶩，檻外分明翠巘低。大地韶光堪入畫，浴沂高興爲誰題？九宵快覩朝陽鳳，五夜頻驚報曉鷄。到處菜羹皆我足，薄田况復可耕犁。

廊廟江湖取次論，天時人事欲銷魂。江南江北飢相食，山後山前寇亂奔。遠道揚沙分小徑，孤城落日念荒村。深山深處還高枕，倩得東風半掩門。

寵仰嬌花欲暮天，故園松竹正依然。池塘有夢詩還拙，館閣無心酒自傳。三月韶華飛野馬，百年生計到山田。天涯不費登臨興，樂在春風萬象前。

屈原問津圖

衆醉任教酣處樂，獨清自與性相宜。種瓜楚亦多閑地，漁父相逢萬古悲。旁批：屈原之忠，忠之過者。

韓將軍園牡丹

仙子當年孕瑞荄，香風冉冉下瑶臺。姚黄魏紫古今盛，淺白深紅次第開。漫爾品評真浪語，天然富貴未凡材。楊家姊妹多相炉，莫向沉香亭上栽。

興武道中

四月朝生十月寒，冷風撲面客衣單。草迷蹊徑行人少，沙没輪蹄策馬難。雲日載瞻情種種，山原一望路漫漫。青衫白髮尋常句，安得臨川著意看。

題四畫

一葉扁舟數口家，瀟瀟烟雨浪痕斜。釣竿漫拂江蘆闊，酒市遥看巷柳遮。活計此生嘗自足，高情何地不天涯？穿鱗博得今宵醉，不管峰頭夤晚霞。漁

伐木丁丁入翠微，際天暝〔一二〕色礙晴暉。條枚折處隨林轉，斤斧着時帶雪飛。岩石亂排山口缺，嶺梅横插擔頭歸。會稽道上行歌子，應有知音羨義肥。樵

雨霽前山月印溪，老農晨起事耕犁。一成田畔風雲合，五畝宅邊草木齊。忘世不懸牛角卷，歸途尚帶鋤頭泥。濁醪粗飯夕陽暮，抱甕明朝自灌畦。耕

山寺風恬日午天，柳陰深處聽鳴蟬。襃衣倒挂塵埃淨，瓜瓣爭分笑語喧。峰出遠林雲冉冉，牛環荒塚草芊芊。畫圖成敗知多少，今古分明一醉眠。牧

王都督挽詩

廣武協戎楊一中氏爲予言：正德來，甘肅稱大將者，唯都督王公。公，榆林人。每臨敵，輕裘緩帶，士卒凜凜莫敢後。戎狄望見旌旗，下馬羅拜而去。邊塞宴然者數年，以後蓋寥寥矣。既而，會公之季弟武舉君守備邠剛，温然儒士也。及馭下克敵，雖素稱猛悍者不能當。又讀其家集，知君

先參將公在弘治時，常以數千人橫行虜萬騎中，號"飛王"，孝廟甚眷注之。古人蓬麻箕裘之喻，豈虛語哉？豈虛語哉？以今多事之時，安得起公於九原，以慰宵旰之憂乎？噫！爲詩一章，用歸守戎君其克繼述也哉？

都督才名天下奇，飛王家世忠貞資。馬前羅列羌戎拜，塞上耕耘蕃漢嬉。仗節兩朝千里重，分符三鎮九重知。將星何事營中殞？夾批：公嘗三鎮大同，卒於軍。徒使英雄萬古悲。

題傅岩版築畫

版築辛勤不願餘，鹽梅霖雨用時舒。當年不入君王夢，亦是尋常一力夫。

寄任二守

幾年邊塞不知寒，旁批：必有所感。入郡翻爲行路難。擾擾□□□虎亂，悠悠天地草萊寬。坐殘燈影懷增劇，撥盡□天夜正闌。爲問同鄉任二守，何時促我上歸鞍。

穀日醴泉步月

禁鼓市聲寂，晴河夜色分。芒寒星拱極，光□□□雲。逆旅驚春到，長廊數步勻。人情會若此，漫憶孟嘗君。

仲春至家作

爲憂慈母病，懶折小兒腰。旁批：二作如輕舟順水自然，好。四十五年拙，百□□□遥。塞垣飛鐵騎，江海冒風潮。歸到荒村裏，浩歌□□高。莫報君恩重，深期母疾安。一朝供菽水，幾處厭征鞍。世事驚春夢，年華信轉丸。可堪深夜裏，破屋見星殘。

初夏偶成

曉風烟雨潤林稍，千頃黃雲萬丈濤。山烏下□聲絕异，鄰雞入市價增高。漫將詩酒供多興，莫爲功名嘆二毛。舊地新田總境埆，耕耘收獲敢辭勞？

送畫士沈榮歸朔方

畫學東南派，名高西北傳。一身常作客，萬里謾相憐。
温雅酒中聖，風流筆底仙。明朝歸路遠，望斷賀蘭烟。
瀟瀟夜雨嚮階除，樹裏風聲猛復徐。時有高人動歸思，畫山畫水非吾廬。

送張縣尹述職

金沙先生古循吏，匹馬北上黃金臺。郭隗宮墻應改築，張堪德政漫驚猜。百年愛向黔黎遺，五色光從翠輦來。相識若逢詢鄙劣，爲言終日閉空齋。

送尹判簿還平陸

虞芮封疆幾裂并，閑田今日盡開耕。化行桃李春風軟，人愛郊原曉日晴。心泰自能忘矮屋，才高終許達銓衡。東歸莫厭西人憶，剩有兒童竹馬迎。

楊老壽圖代尹簿

北地爭傳鶴髮翁，憲臺門第古人風。定中共説今龐老，高處還驚昔孔融。佳氣鬱葱拂曉日，星光燦爛徹晴空。蹇予苦爲微官絆，千里無因放鴿籠。

送固原徐生游上庠

當年文價定關西，多少英雄入品題。垂翅謾憐游棘院，翻身終許步沙堤。馬頭芳草呈春色，柳外嬌鶯伴晝啼。明歲京闈文戰後，捷音飛報莫相稽。

陳圖南扇面

英雄元自是神仙，治亂安危指顧間。點檢已能作天子，華山深處正高眠。

携琴訪友圖

知音良難逢，游訪欲何處？爭似陶淵明，無絃自有趣。

贈薛秀才代樊生崇光

子賢應肖父，難弟喜難兄。讀禮今終制，修辭久有名。曉烟凝瑞露，夜雨對寒檠。明歲秋風裏，飛騰舅携甥。夾批：崇光，薛秀才甥也，故云。

賀徐簿

百里稱賢簿，春風到處揚。化行桃李外，恩溥草萊[一三]鄉。岳神應去虎，佛首更無光。旁批：切簿守。豈羨鷹鸇志？君家有鳳凰。

春日郊行

榆柳垂青紫翠重，村郊春色欲全濃。紛紛菜蕊飛黃蝶，冉冉游絲墮碧空。麥浪舞風千頃綠，桃霞映日滿園紅。浴沂高興塵埃外，童冠相隨幾暮鍾。

閑　述

茅屋一區栖處隱，薄田二頃趁時謀。篇篇詩句短長卷，夜夜書燈前後樓。野色濃於春酒色，高丘深擬小丹丘。樵歌自唱厄自舉，安得年年大有秋？

漁樵問對圖

漫將踪迹寄樵漁，動静陰陽任卷舒。話到無言還有物，_{旁批：}趣味深長。笑乘高興咏歸輿。

扇面小景

笑指終南第一峰，呼童携酒漫相從。自歌自舞成今古，不數當年塞上翁。

哭范氏女蘭玉

爾母當年育爾時，_{旁批：}悽惋。一身純病强支持。母年纔壯竟已矣，爾嫁方期亦止斯。樹裏寒風聲作吼，山頭夜月影如痴。鍾情謾説中人最，達士放歌真自欺。

和黄節推登山

回首天涯憶舊游，黄河水繞賀蘭流。鄙吝久違黄叔度，生芻深愧徐南州。

寒　風

烈烈寒風日日煎，山村高處更多偏。狂雷撼樹驚栖鳥，淡日飛沙亂野烟。樵担凍摧行欲仆，_{旁批：}寫的如見。里門深閉静於禪。陰雲散盡暮天紫，塵滿書幃月滿天。

晨起擁爐

旋添紅火逼寒威，頓覺清尊酒力微。盎水凝冰花似剪，窗風搖燭影如飛。心閑長夜渾無夢，境静晨鷄懶慣啼。但得山田春雨足，五陵終不羨輕肥。

今年冬比去年寒，野鳥山頭凍羽乾。向曉天猶生氣肅，將衰人更覺衣單。吟髭撚斷懷增壯，凍筆烘温興欲闌。榾柮烟消渾是炭，何須刻作獸形看。

壬辰歲感懷

尋常趁食亂逃奔，携稚扶衰擁隊群。連歲耕無終歲積，百家村有數家存。愁看豺虎横川陸，旁批：婉切。慣聽鶻鴉報曉昏。豈有高人能辟穀，畏途長日閉柴門。

風捲塵沙滿道途，吞聲拉淚叩天呼。爭先濟渡成新市，回首室廬非故吾。兒哭母時腸欲斷，妻尋夫處眼將枯。愧無廣廈千間庇，擬上監門鄭俠圖。

哭翰弟

骨肉情親永夜悲，哭聲上徹九天知。孤兒丫髻摩挲處，正是肝腸碎裂時。

和答王文美途次

綠水青山總是詩，不須驢背苦心思。偶乘高興賞心處，正是春光滿眼時。鳥哢歌聲雜管籥，土饒陽氣待鎡基。東園桃李纔蘇醒，爲報和風次第吹。

和謝晏

出郭西行過小莊，高情應不問炎涼。和風融日遲遲麗，擊玉敲金字字香。愧我盤餐供下品，多君弧矢冠名場。相逢不盡留連興，調得新聲入小腔。

和游東岳廟

家山午夜夢魂清，散步行吟句幾成。岳廟斷碑留古字，閑庭芳草最多情。恨無邀客簪花魅，旁批：好奇。恐有知仙老樹精。信口和詩聊共戲，吟壇高處最難登。

秋晨野眺

濕氣浮空生曉寒，沉沉烟樹護重闌。紡車聲向風中亂，蕎麥花從頭上乾。高下田如碧玉峽，紅黃葉似紫金丹。田翁笑指山頭雪，怪底身嫌布褐單。

冬日閑居雜咏

村落逼山麓，人家傍野田。天寒風似割，漏永夜如年。犬吠呼兒看，鷄鳴聒我眠。後薪雖積上，旁批：警悟。供爨亦應先。

丈夫事遠游，老我壯心休。白髮羞明鏡，青山上小樓。酒來呼婦飲，書罷付兒收。一曲清平調，高歌何所求？

點燈憐野蛾，貪焰舍身撲。物理元如此，人情亦反覆。孔明真丈夫，元載甘誅戮。爲問今能吏，菜根肯咬不？

膝下諸兒女，堂前雙老親。天倫有至樂，人事無邅迍。釀熟頻供醉，園成學養真。巖巖陶靖節，能忍一生貧。

夜　坐

浩浩歌闌尊酒空，_{旁批：壯麗。}衰年無復憶西東。寒燈影對窗間月，古樹聲傳户外風。天際星河隨夜轉，地爐榾柮帶烟烘。向平債若能償了，便是人間自在翁。

謝縣生白東川饋燒肉

東坡嗜肉印師燒，火候足時味自調。俸薄身清白縣主，重勞作意向漁樵。

和東川寫懷相憶之作

春風不爲背岩遲，廊廟先催大雅詩。村徑幾番尋舊隱，上林多是看新枝。山頭帶雪青還白，雁尾搖風亢復隨。笑向閑庭問芳草，牡丹蓮菊爲誰思？

暢飲微吟夜卧遲，坐深恰得兩三詩。雲開月吐階前色，風定柳垂溪外枝。退後生涯還有味，爭先徑路莫相隨。滿懷拍拍春常在，擬有伊川擊壤思。

寄張澹泉户部

司馬安陽見面難，_{夾批：張曾許惠二公文集，竟不踐言。旁批：箴規。}拙編安敢污毫端？_{夾批：又許作《克己編序》，屢索不與。}三書不答絶應甚？一諾輕抛夢亦寒。日往月來情種種，天南地北路漫漫。東風長遍新桃李，猶未相持到藥闌。_{旁批：蕴藉。}

春雪寄白東川

紅日挾春雪盡消，曉霜雖重未爲妖。青青麥浪添新色，白白梨花依舊嬌。纔上樓頭觀物理，似開天際奏雲韶。太平有象元非偶，里巷從今肆頌謠。

和滄泉韵

春風座上笑吟歌，春水悠悠湛綠波。檻外遙呈山色好，枝頭忽聽鳥聲和。載將杯酒供豪興，不獨傳神羨小坡。此日相逢真奇特，白頭老我愧應多。

三月滄泉招東川及予飲紫清觀分得衣字

乍暖猶寒欲授衣，賞春終不廢吟詩。酒杯到手嚴觴政，燭影搖風繫去思。樓上角聲吹幾弄，天邊月色上多時。留連不盡今宵興，明日行藏任所之。

嬌花寵柳點春肥，勾引游人思欲飛。道院夜深重載酒，山城風急更添衣。部郎駐節懷人遠，縣主題詩和客稀。從此縉紳增故事，紫清宮闕自巍巍。

和東川分得寒字

風雨三春暮，晴空尚作寒。旁批：晴景自然。清流通縣古，夾批：是日引澗水入城。欸乃憶江干。蟻泛黃金罍，蟾飛白玉盤。情酣欣對景，盡醉莫留殘。

白東川書舍燕集限韵

新詩不用酒頻催，對客揮毫笑口開。愧我謬當北海座，多君什擬南山臺。高情無地不歡賞，好句有時還自來。白戰不容持寸鐵，東川元有杜陵才。

晴眺口占

山腰雲白如奔馬，旁批：須晴方見其妙。斷續相隨若掣綿。緒挂山頭纔一片，乘風飛上九重天。

送白徵君歸秦

纔臨秋水白，又見雁鴻飛。脉脉看雲立，遲遲望月歸。折殘南岸柳，老盡西山薇。出處元相濟，無勞泣遠違。

秋晴雜興

昨日愁雲今日晴，綠槐高處聽蟬鳴。旁批：二作俊爽可愛。山開圖畫空天近，禾滿郊原大地平。釀酒未成時索莫，晒書忘倦老經營。幾回閑就北窗枕，鼾睡如雷戶外驚。

禾黍垂垂慰老農，瓜茄隨意下朝饗。溪雲飛起學幽鳥，烟樹微茫露遠峰。村徑威名鷄犬静，旁批：妙甚。園林富貴杏桃紅。田家不建封侯績，況説人間有上公。

白東川惠祭餘之酒佳甚詩以謝之

溶溶光湛伯夷清，濃醸渾如内法成。釀水何須尋下箸，封尊端可擬襄陵。握權自覺千愁破，得趣都忘幾度傾。不管北山頻報警，醉酣直睡到天明。

和白東川

不須更憶仲宣樓，詩滿雲箋酒滿甌。旁批：俱俊麗。野叟豈知身外事？涼風先報樹頭秋。前溪鷗鷺白如墮，對户峰巒翠欲流。爲問廣寒宮遠近，乘雲飛向月中游。

紅塵飛不到層樓，款款歌聲小小甌。城上旌旗還守夜，田間禾黍盡知秋。暉暉皓月收星彩，靄靄微雲入漢流。爛醉不妨狂思發，天涯回首憶交游。

看山樓是望京樓，名姓從知已覆甌。絃管滿城皆禮樂，桑麻百里自春秋。青編還有真三昧，黄甲元爲第一流。對客揮毫秦氏子，老農何幸得觀游！

和東川看山樓

幽芳不説武陵溪，靄靄飛雲兩兩鷺。流水聲中噴白雪，校書閣上訪青藜。高亭大扁翔鸞矯，翠竹碧梧待鳳栖。一日携壺一賞玩，桂樓只在縣城西。

再臘念八日得東川生雙子之詩之報和得二首奉問

東川松子結層層，<small>夾批：予《賀東川壽》詞内有"子塔兒結數層"語。</small>要架明堂左右個。始信鳳川言有徵，黄鍾之曲元非過。

四十生兒未爲晚，一乳更能成兩個。正是春從天上來，<small>夾批：前立春，東川索"春從天上來"。</small>東川老子風流過。

憂　旱

人云甲子雨春旱，兩歲逢之信不誣。豈是吾民自作孽？故教旱魃來爲辜？傾倉倒廩眦將裂，鬻女典男腸已枯。租税尚征力尚役，朝三暮四非良圖。

丁酉新正三日東川縣主過訪山村有作和以致謝

鳳川居士住荒村，鎮日無人來叩門。夜月琴詩爲伴侣，春風花鳥長兒孫。雪消野徑停流水，日暖茅堂泛酒尊。多謝明公過相訪，更留珠玉洗眵昏。

和東川沁陽道中有懷

遲遲春晝日，處處搗衣砧。敲碎懷鄉思，翻憐玩物心。雲霞天畔起，詩句馬頭尋。爲報東川老，歸來共抱琴。夾批：東川云：
"寄語鳳川老，何時共抱琴？"下數首皆放此。

　　春光剛過半，風雨兩三番。旁批：俱渾融可愛。慣見居官苦，還
愁行路難。紅塵飛野馬，白鳥傍征鞍。爲報東川老，歸來共
依闌。

　　百年遺惠澤，四海樂升平。花鳥空天闊，江山春晝晴。有生
含暢茂，無物畏凋零。爲報東川老，歸來共敘情。

　　吟多春更少，愁積夜偏長。燕語隨時樂，馬蹄終日忙。心懸
閭巷苦，身惹御爐香。爲報東川老，歸來共舉觴。

　　雲山新戴帽，池水旋生衣。求友鶯聲急，傳書雁足違。纔成
一個是，不管衆人非。爲報東川老，歸來共日輝。

　　句成頻諷咏，聊以慰相思。老我山林叟，任他鄉里兒。穠花
不在早，碩果本成遲。爲報東川老，歸來共賦詩。

　　田頭看野色，樹裏聽春音。杳杳征帆遠，遥遥到處尋。詩文
頻鍛煉，道德仰高深。爲報東川老，歸來共論心。

　　洋洋玩綠水，脉脉對黃昏。夜月松爲伴，春風鶴有孫。捷途
終是險，良貴自常尊。爲報東川老，歸來共水門。

　　瀟瀟春夜雨，風氣冷於秋。慕道終身樂，懷人千里愁。峰巒
增秀麗，澗水自清幽。爲報東川老，歸來共倚樓。

　　愛君情耿耿，懷遠心切切。眺勝誰操杖，買牛無佩刀。雲生
白玉帶，花擁紫羅袍。爲報東川老，歸來共舖糟。

東川招飲冒雨而歸有作紀事

　　風雨本留人，歸心强欲遂。出門生馬驚，俯首烏紗潰。道路
水長流，田疇土爛醉。高崖風更急，健撲目如瞶。傘蓋不可張，
冠裳幾欲墜。行藏在自然，冒險終顛沛。一笑晚歸家，安常還
理會。

即事寄白東川時上官有與白有隙者，委白以公事，欲陷之。白辭不往，但托人以書謝罪，事得解

亞夫堅卧真良將，子貢能言伯越君。二傳若還不細玩，節初爻繫是虛文。

月下獨坐

晴空月照星藏彩，潦暑風停扇有權。獨坐欲謀良夜醉，好風徐過小堂前。

即事王侍御出巡

舉世紛紛事詔交，燕君出境爲齊標。書生未可輕桓仲，謝過能令天下朝。

乘驄御史偶巡行，撼地揺山遠近驚。獸散鳥翔日交道，城中一月不支更。

卷簿紛紛積案端，一杯一曲夕陽殘。青山綠水登臨遍，雨夜迷途泥淖灘。夾批：王侍御出巡，夜行，迷途于泥灘。

早秋感懷

獨立西風中，西風吹更急。階前數葉落，黄綠紛紛集。黄者固可憫，綠者尤堪戚。裊裊東園竹，筍根泥尚濕。風霜未凌厲，節操已奇特。三春花柳中，安能辨青碧？

白東川縣主試守兒等諸生寧兒閑看被邏者拘至公廳蒙試以文爲東川所賞謝之以詩

大兒愚魯小兒頑，多謝弘恩大地寬。莫道山農拙于用，書香從此有人看。

村裏兒童乍入城，隨群來看試諸生。不知官府深嚴地，誤入儀門第二層。

文章科第本英雄，總角村童豈解工？自是春風滋長育，上林桃李待明公。

秋日病中雜述寄白東川

秋來衰病倍於春，陰火時將左耳湮。豈厭紛紛塵世事？故教林野不相聞。

耕種欲雨却無雨，搖落傷風只起風。半百病翁常閑戶，旋醲濁酒漫澆胸。

詩懷酒興年年有，水色山光處處多。但願聰明老耳目，不妨終日放聲歌。

無邊風月任招呼，竹長兒孫鷄引雛。蓁菊花開種種色，柿林紅葉滿園鋪。

西風微雨驟生寒，八月山頭雪已漫。愁嘆聲多聞不得，幾回無語自憑闌。

十室村中九室空，連年穀賤太傷農。皇皇從此欲遷業，爭羨豪商馬似龍。

賀李公遠生子

有子何須論早莫？克家寡亦勝於多。已教啼處識英物，還要周時看取戈。胄監漫誇傳世德，里門從此榜高科。明年不厭重來賀，擬作徐鄉二子歌。

送別白東川用留別韵

鷄犬聲中正静閑，殷勤忽漫唱陽關。亭中有淚隨流水，樓上無心對看山。繡段報慚青玉案，華階入喜紫宸班。天涯老我誰知己？望斷旌旗未忍還。

校勘記

〔一〕此詩又見《揚州集》，共二首。

〔二〕此詩又見《揚州集》，共五首，總題作《飲仲憲使雜作》。

〔三〕此詩又見《揚州集》，題作《和答馬紫泉鄉進士有懷》。

〔四〕此詩又見《揚州集》，共四首，題作《過淮雜述》。

〔五〕此詩又見《揚州集》，共二首，另一首録《兩秋唱和》内。

〔六〕此詩又見《揚州集》，共二首。

〔七〕此詩又見《揚州集》，共二首。

〔八〕此詩又見《揚州集》，又載《兩秋唱和》。

〔九〕此詩又見《揚州集》，共八首，又載《兩秋唱和》。

〔一〇〕此詩又見《揚州集》，亦載《兩秋唱和》，題作《邵伯湖中夜話限韻》。

〔一一〕"奸"，疑爲形訛，據文意當爲"妍"。

〔一二〕"暝"，據文意當爲"暝"。

〔一三〕"萊"，據文意當爲"萊"，後詩"紛紛萊蕊飛黄蝶"亦同。

詩

賀李翁三喜鄉飲大賓介孫補廩，玄孫生也

爭羨人間九十翁，一時三喜偶相逢。香山社裏賓推長，北海尊中酒不空。旁批：好對。學業有成看變豹，曾玄重見更如龍。他年蘭桂登庸處，旁批：收盡。紫誥煌煌下九重。

中秋憶白東川

前年今日此中秋，對月憑闌互唱酬。君興正酣堪獨步，我懷雖放亦輸籌。龍門水出天光動，鳳竹風來夜色幽。回首天涯二千里，看山樓是望京樓。

寄宋吉州用來韵宋名蕃，維揚人，知吉州，念舊寄書詩

歸來不是學巢由，駑蹇應知不可留。傀儡棚中隨大笑，浩歌聲裏破窮愁。羨君才自堪經濟，愧我言多近繆悠。淮海俊人看不見，何時爛醉北山頭。

得東川京倅手書并新作率爾一首

千里殷勤遠寄將，東川高誼信非常。無更有興詩三昧，夾批：公有"無更長聽隔鄰雞"一聯，甚奇。旁批：妙句。短紙長情字幾行。老我豈堪煩齒頰，如君且莫問行藏。良宵好夢還應愜，夾批：予近又夢公

攞官。烈烈轟轟做幾場。

和張澹泉戶部春游

不見高人老澹泉，好春誰賜綉花轀。風流自昔推張翰，著述于今有傅玄。名世新詩真白雪，傳家舊物只青氈。賞心正是澄心地，安得相隨杖屨還？

挽四姐

爾病纏綿二載餘，爲調湯藥傍吾居。夫常扶病業因廢，兒久離懷愛漸疏。臥榻精神猶綣戀，荒墳風日若躊躕。寒風又是一年過，老淚縱橫濕短裾。

送宋丞升天津衛經歷

哦松争羡幾年興，種李還成百里春。銀帶腰懸沐寵渥，直沽海口是天津。

匹馬乘春去莫遲，潭潭幕府望多時。公餘爲我尋知己，玉質金章蔣象之。

寄賀東川遷戶部

妙兼韋宋地官郎，夾批：唐韋維遷戶部郎中，善裁割。時宋之問爲員外，善詩。稱"戶部二妙"。旁批：俊麗。畫静簾垂粉署香。萬里途程行正穩，十年甲第志纔償。禁城柳色春無限，山縣棠陰日轉長。民力于今天下竭，司民元即是司倉。

鼎湖送別白東川戶部用來韵有序

東川戶部以督餉西行，至沔池，先遣人馳書，約會于鼎湖。僕遂渡河一會，情愈戀戀然。未幾即別，索詩爲贈。乃用《沔池見懷》原韵勉成一首，匆匆情不能盡，亦不能爲情也。

東川詩思如長河，漢魏從來亦未多。馬首雲山頻北望，_{夾批：公言：自桃林西北望芮境，舍肩輿，乘馬頻望。}隴頭春信又西過。通宵情話不能盡，後夜相思奈若何？莫道峴山碑墮淚，看山樓下淚成波。

待月偶書

黑雲爲山月半吐，杳杳峰巒映金縷。須臾片片四天飛，_{旁批：景真。}洞見金盤橫玉宇。

秋日書懷

臥聽秋聲繞樹鳴，起看晴日透簾明。鏡中霜雪是鬚鬢，架上詩書真友朋。郊野有時閑縱目，乾坤無處不關情。青山多少雲來去，濃淡縱橫任意行。

山上有山田下田，山田遙處望平川。田邊嶢崍猶輸税，山外分明別是天。_{旁批：譏刺。}欲雨不雨涼風急，似雲非雲烟霧連。群鴉莫更飛來啄，穀實無多正可憐。

中秋陰雨有懷

浮雲微雨連三日，剛把中秋只恁過。客有可人期寫遠，句無佳興强吟哦。衰顔得酒春仍在，_{旁批：好句。}病目看山霧更多。籬菊幾藂方欲吐，重陽風雨又如何？

雨中烟樹正微茫，遙憶美人天一方。燈影聊同尊酒燦，_{旁批：好句。}年華不爲老農忙。紙窗雲破忽生白，草閣風來頓覺涼。月豈知人辜賞玩，故教雲雨蔽清光。

自十四日陰雨至十八日始晴補賞一首

半夜西風撼地來，浮雲掃盡碧天開。清光猶自十分滿，_{夾批：是夜月尚未虧。}灝氣都從千里回。經濟有人閑點檢，陰晴無定謾驚猜。好天良夜皆佳節，閏個中秋亦暢懷。

夜　坐

永夜高槐月上樓，秋聲都在樹梢頭。妻添酒罷還司紡，兒抱孫來又勸酬。_{旁批：藹然慈愛。}諸弟幾門貧過遣，二親百歲喜優游。村翁得此真堪樂，富貴何曾更外求。

朝　寒

雨霽風收生曉寒，烟籠淡日射平闌。草方帶露仍爭長，葉未經霜亦漸殘。大地禾麻同斂穫，小園花竹報平安。呼兒曬黍釀新酒，助我衰顏似渥丹。

秋日閑眺

晴空征雁叫秋深，_{旁批：俊潔。}縹緲林峰髻著簪。柿葉經霜紅似染，竹根傍水綠成陰。幾場塵夢睡應覺，萬派真源好自尋。物物眼前俱是樂，疏狂贏得放聲吟。

九月望日課諸生

曉堂深處課群材，颯颯西風陣陣來。黃葉舞空秋色老，白雲當戶劍光開。斂華就實文方妙，捕影捉風體便乖。點瑟回琴皆物理，相如原不是真俳。

暴寒作雪三日平地盈尺感而有作

誰把山峰一夜埋，低昂虛實漫驚猜。田頭鋪玉畦畦白，樓外飛花處處開。遠樹恍疑三月李，枯林幻出幾枝梅。豪家莫自恣歡賞，多少窮黎尚露骸。

壽張掌教

小春天氣雨絲絲，正是先生介壽時。愧我不能親放鴿，願君從此卜非羆。伯英名位筆仍妙，三影風流老更奇。旁批：俱張姓事。莫論張倉歷秦漢，還看兒齒到期頤。

十一月望東公誕辰也得鼎湖手書
及詩讀而有作

不見高人白地官，前年此日盡君歡。黃鍾舊曲歌聲斷，白雪新詩和客難。冬嶺秀松真挺特，上林穠李半凋殘。不知何處歌窈窕，明月應同千里看。

排　悶

書卷懶觀因病目，酒杯排悶謾縈心。雁聲忽向樓頭過，樹色遙于柳外尋。境靜正便清晝永，春深猶被峭寒侵。莫言霜蕊纔生發，夾批：清明後五日，風雷大作。次日，霜降，諸木芽花蕊盡隕。數日後，又發，天尚作寒。只恐來年半不禁。夾批：麥早種者皆凍損黃萎。

壽解大宜人州守情之母，東平人

使君東郡承恩日，夾批：解公以彰德通判遷。萱草北堂晚翠時。八十三齡五鼎養，幾千百首萬年詞。翟冠冉冉春生席，彩服飄飄酒滿巵。更看臺階登用處，金章紫綬照期頤。

送胡生還南昌 <small>南昌胡辰從，李丞之館賓也。</small>
以省母來辭，詩以送之

胡子江西去，<small>旁批：順妥。</small>俄空冀北群。山城懷寶玉，客路惜風塵。仗劍乘新月，寧親正小春。遙知三載後，千里捷音聞。

有懷滕司訓

春風秋月不勝情，塞北淮南汗漫行。<small>旁批：却從自家叙起。</small>莫訝壯游踪迹遠，每思談笑夢魂驚。老懷更自增疏放，高誼安能共寢興？爲問觀津滕博士，當年師友幾虛盈？

寒風作雪漫成二首寄白東川

鎮日寒風吼樹巔，無端聲到雪窗邊。當年良會五更夢，何處新詩萬口傳。寄寄亭<small>夾批：淮安清江浦有寄寄亭。</small>中悲俗子，休休谷<small>夾批：王官谷司空尚書有休休亭。</small>裏訪真仙。河山自古成天險，且莫張皇惱醉眠。<small>夾批：時以修堡事甚擾鄉村，故云。</small>

地高風急雪瀰漫，烟樹挾陰增曉寒。重着敝裘憐我老，耻將長鋏向人彈。世情莫道炎凉易，交誼從來今古難。安得看山樓舊主？風花雪月共盤桓。

謝徐方伯特遣送曆

龍躔鳳紀又更端，舊德新恩大地寬。從此山中知歲月，不教林下有炎寒。揚州夢覺慚騎鶴，上苑春濃喜跨鸞。回首紫薇花下主，天涯安得罄交歡。

當年淮海識才俊，<small>夾批：公名嵩，正德丙子，余倅揚時領薦，辛巳擢第，泰州人。</small>此日河汾福我民。橋梓一堂今若昔，<small>夾批：公先君名蕃，嘉靖初爲晉藩左方伯，官至工部侍郎。</small>松篁千載舊如新。阿衡正爾思先覺，枯朽忽驚布蚤春。莫向蘇湖尋泗水，濟川河下是通津。夾批：胡安定，泰之如皋人。泰有安定書院。濟川，泰州城南河名。

送蕭上舍赴部聽選

北行北野子，選部選偏宜。數載燈窗苦，一朝花樣奇。春風桃李艷，夜月斗奎移。從此條山重，蘇家豈擅眉？

夏日野睡

佳勝誰人共賞音，旁批：閑雅。自歌自嘯自登臨。遣懷惟有陶潛酒，貽後元無疏廣金。面對好風酷暑遠，坐殘芳草野烟深。歸來童冠相隨處，笑指閑雲鎖暮岑。

苦　熱

少陵七月苦炎熱，八月于今熱尚餘。林下山間聊自遣，長途鬧市復何如？好風好雨望箕畢，恒燠恒暘咎僭舒。聞道大梁蝗更甚，運河方議起丁夫。

嘉靖庚子秋北虜入大原静樂等地省城戒嚴下郡邑修城堡奉行者不論理勢大爲民擾辛丑復入勢頗猖獗平陽一帶遠近驚皇閉城上山以圖全行者阻絶真可笑嘆作以解之

塞垣千里報風塵，犬吠聲中擾細民。穿洞塞城真上策，鬚眉醜婦笑人人。旁批：譏刺切時，可爲詩史，不徒詞句之老成而已。

河東自古盜不起，四海于今正一家。夜夜城頭空守瞭，幾曾烽火見些些？

將軍號令嚴烽火，炮響必須見虜騎。城頭底事不停聲，虜若聞之笑倒地。

城裏居民僅數千，旁批：真見。鄉間烟火盡相連。若教虜騎臨村落，城內如何衛得全。

千里聞風尚草靡，倘臨敵陣當如何？半空嘹唳隨陽雁，來往只謀稻未多。

辛未壬申盜弄兵，大河南北無堅城。一枝誤過東烏嶺，纔到翼城便不行。夾批：盜至翼城，見地險人悍，即誅引者。及見聞喜有備，不敢南下，遷延過府以去。

靈石河山最險隘，賊兵未敢便輕過。只宜此地聊防守，內地紛紛攘怎麼？

耕當問奴織問婢，書生未可論邊計。豈能千里虜飛來？況是我兵在邊地。

感興寄白東川

千里懷人午夢驚，宦途塵海不勝情。邇來興味知何似？五載不游後樂亭。

細腰白面孔方兄，旁批：蘊藉。到處能令身重輕。只有年年山上月，浮雲不掩舊時明。

東塗西抹鬥新粧，旁批：蘊藉。假髻佳人傅粉郎。未結恩情先禮貌，雲英不必遇裴航。

舊人迂拙新人巧，旁批：蘊藉。都道新人勝舊人。到底不知誰巧拙，眼前休問舊與新。

壽朱尹

智鄉夾批：尹號。元是地行仙，煉汞燒鉛已有年。一體丹砂勾漏養，雙飛鳧舄尚方傳。琴中鸞鶴操千歲，棠下桑麻蔭二天。生比回仙先五日，夾批：公生四月九日。高人今古飄飄然。夾批：尹好修煉故云。

話　夢

至人不作夢中夢，俗子只尋忙裏忙。忙處人多閑處少，夢來時短話來長。詩魔酒病凌衰老，綠樹晴雲護草堂。欲學養生真妙訣，餐霞服氣恐成狂。

壬寅閏五月望後熱甚入伏來微雨陡涼夜深風雨大作終無雷電黎明雨止晨霧不辨遠邇詩以紀之

疏雨瀟瀟冷似秋，雷聲寂寂夢悠悠。搖天撼地風催急，倒海翻江水亂流。屋漏不堪夜色暗，旁批：寫得盡。霧深却共曉光浮。田家禾黍垂垂發，莫問卜家咎與休。

是後久雨生寒不已再紀一律

霖雨霏霏晝不開，村高風爲掩籬柴。炎蒸遽爾伏中去，冷淡渾如秋色來。豈是世情多變態，致令天道亦違乖。太陽杲杲會當出，盡逐群陰入草萊。

送朱令歸田六絕

令尹前身恐姓錢，急流勇退思翩翩。麻衣莫道無仙骨，跳出樊籠便是仙。

眼前軒冕如鴻毛，始信先生出處高。仰面浩歌天地小，低頭不折長官腰。

名成身退渾無事，南北東西任所之。佺第甲科夾批：公佺孫辛丑進士。孫接武，醉眠纔醒便吟詩。

舉世紛紛富貴徒，素對真拜尚嫌無。自知足止二疏後，恰有賢哉一大夫。

郡邑元來最近民，莫言郡邑苦勞人。一人苦處萬民樂，女得黃金贖使君。

民窮財盡苦征求，飲酒游山尚未休。莫道君歸歸便了，江湖應有廟廊憂。

又代作二首

雨浥輕塵信馬行，使君歸去愴吟情。乘風直欲游蓬島，化雨安能久敝城。旁批：妙對。詩酒襟懷應更放，家山魂夢不須驚。畫圖他日求遺老，恐有徵書下帝廷。

紫陽夫子綰銅章，期月應教治具張。暮日絃歌喧小邑，春風桃李滿河陽。諸生恰喜逢安定，三杰忽驚去子房。旁批：妙對。況是戴崇偏入室，此情真與水山長。

警報太原人甚被虜患雜言十首

逆胡深入太原南，旁批：真詩史。大將提兵醉正酣。問着殺人都不管，攻城陷堡血成潭。

民間久矣不知兵，一旦遭兵心膽驚。胡騎縱橫纔近百，將軍擁衆只扎營。

設軍衞民民養軍，軍民元是一人身。旗牌走馬傳新令，只要全軍莫管民。

文臣武將擁旌旄，臺憲平時氣最豪。聞得逆胡來犯順，只將城廓守堅牢。

虜深入掠不圖禦，虜未臨城只顧身。莫道邊軍不對敵，元來都是一般人。

我兵不振皆因守，宋室南遷只爲和。若更數年只若此，長驅飲馬問黃河。

盡括民財去養兵，軍丁外又選民丁。一丁一日費幾許？聞道賊來盡入城。

陝右前年大戰餘，吉囊膽落劉尚書。古來惟説山西將，何事今無一丈夫？

勅書處處增兵備，虜寇年年入漢關。出擁旌旗兼鼓吹，<small>旁批：可愧。</small>揚揚堪喜又堪觀。

兩葉先除省斧柯，<small>旁批：憂深慮遠。</small>涓涓不塞成江河。不知憂國憂民者，清夜曾興此念麼？

謝周尹

憂旱懷賢正掩門，台恩神惠下山村。豚肩載俎驚新目，清酒盈尊泛曉雲。堂上二親歡戲舞，林間幾度覺春溫。<small>旁批：難對之對。</small>明朝更作中秋賞，野唱樵歌醉瓦盆。

寄白東川戶部

白面青袍粉署郎，年來猶在舊班行。楊雄官職雖淹漢，<small>旁批：緊接。</small>杜甫詩名已擅唐。<small>夾批：公書內言：功名遲莫，文事覺進。且録寄數詩，比前尤佳。</small>牧篴一聲楓葉紫，魚書千里菊花黃。<small>夾批：公書自八月發自臨清，至九月望日到。</small>常疑舊夢成真夢，好夢還應兆晉陽。<small>夾批：公兩遷官，予皆有夢。公書來云：“近有夢否？”故云。</small>

謝忍齋宗室惠草書畫并詩對石刻韵扇皆其府宗室手筆及絨忠靖冠

草聖詩仙字字工，淇園勁節舞清風。絨冠更比紗冠好，韵扇元非畫扇同。文德修來還濟武，孝心移處便爲忠。村農望雨正如渴，此日偏承雨露濃。

謝渭涯惠麥

風挾雪威陣陣寒，閉門高臥憶袁安。豸冠厚貺從天卜，正恐出門無可干。

清明節陰霾凄風日作草木芽尚未生

貧病交侵雪滿頭，春來蕭索甚于秋。寒風鎖樹枝如槁，陰霧障天日正愁。西北寇深將入塞，東南米賤不通舟。閭閻在在室懸罄，城堡那堪到處修？

喜雨寄渭涯

明公欲雨天即雨，夾批：先是公以《禱雨文》來示，而未行，既而得雨。旁批：老樣。百姓仰公如仰天。天意愛人有若此，公誠責己豈徒然？夾批：公文多自責之詞。木綿下種莫言晚，二麥含胎正欲全。多少流移都挽住，河南山北亦安眠。

賀梁儀賓生子

公子非凡子，外家是帝家。啼聲何必試？骨相已堪誇。佳氣充閭里，文星絢彩霞。鳳雛莫道晚，翻墨解塗鴉。

贈蒙化左知府土官也，代作

南詔已全歸禹貢，黃山夾批：左別號。太守真諸侯。封疆自昔傳蒙段，文物于今擬魯鄒。浴病溫泉夾批：蒙氏事。莫使涸，讓君盟石夾批：石蒙氏、張氏事。更須修。風流北野夾批：蕭子時倅蒙化。協恭處，政暇應多互唱酬。夾批：左尚斯文善詩畫，故云。

賀白東川擢副郎寄之

銀花光耀大夫階，多少風雲入壯懷。上苑花穠紅灼灼，御河水暖碧湝湝。百年不負傳心學，千里頻將望眼揩。三晉于今臨虜穴，長城正仗濟時才。

和答蕭蒙化詩二首　時居憂中承惠多儀及詩

痛苦淚如雨，旁批：押韻自然。慈顔望不歸。元無情況好，頓使咏歌稀。北野纔歸仕，西村方有依。不須論彼此，吳下阿蒙非。

琇瑩合餻弁，何事山人歸。象筯南金重，麑材北土稀。病軀須藥理，老境欲君依。珍感情何極，相將問過非。

謝馬簿視勘垤氏侵疆界以正道路

野樹西風欲作妖，旁批：寓意。東皇一雨自潛銷。老農有望饒禾黍，大地無私蔭草茅。稱謝豈能名德愛，歌吟端不爲宣驕。巨庵風韵淵明度，莫訝王弘半道邀。夾批：馬至東郊，予從半道邀飲草堂。

春日示諸兒四首

槐秋將逼眼，望爾破天荒。旁批：意甚的確，不特語句之古澹而已。四十六年久，夾批：自予辛酉舉後，至今丙午，乏舉者。幾千百人強。志須存古道，文莫徇時狂。剪彩粧春色，安能兢艷陽。

要知文字好，文字有常經。玄酒是真味，太音無艷聲。金砂還細揀，鷄雉莫相輕。旁批：自負。白日浮雲蔽，終當萬里明。

舉業皆吾業，今文即古文。莫將身外物，誤却個中人。苦讀回回熟，深思日日新。搜狂覓險處，下筆即通神。

遲速自有命，低昂未可期。器虛腹受益，風到水成漪。易露天機淺，小成識趨卑。直于了處了，便是奇中奇。

春寒漫興

東風鎮日撼庭柯，旁批：優游自在。變暖生寒雨一蓑。三月畫長歸乳燕，幾番春夢繞烟蘿。小窗静坐渾忘久，老眼看書未敢多。起步階除無所事，閑尋芳草自吟哦。

尚氏敬思録

尚子于親敬且思，二親泉下亦應知。終天有恨鬼神泣，叩地無聲日月迷。桑梓瞻雲連舊宇，松楸如柱掩豐碑。何人得似老萊子，七十爲兒戲彩啼。旁批：感愴。

送馬簿歸平山

三載郎官五斗儲，蕭然猶是舊寒儒。旁批：典雅蘊藉。如何人更著不得，旁批：順便。忽漫君歸若有餘。上苑春濃成冷笑，山城日暮倍欷歔。都將行色收長咏，還敝精神著幾書。壯志豈能忘帝室，老懷非是愛吾廬。墨衰莫訝南郊別，不是尋常候起居。

賀劉司訓雙生子

老蚌生珠掌并擎，旁批：開口便見雙生意。劉郎喜得擬徐卿。賀來恐誤書麞字，啼罷定知英物聲。莫把弟兄分上下，只將先後論年庚。東昌從此添奇事，跨竈齊看兩鳳鳴。

王簿鹽池督課圖

茫茫巨浸中條陰，潤下作鹹自古今。不假煎熬潔若玉，只看撈取盛如林。炎天赤日甑中坐，匹馬清風澤畔吟。莫道此圖不可上，監門心是戒庵心。夾批：監門，謂鄭俠戒庵簿別號。

北野蕭倅以詩見憶用韵答之四首旁批：

押韵俱妙

抱甕林間叟，悠悠度歲年。居憂疏禮節，習懶遂幽潛。夾批：出。不問青雲貴，寧辭赤地眠。終天多少恨，戲彩更無緣。

北野風流倅，才名自少年。兩番長路去，六品暫時潛。蒙化揮觴咏，元江自在眠。莫言夷俗异，要結喜歡緣。

千里勞相憶，新詩勝舊年。渾雄逼杜甫，古澹擬陶潛。不減東山興，還憐西華眠。高情謝不盡，鼪鼠僅能緣。

老來詩况减，不作又經年。愁去思狂卓，吟成愧道潛。夾批：詩僧。夜長偏欲夢，風吼忽驚眠。偶得瓊瑤句，相將喜有緣。

和答北野讀松坪高之作

紙價自今高，詞源倒海濤。問是何人作，蕭郎勝大毛？光焰長千丈，直欲徹雲霄。紛紛稱作者，往往徒爲勞。誰知鳳凰吟，只在嬴女蕭。經霜柏最苦，一葉何曾凋。旁批：以譬語結，妙。

謝北野顧訪

僻處山村更倚廬，旁批：自在。年來百事廢于初。那堪英俊頻相訪，一月三瞻別駕車。

謝鍾我山刊《克己編》^{〔一〕}

日長林下謾磨研，一得愚成數萬言。克己未能還自愧，示兒安敢向人傳？畫蛇只恐錯添足，附驥真能喜結緣。圖報無由那可説，時時朗誦《隰桑》篇。

克己功夫老更難，不行未便當仁看。旁批：順下。須知三月不違後，方是一腔春意完。門外青山常隱隱，源頭活水自潺潺。桂樓村裏新書板，千載功應頌我山。

暴雨傷田[二]

去歲秋霜殺穀黍，旁批：老樸似杜。今年春旱無綿花。當塗只作豐年看，食足真能有幾家。

泥汗沾鋤鋤未休，黑雲重壓北山頭。須臾東去雨如注，城北城東水亂流。

廟下小園恰數畝，晚禾纔出未全齊。水衝壁倒流三日，禾上高添二尺泥。

和答鍾我山咏鹽丁

三軍赴死未聞逃，旁批：真推本之論。何事鹽丁苦費招。仁信廉平元是本，開呈末務徒勞勞。

放豚既到即非逃，入笠不須更用招。步步鞭羊定奔突，遙麾牧子何曾勞？

莫把真逃混假逃，假真往返費安招。若教每歲常如此，只恐民勞國亦勞。

日日開逃累解逃，多方還費長官招。韓弘輿疾承宗服，處置得宜自不勞。

賀王丞獎勵

愛民惜費老成儒，松下長吟了簿書。旁批：王丞廉靜之迹宛然。梧月入懷還皎皎，柳風吹面自徐徐。厩中馬骨如常露，厨裏菜根不厭餘。臺憲旌能達藻鑒，徵求早晚待安車。

謝鍾尹賀從吉

青衣使捧紅箋書，旁批：秀色。多謝君侯禮意殊。忠靖冠巾新樣好，襄陵尊酒舊時儲。周王肥羜速諸父，王母蟠桃宴步虛。金紫崇階元有分，何由得到老農居？夾批：忠靖冠一巾一襄陵酒一羊果紅段也。

和答鍾尹韵公得被效報也

莫將閑事惱心頭，心地休時事自休。赤霧黃塵終欲散，青天白日更何愁？波濤須向源頭理，種植還于晚歲收。郭隗臺前方買駿，溪山未許便思游。

送康學諭還招遠

才名家世重東山，意倦身慵早挂冠。不管泮芹思化雨，只圖庭桂擅文壇。馬頭春色供高興，雁足書音莫冷看。老我相逢纔二載，可堪折柳唱陽關。

送王監邑歸玉田

歛裳宵逝陶元亮，托迹赤松張子房。老我忍聞歌折柳，後人思愛仰甘棠。簡編莫廢勤葺補，出處何須細品量。衆醉獨醒甘自放，雲山烟水任徜徉。

碩鼠餘音

去年豹下山食狗，狗死人持刀劍防。虎豹于今入城市，村民赤手四山藏。旁批：寫出官政民情，可爲酸鼻，真碩鼠詩。

半年里甲苦難挨，日日科銀饋往來。媚竈東阿竟烹死，當時枉自費民財。

牛馬多，子母銀，年年賺了許多人。試將金鏨來頭問，退自何人又贈君。

肘鎖牽連似弄猱，<small>旁批：余猶及見之。</small>不分男女與兒曹。奸商拍手齊相賀，銀價從今任我高。

三分收麥十分賤，豈是人輕肯棄天。餓死何如捶撻死，今年誰論有明年。

蕭蕭夜雨西風凉，屋漏垣頹無處防。莫道伏中無溽暑，只因官衷有嚴霜。

藩司提吏爲租逋，却領租銀百二余。纔到藩司事便了，如何法外苦追呼。

我愛玉峰真長者，<small>旁批：此公人號王佛子。</small>正詞直氣屈當途。紛紛俗吏莫相笑，畢竟君還是丈夫。

冬日所思

五雲深處美人音，<small>旁批：調高。</small>欲往從之隔遠岑。翠柏參天今有幾，令人悵望古神林。

有懷東川僉憲

優游老林野，夢寐在東川。昨夢非今夢，紅蓮异白蓮。<small>旁批：寓意。</small>感時三徑竹，度日幾閑編。諸子皆豚犬，天荒五十年。

殘臘北行車中作

出門無地不春風，<small>旁批：清亮。</small>喜見中條第一峰。日漸融和天意順，雪潛消盡坦途通。柳含青眼相將覷，鵲報靈音次第逢。此去凱歌須早唱，好懷應與大空同。

有感示兒

君子從來不素餐，素餐債負定須還。還時只是争遲早，得處休言有易難。無欲自然無一事，守身當若守重關。窮經要體聖經意，道理何曾有兩般？

庚戌元日贅西盤老

塞草尋常動，民風大變移。山中閑宰相，海內係安危。_{旁批：得體。}暫許輟機務，終當濟溺飢。候門咨政缺，操杖問經疑。物物沾春澤，人人仰夕暉。當年屬下吏，今日望提携。

又賀元正

遠道恭參正旦來，西盤高處五雲開。側身瑞日和風地，頓首興詩立禮階。上相位須膺上壽，中朝星已動中台。椒漿桂酒齊稱頌，世世恩光次第排。

又紀事

北來仰止西磐高，詩酒優游擬邵陶。舊識李邕欣對面，新逢黃憲幸伸腰。眼前景物皆春色，岩畔松陰覆柳條。交誼誰言今异古，南壕_{夾批：姑蘇都公穆玄敬。}社裏有東橋。_{夾批：金陵顧公璘字華玉。}

過聞喜城西謁楊忠惠墓

道參忠惠墓，石是谿田題。_{旁批：自然，好。}隸古人斯稱，功高謚亦巍。名應傳遠近，官豈論崇卑。作縣如君者，古難今更稀。

哭六姐

傷心未敢憶音容，遺物遺衣忍見儂。入室手慵親筆硯，出門足若礙西東。哀猿短夜驚殘夢，芳樹奇花恨曉風。地角天涯應有盡，水光山色不勝恫。

西郊野唱北樂府〔三〕

【普天樂】邵伯驛舟中述懷

雨絲絲，風裊裊，斜却帆幅，濕却簾箔。雲樹迷，花闌笑。稚子街頭聲聲叫，有情人直恁逍遥。朝來醉了，夕來睡了，笑殺勞勞。

【天香引】槐樓舟中即事，即【折桂令】

湖光湛湛連天，旁批：真景。片片雲移，冉冉風牽。點點漁舟，蕭蕭堤柳，欹欹沙鴛。聽淙淙波聲柁轉，喜喳喳鵲噪檣巔。一抹輕烟，萬里晴川。鄉思悠悠，病體懸懸。

【塞鴻秋】寧夏閑述

塞雲愁黑壓城頭墜，塞風狂暗引胡兒隊。塞天遥望斷中華地，塞鴻聲叫得鄉心碎。秋風塞草長，夏日園林媚，可惜個〔四〕受降城千里外輕拋棄。

【沉醉東風】與白東川張澹泉諸公飲紫清觀

風細細穠芳麗景，旁批：秀麗鏗鏘。日遲遲燕語鶯聲。殽供水陸珍，樂奏時新令。有情人直恁忘形。一霎兒歡娛萬古盟，更不問更深漏永。

漫逍遙投壺射垛，勝強如趙舞燕歌。衣更處士妝，詩對蟾光和。再添些玉液金波。白髮光陰誰最多？細評論還應到我。

知己酒重斟痛飲，會家詩更唱疊吟。都將勢分忘，莫把繩尺禁。任先生古調時音。別院誰家月下砧，更敲碎龍樓問寢。

東川老才名山斗，滄泉翁詩酒優游。瓊林歸醉時，雁塔題名後。鳳川子到了休休。玳瑁筵前互唱酬，越顯的牽襟露肘。

【普天樂】贈秦尹

磊落才，循良政。都臺家世，_{夾批：秦先公爲都憲。}科第名英。門無苞苴私，庭有公平訟。雞犬不驚民安靜，有腳春到處生生。單看那黃麻下徵，青驄自擁，普天下都樂康寧。

套【黃鍾・醉花陰】壽白東川_{有引}

　　茲者恭遇東川大夫初度之辰，維時黃鍾律應，皓月光圓，萬木變衰，松獨挺秀，大夫之操之壽實似之。予乃撰北樂府黃鍾一闋，名曰《冬嶺秀松曲》，雖於古樂，不敢妄擬。然按腔而歌，亦頗應時中律。非泛非浮，恊於絲竹，或可博壽筵之一笑云。

松嶺青青秀冬景，凜霜天柯葉挺挺。_{旁批：蒼蒼然，有多少學問。}笑穰李盡凋零，竹弟梅兄，幾處裏遙相映。試看那紅噴火，曲榴屏，滅迹藏踪不見影。

【喜遷鶯】根盤節勁，聳雲霄直入青冥。堅貞，受多少雪霜傲凌，鐵石心腸不變更。那怕他歲華冷，且休說萬年琥珀，都服食千載茯苓。

【出隊子】只與那柏臺交頸，鬱鬱然一色青。何曾受秦室大夫封？何曾向梁園競艷榮？只把他乾坤造化逞。

【么】本是個忠良情性，架明堂柱大廷。則見他影邀明月有餘清，_{旁批：何等風標。}韵助瑤琴無忿爭，蓋偃蒼龍醉酩酊。

【刮地風】便是那綠水青山塵外境，也相隨占勝通靈。深林邃谷皆梁棟，萬壑風聲。也是他生來直正，不比那趨時桃杏。丁固公，夏社主，隨宜運用。擁旌旗，列障屏，盡都是壽幕仁棚。等閑間，瀟洒忒乾淨。_{旁批：秀色。}呀，子塔兒結數層。_{夾批：白先無子，至芮後生二子。}

【四門子】旋栽培看山樓畔添詩興，儘圍着後樂亭。_{夾批：樓亭皆聽公創建。}萬瀑聲雜，萬籟鳴，恰便似蕭韶奏九成。看一派清，玩一段貞，又留下靈根數梗。

【古水仙子】你，你，你，好看承，待，待，待，上林苑參天風雨生。好，好，好，近丹墀日月重光，森，森，森，樹邊疆藩垣翰屏。衞，衞，衞，要千方樂太平，高，高，高，壯故國拱護神京，看，看，看，東川一帶穠芳景。是，是，是，天公久已安排定，他，他，他，無春冬常是氣融融。

【餘音】壽酒重斟齊歡慶，唱一曲冬嶺秀孤松，但願的東海南山一樣永。

【普天樂】又壽東川尹

壽筵開，_{旁批：富。}杯初獻。金波玉液，急管繁絃。百里春，千年健。火棗交梨堆盤薦，畫中瑞靄祥烟。今朝壽筵，明春御筵，爛醉朝天。

壽筵開，杯重獻。凫飛仙令，鶚薦英賢。笑語喧，歌聲顫。鶴舞鸞翔蟠桃宴，比恩榮更是真仙。似南山壽綿，步東華路軟，看福履齊天。

壽筵開，杯三獻。名高北斗，號重東川。終當握柄樞，爭道司臺諫。環珮珊珊朝金殿，壽斯文國脉綿綿。只看他詩兼樂天，政成言偃，幾般兒萬載千年。

壽筵開，杯酬獻。麟羞鳳脯，短句長篇。昨夜占，今朝宴。天意儘從人心願，老人星分外光懸。只看那賓狂主歡，莫推辭杯深量淺，大都來齊地同天。

【南駐馬聽】和東川先生見憶四首以答云

撫字心勞，池上于今有鳳毛。喜的是和風甘雨，麗日祥雲，麥浪松濤。南山如判筆如刀，羅袍更紫先更皁。花縣淹敖，黃扉烏府，看看來到。

心地平漫，黃榜英雄赤縣官。端的是鸞栖枳棘，龍臥潢池，驥閉閑闌。奸回膽破心更寒，詩詞一唱還三嘆。夢繞江干，南謠北頌，廟堂聞見。旁批：白先任丹徒。

水遠山遥，縹渺旌旗拂柳條。怕的是羊腸岐路，馬首紅塵，獨木危橋。白雲深鎖太行腰，綠林驚起兒童笑。滿眼紅綃，鶯聲燕語，樹頭顛倒。

春色微茫，兩地相思割肚腸。準備着愁添夜雨，詩咏停雲，幾時得獸養梁蕎？夾批：蕎是周宣王時爲牧政。文壇變作苦離場，賢勞要做官人樣。莫嘆炎涼，人心天意，從今都歸向。

【南黃鶯兒】中秋對月自酌

蛩吟罷景凄清，雨新餘風乍冷。月華圓滿中天淨。浮雲遁形，疏星避明，良宵千里人人共。憶良朋，詩懷酒興，酣處自酬賡。

纔弱冠叨成名，早辭官退更勇。夢魂不到東華徑。薄田幾坪，茅屋數楹，高堂菽水承歡慶。樂三并，佳辰麗景，到處是前程。

雞兒嫩酒兒清，笋兒新恰數莖。瓜桃梨棗雜供應。禾黍已登，詩書有承，放懷歌唱妻兒聽。笑聲聲，夜深斗橫，明月上檐楹。

樓外舊山青，林間宿鳥驚。天邊月挂團圓鏡。村醪漫傾，山殽旋供，舊詞新令從頭正。坐長更，膝前笑擁，不覺醉酩酊。

墻兒外聽砧聲，好風來分外清。世情番覆何曾定？存的是志誠，愛的是坦平，更無半點行僥倖。度平生，隨緣守正，不是自誇矜。

看富貴似浮萍，守清貧結綠醅，流行坎止皆前定。淵明志貞，堯夫行成，高牙大纛何曾用？自怡情，樂天知命，對月訂新盟。

套【雙調·新水令】春日宴游

軟風遲日碧天晴，艷園林緋桃紅杏。笛聲牛背遠，劍氣日邊明。乳燕嬌鶯，喚起那宴游興。

【駐馬聽】芳草青青，他在翠竹蒼松足下逞。遙山影影，_{旁批：鋪叙春景，好。}只見輕雲薄靄望中橫，日移花影上閑庭。風鋪柳絮迷幽徑，有情人心自省，看山玩水尋佳勝。

【喬牌兒】小車兒不暫停，短句兒勤常咏。逍遙散誕服忠靖，把奚奴囊更整。

【雁兒落】也不索漢廷訪子陵，也不索楚相慚儒仲。也不索桃源問往來，也不索雁塔題名姓。

【得勝令】喜的是三徑蔣元卿，愛的是五柳晉淵明。樂的是日日三春景，願的是年年五穀豐。説甚麼生平，阿堵物人人敬。且看那時興，沉香色個個繃。

【甜水令】一恁他駿馬雕鞍，短衫闊袖，顛邪倒正。常記得歲寒盟，見如今有花有酒。無是無非，不熱不冷，幾般兒堪趁閑情。

【折桂令】艷陽天物物欣榮，綠柳條長，紫陌塵輕，多少游人尋芳拾翠。携友呼朋，芳沼邊調陽春歌白雪聲聲隽永，粉墻內打鞦韆爭高下個個娉婷。笑語縱橫，步履輕盈。似這等滿眼風光，説甚麼蓋世功能。

【殿前歡】邀儒林二三朋，小可里村郊一旦聚德星。文章禮樂從先正，彷彿他洛下耆英。這的是俺老人家正營生，不與那兒童競富和貧，任造化安排定。村和俏從他性禀，人與我都要康寧。

【沽美酒】作東坡擇勝亭，對西山採薇坪。野蔌山殽雜饇飣，新醅酒漫傾。唱一曲太平令。

【太平令】意兒真商協宮應，興兒高養性陶情。風兒停琅玕竹靜，日兒明荼蘼花塋。呀，對着這麗景眺騁，爭似他利名一件件堪入贊咏。

【收尾】英雄自古爭強勝，端的是誰會誰能。不如俺行樂趁春光，笑殺那充飢憶畫餅。

【南駐馬聽】贈人

學有淵源，樗散應憐老鄭虔。看他胸藏星斗，口吐珠璣，筆掃雲烟。江湖氣量受百川，風雷態度還三變。奮翼騰騫，風流張敞，文章劉絢。右張教。

志氣軒昂，烈烈轟轟做幾場。道是關西夫子，海內英雄，翰苑文章。高名壓倒伍佰行，奎光直透三千丈。鐵面如霜，孟嘉辭藻，參軍不讓。右孟訓。

【普天樂】有引

九月下弦，大風暴寒作，雪連三日夜。附木壓地，平地雪深盈尺。人謂宜麥，恐非也。曲以紀之。

灞橋詩，梁園賦。游楊深立，陶黨争粗，遍地白，漫空舞。縱有木屑無從布，恰綽開又早平鋪。願瓊樓玉宇，明臣輔聖主，調燮無虞。

【醉太平】田園雜興二十四首

蚰蜒豆角長，牛尾黍色黄，垂頭穀穗擺成行。綿花開朗朗，葫蘆蔓拽西瓜上，石榴樹把墙頭障，旁批：似老杜倒句，樓括田園事殆盡，且句句俊俏可愛。棗兒花眼桃兒香。田園中勾當。

黍熟來釀酒，豆摘來熬粥，綿花織紡補衾裯。瓜茄與葱韭，柴兒水兒挑擔勾，面兒米兒相兼做，鷄豚魚蝦不必周。田園中所有。

步東郊西郊，看晚苗積苗，高高下下擁波濤。好風來裊裊，晴雲曉日來供報，青山緑水皆吟料，遠村烟樹列旌旆。田園中野老。

利名心不起，市朝事不知，何曾彼此論高低。平平的度日，男耕女職[五]爲活計，樵歌牧咏閑編砌，授經談史辨疑惑。田園中此職。

荷皇朝聖恩，奉白髪雙親，弟兄翕具老妻勤。諸兒郎務本，深耕易耨田間奔，朝經暮史堂前論，左携右引兩三孫。田園中安穩。

渴來時吃茶，悶了時看花，吟詩飲酒是生涯。誰真來誰假，江湖舟楫無牽挂，塞垣烽火不驚訝，坦途岐路儘由他。田園中戲耍。

足不踏縣門，性只愛山村，粗茶淡飯度朝昏。説功名便旽，耳邊金鼓由他震，眼前玉帛從他論，閑中歲月任吾真。田園中自忖。

愛的是水竹，樂的是閑居，不貪不妒不拘束。把清茗旋煮，沉檀一炷噴香霧，瓜茄幾個兼腥素，明窗净几有詩書。田園中伴侶。

坐竹側柳邊，好晴日凉天，長吟短調未成篇。把白鬚慢撚，蟬聲斷續槐庭院，歌聲宛轉桃花扇，書聲吾呷草堂前。田園中消遣。

陰不擇厚薄，水須辨清濁，閑庭芳草不須多。容足處便可，仰觀俯察留連坐，知音可意誰爲個，自酌自飲自吟哦。田園中過活。

韓昌黎藝游，白樂天風流，桃桃柳柳那家優，如今都罷手。石崇王愷閑爭鬥，黔婁榮叟忒貧陋，子房愛與赤松游。田園中取友。

閑説會古今，細思會朝簪，英雄文武謾追尋。莫愁潘病沈，登壇拜將成些甚，堆金積玉如漆窖，翻雲覆雨亂晴陰。田園中醉飲。

黑頭蟲食黍，旁批：譏刺。紅嘴鴉傷穀，青衣使者往來呼。似飢鳶餓虎，貧兒不得足朝暮，豪家坐享封君富，老翁終日只醉模糊。田園中度曲。

大官人模棱，小官人逢迎，依阿軟美不分明。大家都廝哄，金銀打就無星秤，綾羅卷做家堂挣，兒孫教成野狐精。田園中醉咏。

百姓每苦哉，百樣事推排，百方剝取到骨骸。但粘著便責，天澤地利當堂賣，官倉私庫一齊解，不白不黑只胡歪。田園中醉絀。

酒微醺罷飲，興纔闌停吟，看兒嬉戲打飛禽。齊拍手是您，大兒搶得盆中飲，小兒不得牽衣袪，老兒放得入高林。田園中欹枕。

亭擬構休休，事不管頭頭，倦來高枕睡駒駒。笑蠅營狗苟，朝朝只把權門叩，紛紛列在台閣右，揚揚不顧醜與羞。田園中迂叟。

有茅屋草堂，無畫棟雕梁，青襟濟濟伴兒郎。執經來聽講，廣居正路須歸向，傍門曲徑休依傍，亡羊得鹿總尋常。田園中玩賞。

門兒前小園，村兒外薄田，風調雨順頗豐年。看深耕種淺，兩行弱柳垂金綫，一天晚燒呈碧鈿，幾聲飛雁入晴烟。田園中婉孌。

四圍高有山，一身輕無官，兩間烏兔任循環。天來事不管，養親不用公卿換，教兒只要耕讀慣，居閑惟願大家安。田園中積趄。

他道是痴呆，我只說明哲，人人都愛那些些。全不去沾惹，誰拙誰巧燈明滅，忽成忽敗花開謝，不如咱無榮無辱自周折。田園中樂也。

常拈弄紙筆，要消受衣食，不分寒暖與朝夕。但心清便理，昏花老眼勤開閉，心身有得即札記，示兒克己總成集。田園中自知。

東籬菊殘攢，遍長過闌干，花蕚未吐也堪觀。想銀盤金盞，紅裙綠衣曲江畔，狀元榜眼從頭看，蒼顏皓首漫盤桓。田園中總管。

真一個老農，引幾個兒童，結識明月與清風。閑談些周孔，釵衣爭似腰金重，科頭不把眉峰縱，朗吟箕踞坐花叢。田園中把總。

【滿庭芳】有懷白東川

知音寫遠，天南地北，鎮日經年。魚書不付歸來雁，望眼懸懸。潞河遥，漣漪清淺，太行高雲樹牽連，幾時遂蒼生願。藩臬西轉，霖雨潤桑田。

【南翠屏樂^{〔六〕}】冬日閑咏四首

有官階，無權位，優游此身，天地一閑人。好風光正值小春，喜的是日兒明。屋兒矮，暖暖温温。也不須淮南招隱，也不須江東問訊。休論那賤和貧，功名富貴，漚電浮雲。

舊科名，閑別駕，狂歌醉咏，迂腐老書生。莫道他紅飄綠零，只看咱南園竹。北堂柏，鬱鬱青青。紙窗低日色淡淡，草堂深春意融融。空天鳥不識驚，忘機適性，任意飛騰。

酒微醺，睡方濃，誰來敢呼，林野一狂夫。畢罷了畦疇隴畝，對着這楮先生。毛穎子，淡抹濃塗。裁幾首長篇短賦，勝似他燕歌趙舞。自歌唱自歡娱，賢乎博弈，鄙矣樗蒲。

寒更長，語山妻，安排酒也，爐内火添些，熱禿禿肉菜兩碟。興酣來飲一杯，歌一曲，不厭重疊。説甚麼秦宫漢闕，管甚麼前賢後哲。任人笑老痴呆，高車駟馬，多少傾跌。

【南畫眉序】夏日喜雨

微雨舞輕風，_{旁批：雄整。}石燕拂雲闇大空。掃黄塵萬丈，一色濛濛。沛商霖四野騰歡，歌舜德千邦寧静。老農解撰升平頌，應教社鼓鼕鼕。

村樹曉烟封，樓外青山不見影。聽滴滴點點，竹徑花叢。潤酥酥南畝西疇，鬧攘攘深耕淺種。老農解撰升平頌，應教社鼓鼕鼕。

風虎會雲龍，可是園林沐思寵。看兒童生理，個個争雄。樓上下經史勤繙，舍南北犁耰交横。老農解撰升平頌，應教社鼓鼕鼕。

萬事老來慵，林下溪邊清晝永。喜風恬境净，國泰年豐。魚鳥適海闊天高，烏兔走東迎西送。老農解撰升平頌，應教社鼓鼕鼕。

【寄生草】夏日園林漫賞四首

竹徑搖風翠，榴花噴火紅。合歡朵朵緋羅供，杏梅個個黄金瑩，椒聊顆顆明珠迸。且向這柳楊陰裏聽鳴蟬，怎能勾梧桐枝上栖丹鳳。

山遠橫眉黛，雲低擁畫屏。草鋪芳徑風光净，渠停汲水天光映，葵傾曉日恩光盛。不慮他平泉莊終爲勢家奪，剛道是濂溪草那得人爭競。

細草留連坐，濃陰積漸移。閑雲野鳥如嬉戲，遥岑遠岫相依倚，茅檐金屋何迢遞。贏得這凉風嘉樹暢幽懷，忘了那乘軒擁隊誇豪毅。

方道是園林好，更那堪風景奇。雲邊雨意油油墜，眼前吟料般般備，個中物理頭頭會。曲成欲共鳥聲歌，醉來高枕石頭睡。

【沉醉東風】睡起

時常裏深居簡出，將息咱病體衰軀。牙動搖偏畏風，目昏花如遮霧，放形骸散誕無拘。一枕黑甜午夢餘，不管他天翻地覆。

【滿庭花〔七〕】感嘆四首

其間就裏，旁批：飄灑。熙熙攘攘，是是非非。身心多少不伶俐，只要輕肥。羞慚殺江湖器識，打熬成牛馬奔馳。怎活得一千歲。營營汲汲，到哪裏是歸期。

其間就裏，一身之外，萬物皆非。爭能競巧百般計，費盡心機。得了時天歡地喜。失了時子怨妻悲，靠不定權和勢。陰晴顯晦，知那里是便宜。

其間就裏，不思義理，不論安危。自家多少閑田地，不去耕犁。着甚忙栽荊樹棘，誇甚乖弄福作威。那裏是終身計，高山低水，今古也更移。

其間就裏，歌聲潤美，腔調新奇。朝朝燕樂昏昏醉，寒暑推移，王謝家高堂燕壘。漢唐時太液龍池，盡都是荒蕪地。湖山盛美，今日更屬誰？旁批：再疊前意，愈有味。

套【正宮・端正好】聞驚

胡騎擾邊疆，胡說傳寰宇，葫蘆提不辨賢愚。旁批：題本難做，却做的甚好。野狐精惑定明官府，胡厮攘修城堡。

【滾綉球】那裏有經國謀？那裏有安遠圖？怎能勾防奸禦侮？乘機的甚似強胡。這壁廂眼模糊，旁批：形容。那壁廂嘴骨都。都恁般糊塗兀魯，平白地驚怪傳呼。焚燒積聚真良策，緊閉城門是丈夫，羞慚殺廊廟江湖。

【叨叨令】書生每弄筆頭翻故紙不知務，姑自裏泥陳迹信訛言胡張主。本是個太平鄉安樂土不須慮，擾的那城市中鄉村裏不停住。兀的不笑殺人也麼哥，兀的不惱殺人也麼哥，誰是個文武才幹城將斯民牧。

【脫布衫】傳報的不論實虛，施行的不管川陸。獻策的胡言亂語，聽聲的手忙腳聚。

【小梁州】正是那鶴唳風聲與草木，兀的不諕殺秦苻。人倫天道本同途，無古今，不必罵令狐。公見如今在在無禾黍，但相逢都是嗟乎。又遇著狼虎群，烟塵聚。愁風怨雨，百姓每怎安居。

【煞尾】若說那興嵐一帶臨邊處，本是胡兒出沒區。只恐怕城門火，殃及池內魚，更不道虎豹關，那憂他黔地驢。汾水霍山界大郭，地利天時儘有餘。説起那人和更可虞，比不得尋常弄薄書。只把義棠口東西牢守築，_{旁批：纜説正意。}莫舍却藩籬衛户宇。縱胡馬長驅，見了這險阻。也須索尋出路，顧回頭，思量他酋主。

【南駐雲飛】對景四首

對景忘情，魏紫姚黄處處榮。元亮甘貧病，子美耽詩興，情，堯夫傳無名。好酸丁，帝伯皇王，都赴游仙夢，一笑能令百念輕。

對景忘言，道理平鋪在眼前。縱是雷風變，終久乾坤奠，言，風月盡無邊。謾留連，駟馬高車，説起心寒戰，一度高歌一醉眠。

對景熙熙，適意何須論顯微。不飲從他醉，不買由他貴，熙，萬世要知幾。那個乖痴，虎鬥龍争，都是閑生氣，却被英雄暗裏窺。

對景陶陶，林下山問睡得牢。便把侯王傲，不怕流俗笑，陶，莫自苦勞勞。細評博，百智千强，走不出漫天套，三杰誰如四皓高。

【南黄鶯兒】中秋賞雨四首

明月上危樓，水晶宮懸玉毬，九分肥滿一分瘦。愛月的玩游，感時的轉愁，今秋旱比前秋。又望平疇，嘉穀粮莠，一色盡昂頭。_{右十四夜。}

正圓滿月出頭，又濃陰雲四流，欲晴欲雨相沲逗，禾黍罷休。來牟未耰，農家望雨如醇酎。對中秋，籲天拜斗，早晚沐恩休。_{右十五夜。}

雲布月華收，風恬夜色幽。滴滴點點檐前溜，如酥似油。憂深望久，歡歌不用明如畫。醉深甌，精神再抖，玩賞雨中秋。右十六夜。

月既望過中秋，雨饒洽遍隴疇，人人展放眉兒頭。衣食可求，親朋可投，借無那有皆能勾。笑吟謳，白雞黃酒，莫問幾更籌。右十七夜。

【駐雲飛】壽周令三首

萬壽無疆，第一仙人第一觴。旁批：氣概。莫羨瓊鳩杖，謾把籠鴿放。嗏，岱岳降生祥，好風光。夾批：公三月二十八日生。鳳舞鸞翔，喜氣三千丈，都道從今入壽鄉。

萬壽無期，玉液瓊漿獻二杯。天外雲霞媚，檐外笙歌沸。嗏，平步上瑤池，佐雍熙。霖雨鹽梅，總是真經濟，東海南山一樣齊。

三壽作朋，三獻醇醲徹底清。豈是分賢聖，聊以竭忠敬。嗏，昨夜老人星，倍分明。風虎雲龍，喜看明良慶，萬歲千秋有頌聲。

【山坡羊】

日暖風輕晴畫，旁批：俊秀。柳眉花香時候。枝頭黃鳥，弦管聲同奏。檐前野馬游，樽中玉液浮。輕彈慢舞，粉汗漬羅衫透。正是賞花時，好春光爲我留。瓊樓，雞人報曉籌。龍頭，輸他已四籌。右春

日永風清庭院，沉李浮瓜堆薦。葵心向日，總是英雄願。春葱蘸玉泉，瓊珠碎又圓。去他酷吏，搖我白團扇。槐影納涼時，紅粧醉欲眠。天邊，奇峰落檻前。池蓮，香風入玳筵。右夏

日色風光淡蕩，遠水平沙成象。婆娑桂影，歲歲搖天上。口脂私語香，低聲問玉郎。爭攀三種，紅是來春狀。征雁過南樓，

寒花作陣香。稱觴，金風入鬢傍。端相，知音未肯忘。右秋

　　日短風寒歲暮，梅玉清香時度。絮飛詩句，豈但他能賦。新釀開甕初，嬌娥携玉壺。偎紅倚翠，款款相温顧。忘却氣嚴凝，春風到草廬。鴻儒，蓬窗數卷書。超俗，真堪入畫圖。右冬

校勘記

　　〔一〕此詩又見《讀禮餘録》，共三首，此録二首。

　　〔二〕此詩又見《讀禮餘録》，題作《六月六日暴雨水傷田家六首雜言》，共六首，此録三首。

　　〔三〕此爲作者散曲作品。前《鳳川先生文集》卷一《雜著》所録《西郊野唱引》文，是爲《西郊野唱北樂府》前序，可參閲。

　　〔四〕"可惜個"，此爲散曲中襯字，下同。

　　〔五〕"職"，據文意當作"織"。

　　〔六〕"翠屏樂"，《全明散曲》作"錦庭樂"。

　　〔七〕"滿庭花"，《全明散曲》作"滿庭芳"。

《劉鳳川先生集》跋

　　《鳳川先生集》文雅正蒼古，詩尤俊逸可喜。顧知者寡，終未大行於世。陌南景太昭先生，文學名流也，久宦游北平。一日，由友人所偶見其書，奇之，函余謂："鳳川詩學工部，文又深粹，當共謀廣其傳。"蓋此集初雜北平書肆中，其友以國幣八十元已購得，日本人見而思奪之，增其值百元，卒未獲，則市上無二部可知矣。故太昭極珍重，炎暑鈔錄，而汲汲惟恐其泯失。余以邑幸有板存，既得當世大君子贊許，先生之聲施奚難以大而遠？即承其意，籌重印焉。

　　王君綬象環，初德純好古，力贊且慨任其役。先生裔孫中杰年少，有深識，并爲襄助。昔叔弼所刷印篇首各序皆石印，此次中杰商諸族首出貲，悉爲鏤板。

　　《克己編》善身格言也，附印尤多。夫天下之异寶，皆歷久而彌光。今先生之書經五百年，卒能炫耀外人及吾國名士之耳目，令其傾倒。其人、其文蓋均美善，爲异寶也無疑。自是如《昌黎集》之遇歐陽公，風行舉世而無窮，豈不可信？因志數語，以爲後日之期也。

　　民國二十五年仲春，邑後學蕭光漢謹跋

重印劉鳳川《克己示兒編》序

劉子鳳川故居縣之桂樓村，與朱呂相去僅四十餘里。余性懶遨游，未嘗一履及焉。然朱呂先達遺事見於公之文者不一，余每散步郊野，瀏覽公所撰墓碣，疏蕩峭勁，力追古人，輒自嘆曰："不意吾鄉有韓昌黎也。"蓋公與余村舊有婚姻之好，生平往來者屢屢。迄於今世之相去雖數百年，讀其文謦欬宛然可聞，其能無景仰高山之思乎？但其著述昔所印刷者皆殘闕散失，邑有大儒不得窺其全體，亦可憾也。暇時與諸弟論文，余常盛稱劉子，感念不能已。

叔弼耳之熟矣，知遺板尚存。丁卯春，偕楊靜齋、張壽山、梁春濤諸君，同往桂樓，重印公之遺著，曰《鳳川文集》、曰《壯游紀》、曰《克己示兒編》。事竣，持以相示。余以次讀之，喜遂夙志。而於《克己編》尤三致意焉，曰："昔知公之文，今且知公之人也。"夫公明道者也，其爲氣也剛，其居心也正，其行己也廉，其立品也峻，故進爲海剛峰，退爲陶靖節，而教人傳家又爲朱晦庵也。

余嘗有志聖人之學，惜不得師承，欲尋墜緒，茫茫無端倪。己之不克，何以處世？故與人相接，多招尤悔。仰瞻鄒魯，高渺難攀，日不知幾爲悵恨也。近得薛仁齋遺集，朝維而夕誦，曰："是即我之圭臬也。"豈知仁齋亦因公而興者乎？惟公志高而深於學，德大而善於言，人第羨其詩文，而不知詩文之所自來；但稱其出處，而不知出處之非偶然。蓋公貫通乎六經，磨礱乎道義，洞悉乎世故，言之無偏，行之何弊？吾知自公之有是編，子夏文學不得專美於前，而段干木高節亦覺其太甚矣。則余之修身齊家，待人接物，尚何憂無所遵循耶？

當今邪説橫行，仁義充塞，日用倫常墜地無遺。吾邑文士若皆手此書，奉爲模範，使腥風膻雨不污及芮土，久而他邦鴻儒聞其流風，紛來桂樓，尋公之芳踪高躅，遂推廣其道於天下，則公之力將可挽回世道，豈區區壯一邑之山河歟？苟舍近而求遠，邑有先賢致湮没不傳，是之謂不知務，吾叔弼與静齋等固先能免此也。

民國十六年舊曆夏五月，邑後學蕭光漢拜序

《克己示兒編》叙

明有隱君子鳳川先生者，嘗出而仕倅府矣。已而棄官養親於洪河之濱，父母熙熙爾，昆季愉愉爾，子孫顒顒爾，先生安而樂之曰：“是不逾於仕乎？”暇則涵情性於書史，狀烟霞於咏歌，寄興致於厓壑；或絲而彈，或觴而飲，或友而叙，陶如也。至其範模後進，爐冶生徒，闡蔽啓迷，亹亹不倦。穆其高風者，遐邇馴淑先生之德之施也，其博洽矣哉！衍化之餘，纂訓言，紀賢行，洞世幾，微物變，極人情之淪没，約至理之曠途，著爲一書，名曰《克己示兒編》。

嗚呼！先生之己，不待克也；言語食息，動符庭訓，兒不待示也。書名兹者，殆謙己誨人之意歟？書成，百里馳价，疊示雲箋，命淳爲叙。淳受而讀之，已而嘆曰：先生學博，故其識高；其心公，故其言悉；其思切，故其理精；其涉世也久，故其議也當。易而弗詭也，激而弗削也，物而弗肆也，典而弗誣也，究之可施，敷之可化，推之可孚，動之可準，被之四海，垂之億代，家不可不有，人不可不誦。雖與晦翁之《小學》匹勛肩勛可也。豈可與尋常述作寸尺之哉？

芮城令白公，用德治邑，特重先生，欲壽梓以公於世。然則先生之道，行將覃天下澤後世矣，佑成起助，豈獨私我河東後覺云？

嘉靖丙申三之吉，賜進士出身、承德郎、戶部雲南清吏司主事、滄泉張淳甫伯初謹叙

《克己示兒編》序

劉子鳳川既家食，絕意世事，惟著述焉攸寓。書且成，乃以示余。余曰：有是哉？子之善也。古今人立言著書亦多矣，然可傳者無幾；即傳矣，關世教者亦寡。然則言固不徒立也，亦唯其可傳而已矣。細讀先生之書，大都皆切於人情，明於世故。其言愚夫愚婦之所知，而其至則聖人天地之所不能盡。噫！雖傳之天下後世可也。余嘗有志於是而未之能，觀於此書，顧不重有感於劉子耶？劉子，芮產也，名良臣，字堯卿，號鳳川，學者稱“鳳川先生”。弘治辛酉鄉舉，歷官揚州、平凉倅，已而勇退林下云。

嘉靖乙未小春之望，賜進士第、知芮城縣事、東川白世卿書

《克己示兒編》

夫心者，身之主也。心不正，則無以檢其身；欲克己者，莫先於正心，故首“正心”，而“持身”次之。身者，家之則也，

正身斯可以正家，而萬事萬化之所從出也，故"居家"次之。人生日用，莫急於衣食。衣食不足，不暇治禮義也，故"理財"次之。讀書窮理，所以廣教學也。斯事有持，循之地矣，故"明經"次之。然見聞不可以寡陋，問學必資於親仁，則接人焉。接人，則大而朝廷上下，小而鄉族里鄰；外而師友主賓，內而父子兄弟；違於禮不可也，故"接人""崇禮"又次之。禮義備，而人道盡矣，由是可以出而爲世用也，故"治官"又次之。事雖未形，幾則已著；吉凶之至，皆起於微；履霜之漸，不可不謹也，故"識微"又次之。功成名遂身退，天之道也，故以"歸田"終焉。作《克己示兒編》凡十篇。

正心第一 凡八條

心，天君也，四肢百骸，其臣僕也。一念之發，理欲分焉。君失其道，臣竊其柄；視聽言動，即入異途，遂至夷狄禽獸之歸，而本心亡矣，嚴乎慎哉！

理欲之分，如兩敵然，此勝則彼負，此負則彼勝，間不容髮。能堅吾營壘，嚴吾號令，精吾器械，明吾旌旗，庶不使彼投間而入，以取敗也。禮義廉恥，營壘也。格言成訓，號令也。施爲作用，器械也。耳目口鼻，旌旗也。神明之舍，則主帥焉。

爲學之要在求放心，求放心之要在於持敬。能敬，則常加提策而整齊嚴肅；心不放，學日進矣。喜、怒、哀、樂、愛、惡、欲，人情所不免也。而怒欲爲甚，一動於心而失其正，則身不能撿矣。發動之幾，豈可以不審乎？好惡之端，豈可以不誠乎？

靜而存養，動而省察，敬以直內，義以方外，此聖賢存心撿身之要，精切用力之地也。若能主敬於內，此心常存而虛靜專一，則見理真切，群邪退聽，至動而應事接物，自能審察理欲，是非合宜而順理，則內外交養，靜亦靜，動亦靜，物自不能撓亂。程子指水盆謂尹和靖曰：“清净中一物不可着，纔着物便摇動。”可謂深切而著明矣。

清心寡欲，安分養恬，任其自然，一毫外慕，便入荆棘險阻之區。關尹子曰：“小不制而至於大，大不制而至於不可制，故能制一情者可以成德，能忘一情者可以契道。”

士農工商，古謂四民。恒專其業，不遷於异物，皆本諸心。士子之進修，農夫之耕稼，工商之執役，若心不正大而專事利欲，不樸實而專尚高虛，不深遠而苟且淺近，不專一而厭此慕彼，則巧詐妄作，怨尤矜肆於得失之間，皆惑也。何西疇所謂“富兒因求宦傾貲，污吏以黷貨失職。初皆起於慊其所無，而卒至於喪其所有”者，正此謂也。

薛文清曰：“讀書以防撿[一]此心，猶服藥以消磨此病。病雖未除，常使藥力勝，則病自衰；心雖未定，常使書味深，則心自熟。久則衰者盡，而熟者化矣。”是正心莫要於讀書也。胡敬齋曰：“趨向正的人方好讀書。”若趣向不正，讀書適以濟其奸惡，是讀書必本於正心也。必如《大學》所謂：“欲正其心者，先誠其意，欲誠其意者，先致其知，致知在格物。”則二先生之言，始相爲用而不相悖矣。

持身第二 凡六條

萬物莫貴於人，人莫貴於身，德以潤之，道以成之，名以顯之，位以尊之，服以華之，食以養之，居以安之，傳以永之，凡所謀慮營爲，皆爲身也。不其貴與？知貴，其貴則貴矣；失貴，其貴則賤且辱，而敗亡至矣。持身之道，寧可輕且苟哉？

貧富貴賤，吉凶勞逸，其在於身也。繫諸天，力能勝貧，謹能勝禍，其所修爲也。繫諸人，若藉前人之富貴，而縱肆無忌，便一己之安逸而不能自强，則貧賤凶咎隨至矣。苟慕富貴，厭貧賤，非道非義，苦思勞形，辱親屈己以相求，雖苟得之，失身亦大矣。況役役營營而卒無所得者哉？身可苟失乎？

好惡取予不偏，視聽言動不私，由勉而安，克難爲易，則身不陷於不義矣。

事親守身，吾之大本。本不端，上而父母不能悅，下而妻子不能率，雖諫誨諄諄，威嚴懍懍，亦不能行矣。家子曰："家無賢父兄，則子弟不聞正論；家無賢子弟，則父兄不聞正論。聞正論而不睹正事、遵正行，則所令反其所好，父兄子弟其肯從乎？"

寡言所以省謗，所謂"四海之內皆兄弟也"。寡欲所以保身，所謂"毋勞爾形，毋搖爾精，乃可以長生也"。謹威儀，尊瞻視，所謂"動容貌，斯遠暴慢；正顏色，斯近信也"。

司馬溫公曰："誠實以啓人之信我，樂易以使人之親我，虛己以聽人之教我，恭己以取人之敬我，自撿[二]以杜人之議我，自反以息人之罪我，容忍以受人之欺我，勤儉以補人之侵我，警悟以脫人之陷我，奮發以破人之量我，遜言以免人之詈我，危行以銷人之鄙我，靜定以處人之擾我，從容以待人之迫我，游藝以備人之棄我，勵操以去人之污我，直道以伸人之屈我，洞微以解人之疑我，量力以濟人之求我，盡心以報人之任我，敝端切須勿始於我，凡事無但知私於我，聖賢每存心於無我，天下之事盡其在我。"林和靖曰："心可逸，形不可不勞；道可樂，身不可不憂。形不勞則怠惰易弊，身不憂則荒淫不立。故逸生於勞而長休，樂生於憂而無厭。"審若茲則人我各得其宜，心身各得其用，而碌碌者無所騰口也。

居家第三 凡七條

閨門之內恩常掩義。不偏好惡，不昵慈愛，仁以育之，義以正之，禮以繩之，智以別之，信以實之，無難處矣。

以愛妻子之心，愛父母，友兄弟，無不孝且友矣。推處妻子之恩，役僕隷，待鄰里，無不慈且睦矣。以整齊嚴肅爲則，則瀆慢不生，法度立，倫理正矣。以和順忠厚爲教，則情愛洽，恩義篤，無胥戕矣。

齊家之道以剛爲主，剛則不陷身於過，不牽愛於私，而分定事行。家衆始若不堪，終必得益，《易·家人卦》所謂“有孚威如，終吉”也。處家之衆以忍爲先，忍則小利不動，小過不計，而彼此含容。始雖出於勉强，終必可喜。張公藝九世同居，所以書“忍”字百餘也。

別男女，正名分，理家之大要也。分勤惰，節勞逸，使人之要術也。均衣食，溥慈愛，御下之正則也。男女無別，則人倫不明，禍莫大焉。名分不正，則上下無章，惡莫大焉。勤惰不分則不能勸懲，勞逸不節則成功難責，而威令不行矣。衣食不均則怨謗交作，慈愛不溥則骨肉離心，而内變將作矣。日守《曲禮·内則》小學之訓，正嫡妾，嚴内外，則男女別矣。於長幼尊卑出入之間，謹言行，崇敬讓，則名分正矣。分之以職，授之以事，明賞罰，均班次，則人心胥悦，勤勞者勸而惰逸者畏矣。食之精粗，衣之美惡，量大小，依時節，使各得其欲，雖豐儉隨宜而恩愛自周矣。

婦者，家之所由盛衰成敗者也。其重與子之賢不肖相若，而才雄之子爲其所累者多矣。世人但知教子而不知擇婦，惑之甚也。雖天子、諸侯之興衰，未有不由於内助之得失，況其下者乎？凡議昏者，必如司馬温公所謂“察其性行及家法何如”。不可苟慕一時之富貴，而輕娶驕傲妒悍之婦；亦不可苟安一時之貧賤，而勿擇勤儉孝敬之德。若或兩面二舌，飾虚造讒，務口腹，事冶容，好游談，懶生理，崇侈鄙儉，傲上輕夫，離間骨肉，交搆婢僕，竊盜放蕩，懦弱無能，有一於此，即爲凶德而喪名敗家，無所不至矣。入門之初即嚴訓之，訓之不悛即出棄之。母[三]溺私愛互容掩而不忍，母瞻前顧後而不決。不至四十無子不得畜妾，畜妾亦不得過多。人而至此，皆爲甚不得已，不得已而以如不得已處之，家之吉也。

兄弟於人，異形同氣，死生苦樂，無不相須，聖賢告戒詳且明矣。聽婦言，爭財貨，相疏薄者滔滔也。胡不謂其妻子曰："我今衆子，皆兄弟也，他日有不如我者乎？"庶幾免夫。

方正學曰："爲家，以正倫理、別内外爲本，以尊祖睦族爲先，以勉學修身爲教，以樹藝畜[四]牧爲常，守以忠義，行以慈讓，足己而濟人，習禮而畏法，亦可以寡過矣。"能寡過則所謂"正家而天下定"者，又豈有他道哉？

理財第四 凡七條

理財之要，勤與儉而已矣。勤儉之宜，中與正而已矣。蓋四肢一惰，則百務無成，放僻邪侈隨至矣，故曰"人生在勤，勤則不匱"也。用度一侈，則百貨不惜，鬻產辱先無忌矣，故曰："儉，德之共也；侈，惡之大也。"夫勤儉固爲美德，然過勤則終歲勞勞，輕身徇物；過儉則計較分毫，而褊急可惡，必以中正爲則可焉。薛文清公曰："夏葛冬裘，飢食渴飲，朝作暮息，之得其正，皆時中也。"正此謂也。若當裘而葛，當食而飲，當息而作，其得爲中正乎？

奢濫者，耗財之媒，人皆知之；貪吝者，害財之大，人鮮知之。蓋貪即生吝，吝則當用不用，所謂"惜小費而不能成大事"。吝極必貪，貪則不當取而取，所謂"求利未得而害已隨之"。貪吝之害，不尤大於奢濫者乎？

菽粟布帛，人之切用也。金珠綺繡，世之珍貴也。寶人之切用，勿以年豐物常而賤之；輕世之所貴，勿以珍奇異麗而尚之。

第舍田園，亦須量力起置，勿貪多鬥靡，耗正財以驕惰子弟。《書》曰：“不作無益害有益，功乃成；不貴異物賤用物，民乃足。”

　　貧家有五蠹，而凶荒不與焉。子弟游手也，交結權貴也，好鬥訟也，逐時尚也，厭常而務異也。富家有五懿，而理財不與焉。上下相親也，職事各勤也，樂農田也，務實學也，守常而尚德也。去蠹存懿，其庶幾乎？

　　財不可不積也，積多必思所以散之以濟不足，勿專利以傷吾之義；積不可不散也，散餘必思有以存之以備不虞，勿好名以傷吾之仁。

　　四民莫苦於農，亦莫樂於農。何也？祈寒暑雨，沾體塗足；晏眠蚤起，苦骨勞觔；目維草萊，耳絕絲竹。友牛羊而栖山坂，一目不到，一足不臨，不失天時則失人事，人力可假而不可托，苦孰甚焉？時和年豐，地饒力至，麥穀果實，囷盈倉積，績紡備具，豚雞肥佳，不履市井，不越河山，父兄聚首，妻子團圞，輸租供役，會友睦鄰，歲晚功休，擁爐閉戶，衎衎春温，樂孰大焉？宣曲任氏家約，非田畜所生不衣食，公事不畢則身不得飲酒食肉。壽張樊重欲作器物，先種梓漆，積以歲月，皆得其用。賈氏《齊民要術》曰：“稼穡不修，桑果不茂，畜產不肥，鞭之可也。拖〔五〕落不完，墻垣不牢，掃除不淨，笞之可也。”此皆務農理家之成法也。引而伸之，時而宜之，則又存乎人焉。若夫輕薄子弟，狹小先業，周公所謂：“侮厥父母，曰：‘昔之人無聞知。’”崇侈趨榮，視末爲本，好逸惡勞，圖難於易，高談營利，袖手取息，雖幸起家，富溢鄉邑，君子所羞爲也。苟登仕貪污，不顧名檢，剝民盜官，以驕妻妾、誇里閭者，又烏足置諸齒牙間邪？

　　《大學》曰：“生財有大道，生之者衆，食之者寡，爲之者疾，用之者舒，則財恒足矣。"《鶴林玉露》曰："貪淫之過生於奢侈，儉則不貪不淫，可以養德。人之受用，自有劑量，省嗇淡泊，有長久之理，可以養壽。醉濃飽腥，昏人神志，蔬食菜羹，則腸胃清虛，無滓無穢，可以養神。奢則妄取苟求，志氣卑辱，一從儉約，則於人無求，於己無愧，可以養氣。"能於此熟玩而有得焉，則理財用財之道無餘蘊矣。

明經第五 凡十一條

天下之理，五經載之盡矣；天下之事，五經處之至矣。諸史則成迹，百家皆緒餘也。一經不通則爲偏學。一經精通，可互參考。四書五經如四時五行，四德五常缺一不可也。古人窮經，專門名家，餘經非不通也，但力殺於本經，爲所掩耳。

讀書貴勤，尤貴誠。誠則心志虛明，義理易見，章句易熟，而勤可恒矣。不誠則心馳於外，懈惰荒寧之病作，放僻邪侈之心滋，悠悠歲月，雖得之必失之，況未有所得邪？

凡人性敏者多不好學，縱學亦多疏忽怠肆，不能耐久。鈍者志篤功深，多至成就。昔人所謂"走之疾也，不二里而止；步之遲也，過百里而不止，卒能至其所止"是也。書須熟讀成誦，靜定精思。讀而思，思而讀，未有不得者也。若粗心苟且，畏難厭煩，而能有成者鮮矣。晦翁曰："未熟快讀，足遍數；已熟緩讀，思理趣。"又曰："聖賢之言，常將來眼頭過，口頭轉，心頭運。"董遇曰："書念千遍，其義自見。"又曰："思之，思之，又重思之。思之不通，鬼神將通之，非鬼神之力也，精神之極也。"

讀書貴精不貴博，貴勇不貴貪。徒博而不精，則無一理一事之融暢；弗勇而貪多，則堆積阻礙之無得。故欲博也，必求其精，則博非徒博矣；欲貪也，必致其勇，則貪非徒貪矣。量力循資，定以程限，慎始克終，一字不苟。讀時如昔人作相別計，讀訖一板則焚一板，示不再讀。不可草草自恕，留俟後日，更作區處。精勇之功，莫大於是。

及時而學，固是美事。不幸過時，雖曰勤苦難成，然既覺悟，便須踏定跟脚，勇往直前，功倍志堅，終必有得。昔甯越苦耕而後學，人休不休，人卧不卧，欲以十五年成三十年之功，果十三年爲諸侯師。蘇老泉年二十五始讀書，而文絕今古。傅汝勵初織蓆，一家用裁衣而逐出。再學裁衣，一家爲延客而外移，遂發憤讀書，以詩文名世，致位通顯。古之志士雄才如此者匪一也，雖至四十、五十覺悟而學，亦不可謂甚晚而自棄。師曠云：“少而好學，如日出之陽；壯而好學，如日中之光；老而好學，如炳燭之明。炳燭之明，孰與昧行者〔六〕乎？”

學則得禄，非爲禄而學，此正爲己爲人之分。一於爲人，無所不至矣。韓昌黎《示兒》等詩，歆以富貴榮利者，欲感發志意，使知羨慕趨嚮，不陷於卑賤以辱先耳。非教之爲禄而學，得禄棄學，專爲人焉者也。匪惟韓子之云也。孔子亦嘗言之矣，曰：“學也，禄在其中矣。”曰：“其身體不足觀也，其勇力不足憚也，其先祖不足稱也，其族姓不足道也。然而可以開四方而昭諸侯者，其惟學乎？”

學貴躬行，勿尚口耳。凡於聖賢之言，古今之迹，讀誦玩索，體諸心而措諸行，必如先儒曰：“將弟子問處便作己問，聖人答處便如今日耳聞。”“自家説時，孔孟點頭道是方得。”“不農不商，若何而可以爲士？非老非什，若何而可以爲儒？事親從兄，當以何者爲法？希聖希賢，當自何門而入？道德性命之理如何而明？治亂興衰之故何由而達？”如此斯謂之學，否則真買櫝而還珠也。

道德、文辭、舉業，三者本相通而不相悖，相資而不相害。

義理得於心，發於詩文，不求工而自工；移而爲舉業，易易事耳，措之事功體用兼備矣。迂腐好名，趨時富貴之徒，得其一而棄其二者，烏足以語此哉？

讀書之序，須自小學、四書五經、諸史，然後博極諸子百家，泛觀雜録小説，斯謂之學。吳草廬所謂："通天地人曰儒，一物不知，一事不能，恥也。"宋景文所謂："要得數百卷書在胸中，則不爲人所輕誚矣。"

居敬持志，循序漸進，熟讀精思，虛心涵泳，切己體察，着緊用力，此六者朱子平日讀書之法，已試之效，其告君上、誨學者，舉不出此。程正叔敬著於《分年日程》中，真後學之蓍龜，吾人肯遵信而力行之，不患不到聖賢地位也。

方正學曰："學術之微，四蠹害之也。文姦言，撼近事，窺伺時勢，趨便投隙，以貴富爲志，是謂利禄之蠹。耳剽口銜，詭色淫辭，非聖賢而自立，敢大言以高人，而不顧理之是非，是謂務名之蠹。鈎摭成説，務合上古，毁訾先儒，謂莫我及，更爲异義，以惑學者，是謂訓詁之蠹。不知道德之旨，雕飾綴緝以爲新奇，鉗齒刺舌以爲簡古，於世無所加益，是謂文辭之蠹。四者交作，而聖人之學亡矣。"去聖道不循而惟蠹之是歸，甚哉！其惑也。嗚呼！是蠹也，豈惟惑之而竊高名躋顯位者？舉世且重之矣，安得先生與之論學哉？嗚呼！

接人第六　凡十條

人雖有等，接之之道無逾於誠，誠能動物。四海萬姓可爲兄弟，夷狄异類視如家人，乃何用不臧矣？僞則相欺而不相信，可暫而不可久。雖父子兄弟猜疑如秦越，鄉閭族黨相視如蠻夷，況能友天下士乎？心日勞而日拙矣。孔子曰："言忠信，行篤敬，雖蠻貊之邦行矣；言不忘信，行不忠敬，雖州里行乎哉？"

處家之衆貴恩，事上之人貴敬，與同類貴和，待下賤貴慈，而濟之以忍與恒焉，斯可以無怨尤矣。

君子隆師親友，惟才德是取，固不遠近、貴賤、少長擇也。世之貴耳賤目，崇顯耻微，狃侮實德，企慕虚聲，終於爲人者，豈足以知此道哉？

矜己之長，露人之短，妒人之有，耻己之無，則懷輕人上人之心，賊德莫大焉。懲忿窒欲，忍辱耐事，口無過言，身無過行，則有容人過人之量，進善莫良焉。

毁譽喜怒不可遽動，徐而察之，自有餘味。否則便難收拾矣，君子所以貴涵養也。

有包涵渾厚之德，然後可以得人而濟事。若察見至隱，雖律己至潔，人皆難爲處矣。關尹子曰：“利害心愈明，則親不睦；賢愚心愈明，則友不交；是非心愈明，則事不成；好醜心愈明，則物不契。”有旨哉。

虚己必能受人，自損可以獲益。若自滿假，則詭聲色，拒人於千里之外矣。雖欲無損，得乎？利人必能利己，害物必反害身。若自求便利，不顧損人，雖善謀巧避，人得而窺之矣，雖欲無害，得乎？

交情淺嗜欲深者，不可吐以忠赤。機械深外好重者，不可恃爲知己。易悦易動者不可近，心忍義疏者不可親，持兩端者不可與計事，多疑忌者不可與求升，貪吝者不可以共財，驕肆者不可以共樂，怯懦者不可與有爲，勇悍者不可以相犯，富貴不可以結援，貧賤不可以侵侮，至親不可以小失而遽薄，至惡不可以大行而忘遠。達乎此，其庶幾矣。

干觸侵冒之謂犯，發人陰私之謂訐。古人引君當道，陳善責難，畜止其欲，雖拂意忤旨而不恤者。以事之利害，國之安危，生民之利病，所係有重於一己，不可隱忍逢迎、愛身尸位也。非沽名賣直，直前詆毀，故爲訐上也，故曰事君有犯而無隱。若事親者，當不義則爭之，亦非隱飾順從，徒以陷親爲不孝也。君親之大義，臣子之至情，非可漠然相視者，其道如此。至於官長、親舊、朋儕、寮寀、閭里之間，不至誠意交孚，不可恃知以盡言之，況泛而未交者乎？先正所謂諱莫諱乎己之短，樂莫樂乎人之掩其短。蓋聞善言則拜，告有過則喜，禹、子路之外，幾何人焉？老子曰：“聰明深察而近於死者，好譏議人者也；博辯宏遠而危其身〔七〕，發人之惡者也。”孔子曰：“言人之惡，非所以美己；言人之枉，非所以正己。”孟子曰：“言人之不善，當如後患何？”嗚呼！稠人廣坐之中，固不可極口議人之長短。暗室親密之地，盛怒甚惡之時，又豈可指摘他人家門隱諱及陰僻之行哉？前輩誠有不可及處，尤不得輕議也。

司馬溫公曰：“會數而禮勤，物薄而情厚”，安此則雅儉可恒矣。陳白沙曰：“抑情以止慢，疏會以增敬”，守此則故舊可保矣。方正學曰：“介以植其內，和以應乎外”，能此則持身不撓處俗不忤矣。王錫山曰：“先淡後濃，先疏後親，先遠後近”，知此則交道可終矣。

崇禮第七 凡九條

人之所以异於夷狄禽獸者，以其有禮也。故禮也者，天經地義，別嫌明微，防欲杜亂，家國天下不可一日無人已〔八〕，上下不可一人違者也。故曰：“道德仁義，非禮不成；夾批：無節文則有過不及，而不明不行矣。教訓正俗，非禮不備；夾批：失中則不當，安能備？分爭辯訟，非禮不決；君臣、上下、父子、兄弟非禮不定；宦學事師，非禮不親；夾批：宦，仕也。未升諸公學，爲仕者也。學者，學道藝者也。師弟子之分不正，則學之意不誠；不誠，則情不親，而教不能行矣。班朝治軍，莅官行法，非禮威嚴不行；夾批：三者皆仕以治眾也。尊卑上下得宜，則分守令從，而威嚴行矣。禱祠祭祀，供給鬼神，非禮不誠不莊。"夾批：禮者，敬而已。無敬則不誠不莊。"人有禮則安，無禮則危。富貴而知好禮，則不驕不淫；貧賤而知好禮，則不慴〔九〕。"夾批：已上《曲禮》又曰："壞國、喪家、亡人，必先去其禮。"夾批：《禮運》

先王制禮法以教天下，所以同民心而出治道也。禮防於將然，道之始也；法懲於已然，道之終也。出乎此則入乎彼，二者并行而不相背。蓋天地陰陽，自然而不可易者，故畏法者必循禮而爲君子，違禮者必玩法而爲小人。昔人所謂不自重者取辱，侮於禮者也；不自畏者取禍，侮於法者也。遵古禮，守時制，由衣服、飲食，以至宮室、車馬；自家閭、族黨，以至朝廷、上下，無毫髮之違焉，庶乎其寡過矣。

飲食男女，視聽言動，縱恣血氣之欲而無禮以節之，何所不至？禮制明，則愚不肖皆有所畏而不敢肆，況賢智者乎？

節人心，順天道，達物理者，禮也。然而忠信，其質也；義理，其文也；學問，其功也。爲禮不本於忠信則僞，不協諸義理則乖，不講諸學問則舛且滯矣。

禮者，序也；樂者，和也。無序便乖，乖便不和。禮樂無處無之，《曲禮》曰："雖負販者必有尊也，而況富貴乎？"程子曰："至於盜賊至爲不道，然亦有禮樂。蓋必有統屬，必相聽順，乃能爲盜。"方正學曰："養身莫先於飲食，養心莫要於禮樂。人未嘗一日舍飲食，何獨於禮樂而棄之乎？"

凡事皆起於細微，爝火而能燎原，涓滴而能滔天。一言之失，一飯之愆，不忍不謹，而至於喪身敗家者多矣。人或以橫逆來加，必謙約自反，愈守以禮彼自愧服，不服者妄人耳，亦不必深校。昔人所謂："譬如草莽中荊棘在衣，徐行緩解而已，荊棘亦何心哉？"若恃强侵損者，亦必引咎自責，極理辯論，不已然

後求直，無不直矣。不可不勝一時之忿而鬥争搆訟，交結䝳^{〔一〇〕}
要，賄通當路以求勝。縱使獲勝，僅足以償其所費，况未必勝而
費不貲，抵罪反坐，噬臍之悔，將何及乎？冤冤相報，何時已
乎？觀《春秋》所書諸侯擅相侵伐之事，聖人常責夫被侵伐者。
責己，絕亂之道也。

　　禮不可越，亦不可泥。越則肆，泥則拘。苟起以義，折衷焉
可也。古人之質或過於薄者，後世過厚弗悖於禮，則從之。如追
崇之典，始祖之祭，生母終喪，庶子奉祀，外氏推恩，异姓承
業，師友私謚，立廟報功，勒石鋟木，俗節鄉儀之類，一皆本於
人情，合於天理，雖非古，猶古也。故曰：“禮之於人也，猶酒
之有蘖也，君子以厚，小人以薄。”

　　知止，即知至善之所在也。大而君臣、父子之仁慈忠孝，
小而耳目手足之聰明恭重，以至身之出處，時之升降，物之大
小，位之崇卑，地之遠近，分之彼此，財之多寡，行之疾徐，
一言之出，一動之微，皆有當然之則，當止之處。各止其止，
則物各付物，自無争奪陵犯之患，天下國家可得而理矣，矧族
黨郡邑之際乎？薛文清曰：“知止則能素位^{〔一一〕}而行，不願乎
其外矣。”又曰：“萬事萬物，各有分，各安其分，自然無
事矣。”

　　戴少望曰：“聖人制禮之意，所以生斯人也。一旦^{〔一二〕}無
禮，則民有不得其死者矣。禮以卑爲主，以恭爲本。有自是之
心者，不可以語禮；有自大之心者，不能以行禮。故禮者所以
柔伏其侈大之意，而習爲退遜謙下之道者也。故有禮之人其容
肅然以正，其氣粹然以和，望其顔色而知其人之可親也。”噫！
使人望顔色而可親，乃安往而不口矣。橫渠先生教人以禮爲
先，厥有旨哉！

治官第八凡十七條

學所以明道，仕所以行道也。爲學不本於身心，徒爲取仕之筌蹄，及其入官，一任性資所爲，尚何望道之行耶？其通經學古、志向不苟者作用自别，然多不合於流俗，往往飄然而去，且位下名卑，舉世莫取。其崇僞盜名、互相援引爲衣鉢之傳者，不惟得仕宦之捷徑，乃兼富貴而有之，矇者反仰視，巧者皆慕效之矣。嗚呼！

假公法以報恩讐，是謂侮法。欺君人臣之大惡，天道所深惡也，是故君子之於人也，以厚而不以薄，以公而不以私，以誠而不以僞，以天而不以人，由是可以立身，可以事君，可以執法，可以任人，無過舉矣。

忠孝剛正，臣子之大節。奔走承順，奸惡之恒態〔一三〕。忠正之人惟知引君當道，苟可以利社稷，安生民，不恤一身之榮辱，必極言之。充是心也，行一不義而得天下弗爲也，臨大節而不可奪也。承順者務以悦人，凡可以利己，不顧理義而爲之，弑父與君所由至也。樂承順而惡忠直，雖在上之常情，君子之自處，豈可恤小嫌、利苟得，以陷大惡哉？

治各有體，官各有職，人各有長，事各有要，如天地山川，一定而不可易。得其宜則治，失其宜則亂。人君以論相爲職，宰相以用人爲職，監司以激揚爲職，守令以奉法撫字爲職，其他各以所司爲職。苟不知人則用非所用，而長短大小不合尺度，又安知所謂體要哉？不知體要而妄爲進退，甚則置豺狼於當路，縱虎豹於山林，其不至噬人者幾希，欲無亂亡，得乎？

先王立賢無方，故版築之夫得與神明之胄爲伍。自有科目以來，人爭奔趨，然有命焉不可必得。故我聖祖科目之設，雖仍前代，而學校所育用之甚廣，惟賢是求。初無出身之拘，因循既久，豪杰之士不第甲科者竟不得志，而政日益弊。苟甲科也，雖初任下位，自負者高待上官以常禮，而莫與之校守職事，如恒人而力爲之援，甚或縱欲敗度也，亦曲爲調護保全之，往往隨時浮沉，無怨惡於人者，輒取高位。若鄉科也，一任外職，稱呼進退之間便欲异等。苟慕榮利而無恥者，奴言婢膝，必甘爲之，間有否者，必獲罪戾，善宦者始得與甲科同升，纔至方面以上即靳之矣。至是者亦志得意滿，無復策勵向上之志。嗚呼！是何自待之輕而待物反重耶？監生之視鄉科亦猶是也。近時明詔所謂"舉人無六卿之望，監生絕方面之升"者，詎不信哉？凡食禄以居人上者，維以上不負天子，下不負所學爲心，盡己之職，安己之分，不攘不剝，不挾不詔，於心無愧，於親無忝，成敗升沉，任其自然可也。

盡心職事，求知之道。系[一四]毫苟且，即爲素餐，君子所深懼也。若夤緣鑽刺、通賄屈身以求知者，是即乞墦之徒，便不知職事爲何物，而剝民害物無不至矣。況姿肆於禮法之外，惟財利是圖者，其去盜賊何遠哉？

待人處事，皆當隨時隨地以無心處之，便是中道，不可以先入之意爲主。苟泥陳迹，信浮言，執偏見，扭私意，以立科條，則賊人害政多矣。苟人情大怫，終必扞格難行，而意沮心灰，不可爲矣。且如江西之民素好健訟，中間豈無被人侵損不得已者乎？山東、河北素多大盜，三邊士卒素稱悍戾，中間豈無柔善畏法者乎？胥吏清慎者，縉紳反多不逮；貴富守禮者，匹夫或反陵侮。推此以往，事變豈有常哉？朱晦翁曰："胸中着一'寬'字，寬便有弊；着一'嚴'字，嚴便有弊。"正此謂也。

寬、嚴兩字，當極分曉，不可假近似者藉口以亂真。蓋寬非縱弛偷惰之謂，嚴非刻核酷虐之謂。故爲政者必先立紀綱法度，常令威蕙在己，信令時期，關防禁約，使人肅然不可犯，而寓寬大仁愛之意於其間，法從輕，賦從薄，情通事簡，安靜順適，隨便興利，然後奸頑屏迹，良善蒙惠，斯寬嚴不墮於一偏，無所處而不當矣。

呂紫薇謂"曰清，曰慎，曰勤"爲當官之法。後人以爲處事尤欲必公，必明，必斷，斯無過舉。又益以能謙，能忍，能恒，斯於持身處事，事上接下，皆得其宜，盡矣。然清則公，公則明，知也；慎必謙，謙必忍，仁也；恒勤而斷，非勇不能，斯蓋中庸之道也。恭敬者，事上之道，禮之當然也。過則諂，諂則拜塵捧溺、拂鬚嗅足之態作，甚則殺人以媚人者，無不爲矣。不及則傲，傲則矜己輕人，陵節犯分之事興，甚則訐挾以致亂禍，不能已矣。諂固不可，傲亦不可也。若吾夫子在春秋時，於列國之君必拜下盡禮，於上大夫言便誾誾，於下大夫言便侃侃，未嘗較其人品之何如。蓋其德盛禮恭，自然如此。纔至孟子，氣象便露，曰"說大人，則藐之"，曰"望之不似人君"，況其下者乎？所以光武之教任延，有"善事上官"之語，而方正之士不能事上官以取敗者多矣。於事有濟，於民有益，雖忤上官以獲罪爲之可也。其進退迎送，文儀物采，人衆勝天之類，秤停宛曲，隨時從衆亦可也。若立異自高，恃才傲物，因人品而敬怠，肆譏訕以邀名，悻悻自好以僨事而敗身者，又豈君子之道哉？

毁譽之言，當官者尤宜徐察，不可輕信。苟或失宜，匪維爲人所賣，而賊仁害政，激禍召亂，噬臍莫及矣。所謂"鄰乎號道乎吠〔一五〕者，雞犬也。取於物而不求諸心，斯其爲物也。"若自守未信，自見未明，不以至誠待物，不以無心處事，言盡善而去取未決，事未至而疑端先萌，挾詐恃明，攘善自任，匪維邪正是非不能辯，而忠言日遠，奸人窺其機者，得以左右逢迎，售奸呈詐，積禍稔惡，牢不可解，害尤甚於毁譽之聽。周濂溪曰："謂能疑爲明，何啻千里？"程伊川曰："人以料事爲明，則駸駸乎逆詐而億不信。"嗚呼！可不慎哉？

　　喜怒不節，則號令數變；愛惡稍偏，則奸邪得窺。號令變則下無定守，奸邪窺則投其愛而避其惡，竊其機以弄威權，敗吾事者多矣。故當官者必慎喜怒，泯愛憎。未發也，雖至近莫能知；既發也，雖至親莫能移，則政自簡而無悔。匪惟喜怒愛憎也，雖父兄子弟之間，公事不可與之私論，公門不可縱其出入，況吏卒婢僕乎？又況巫祝、尼媼、術士、工匠、詞藝諸人乎？晁錯曰："飢不得食，寒不得衣，雖慈父不能保其子。"愚曰：勢有可乘，利有可取，父兄可能保子弟乎？噫！子弟可以保父兄乎？噫！

　　小廉曲謹者，多畏避而不能濟大事；好大喜功者，多疏略而易萃詬怨。蓋事先難者後必易，身先勞者後必逸，畏難避勞非人臣之職也。觀張柔謂其子弘範曰："汝圍城勿避險地。險則己無怠心，兵必致死，主將亦必赴救，而可立功。"弘範卒成大功，為名將，人皆推本於父之教。夫兵凶戰危，難且勞孰大焉？而尤不避險，其他事之險難又豈可畏避乎？行高者人必毀，名盛者物必敗，月光盈滿，去日之遠。觀寇準澶淵之役，人主視動靜為安危，三軍以從違為進退，當時尚有擁兵自重，孤注待君之謗，人雖罪欽若之奸，而上意亦為之動。夫宗社至計，謀與功孰大焉？而猶涉嫌疑，其他深文巧誣，又豈可不避乎？呂紫薇曰："難事勿辭而深避嫌疑，至誠待人而深避文法，如此則可以免。"

　　國家典章，祖宗區畫至詳至備。或行之久而稍偏，或奉行之者失其初意，未免於時不甚相宜，非法之不善也。《詩》曰："不愆不忘，率由舊章。"程伊川曰："為政莫要於守法。"昔明道為邑，凡及民之事，人謂於法有礙者，明道為之，未嘗戾於法，人亦不以為駭。薛文清曰："凡禮文、制度、法律、條例之類，皆當熟讀深考，則應酬世務不戾時宜。"夫豈特時宜而已？苟能充之大學之道，奚以過此？俗吏僻儒，於經、於道原未講明，舊章、成憲曾未詳究，掇拾緒餘，不謀大體，恃小聰明，妄意變亂，事無大小，一切更張，聽者不察，悅爲新奇，和而行之，未有不致亂者。欲立事功，須慮深遠，勿求近效，以悅俗目可也。

當官者一事不可苟，一人不可忽，一言不可輕，一令不可慢，一字不可放過，一時不可怠緩，一僞不可偶作，一法不可出入。心常持敬，身常勤勞，耳目常點檢詳察，外議常廣詢博訪，文案常翻閱扃閉。勿逞能恃才，勿易微輕小，以自取敗。昔人所謂"吏人不怕嚴只怕讀"，又謂"防小人密於自修"者，豈無稽哉？

至誠待人雖不易之道，若事幾之會亦不可無術以處。謝上蔡曰："術者，處事之名。人涉世欲善處事，必先更歷天下之事。事既更歷不盡，必須觀古人準則。如隱公欲爲依老之計，羽父勸之殺桓以即真公以誠告之，羽父懼，反見殺，隱公失之不早斷耳。"近如脱脱之處伯顔，仇咸寧之處周昂，得其術矣。

文中子與楊素等言，歸而有憂色，謂門弟子曰："素與吾言終日，言政而不及化，是天下無禮也。夔與吾言終日，言聲而不及雅，是天下無樂也。德林與吾言終日，言文而不及理，是天下無文也。二三子皆預朝議者而如是，王道何從而興乎？"許魯齋曰"功名之士到禮樂制度便進不去，須別用一般人物"，正謂此也。愚嘗見居高位、受重寄者所言矣，非送迎之如法，則供張之周備。簡賢棄才也，則曰："天下何少此一人？"酷刑濫罰也，則曰："冤枉奚特爾一夫？"鄙建議者曰"好名"，斥苦節者曰"徒勞也"；睹軍民之疾苦，付之無可奈何；張聲勢以按臨，不過循行故事；賂左右通關節，勤簿書尚雷同，上下成風，更不知禮樂教化爲何物，可憂不但如文中子而已。程子曰："如有用我者，正心以正身，正身以正家，正家以正朝廷百官，至於天下，此其序也。"趙方曰:"催科不擾是催科中撫字,刑罰不差是刑罰中教化。"湛甘泉曰:"有惻隱之心則有惠政矣,有羞惡之心則有廉政矣,有辭讓之心則有禮政矣,有是非之心則有明政矣。無是心非人也,無是人非政也。達乎此,然後可以言治道矣。"

識微第九 凡七條

幾者,動之微也。微者,形未大也。理欲之幾,善惡分焉。善惡之微,吉凶著焉。念慮之萌,可不謹哉?誠意之關,可易過哉?

天下之事皆始於微而成於著。治於微,則易為力;治於著,則難為功。譬之水火也,微則捧土可塞,勺水可滅,盛則滔天,燎原矣。知乎此,則於欲之未動,事之未來也,必豫知其將然,將來也。豫杜其必然,見之真而行之勇,非君子其孰能之?

訕謗譏議,取禍之基也。晏安怠惰,荒淫之漸也。奇巧珍玩,汰侈之端也,男女無別,淫慝之本也。長幼無序,爭鬥之由也。上下無章,僭亂之媒也。喪祭無禮,倍逆之道也。辯言偽行,敗俗之形也。專獨自任,事所以不成也。慢易放曠,禮所以不行也。飢寒困苦,盜竊所以興也。驕矜滿假,財德所以損也。怒謗喜譽,來讒佞也。醉釀飽腥,昏神志也。苟且將就,長奸頑也。禽犢溺愛,害子弟也。諂上瀆下,生辱侮也。甘言悲詞,啓僥倖也。優柔不斷,成亂階也。易言輕動,亂大謀也。犯強違順,取患害也。夜飲晝游,招奸盜也。取予不節,難繼後也。契券不明,無稽證也。強人所不能,事不立也。禁人所必犯,法不行也。非義之利,臘毒也。可喜之事,藏悔也。凡此者,孰非微而顯乎?故曰:"禮之教化也微,其止邪也於未形,使民日遷善遠罪而不自知也。"禮豈可須臾離乎?

處事之善,莫謹於微。謹微之道,莫要於思。故思者,聖功之本而吉凶之機也。丘瓊臺曰："君子一言之將發也，一行之將動也，一事功之將施行也，則反之於己，體之於人，揆之於心，繹之於理，必事與理不相悖，人與我不相妨，前與後不相衡決，上與下不相齟齬，然後作之。"又曰："君子之行事也，欲防微而杜漸，必熟思而審處。"

有利必有害，有得必有失，有榮必有辱，有隆必有替，有安必有危，有樂必有憂，有勝必有負，有強必有弱。如天地之有陰陽，日月之有盈虧，四時之有寒暑，互相倚伏，必然之理也。其端甚微，其理甚著。利也、得也、榮也、隆也、安也、樂也、勝強也，人之所欲也。害也、失也、辱也、替也、危也、憂也、負弱也，人之所惡也。惡不生於惡而生於欲，欲不起於欲而起於惡。能思患而豫防者，謹其欲而不使至於極，消其惡而不使有所萌。

月暈而風，礎潤而雨。花瑞木徵，鳥祥獸異，皆得乎氣之先。人之善惡吉凶，皆因之而兆，況夫精神夢寐、動作威儀之間〔一六〕，豈無先見乎？智者識其微，雖咎徵之見也，恐懼修省之不息，則災變爲祥；愚者昧其幾，恃目前之安也，縱欲敗度之不恤，則休變爲咎。《易》曰："知幾其神乎？"

天地之間，理與氣而已，事則其發見於人物者也。事之微理之著也，形之著氣之至也。天下豈有理外之事，氣外之形哉？是故欲知事物之幾微，其要莫先於窮理，苟能格物致知以窮夫理，則志至氣隨，真見實行，定靜而安，事物之幾自無遁形矣。程伊川曰："理素定則能見幾而作，不明於理，何幾之能見？"此之謂也。

歸田第十 凡十一條

君子之仕也，行其義也，年當休則休。隱非君子之得已也，志不合道不行，時當休則休。減年甲，染鬚鬢，鍾鳴漏盡，而不知止者，固不足論。若時逢道合，立異索價，絕世離群，或本無其具，偽言僻行，欺世盜名，出無一籌之展者，皆非君子之道也。矧奸貪廢事，自取敗亡，鑽刺怨尤，無所不至，以驕妻妾，泣屋壁，諸瑣瑣者哉？

用則立朝，施所學以兼善天下；不用則處山林，斂所學以獨善其身。古人出非爲己，處非爲人，苟可以行道，州縣之職最近也，聖賢何地位之擇哉？惟義是比耳。崇虛偽、據要津者，便以宰相爲己物，遇事稍難，即爲要名避位之行，結援黨與，乍退屢進，爭權利於有司，肆侵漁於鄉里。人有爲郡縣而歸者，動以致仕同見任爲辭，干撓有司，以爭市井屠沽之利，斯皆名爲歸田，實爲營田，真無恥之甚者也。

爲養而仕，固仁人孝子之至情。若道與時違，亦當安於義命，擇其重者而行之。力耕以養亦可也，豈可非道非義屈己遷就，惟以悅親爲事以誑俗目哉？又豈可假親命以濟己私哉？況未必得而忝親辱身，貽悔笑哉？

士大夫之歸也，有司以禮幣之厚薄爲重輕，鄉里以車馬之盛衰爲敬怠，戚眷以財勢之高下爲親疏，妻妾以有無爲欣戚，奴僕以興廢爲勤惰，人情市道大抵然也。傅子曰：清吏廉將老而謝歸，取笑邑里，於是清者怨，而廉者悔，正謂此耳。噫！安得起胡文定於九原，與之論真大丈夫哉？

學貴聞道，聞道則內重而不爲物役，然後可以用物矣。故慕富貴者，不能處富貴，厭貧賤者不能處貧賤。譬之捕虎者，弗畏其爲虎，然後能捕虎；知其爲虎而畏之，則爲虎所噬，安能捕虎哉？嘗見少年志銳氣盛者，動以功名富貴爲輕，及不勝妻子之累，則貪黷慕利，百計千方而不已。又有少壯貧苦，偶一得志，大肆誅求，敗解而歸，高第宅，美園田，盛車馬服飾，痛償初志以誇鄉里，姬妾滿前，賓從雜遝，窮奢極欲，惟日不足，名曰行樂，且爲子孫千百世計，是皆不能以志帥氣，爲物所役，全未之學，又烏知道爲何物哉？若爲一身計，損於德壽者多；若爲子孫計，疏廣之言可鑒也。殷仲堪云："貧者士之常，焉得登枝而捐其本？"宜深念哉！

士君子之處，使居者來問學，仕者來問政，上也。不幸不爲人知，則以孝弟忠信淑子弟，範鄉閭，無怨無尤，不瀆不詔，處之太然，所謂"施於有政，是亦爲政"也。邵子曰："莫道山翁拙於用，也能康濟自家身。"家子曰："至樂莫如讀書，至要莫如教子。"真知此味者，斯可以言樂矣。

陶靖節辭彭澤令而歸，謂其"飢凍雖切，違己交病"，乃固窮守節以終其身。所謂"大賢篤志，與道污隆"、"隨寓皆適，超世遺物"、"愚不可及"者是矣。邵康節不應徵聘，隱居洛陽，旦則焚香靜坐，晡飲微醺即止，時有四不出，夾批：大寒、暑、風、雨。會有四不赴，夾批：公，葬，生，醸。所謂"玩心高明"、"德氣粹然"、"風流人豪"、"内聖外王"之學者是矣。求之形骸之外者，動稱學二公之爲人。噫！二公豈易及哉？雖然，乃所願則學二公也。

文中子居家不暫舍《周禮》，曰："如有用我，執此以往。"予於朱文公《小學》《家禮》《近思錄》等書，亦未嘗暫舍，但驗之心身有愧者多矣。年尚未衰，更加勉焉可也。樗齋曰："日晚而山愈妍，木晚而質愈堅，人晚而知愈全。"進修之功，豈可怠哉？

劉表謂龐公"不肯官祿，無以遺子孫"，公答以"世人皆遺以危，我獨遺之以安，未爲無所遺也"。然公之所謂"危"者，豈特官祿威藿之久假哉？財貨富盛亦危道也。"多藏者厚亡"，"沃土之民不材"，予親見者屢矣。予無先業可藉，創置屋廬，僅蔽風雨，田多瘠薄，用力勞而收穫少，年未及衰，即以省侍，引疾不起，人多鄙笑之。噫！富貴豈予所惡而不近人情哉？有義命焉。出而志不獲伸，寧無貴而已矣。處而財無可積，寧無富而已矣。田廬不佳，取其價廉而力易辦，人不求爭，事不甚費也。且俾後世售不獲直，或可永守，心力常勞，可以思善，苟免飢寒足矣。若得書種不絕，不使卷帙散失，天其或有以厚我乎？不猶愈於良田美宅、高官大爵，爲人鬼窺瞷，數易主守者耶？

天於善惡必有其報，但遲速之不同耳。盧疏齋以爲不急性、有記性者，其言最明切也。觀夏商之后及魏晉南北朝五季之子孫可見矣。又嘗驗之縉紳之間，邑里之事，數十年內，禍福不爽毫釐，若謂"天道茫昧無知"者，真自欺也。

程伊川曰：王氏"論魯祀周公以天子之禮樂，以爲人臣能爲不能爲之功，故當用不當用之禮樂，不知人臣之道者也。由其位而能爲者，皆其所當爲也。子道亦然，孟子曰：'事親若曾子者可也。'未嘗以曾子之孝爲有餘也。"噫！匪唯臣子之於君父也，凡天地間事，孰非吾分内事乎？唯此義不明，驕吝恒在，挾己所有，愧人所無，恃功專恣，怏怏於君父，揚揚於里閭，取覆敗而棄前功者多矣。寧人負我，無我負人；寧我容人，無人容我。其言可味也。

跋[一七]

良臣幼讀《論語》"克己復禮"之訓，"四勿"之目，即曰：爲學而不克己私，非學也。四目之中又嘗以言，視爲切要。司馬公自不妄語，始之言謝上蔡屏去所愛硯之事，真可師也。然志銳力怠，天不勝人，此心雖不敢放私意，遇感即發，安在其能克也？及觀程子復萌獵心，薛子乘快多言之戒，益知己私不易克，聖賢不易學，雖上智之資，非百倍其功不可也，況碌碌如良臣者乎？弱冠就試禮闈，游上庠，友天下士，見聞雖益而踐履尤難。壯入仕途，歷南北人情世態，與前迥异。皇皇奔走，舊學益荒，靜而櫽括平生所爲，與聖賢之言相矛盾者多矣。省侍歸來，課農頗暇，年日就衰，舊習猶在，恐懈意一生，終於自棄，乃以所嘗經歷體驗之真切，或偶有一得者，筆之於書，題曰《克己示兒編》。不拘體裁，不限條目，意不求异，語不求工，盡吾力而止焉。錄成，時省玩以自勵，示諸子孫，能遵信而行，庶可以寡過矣。中間言涉於激，意若未平者，即己私猶未克也，益愧益懼，他日有進，別加删削，藏之篋笥，勿以示人。知我罪我，世固有君子在也。

嘉靖十三年歲舍甲午春正月望日，芮城鳳川子劉良臣堯卿甫謹識於桂樓村居之甘遁軒。

梓《克己示兒編》末簡

琴堂少暇，梓人持書板若干帙，過而跪曰：“《克己示兒編》今刻已成。”且曰：“著是書者博是善也，梓是書者求是善也，可亦有言於簡末乎？”我山子起而笑曰：“噫嘻哉！梓人也，梓人也，其亦知有言乎？殆弗可以凡梓目之也。於呼克己之編，言盡於鳳川矣，序盡於東川澹泉矣，殆弗可以凡編目之也。復何言？復何言？矧余楚人也，雖弗才，幸用於晉，得親炙鳳川之教多矣，稔聞鳳川之學久矣。復何言？復何言？不然，是續豹於貂也，徒爲買笑耳。”梓人復稽首颺言曰：“雖然，吾聞東川欲梓於前而不果。今實若有待，功不可泯也。”我山子遂因其言而識之以此。

嘉靖戊申春三月之吉，文林郎、知芮城縣事楚辰我山鍾如嶠識。

《克己編》後跋

夫子告顏子克復之目，四勿盡之矣，而其旨甚約。鳳川子則大其説也，且其辭甚博，豈以博約异觀，好爲繁衆而自戾于孔顏哉？會流尋源，培末益本，斯通方之要趨，見道之巨關也，鳳川子所得不既深乎？求顏于四勿，求四勿于兹編，引而上焉，將無己之可克矣。謂吾心無一顏不可也，然又知鳳川子其將爲顏之亞匹者乎？予不敏，請事斯語，隨于簿書之暇而深味之，未敢遽謂其有所得焉否也。鳳川心法庭訓，雅尚清修，繼往緒以迪後人，殫行學以躋前哲，序詳之矣，兹不贅。敬此跋云。

隆慶改元春三月之吉，大同府通判、前知芮城縣事、黎陽同野錢萬選跋

河東儒士張杏抄録

校勘記

〔一〕"撿"，明薛瑄《讀書録》卷三作"檢"。此"撿"及後文之"撿"，皆當作"檢"。

〔二〕"撿"，宋司馬光《我箴》作"檢"。

〔三〕"母"，據文意當作"毋"，後句"母"同。

〔四〕"畜"，《明儒學案》卷四十三《諸儒學案上一·文正方正學先生孝孺》作"蓄"。

〔五〕"拖"，《〈齊民要術〉自序》作"杝"。

〔六〕“者”，師曠語出漢劉向《説苑》卷三《建本》，各本均無“者”字，疑爲衍文。

〔七〕“危其身”，《史記・孔子世家》記老子語爲“危其身者”，此脱“者”字。

〔八〕“家國天下不可一日無人已”，此句針對“故禮也者”而發，疑“無人”之間有脱文，或疑“人”字爲衍文。

〔九〕“則不惛”，據《禮記・曲禮》：應作“則志不惛”，“則”後脱“志”字。

〔一〇〕“蓷”，疑即“權”字，以下皆同，不再出校。

〔一一〕“素位”，明薛瑄《讀書録》卷二作“素其位”，此脱一“其”字。

〔一二〕“一旦”，《禮記集説》卷二引“永嘉戴氏曰”作“一日”。

〔一三〕“熊”，據文意當作“態”。

〔一四〕“系”，據文意當作“絲”。

〔一五〕“吠者”，明方孝孺《遜志齋集・毁譽》作“吠而從之者”，此脱“而從之”三字。

〔一六〕“問”，據文意當作“間”。

〔一七〕“跋”，底本無《跋》字，此爲編者所加。

重印劉鳳川先生《壯游紀》序

　　科舉之世，士以其藝取高第，卿相功名爛于國史。固云：幸矣！不得此，或以他途仕宦，終落第二流，此奇杰之士所以扼腕長太息者也。

　　鳳川劉子，吾邑之先賢也。名登賢書，仕僅通判。今讀其遺集，具見卓犖之才，清介之操，賅博之學，政治之能，忠國愛民，不負職守，存心守正，堪對神明。在揚時，過客有"德星聚會"之稱，民人有"滿堂明月"之頌。使當時捷于禮部，由此行取高爵，則道德功名俱堪第一。嘗于《明史》名臣傳中求之，豈僅垂光邑乘，爲一鄉之高山乎？乃限於科第，俯首以就貳僚。雖終身以爲歉然，不肯隨時俯仰，稍存一芥貨利之心。其道學勵行，鄉友同聲推重，至有"入仕宜式"之贊。雖名微位卑，而聲譽已振于一時矣。迄今歿已數百年，覽公集者，猶仰見其風節義行，是猶干鏌之劍，雖隔世而不没其光芒也。古君子砥名修行，幸則移世易俗，表式人寰；不幸亦教人傳家，儀型鄉國；要皆德名俱立，不虛生於世耳。自歐風東漸，利己之説興，尚虛談，昧實踐，鮮廉恥，棄道德，爭奪權利視若固然。每論列先賢及苦詣孤行之士，翻誚爲迂闊，孰肯于故紙叢中摭拾遺文，以表章而矜式之乎？

　　蕭君叔弼，余良友也，師承乃兄鄯甫先生，品高學粹，有意於世道人心。今取公之遺書重付印刷，以發先賢之幽光而式吾邑之多士。由此廣以流傳，或將默移一國學士之心。他邑有志之豪亦若吾友之存心，各奉揚其鄉賢，俾後學有所景仰，漸以正人心而挽世之狂流，則斯舉有功于吾道豈淺鮮哉？

民國十六年夏曆六月，邑後學馬鳴鳳敬序

《壯游紀》序[一]

乾隆甲寅（五十八年，1793），予部銓得始興令，劉君倚園適爲邑尉，同官二載餘。倚園守正才優，時匡不逮，予得以黽勉無大過。迨予量移揭陽，越三年，會於羊城客邸。出示其先人鳳川先生《壯游紀》而問序於予，始知倚園之行已服官淵源固有自也。

先生歿已二百餘載，迄今讀其遺編，即抗鎮弁之禮義而知其守正，革沿習之陋規而知其節廉，勘寧夏之功罪而知其議公，籌靈州之降夷而知其慮遠，論折納之貽累而知其心仁，請屯堡之久任而知其見大。其他義利之辨、安危之機，論議所及，皆有關於世道人心之大者，乃以先生之學、之才、之識，僅以別駕終，雖有東川子望諸君之薦舉，亦付之故紙陳牘，未蒙省錄。

蓋自守潔則無苞苴之夤緣，持己正則無黨援之結納，無媚骨則不能澉忍詭隨，博上官之歡心。況明季弊政，非甲科不易擢遷，故稱慕嘆羨者中外固不乏人，要不能挽之當軸，以大展其抱負，此明代所以不振，於先生是編亦可概見，是可爲先生長太息者也。然先生出則有爲於世，處則垂訓於家，得古君子求志達道之義，固可傳之不朽，爲一代完人，又何名位之足校乎？

予北歸舟中，盥讀數過，爲正其字句之脱謬者歸之倚園，并志數語，以俟後之衡人論世者考焉。

嘉慶五年歲次庚申十月中浣，高密後學單可基拜撰

鳳川壯游紀　卷上

自　序[二]

鳳川子曰[三]：丈夫生而懸弧，有事於四方，不可懷安於一室，徒爲天地間蠹也。予自髫年游於武邑，及長而取秋科，試禮闈，游胄監，歷仕南北，不下萬里。雖不能報君親之恩於萬一，然亦非懷安於一室者。作《壯游紀》，倣《春秋綱目》之例，非敢僭儗，亦以寓書法於其間，垂示吾子孫云爾。

《春秋》之義貴仁義，賤黨惡，或尊而退，或卑而進，皆求義理之安，以定是非之公，如字子突、人狄人、名宰咺、益師去官、翬去公子、夫人成風之類，所以襃善貶惡，立例垂訓，意深遠矣。予爲此《紀》，凡於長上例稱"君"、"公"，寮友、交游、鄉舊例稱字，屬下卑幼例稱名，有道德文章例稱號、謚及"先生"，其常也；或當君公而不君公，或當名字而不名字，或不當君公名字而君公名字，或官職名字之備稱而不姓氏，或姓氏官職而不名字，或官而不職，或職而不官，或本鄉舊而止稱地理，或非鄉舊而加鄉舊，或地理鄉舊之兼稱，其變也。觀者以是推之，予奮之意見矣。

甲　辰

成化二十年。歲大飢，人相食。

平陽、河南、西安、平涼四府之地，餓莩相枕藉。

嗚呼！天下國家興衰成敗，雖陰陽消長自然之理數，然所以興衰，衰興，成敗，敗成，未嘗不有其幾。君子識其幾而謹於微，修人事以回天意，未有不化衰爲興，變敗爲成者。故曰：
"知幾其神乎！"又曰："君子見幾而作，不俟終日。"若徒委諸
不可移之數，而縱恣放逸不爲之所，則所謂"作善降祥"、"艱
貞無咎"之意荒矣。予作《壯游紀》而始"甲辰""歲飢"者，
以見吾家之中衰，及予之遠游遷居、創業艱難，皆基於是也。[四]

秋八月，吾父同里人出糴於汝寧、信陽等處，
予時方三歲云。

丙　午

二十二年，吾祖父納坡下陳氏女爲妾。

丁　未

二十三年冬十二月，吾父至自信陽。

方甲辰秋時，吾母子即鞠于外氏李，至是蓋三載餘矣，始携
歸于家。

戊　申

弘治元年。予母子仍鞠于外氏[五]。予始習句讀，牧羊，家
業日替，不可支矣。

癸　丑

六年春三月，外大父李簡惠公除授直隸武邑縣主簿。

公諱綱，字文紀，以歲貢監生授是職。正德辛巳卒，私諡
簡惠。

夏五月，吾父母奉外大母樊，携予兄弟至武邑。

冬十月，外大父遣授業拙軒王先生之門。

先生名民皞，字道正，時以太學生家居，號拙軒，後授濟寧

州判官，致仕。

甲　寅

七年秋八月，復以便授業宏道張先生之門。

先生名本，字宏道，邑庠生。

丙　辰

九年，陳氏死[六]。

丁　巳

十年春正月，宏道先生要予，同授業于抑齋馬先生之門。

先生名清，字志揚，號抑齋，宏道先生舊師也，己酉舉人，家居。宏道先生欲復從游，因謂予曰："吾不能爲子之師，盍同我師事抑齋乎？"遂與之同游其門。抑齋後第己未進士，知如皋縣，擢知東平州，致仕。

三月，内交宋朝珍爲古詩文友。

朝珍名寶，號不校子，邑庠生。是時士子專習舉業，朝珍獨好詩、古文、詞[七]，與予志合，故内交云。朝珍仕終知縣。

己　未

十二年秋八月，父母携予兄弟至自武邑，僑居外氏里第。

庚　申

十三年春三月，外大父乞骸骨[八]歸自武邑，呼予父母兄弟同爨。

秋八月，縣大夫石公同試予於學諸生，獨榜曰"堪舉"。

石名守正，字介夫，同州人，丁酉舉人。時予以童生與在學諸生同試，石得予卷，獨稱賞之，不可以童生先在學諸生，故特於榜後書曰“堪中舉人”一名予姓名。

辛　酉

十四年夏五月，提學僉事王公試士於解行臺，予與試，得補廩應試。

公名鴻儒，字懋學，號凝齋，南陽人。得予卷即稱賞，遂越次補廩膳應試。

嗚呼！困亨有時，毫髮不容着力。先是，戊午大比，予欲回籍應試，不果。及己未回，凝齋帶管審錄行部，至曲沃等處，未試士而返。庚申秋，歲試至蒲，又以家報急返。兩年之間，予供民役，求一進學不可得，且前此童生不得與在庠諸士同試。至是，公下車即分付有司，童生中有通三場願同諸士試者開報，予乃獲與試。前日之甚難者，今易易耳，然則窮通信不可強哉！

秋七月，赴藩省應試。

八月二十九日，藩司張榜，中式第四十一名。

冬十二月，乘傳赴禮部會試。

壬　戌

十五年春正月，至京。

二月，會試下第。

三月，禮部引奏於奉天門，送國子監，撥崇志堂東二班肄業。

夏五月，國子監照例送順天府，給引回籍依親讀書。

六月，至自京，仍居外氏。

乙　丑

十八年春二月，會試再下第，復班肄業。

秋七月，撥兵部歷事，編造功賞勘合。

丙　寅

正德元年冬十二月，吏部上選，給引待次。

丁　卯

二年春正月，至自京師。

冬十月，定居桂樓，孝弟堂成。

先是，辛酉叨薦，時有司得捷報，以予僑居簡惠君里第，即張旗於其門，曰"桂芳"。後豎坊門，乃表以是名。蓋當時未能克復廟下祖業，擬圖卜居，簡惠公遂捐其村居東陸地三畝爲予居宅。至是始剪茅樹木，築垣墻，營居室，以爲定居，因名曰桂樓云。始迎先祖考來養，蓋前此無便栖止之屋故也。祖妣已於壬戌秋卒，葬矣。

井田廢而在邑在野之宅荒，凡民居城市、鄉村者，皆世其業，無不安土以重遷，或不得已、或有所擇而遷者，亦無不難慎其事。予嘗備論於《克己示外編》三卷第十七、五十七二條，六卷第十八一條，茲不復贅。蓋守世業以增別業，其上也。或定遷居爲世業以傳子孫，而能不忘祖居遠棄之；或徐能克復，令餘子董守之，往來無間，斯亦善矣。

始與外氏析爨。

戊　辰

三年春二月，會試中副榜，不就而歸。

辛　未

六年春二月，禮部會試下第，吏部取急選，不就而歸。

甲　戌

九年春二月，會試中副榜。

三月，就銓試急選。

夏四月八日，欽除直隸揚州府通判。

秋七月三日，履揚州府任。

知府孫公嗔予貴人，予不從，公不懌。孫名禄，栖霞人。

夫知府者，古郡守，二千石之職，一府之長也。守之於倅，猶令之於簿也。程伊川曰：“令與簿不合，只是爭私意。令是邑之長，若能以事父兄之道事之，豈有誠而不動者？”杜祁公戒門生爲縣令者曰：“子之才器，一縣令不足施。然切當韜晦，無露圭角，毀方瓦合，求合於中可也。不然，無益於事，衍歷任多歷年久，上爲主知，下爲人信，故得以申其志。今子爲縣令，卷舒休戚係之長吏，良二千石者固不易得，若不奉知，烏得以申其志哉？”夫二公之言如此，真能飽諳人情物理，處已處人，得其道者也。孫公素稱苦節剛正，屢挫屢升，性偏好專，好氣好名。前諸寮友之污者，咸仰視不敢喘息。一欲抑予而不得，遂多不堪。後見予自持嚴，事禮謹，又當路多青眼，始畏敬之。然其意終不釋然，卒之巡捕之委，劾調之咎，皆本於是。而公亦不能無耿耿焉，彼此竟何益哉？蘧伯玉行年五十而知四十九年之非，豈欺我哉？然則人之處世也，無涵養德量之學，不能於物無忤，而欲行其志者鮮矣。必如龐潁[九]公登第爲郡掾，遇褊急之郡守，雨中張傘布茅庭，參拜伏之是安。傅正獻以臺諫落職倉場，遇郡掾行縣，同邑官出迎拜謁之惟謹，斯能得伊川、祁公之教之意也。

九月，迎予父母及諸弟妹自家之揚。

冬十月，署掌府印。

十一月，查出吏胥乘交代之機作弊數事，行各州縣清查對勘，宿弊頓革，寮友聞而漸畏之。

杜祁公曰："作官第一清畏人知〔一〇〕，若求人知，同列不謹者，必生讒譖。但優游其間，默而行之，無愧於心可也。"韓魏公曰："以之遇則可以成功，以之不遇則可以免禍者，其惟晦乎？予守廉持公，未求人知，尚不能免，況揚己以抑人，急求人知者乎？"二公之言真居官者之藥石也。

謁巡鹽監察御史山泉劉公於儀真行臺，公甚禮之。

十二月，江都豪民蔣欽黨惡害眾，被害者群聚來告。審得其情，置之法。

孫公回自河南，交付印章。

乙　亥

十年春二月，進士鄭伯興代推官至。

伯興名杰，襄陽人。

仕重甲科，其來尚矣。上自天子公卿，下至匹夫匹婦，情無不然，非可強也。一不得此，便落第二籌。雖國初之盛，科貢同升，然不由此途者，終以爲歉。況自弘治以來，至於今日乎？舉人初授官者，不得五品，寧爲推官。知縣猶有行取風憲之望，餘則碌碌，隨時以就功名而已。終能顯者，始亦不爲人重也。歲貢以下，又絕無可望焉。嗚呼！此正蘇老泉所謂"以一日之長而擅終身之富貴。雖率意恣行者，人亦畏之不敢按"。若非振世之豪內重而見外之輕者，居今之世而欲任今之官，其不能不低昂於甲科者幾希，安義命者豈可苟焉而已哉？

巡鹽察院山泉公委同運司判官聞人舜和，查理泰州侵淤運鹽河道。

山泉名澄甫，字子静，壽光人。舜和名韶，杭州人，予同選友也。

夏四月，巡按監察御史張公同巡鹽監察御史劉公登金焦二山，携而從游。

張名羽，字伯翔，漢中人。劉即山泉公。

賊人顧聰妻王氏跳入江中持狀稱冤，巡按張公准其詞，批委問報。

閏四月，巡按、巡鹽回自金山。

五月，巡按、巡鹽皆行彩段花紅獎勸。

六月，巡按監察御史西渠張公代至。

西渠名士隆，字仲修，安陽人。

巡江監察御史楊公怒予擅取瓜州監候賊犯顧聰等散居聽審，具禀詳辯得免。

《易》曰：“幾者，動之微。”旨哉允矣。顧人察識何如耳？學識未到，任情使氣，失於審幾慎微，固爲自作之孽，莫可怨尤。或能察識戒慎而卒不得免焉，所謂無妄之灾，則亦安之而已。予自筮仕，至從游金、焦二山之時，纔數月耳，且兢兢戒謹，未嘗敢有分毫之非，上下之間皆見與。若練達精熟，或左右得人，以巡按批委賊情事，先具由呈禀巡江示下，後具招詳牒府轉報，則彼此之際無嫌無疑矣。幸楊公寬大不校，然諸公厥後之忤，改調之行，皆基於江河之盜，巡捕之委，雖若人事之所致，亦莫知其所以然也。

巡鹽察院坐委盤詰織造御衣史太監夾帶私鹽，免本府河下折夫銀二百餘兩。

將欽復黃緣漕運，理刑主事張璿妄辯於巡撫，都御史叢蘭批璿問理行府提人管府事，參政孫公不發。

秋九月，本府牒委帶管巡捕。

遵巡按察院文也，孫公遂默奏請予職云。

冬十月，統領沿江一帶官兵捕江洋盜，為處保伍法。

十一月，巡按察院取同李孔音至泗州行臺，議均徭興革之宜。

孔音，名鏜，山東新城人，時為同知。

孔子曰：“言及之而不言謂之隱。”楊誠齋曰：“慎言非默，當其可，雖死不羨括囊。”陳了翁隨衆謁章申公，請登舟訪世務。翁以舟喻天下，言不可偏重，極論熙豐元祐之事，辭辯淵源，議論勁正，章雖意忤，亦頗驚異，遂有兼取元祐之語，留飯而別。然則言豈不有時而當盡當直無可隱默者哉？西渠公欲興利除害，故召諸官來議，求厥中耳，非欲其必行己意也。諸寮皆智巧不肯言，予獨盡言南北殊俗、利害多寡，辭氣奮厲而不顧，恐負知己也。公竟從予言而罷議，則公光明正大之心，豈俗予所能窺乎？嗚呼！予誠愚矣，非西渠公寧能免乎？所謂惡之者側目，愛之者寒心，則誠有之。此了翁所以不赴博士之召，董彥遠終以徵瓜事外補也。然則君子之於言豈可不審其時與人哉？豈可以其言之行而矜己以抑人哉？

擒捕儀真光棍包攬弓兵黨惡誆財害民張鑒、蔣鑒、秦昂等數人，置之法。儀真衛先是有指揮巡捕安拿平人為盜取財，因而致死人命事發，欽奉孝廟特旨，發遣遼東邊衛充軍。今鑒等又與守備武職部下悍卒相黨害人，予捕鑒等笞死，其風少戢。予前在瓜洲，擒詐稱榮王府書辦官率衆害人丁鳳，乃丹徒游民，亦重繩之，瓜民獲安。蓋儀真、瓜洲皆臨大江，為南北襟喉，四方軍民雜處，財貨萃聚，真偽不分，害良民者不獨鑒與鳳耳。夫庶而富，富而教，為聖門之家法。蓋承平既久，巧詐百出，非教之所能及者。刑以弼教，聖王固所不能廢也。凡人家居通衢及子孫衆多者，皆不可不知《易》《姤》《萃》《升》《困》之義，而爲之所云。

十二月，謁都察院右副都御史金公於鎭江行臺。

丙 子

十一年春正月七日，送金、藍二公艤舟寶應、安平驛河下，午夜感异夢。

金名獻民，字□□，綿州人。藍名章，字文綉，即墨人。

八日，至淮，謁總督漕運兼巡撫都御史叢公於行臺。

十一日，至泗，謁巡按監察御史西渠張公，甚禮待，咨訪郡事移日。

呂忠肅云：“不敢妄爲些子事，只因曾讀數行書。”予自知學以來及有官守，恒加戒愼，欲竭犬馬之力圖報君親之恩，且以失意甲科爲終身之歉，期有小補以求無愧，此心直欲對越神明，雖忤家人、親友之意弗恤也。是時，上下交譽，志亦頗伸。初無歸田之念，乃於新歲人日而感夢，即謹識之爲非偶然，及謁撫、按二公，遂有老少喜怒之別，愈謹愈嚴，不敢少肆。然不知此雖近似其萌而終不在是也。昔人謂，造化於人，既賦有一定之命，又設爲不測之機。信然哉！信然哉！

三月，營建宮室，頭運大木至儀眞江口，工部吳郎中牌取，赴儀眞，督同縣官編筏入裏河北去。

吳名允楨[一]，南海人。奉敕催趲皇木，駐儀眞。

巡撫叢公渾奏禁約河道搔擾。

巡按監察御史西渠張公劾奏織造史太監，武宗皇帝嘉納之，史得重治，罷管內承運庫事。

嗚呼！伏節死義之士當於直言敢諫中求之，逆取而順守者亦君子之所與，然非大剛勇者所不能，況利害之際又可責碌碌之人乎？揚雄所以爲莽大夫者，發身起家由王氏也。叢始以結援閹宦而至臺憲，安望其舍所自而操戈入室乎？又況是時宦臣氣焰薰天，而敢犯其餘烟乎？以西渠公之風裁，嘗親謁於泗而畏之。臺憲體統已紊，西渠素薄其人，故於奏内言之以愧其心，而又傳其奏稿以下各郡邑，其意可知已。叢曾無愧色，腆然以爲得計，真所謂鄙夫也，又何足責乎？然則西渠公者，豈非偉然烈丈夫乎？當其奏時，亦以盡其職分耳，豈逆期其武皇嘉納之至是乎？於此可以觀人矣。

清理鹽法都御史藍公、巡鹽監察御史王公會委同運司判官黎本固監掣儀真批驗所引鹽九十餘萬。

秋七月，漕運主事奉巡撫批委提至淮浦，久羈縻之。

叢公聞予監掣引鹽爲有獲也，故爲此舉。先是，瓜洲閘堤以車舡篾纜不足，比照儀真壩事例，欲令運舡自備篾纜申予，予牒府轉申漕運及總理河道衙門總理河道都御史趙，已批准漕運，叢不准，亦已矣。至是，不提瓜洲原申官吏，又不提本府掌印首領官吏，獨搜索予，從中而行提，其迹甚露，人皆知之。

九月，鳳陽府推官趙希尹復奉巡撫委查瓜洲閘壩篾纜、錢糧回報。

叢初不知予監掣事，誤提，無所望，又委趙查瓜洲錢糧，猶謂予前轉牒有所私於其間。及趙查究，予無纖毫干涉，始知予冤。而猶不欲遽結者，自文以釋人之疑，且素惡予太斯文相，謂不隨時也。此語得之張主事云。

艤舟淮浦已久，有秋風詞諸作，松泉、夏舜俞首和之，而諸公繼積成卷。

松泉，名邦謨，涪州人。時以吏部署員外郎左遷兩淮運判，交契甚密。

冬十月，巡按張西渠公欲南巡，攜予至自淮浦。

巡按察院查究府庫收支銀卷簿，置庫大使黃勝及諸吏胥以法，遂參孫公回籍聽察。

夫恭近於禮則遠耻，幣重言甘則知誘，正大賢知之士豈邪佞所可欺哉？以參政而見御史，乃冒大雨而不恤衣冠，其恭可謂至矣。西渠公乃急命張蓋，久延茶坐，蓋答其禮也。當時所言固不可知，則其甘遜不待問而可推。西渠雖風裁動山岳，孫公亦素以苦節剛正聞，而乃爲其所屈如此，得非有所歉於心乎？然終不免以庫藏事被參劾，屈人何若直己乎？後雖竭力周旋，得以公罪完璧，可辱亦多矣，舉主亦多悔恨以灰薦賢之心。聲聞過情，君子耻之，其斯之謂與？劉山泉嘗以不學無術目之，又可笑嘆。雖然，予閱人多矣，郡守如公者指不能一二屈，公誠清簡有定力淳正不阿人也。第以學識才力不過人而聲名太著，矯枉太過，自任太眞，近於飾詐以取怨於人，人有由也。求全才於三代之後，誠亦難得。至觀今日之才賢如公者，又何可得耶？取人者其勿求備也哉！論道當嚴，取人當恕，聖人復起不可易矣。

管馬御史周公巡歷抵揚。

西渠公以海門主簿李瓛陳擒賊功逼呈江洋已平大盜欲奏聞，知府李公重違其意而從之。

十一月，皇木〔一二〕郎中按行本府譙讓通判，極肆誣詆，通判亦反覆辯論數千言酬之。

許魯齋曰：“辯欲其信也，辯而後信，未若不辯而信；辯而不信，尤未若不辯之爲愈也。辯之要在於自克，自克則喻，喻則無事於辯矣。若病其不信也力辯之，辯之愈力而愈不信。較勝不已，至於忿爭敗事，非辯之不至，辯之已甚也。”文中子所謂“息謗無辯”者，正謂此也。允正以送迎小失，輒肆惡言，詆誣過甚，蓋乘機設險，毒於虺蛇。苟使大柄入手，稍觸其鋒則成齎粉，豈不深可畏惡哉？但弄筆鼓舌，欲快一時之忿，殊非居上待屬行移之體，殆同豎子之戲，於人何能輕重？付之一笑足矣。予亦不勝其忿，力辯數千言，奮屬不遜，至於交惡，彼悟其非，容而不答，固知輕言之可恥。然予不能容彼而反爲彼所容，正所謂南北風氣之強不能變化，又豈居下位者之道哉？《詩》曰：“無言不酬。”《大學》曰：“言悖而出者，亦悖而入。”荀子曰：“傷人之言，深於矛盾。”吳安能知此義？《易》曰：“吉人之辭寡。”王文正曰：“他既不是，豈可學他不是？”呂正獻曰：“不善加己，直爲受之。”予亦深有愧於是訓。仰思韓魏公、狄武襄諸公之德量，真可爲百世之師也。程伊川曰：“學進則識進，識進則量進。”然則人之於學，豈可不日進乎？

丁　丑

十二年夏四月，擒獲僞造印信〔一三〕犯人張槐等，置於法。

五月，工部主事蔣公差委湖州府照磨張道押送營建宮室竹木，至廣陵驛河下延佇，夜被盜劫其財，道病卒。

管馬御史劾奏不職，章下吏部，吏部厭之。

御史姓周，名鶴〔一四〕，松江人。

匹夫無罪，懷璧其罪。蓮出淤泥而不染，愛之者濂溪之外鮮其人。故財貨污穢之地，君子恒避之。蓋疑似之迹，青蠅之嘴易變白黑也。聖如周公不能免於流言之謗，功如伏波不能免於薏苡之讒，況下者乎？顧積誠然後能動，事久而論始定，天理人心終不可欺也。一時毀譽，烏足輕重耶？凡司錢穀者，雖自守堅定，可對神明，貪者以己心疑人而妄求險者，稍弗悦即以污加之，其恒態也。但不廢棄自修之實，以求無愧於心，其在外者吾何能知焉？伊川所謂：“孟子既知天，焉用尤臧氏？”天終未嘗無定時也。貪險之徒，欲厚誣人者，豈能違天以相害哉？

漕運巡撫都御史叢蘭奏准督催皇木工部郎中吳允正勤能，橄遣持彩幣花紅于儀真分司行之。各處巡撫帶銜於都察院，便行事耳。其於各道御史皆抗禮，非真在院堂者比也。而各部屬亦皆統於其部，於諸巡撫亦無甚干涉。其舉劾皆非其職，而被其舉者則恥之，劾者則各道各部共怒之。今叢爲此舉，厥後任鑒操江舉劾御史張檜，山西巡撫因舉郎中，遂爲當道者參駁，此風始息。故皆書名以貶之[一五]，自叢二人始也。

六月，霖雨彌旬，湖水泛漲。寶應、槐樓等處漕隄決數十丈，漕運都御史巡視至高郵州，嘆息而返。

秋九月，艤舟寶應、湖、槐樓數日，督修湖口工完。管河郎中鄭公聞而稱賞之，與夏松泉舟[一六]邵伯驛，限韵唱和，諸公繼和之。

冬十一月，南京都察院操江副都御史任公以市河被盜事特劾曠職，章下吏部，吏部覆奏，起送調用。

十二月，知府李公擢山東按察司副使，同知李孔音擢南京戶部員外郎。

知府蔣公代至。

蔣名瑶，字粹卿，浙江湖州人，己未進士。後官歷至工部尚書。

刑部主事鄉友相維善托孫朝信寄書至自京師。

朝信名璽，浙江平湖人，時以同知府事代至。相名世芳，安邑人，時爲刑部，以任都御史劾章到部，凝齋王文莊公爲少宰，因山西諸子仕京職者壽公，公遂問予爲政及生平行實，代季子坤時爲庶吉士，先其父前大理公歸自高郵。子坤家食，未第進士，嘗教戒曰：「吾鄉此子真良友也，爾入仕途，宜式此人。雖然我懼其直道也。今果不容於人。」首以此語對，而編修孫遠宗、御史許國正[一七]、行人王荆玉、評事郭孟威、主事楊秉節、謝朝制、維善等，同聲應之。凝齋首肯之，曰：「觀我自南禮部轉北以來，絕無一字相通，其介可知矣。終欠和圓一節，爾輩其以書勉之。"故維善書云："善事上官，固不敢言，和以待物，乃所深望。況卓犖之才，英發之資，清介之操，該博之學，肯少貶以徇時宜，何所不至？"情詞懇至，但未明言，任之繼爲特劾予慢不知初，只以爲周之前章也，又可見予之拙愚云。

子坤名方，遠宗名紹祖。俱代振武衛人。國正名翔鳳，洪洞人。荆玉名璽，猗氏人。孟威名震，秉節名守禮，俱蒲州人。朝制名誥，安邑人。

穀梁子曰："名譽不聞，朋友之罪也。"孟子曰："責善，朋友之道也。"予與維善地相近，年相若，同志同經。許國正、郭孟威、王荆玉、謝朝制，特都下相往來。楊秉節則應鄉試時，藩省一會，然皆未同筆硯以文會者也。若季子坤、孫遠宗，則地相去千餘里，又未一識面。且予自筮仕，已越三載，絕無一字與諸友相通問。維善所謂"其於鄉情，無乃涼薄者"是已。

嗚呼！予誠薄矣，然非敢薄也。茀素恥干謁，諸友皆相諒，又以爲養而仕，期以勤儉補拙，庶[一八]他日可藉手以見諸友。維善之書雖發笑，實不予罪也。觀諸友之於謭劣猶能好德崇誼，輔仁責善如此，其他同志同會之厚可推矣。吾鄉人物真有唐虞遺風、河汾義氣，孰謂今人不如古哉？予賴諸友，終身獲無過惡，爲幸已大，顧不能成德進業，甘與草木同腐，有負諸友規誨期望多矣。今升沉雖異，衰老則同，且各天一方，切思[一九]之益，杳不相聞。而子坤、遠宗墓久有宿草，追憶今昔，如之何其不感愴也耶！朱希真云："早年京洛識前輩，晚景江湖無故人。難與兒童談舊事，夜攀庭樹數星辰。"謝疊山每誦此詩，臨風灑淚者，豈欺我哉？豈欺我哉！

閏十二月，同推官鄭伯興從巡按御史、刑部主事，審囚於儀真而決之。

獄囚乃推官所司，行臺審未畢，天已晚，張燈。伯興同予及夏舜俞侍，伯興當閱招由，徑入堂内燈下就視。巡按朱公不悦，即笞侍童辱之。此日，決絞罪三囚於南市。

夫審決獄囚，大事也；進退禮節，小失也。囚得其情則宜哀矜而勿喜，無心小失則宜含容而不校，此大人之度也。朱公爲御史專作威福，待運使知府若下吏，伯興爲推官則恒以甲科自處，彼此相持，始而皆不加禮，終則皆不能堪。至是越班就燈，亦無大失，但問答之際，稍不加謹耳，朱即面辱之。伯興下階，對予即亦怒形於言。未幾，伯興擢吏部主事，遂極道其失於寮友。升朱知府，僅年餘而罷。先是，伯興雨中送囚犯於勞山藍公行臺，亦徑入堂内，遭勞山庭辱。而巡鹽御史王公則伯興同年進士也，乘藍、王之隙，默唆王公劾藍而罷。即是觀[二〇]，凡有所恃而無容者，未有不遇其敵而取敗辱，又况略大政而詳小失，睚眦之怨必報，其人皆可知矣。乃冒大名而居要地，豈不重可慨嘆而深爲鑒戒哉？

瓜洲第五壩工完，通江閘亦就緒。

先是壩決，時管河郎中鄭公來視，即牌拘侵占壩基富民卞元[二一]治罪。元畏罪不敢徑出見，止令僕人代出。鄭堅欲元出，元益畏，托趙具區提學來央予曰：“元束修士，近壩之房實買與人者，非敢侵壩地。鄭公若欲以房入官，或坐罪輕重，皆甘受。第免元出受笞辱，足矣。”予達其意於鄭，鄭云：“吾無他意，聞元素富於財，欲其出而區處修閘之費耳。第令元出，吾不辱也。”元得此，始出見，乃慨然許辦修通江閘之資。其費不下千金，予乃以鄉老能幹委修督同官夫，不問其費。工將就緒，予未幾得調檄。

嗟呼！昔人謂：“富者，怨之府。”藏者在室，奪者在門，顧富者之自處，何如耳？處之得其道，則富可常保。苟恃强而驕縱，未有不致禍敗而失富殃身者也。元富甲於一邑，其邸舍[二二]半瓜洲，日進數十金而不已。予至是三載餘，初不聞而知也。及公爲此舉，見其修閘無難色，始詳其富厚好義，結援士大夫，無無厭之貪，無吝散之鄙，蓋善保富者也。大抵南方富室真可擬封君而崇文好士者十常五六，未有若北方山民富萬金而不識一丁之粗豪焉。故富及數世而不替，雖衰弱之甚，僅有六尺之孤，其羽翼之僮僕，世事之家產，未有遽蕩爲灰燼者，蓋雖風氣使然，而招延賢士以教其子弟之功亦不可誣也。故曰：南方之強，君子居之。若夫豪杰之士，雖無文王猶興，又豈風氣之所囿乎？《史記・貨殖傳》稱善富者，宜熟玩也。

戊　寅

十三年春正月十二日，揚州衛公差舍人齎吏部札付至府，起送赴部調用。

二十日，舟發揚州北行。辭諸監司，皆待以殊禮。運司、府、衛諸寮友胡公、蔣公、姜公繼勛、夏松泉、孫朝信、常子民、文孔源、鄭伯興、王尚賓，知州成以和、朱遂夫，判官沈子京，知縣林馥，主簿楊景芳及鄉士大夫賻遺有差。

甚哉！利貨之移人也。天下熙熙，皆爲利來；天下攘攘，皆爲利往，茲豈一朝一夕之故哉？富貴他人合，貧賤親戚離，悲夫！可爲痛哭流涕長太息者矣。士生斯世，所用能幾何？顧惟孳孳圖利，惟日不足，欲以極口體妻子之欲，以誇人眩俗，卒之身名不保，貽禍貽辱於無窮者何限？而恬不警悟，何其易迷而難曉也？蓋中人之性，習見善則安於爲善，習見惡則安於爲惡，是故君子謹習焉。自教學不明以來，孰不以利爲尚，所謂人之情性，所不學而俱欲頹風下流，日甚一日，非振世之豪，未有不從風而靡，順流而溺者矣。予嘗聞長者論議，重廉恥守節義者多窮鄉下邑之士，而通都大郡恒鮮，正以習染之，未易超脱也。若耳目所接，少長如一，能加學問，心力能定，不交戰於紛華盛麗之間，必能振拔爲真丈夫，豈非君子之所與哉？孟子曰：“人之所以异於禽獸者幾希，庶民去之，君子存之。”今置身章縫，名君子者甘爲庶民，父子兄弟相攘戕，如豺虎據食，露齦相狠，蓋舉世相安矣。予少也貧賤，知事讀書，未嘗敢背聖賢師友之訓，長涉世務，每見士大夫談及除官得富庶之地，舉欣欣相賀者十常八九，心恒鄙叱之，過而不與之言。蓋官有常禄，非以其地有隆殺，其有所謂年例堂食者，亦貪者之巧爲是名以愚人耳。常禄之外，皆爲臟[二三]私，一毫非義，君子不取，地何損益於官耶？甲戌，得除揚倅，賀者接踵，餽者填門，謂不減於第甲科也。予咸謝絶之，曰：“舍會試而就選，固知不能大行其志。然藉升斗之禄爲養已足，其所圖報者不敢不竭犬馬之力。求富庶地方，非素志也。”彼曰：“富貴逼人不自由，此固非爾之求也。”予曰：“不見岑嘉州送人之南海詩乎？‘此鄉多寶玉，慎莫厭清貧。’豈以南海爲陋耶？予若情因物遷，欺天欺人，虐民玩法，黷貨規利，誓寧死而不敢爲，況計去就耶？”諸聞予言冷笑者、鄙叱者、首肯者各相半，蓋將觀厥成焉。及履任，得寮長孫公之苦節，李孔音之清儉，續又得鄭伯興之道學，夏舜俞之勵操，相與協恭切磋，實獲我心，以科罰片紙分銀爲深恥，其服食贈遺，皆出常禄，更不問年例堂食爲何物，諸屬下亦不敢有一芥之貨餽諸家計，亦未嘗有一念之相及，故當時過客有“德星聚會，太平有象”之稱，揚民有“滿堂明月”之謠。及予行李蕭然，煩諸相知之贈遺，或嘲之曰：“‘做官不要錢，回家没盤纏’，真子之謂矣。尖擔兩脱，誠可悔恨。幸今尚在齒叙，更可如是固乎？”予曰：“薑桂之性，到老猶辣。”官不負我，我何負於官？寧拆[二四]勿屈，與其不遜也，寧固。予求予心之安而已，他何恤焉？況有諸公之知我贈我，亦足以償初志矣，何必誇鄉里，驕妻子，然後爲快哉？或曰：“爾初就仕爲養親也，今貧而歸，寧不負初心耶？”噫！伊川之言也曰：“爲己爲親，只是一事，得之不得爲有命。上知之人安於義，中人以上安於命，聞命而不能安則下矣。”

二十三日，泊舟淮浦，欽差禮科給事中王公舟至，即首訪問，予晉謁，公茶禮慰勉久之。

王名俊民，字用章，合州人。時以勘孫參事久寓於揚，故備知予梗概[二五]云。

二十五日，清河謁巡鹽監察御史盧公於行臺，公茶禮之。

公名楫，字濟川，密雲人。

巡按直隸監察御史朱公查勘周鸒所劾予事無實，并各官事覆奏，章下吏部，去留有差。

朱名鑒，京師人。

二月，舟泊汴河王家樓之澔，河南按察司僉事韓公守清差門隸來候，予謝遣還。

守清名廉，餘姚人。先知泰州，與予相處，升今官。

厚哉！韓公之處人也，予與公相處。未幾，出巡於泰一二次耳。素初無文字杯酒之交，今地位又懸絕矣，而惓惓致意若昔時然，豈隨時炎凉之徒可尺寸哉？

三月，至家。

夏四月二日，葬先祖考於廟下祖塋。

秋七月，具慶堂、承德門成。

八月，遣僕詣京師，謁鄭伯興、季子坤諸友，煩查巡按復勘文移。伯興盡録奏詞至。

伯興，時爲稽勛主事。

冬十二月，諸弟各院及油房成，父母令析爨[二六]。

或曰："子貢貨殖，夫子以爲不受命。如子之言，則聖言不足法與？"曰："惡！是何言也？夫子之謂子貢，蓋以爲士而學，自有得祿之道，不可留心於財，以侵商賈之業，乃向上責備，不能如顔子之安貧樂道耳。孟子，學孔子者也，曰：'無恒産者無恒心。'豈以治生饒財爲非與？然治生之道，非可苟而已也。白圭曰：'智不足以語權變，勇不足以決斷，仁不能以取予，强不能有所守，雖欲學吾術，終不若之矣。'蓋圭能薄飲食，忍嗜欲，節衣服，與用事僮僕同苦樂，趨時若猛獸摯鳥之發，此治生之本也。不能治生而以夫子是言藉口，正司馬氏所謂：'無岩處奇士之行，而長貧賤，好語仁義，亦足羞也。'《易》《詩》《大學》之義荒矣。"

己　卯

十四年冬十月二十四日，謁選北行。十一月，到部。

十二月，會監察御史許國正、張鵬舉及通判常子民諸友話予去揚以來事，及代予張子民笑嘆之。

鵬舉名翀，泰興人。子民名惠，安陽人。張名鶚翼，四川人。

予居揚餘三載，亦惟盡職守分，行所無事而已。未嘗立异絶俗，矯枉干譽，流於隘以逼人者，而張子之繼之，難一至於此。何哉？蓋習俗之壞人也久矣，地方之誤人也深矣，凡好外慕徇時尚，而不求諸己以順理安義者，可不猛省乎？范文子謂却至曰："子見無土而欲富者樂乎哉？"言多憂也，其張子之謂與？予述諸公之言而及此，非敢方人也，亦録其實，因以垂戒耳。

鳳川壯游紀　卷下

庚　辰

十五年春二月十六日，調除陝西平涼府通判，添設管理寧夏西路等處倉場。程萬里、郭純甫倡諸友以紫岩學士序餞贈。

程名鵬，解人，時守鄧。郭名□，襄垣人，時守邠。紫岩姓劉，名龍，字舜卿，襄垣人。

三月，自京師至家。

秋七月三日，西行之任。華陰道中，邂逅底汝章給由之京。

底名蘊，考城人。時知咸陽，後官至副都御史。

二十日，履平涼府任。

一入平涼之境，載瞻城外荒涼之狀，及僚友出入皆乘馬。望寧夏西路，當取道於西北固原。當時寶應舟中之夢麾去肩輿，往馬家去事驗如左券。

謝上蔡曰：「萬事真實有命，由人力計較不得。吾在書局，或勸謁執政，吾對曰：『他安能陶鑄我？』枉做作閑功夫，枉用却閑心力。信得命，便養得氣不折挫。」予每三復此言，謂真能先得我心之同，然平生於處鄉、處人，大小事皆聽其自然。及入仕途，人或勸以隨時，予特盡其在我者。凡遭際之順逆、關仕途之大者，一無所畏避曲從，有瞻前顧後、俛首卑詞之態，以挫其氣而圖便利。從[二七]弗悅者之抑擠，亦未有大患害，寧無富貴而已。方丙子春，寶應舟中感夢，時五年前已兆茲行。周、任之劾刺，姚、鄭之用心，其如予命何哉？

九月，復取涇邠路，自慶陽北行。

冬十月，抵寧夏鎮，謁巡撫右僉都御史王公、管糧僉事舒公，遂議處應用吏卒及廩給、器具、紙墨、傘蓋等，事[二八]往廣武營住札。

王名時中，字道夫，山東黃縣人。舒名表，字民望，四川銅梁人。

巡撫都察院札委就近申明敕諭，體訪各將領禦虜功罪，從實開報，及查理西路一帶軍馬、錢糧，禁革奸弊，并追徵累年各官侵科燒毀軍米草束、清派丁力拖欠樁朋地畝銀兩、公用預備等倉錢糧。

十一月，行部棗園等堡，至鎮虜堡，把總管堡千户曹鉞抗違比較，參呈巡撫都察院，提鉞責治，調遣之。

十二月，至寧夏中衛，與參將閻勛相見，禮儀不合，諸士夫往返議，數次而決。

天下理勢而已矣，理者千古不易，勢則有時而重輕。理之所在，勢必隨之。勢之所重，理亦有時不能勝。故周子曰："極重不可反，識其重而亟反之，可也。反之，力也；識不早，力不易也。"若不識不力，必至於潰敗決裂而後已。刿兵猶火也，而可弗戢以自焚哉？寧夏孤懸河外，爲西北窮邊，甲胄戎馬之是事。承平既久，玩愒因循，舊章成憲，日就廢弛；債帥貪夫，習以成風。受重寄者軟美隨時，則猫鼠同眠；銳意有爲，則紛更大甚；爲身家計者，則假國法以濟私，下情不堪，卒致庚午之變。若察理識勢之早而反之，亟且力焉，寧有是耶？海山王公巡撫是地，以諸將領之勢偏重也，奏添設通判二人，非專爲糧草而已，蓋欲廣耳目以相制也。然通判職卑權輕，非風憲方面比，欲辦我之事，以反彼之勢，譬之授人以太阿而無柄可持，欲刃之利而有割，難矣。故於予之初至也，慰以温言，崇以廩餼，心腹之托，耳目之寄，蓋拳拳焉。文移之下，每事皆欲關白，重委任，張聲勢，欲有所爲也。竇協通巧人也，故於予禮儀館穀極恭謹，而一動一靜無不伺察。閻參戎粗鄙人也，故初遣官遠迎以啗之，中不欲少降相接之禮，終而勉從其議，欲徐觀予之能否，及自持之何如。予於禮體亦不肯少貶者，豈恃一時之委任，妄自尊大，而不安職分哉？蓋體統尊而後政可舉，律己嚴而後人可正。昔予得是改調，相知者咸予危，且規曰：“西北武夫悍卒，非東南聲名文物比。忠信篤敬，固可行之蠻貊，然智欲圓而行欲方，夫豈不義而孫子言之？”紫岩學士叙曰：“君子之任事也，必慎於始，雖或踵人之弊，猶當革其故常，自我作始，況其事始於我乎？自事言之，創始者易，非其人則難；自人言之，創始者難，得其人則易。”予皆拜且謝曰：“予雖不敏，請當佩爲韋弦。然天下之事，孰非臣子所當爲，盡吾心焉。不能有爲，則有飄然去耳。斷不敢碌碌隨時，苟祿備員[二九]以辱知己也。又豈肯負巡撫公奏設之初意哉？”至是，既頗可爲，惟據我之理勝彼之勢，諸武弁初若甚難，久亦漸戢，政令行而軍士悦。凡予巡歷之處，願其久而惟恐其去者，亦若瓜洲之民心焉。厥後，閻亦罷去，繼之者亦無虐政。秉彝好德之良，豈堯舜異於途人哉？

巡撫都察院委同何都指揮同知濟查理出管長樂堡衛、鎮、撫等官韓太等，爲參將閻勛私差鄉導張太等，出境盜出達馬四十餘匹，及同指揮使黃淳查審出千户王寶，爲勛率軍餘牛車貨賣木植，被賊殺死李聚等，并幃幄謀畫中軍千户李汝翼、書辦軍人黃俊等，參置於法。

《大學》傳曰：“畜馬乘，不察於雞豚；伐冰之家，不畜牛羊；百乘之家，不畜聚斂之臣。”説者謂雞豚牛羊民之所畜養，以爲利者也。既已食君之禄而享民之奉，不當復與之爭利。若聚斂之臣剥民之膏血以供私家之用，尤可惡也。文武既分，汗馬之勞出萬死於一生，比之幃幄謀臣心力頗异，故古之開創有爲之主，雖文武并用，未嘗不勞武功而右之。《詩》曰：“時維鷹揚，凉彼武王。”又曰：“矢其文德，洽此四國。”先後輕重見矣。我聖祖法古制治，於凡武臣之禄秩皆出文臣之右，而又世其官。其政令之出則在文臣，而武臣不得與真可傳之萬世而無弊矣。列聖相承，益精益備，於凡軍旅特加總督、總制、提督、總兵之名以相統攝，又不拘以文武官秩。承平既久，爲將領者不知圖報罔極之恩，常禄外於所守之地，土産所出，耕田打野，淘金煉礦，皆取之自供以爲常。偏裨以上，皆以三品以上者充之，不特初試大夫，不察雞豚牛羊而已。若勛者官都指揮使階正二品，充參將以分守，禄不爲薄，權不爲輕矣。土供常例外，又輕人命，私役使以營貨利，甚至勾惹邊釁，至是畢露，終干典憲，不亦愚之甚者乎？若李汝翼、韓太、王寶、黄俊等，逢長勛惡，以取榮利，黨惡害人之罪尤甚。海山公皆窮治之。

予書太等爲勛而不末減於勛者，皆《春秋》之義也。

辛　巳

十六年春二月，巡歷各城堡，比較屯田糧草，至宣和堡，游擊將軍雍彬下舍余雍敬抗違不服笞〔三〇〕，發中衛管屯指揮監，追數日，竟病死。

人資田以養生，田有租以供上，古今之通制也。我國家內外屯糧有定制矣，又用强占種則有常刑，情願頂種則有常賦。上過取則爲虐，下違慢則爲頑，慢令致期謂之賊，剥下奉上謂之黨。雍氏官於衛，以食民之供，族人耕種自養，雖未必盡爲用强占，種軍田而田未嘗無賦也，乃恃勢不納糧草，非所謂頑乎？諸衛所城堡官旗，畏勢不爲催徵比較，以致累年拖欠，非所謂賊乎？久弊不振之政，直予視事催科之初，一爲沮撓，則人皆效尤。治亂國用重典，擒賊先擒王，雖過於嚴，不恤也。凡治於人以食人者，可不以敬爲鑒乎？或曰：「陽城自以催科政拙考下下，趙方謂[三一]催科撫字者非歟？」曰：「不然也。朱子文不云乎？『不恤則得罪於下民，不辦則得罪于上官。』若能審上下之時宜，民果可恤也，寧得罪於上官而恤之，事果可辦也，又何得罪於民之有？君子亦審其是而已矣。」

舉刺分管西路各官賢否回報，巡撫都察院案委招集流移，撫安地方事宜。

猗歟盛哉！自漢唐以來，幅員之廣，熙洽之久，未有如今日者也。蓋綺羅梁肉無地不有，詩書禮樂無處不及，雖窮垣絕塞、深山邃谷道無不通。生齒之繁視國初不啻幾倍，而郡縣、里甲圖籍，與衛所、旗甲名數恒缺，何哉？蓋清勤公明之官少，徵取差遣不平之政多，故富强者得脫避，貧弱者被侵虐，侵虐甚則逃移，欲復而力不能久，脫避甚則丁產倍增而户不肯分，安得而不恒缺也？巡撫，撫民之官雖倍設，奉行德意者誰哉？欲復舊治必遵舊章，官必久任以責其成，不必冗贅分權，速遷倏退，互爲耽延可也。

夏四月，巡撫都察院管糧道委查本路各倉場，及靈州紅寺堡、韋州萌城等處倉場，糧草造冊并侵盜人犯具招參呈，聽候科道查盤。

五月，前往中路萌城驛，隨管糧道僉事舒公同慶陽府通判徐子羽王旬之迎接欽差查盤錢糧，户科給事中張公、監察御史傅公同入寧夏鎮城，具查出侵盜犯人楚海等招，仍令兼閱改寧夏等衛招由。

六月初，科道查盤畢，南還，送至河濱，回鎮。至十八日，始還廣武營。

巡撫王公擢都察院右副都御史，入管事於院。都察院左僉都御史、吾鄉西磐張公代巡撫至。

公名潤，字汝霖，號西磐，臨汾人。

赴鎮城謁西磐公。

九月，同徐子羽等自鎮城送海山王公至靈州，復從西磐張公回鎮城。公咨訪興革時宜，密上七事。公嘉納，次第行之。

今仕之至巡撫，則宦成矣，率多為家計，而邊方為甚。蓋内地多士大夫，而巡按諸公每相制，藩臬、郡邑恒相臨，其體統猶未敢盡廢也。邊塞相與同事者，太監、總兵、兩鎮守，所臨皆武備，有便宜之權，無相制相規之益。離離秋草，未有不隨風而靡者矣。故管家之官、家將之卒，諸與鎮守同。其私藏之營蓄，器用之造作，安得而异哉？書吏、門隸、抄案之人，安得而防閑哉？凡於科道要官一臨，必出郭迎送，自同外服之臣，又安敢以内臺卿佐自處哉？或欲建白奏請，必先以書啓達臺閣，通科道，而後行。苞苴之問遺無虛日，循資遷〔三二〕，家計成而名位顯矣。寧夏有陳爵者，以千户掌藥局，為撫臺之管家，二十餘年不代易，抄案軍餘、聽差舍餘、都指揮以下，皆北面行揖禮，其政其體不亦可推乎？西磐公素以清介聞，其巡撫於兹也，不携内眷，固非隨風而靡者。予首謁公，即以興革下詢，予不敢負公，亦首以重憲體對，遂黜管家之官，革聽差之卒，凛然内地撫按之體。諸不利者嘵然，以危言相動摇，公則確乎不可易，久則安而稱誦之，豈非振世之豪杰？非履常襲故者可同日語耶。第欲治之心大急〔三三〕，凡宿弊皆欲頓革，故予又以慎變更極言之，公亦嘉納徐圖焉。昔人謂革弊如接戰，無援者不勝，公今去夏二十餘年，不知援之者竟何如也。

冬十一月二十六日，自鎮城至王大堡，迎謁禮科給事中、舊會友河曲底汝章，及監察御史盧瓊，奉敕賫銀散賞官軍。二十八日，至廣武營。

十二月十一日，底河曲差人賫書約會，予既復書。至十三日晚，會河曲於鎮城行臺，次早即回。

壬　午

嘉靖元年春正月，西磐公令携家眷移入鎮城，以便委任。

平虜倉副使李玹申舉守支副使李正[三四]侵盜倉糧，於巡撫都察院批仰調取人卷勘問，置李正於法。

庚辰冬，予過慶陽，謁帶管兵備參政畢公，公即以正屬予。蓋正於公同鄉里，先予到數日，以烽火不敢北行。至是，令兵馬沿途防送，予因携正行，臨發，戒[三五]正云："爾以七十之年，遠冒危險而來，以竊升斗之祿，慎宜安分，毋聽信下人作弊，以貽罪，累喪爾老軀。"言甚諄切。蓋正，夏津人，自其鄉至平虜城，四千餘里，衰老又甚，公之見真矣。正乃違公教，竟至於此。幸遇洪恩得免，謫戍。予又量令各官陪償所負，不知後竟得完事而歸否也。王陽名[三六]謫貴州龍場驛時，見有爲遠方吏目自京師來者，并其子僕三人死蜈蚣坡下，令家童瘞之，且以鷄飯祭告，而傷之曰："吾不知爾郡邑，爾烏爲乎來爲兹山之鬼乎？古者重去其鄉，游宦不踰千里。吾以竄逐而來此，宜也。聞爾官吏目耳，俸不能五斗，爾率妻子躬耕可有也。烏爲乎以五斗而易爾七尺之軀？又不足，而益以爾子與僕乎？嗚呼！傷哉！皆爾自取，謂之何哉？"若正者，縱早完陪償獲歸，路費將何資乎？況未必遽得歸，不至爲吏目不已也。及其老也戒之，在得聖人之戒深矣，不亦可傷悼哉？

三月，回報西磐公案委查處、均徭役以培持地方十二事，公次第行之。

管糧道轉委查勘户科給事中孟公題劾先任寧夏副總兵趙文，統兵坐視不救，虜賊攻破王英等堡，殺擄人畜，隱匿不報事情。

民出財以養軍，軍出力以衛民，其來尚矣。矧受重寄爲副將，統重兵以禦百餘寇，有太山壓卵之勢，而猶忍心怯懦，縱其出入殺擄，不敢一與之戰，令其哭聲震天地，又安用將領爲哉？將如文不足責矣。爲憲臣者，有巡撫，有分巡，而亦甘受其咭，不爲糾舉，且爲匿其罪，以欺天罔人，俾文猶得擢官取財，竟賂當路，雖被言官發其事而竟免於誅，其罪與文薄乎云爾。若以《春秋》之法律之，當坐爲元惡，豈得末減於文哉？嗚呼！

夏四月，分巡關西道并寧夏管糧道，先後轉委查勘。

巡按陝西監察御史曹公准充軍都督已死，曹雄家人曹和訴詞具奏，及陝西儀衛司儀衛副吳厚妻，雄女曹奏辨冤抑，回報。

予聞之夏人云：置鐏戕殺鎮巡，僞設官鑄印，召各路官軍領賞，獨近鎮城各堡至，若廣武營、靈州興武營皆不至。先將靈州津渡船隻盡拘西北岸，以過官兵南來。時副總兵楊英、游擊將軍仇鉞，皆統兵於外以禦虜賊。聞變，軍中號令不行，蓋各官軍妻子皆在城也。鉞勉聽召入城以覘動静，英單騎奔廣武詣靈州，與守備史鏞謀抗守；雄亦遣固靖游擊黃政統兵至，相與謀遣善泅者，陰赴北岸，殺守者，奪船渡南岸，以俟大兵之至，圖渡河。丁廣、何錦方西攻，廣武遂成鉞與鄭鄉[三七]內外之應，以平大難，正慶藩之位，釋侯參議之囚，誅周昂、孫景文，擒置鐏父子及廣、錦等。圍解，具奏間，雄至，猶恃瑾勢，大作威福，攘奪顛倒功次，人心洶洶。總督軍務太監張永、左都御史楊公至，邊人始安。永因劾瑾及雄，雄父子皆不得免，此實録也。

雄聞變，練兵圖討，先遣黃政相與奪船，則誠有之。蓋置鐏之逆以誅瑾爲名，雄以瑾黨，且在內地擁重兵，安得不爲之所？但所謂通書於鉞以圖反正，則絕未之聞。而鉞成大功，實與鄭密謀後，內誅昂而外擒廣、錦，各不相聞，而允契奪船，亦不足爲輕重也。若誠如所言，則雄未死時，何不援鉞爲一言？及死數年，又鉞進侯爵，其家人亦無一言，須待鉞卒永黜，而始爲此奏哉？鉞圖反正時，昂意雖善，亦終負昂而不肯泄，雖當時幃幄之官尚不能知，惟卿知之雄遺何人？自何路？以書通乎？此其事甚明。而瑾之伏誅，實以永首劾奏，言官不敢論也。雄素剛正，爲陝士夫所與，每自言奪船功，而永亦瑾八黨之閹，故曹公代爲奏辨，與何大復、雍大記以平夏歸雄奪船之功，皆惑士大夫之議云。正如王靖遠麓山之功甚偉，士人至今思而畏之。當時只以王振主此議，李文達遂以靖遠附振勞師費財罪之，并其先後年月皆失其實。王以宦寺欲掩其功，雄以宦寺欲掩其罪。傳聞紀錄之言，豈可盡信哉？

秋九月，查報禮科給事中底汝章奏，靈州土達白十七等一千餘名，賞賜銀兩。

予嘗往來靈州，閱其風土沃壤，表裏山河，爲夷夏襟喉。昔人議棄守者，未嘗不以爲重地，而恨楊億、李沆輕棄之議爲非而是何亮書也。今散處於各城堡，耕種其地者皆永樂時降附之夷，所種之田無租賦，蓋當時令吾人教之耕種而柔恤之，既久而習以長子孫。當路者以其勇悍，往往借以禦虜，而所乘之馬則其自備，亦無月糧之給，而遣調一如官軍焉。貽累至於終歲，佃田於人以應差遣，至是給賞造冊亦無名數，則當時柔恤之厚反爲薄典，白十七等之告詞，底爲特奏，行予查報，而獲賞得如官軍。蓋此輩入吾地百五十餘年，其昏喪之行猶踵故俗而曉夷語，狼子野心，苟不爲之所，只如吾民而虐害之，恐非此地之利也。

管糧道轉委會同楊參將查勘，吏部辦事進士管應韶建言，應否裁革小鹽池將領兵馬。

管名律，寧夏人。

居敬而行簡，則事不煩而民不擾，官事不攝，管仲所以見譏於宣聖也，多制豈盛世事[三八]？十羊九牧，羊豈能樂水草乎？我聖祖定制立法，官少政清，民安事妥，其於兵財大政尤爲精當。

付城池關塞於都司衛所，而守備有常；付教養刑政於藩臬郡邑，而歲課有經。遇有大事，則佩印遣將，事平則散士卒於衛所，歸印而理職事；兵強而夷狄遠遁，財充而紅腐不可食，至於弘治間極矣。承平既久，良法漸弛，謀國者不索弊源，亂塞枝流，愈遏愈橫，日甚一日。患兵弱而敵熾也，則添將領而募士卒，增城堡，分兵力而勢益弱；患財腐而易耗也，則奏折銀，添監收，養冗食，肆浸漁而廩亦虛〔三九〕。在在皆然，識治體者恒憂之，無位無時，卒莫能救。只如寧夏一鎮，不及內地一郡，既設三堂，又分三路以統兵；既添僉事，又設通判以監儲視國。初只用衛指揮及倉官，攢以守備，煩簡不侔矣。至海山王公之巡撫於是也，又增兩路之通判，無所事事，惟雜遣而已。小鹽池原一驛遞，百餘軍耳。乃奏設參將，抽募軍士，增築城池，不過爲往來之迎送，何嘗遏入寇之虜耶？故其官卒憚地沙鹵之苦，往往皆欲裁革。而進士管應韶遂言之，蓋既大其城池，而又革其將卒以空之。一旦有警，誰與之守？异時之害，誰任其責？故予承委以利害，各三詳報焉，西磐公亦不敢議革。噫！天下事如此者，可勝道哉，弊也久矣！

家眷復回廣武營。

癸　未

二年春，回報管糧道轉委瀋陽衛吏李枝所奏，寧夏協守副總兵官路瑛等不法事情。

古人推轂遣將，付以閫外之事，蓋不如是不足以有爲也。瑛等皆有閫外之寄，而枝以小吏摭拾小過肆言之，查勘往返，地方勞攘不息。言或虛妄，亦不反坐。蓋雖奉詔有軍民利病許諸人直言，亦未嘗許其告訐報復私怨也。諸司平昔爲固位計者，已於言官過分奉承，漸不可長，更使人人得言之，無對正反坐之患，孰肯盡心於職事而不流於謅瀆者哉？況債帥武夫乎？無怪乎貪求日熾，玩法益夥，爲軍民無窮之害也。重大體，容小過，含宏[四〇]忠厚之教，聖人之慮天下也深矣。

夏四月，巡撫都察院委盤東路各營堡倉商糧，邂逅謁兵備副使高公於靈州，及興武營行臺。

高名公詔，字大和[四一]，內江人。謁見之頃，即詳問履歷，稱賞予各城堡壁間詩句，待以殊禮，謂曰：“勿謂窮荒絕域無人知爾也。困亨，儒者常事，毋變爾之初心。”

閏四月，具改職、致仕二疏，遣人赴京，托舊僚友吏部鄭伯興、黨汝孝擇處。二友錄改職一疏投進，不報。

汝孝，名承志，忻州人，時爲稽勛郎中。

《孟子》曰：“仕非爲貧也，而有時乎爲貧。”予初就選時，爲祿以養親也。在揚得奉迎於任。既改塞垣，匪惟不能迎養，翻貽萬里之憂。志祿之養皆費[四二]能得，又惡用祿爲哉？故圖有是舉，而二友不深諒，蓋各有道，與西磐公之意同，雖預[四三]之書勸王旬之，亦此意也。夾批：三書見《問遺通錄》。胡文定曰：“去就語默之幾，如人飲食，其飢飽寒暖，必自斟酌，不決於人[四四]，亦非人所能決也，惟內斷於心。”先正詩曰：“自知野鹿山麋相，不是麒麟閣上人。”又云：“人生待足何時足，未老得閑方是閑。”予蓋自知真而自斷決矣，況有和靖之母乎？

秋七月，問報中尉軍餘，黃錡狀告百戶田登違法斂銀饋送，問革去任。參將閻勛於巡撫都察院再撥，再呈，始發落。

九月，西磐張公取入管院事，恒山張公代巡撫至。

恒山姓張，名潛，字仲齋，號恒山，真定晉州人。

冬十一月，巡撫都察院恒山公下問興革事宜，條上五事，嘉納之。

條上稿及上西磐公稿俱詳見《問遺通錄》。

管糧道僉事以病呈蒙恒山公坐委代收放富平等處糧銀一萬八千餘兩。

嗚呼！承平既久，天下弊端多矣，未有若折納銀兩爲吾民之病深也。蓋毒如蛇蝎，猛如虎狼，壞祖宗之成法，傷國家之元氣。不已，必將入膏肓爲沉痼，匪特手足之瘡癬而已。夫《大學》絜矩之道，用人理財而已。我祖宗創制立法，纖悉備具。況此二端之大者，至精至細，千萬世守之可也。行之既久，雖有小偏，革弊以存法可也，因弊而變法則非矣。興折納之例者，惟圖簡便，初無甚利害，末流遂使鄙夫貪徒每藉銀母以生子孫，入官也納銀，租賦也折銀，犯罪也贖銀。不問地產之有無，惟加嚴刑以逼取。銀價騰涌，十一之税每至十五。訟諜日繁，富者犯法，惟用數金而免，貧者往往死於無辜。米麥布花等色之徵，笞丈徒流五等之刑，廢棄盡矣。掌錢穀者任出入，爲有司者肆科罰，積數千萬，一筆勾銷，即盡查數十番，一時糊裹無迹。下供於上者，人人剥見骨髓；上食於下者，在在罔不告乏。官民兩病，私室充盈，遂使良民務本業者，棄恒產而逐末，捐鄉井而流移。科條日繁而害日增，謀國者殊不反本而爲之所，其亦不思甚矣。昔宋討方臘，陳康伯爲發運使，增經制錢。後之增者不已，蓋其漸不可長也。方康伯增時，其兄聞之，哭於家廟曰："剥民產，怨禍必及子孫。"今之作俑者，果何人乎？

中衛門生汪潮等十五人來廣武營，以《河梁餞別卷》相送。

甲　申

春三月，准協同分守廣武營，行都指揮體統、指揮使揚一中手本會勘，本營軍人苗田、苗莊分豁軍役狀詞，呈繳巡撫都察院。

發邊衛充軍，減死罪一等刑也。蓋去中原之樂土，居邊塞之苦寒，且有鋒鏑死亡之憂，苗莊樂爲邊軍而不肯還鄉者，豈其性與人殊哉？亦惟利其族，大取多財耳。以此知重賞能勵壯士不避湯火之難，而充軍徒流之罪不足以懲奸頑也。況又有夤緣以苟免者乎？《貨殖傳》、《錢神論》真不妄持賞罰之柄者，盍爲深長思乎？

夏五月，環慶兵備副使高公仰抄案驗，奉欽依五星聚營室之變通行，群臣各加敬畏，勉修職業。群臣各勉修職業即安攘之良策也，紛紛喜事新進者之浮議又焉用乎？蓋我祖宗之法制備矣。

查出棗園堡遞到循環簿内典守、軍餘陳敖等侵盜莞豆一百石。提問如律例，并參把總指揮祝文欠嚴，呈蒙巡撫、都察院依擬發遣發落。

六月，查理中衛拖欠糧草數，多催徵不得其人，因舉刺指揮等官劉澤、房端等數十員管屯堡官，以後將領不得輕徑更代，備呈巡撫都察院俱依擬行。此議行，官民皆稱便，咸曰：“今創此法，蓋莫良焉，百世遵之可也。”未兩三月，予有給由之行。始逾歲，恒山公亦去矣，不知後能久行否也。好事之難有如此哉？爲政在人不其然乎？

秋七月，更換廣武營稽弊老人趙福。

乾坤之道，易則易知，簡則易能；用人之道，任則勿疑，疑則勿任。蓋自聖澤熄，而禮教壞霸術興，上下相疑而不相信尚矣。惟開創英雄之主，賢明之輔，則事簡易專，任人以福天下，其法制亦無不善。至於末世，則法愈密而弊愈多，防愈固而民愈害矣。我聖祖法制至簡易也，承平既久，新進喜事之徒，往往恃聰明亂舊章，於法則欲變更，於人則不專任，立一法則增一弊，孔委一官則開一騙局。雖曰廣耳目，實以塞之；雖曰除患害，實以甚之。觀兹稽弊老人，則天下之政可例矣。

八月六日，迎管糧道僉事劉公於沙井驛。

劉名淮，字東注，睢州人。

從叔〔四五〕順同族人欽至自家，諸弟以母疾病，翰修書付順來。既而母疾愈，不欲其來。順欲來，假是書爲媒耳。故六月書至，七月半方起身。是日，邂近沙井驛，遂回至廣武營。初十日即發回，令家人兼程來迎，予請給由急歸也。

十五日，赴鎮城，以兩任歷奉〔四六〕過七年，例當六年給由，呈請巡撫都察院及管糧道。

一閱翰書，即號慟伏地。恐從叔之言誑我，又以弟再無書爲疑。既急發回，即收拾文卷，具呈親賫面稟衷情，冀必從所欲也。十七日晚，至城。十八日晨，謁恒山公，即笑謂曰："久別殊渴想，兹亦有异聞乎？"予即曰："有。"公即令升堂，密問之。對曰："邇治宗室事聞已膽落，有終夜繞牀垂涕之狀。"公曰："爾以爲何如？"對曰："卑職之愚，謂宜從寬。"公曰："此方士夫、官民，皆言不可輕恕，何也？"對曰："彼素被虐甚，無能控庇。今遇臺下治其下甚嚴，惟恐其不至耳，所謂夫民今而得反之也。顧惟大體則不可，甚且祖訓明有風憲官員不可摭拾王之小過以離間親親之條，又况今上起自藩邸乎？"公大感悟，乃揖而謝曰："爾言誠是，幸不早聞。我有以處矣。"語畢，予始以情稟具呈，公驚曰："爾去，則我一路事將誰托乎？爾勿行，我將有薦於上以待擢也。"予遂泣下，曰："卑職此行，實欲假之以見老親，非爲仕計也。若爲身計，則蒙擢拔勝於給由遠矣。"言已又泣下。公亦爲之感泣，徐曰："爾情苦矣，我知之，不爾違。只有一事，煩爲我了了，即令爾行。"予謝。未許時即日，遂批其事，會勘如後云。

十九日，會同都指揮常公世臣勘問都指揮同知揚欽〔四七〕私差軍伴楊貴等出境，至賀蘭山盜採木植被虜殺死情由，將同去軍伴蘇仁等問擬如律例，欽聽參。

二十二日，呈報訖。

楊事發，即自首於都察院，批委常公問報間，以予至，遂以讎嫌辭，乃批予兩人會勘。予得委，即面請進止。蓋此亦窮邊之常事，欲從寬典。恒山公謂：「欽事初發，即重賄鎮守二堂。形迹已露，我若稍寬，不無起人疑議，必置之法可也。」及會勘，欽再三哀告求寬，予備以此議諭之而呈報。常、楊皆世官寧夏中衛云。

九月四日，回廣武營。十八日，蒙管糧道案驗本府，起送給由。

呈報欽等數事明白，始蒙恒山公將給由呈批行管糧道，管糧道轉行東路通判周公英通查在任監儲，查盤過糧草數目，并先已問理過詞訟俱明白，本職并無經手錢糧及拈帶不了事件，呈蒙本道轉呈本院，復批行本道准照例起送給由。遂將本路一應卷簿交付中路通判徐子羽訖，仍呈討護送兵馬，蒙本院批仰本營分守將領，撥送人馬二十名，應付沿途口糧，護送至府，回報本營。楊一中及把總指揮趙廉、鳴沙州把總指揮彭鎮等各贈帳軸，鎮城常都司徐子羽及鄉大夫邵剛、堡守備王子忠等各送冊葉手卷。子忠名效，綏德衛人，丁丑武舉，官歷至總兵。

冬十月十八日，發廣武營，取鳴沙州紅古城路南行。二十九日，抵府。同知任衛道署府事。

任名守德，靈石人。

十一月，三弟良才以母疾平安來報，迎至平涼，即先遣回。守候柴薪，馬夫俸銀，累年欠者。

乙　酉

四年春二月十日，發平涼。二十四日，至家養親。

陶彭澤云：「家貧，耕植不足以自給。生生之資，未見其術。

親故勸爲長吏，脫然有懷，見用於小邑。在官八十餘日，眷然有歸與之情。飢凍雖切，違己交病，遂歛裳宵逝。"賦《歸去來辭》曰："田園將蕪胡不歸。"曰："樂夫天命復奚疑。"其情況志節可想也。予叨薦後，依簡惠君卜居，凡百草創，孟東野所謂"借車載家具，家具少於車"者是已。耕植誠不足以自給，而稱貸多矣。乃勉就銓選倅郡，及再蒙調任，南北先後越十餘載，奔走不息，田園初未成荒蕪，無足論也。室廬甫苟完即出，器用咸未暇備置。諸弟亦各創爲其家，於予雀鼠風雨，奚暇防恤哉？一旦遠歸，墻頹屋漏，環堵蕭然。農食賓祭所需之器，米麥草料日用之資，皆旋創置，且窮僻之鄉邑，素無商販，非若通衢要地，可朝求而暮足，比之逆旅爲尤甚。諸兒皆幼，不足任使，兼之更增田產，人事往來所費不貲，纔踰年而俸資竭矣。勤耕儉用，東那西借，聊供菽水之歡。二親安其完聚，亦無富貴之念，不令再出。彭澤所謂"傾身營一飽，少許便有餘。恐此非名計，息駕歸閑居"者，蓋先得我心之同然矣[四八]。

初，予卜居於茲者，一以依簡惠，一以其地曠村荒，寬閑可容，力不難辦，亦取其瘠土民勞，易以思善耳。經營之始，尚猶甚難，人或刺眼。積久費多，方爲真土著之家，與齊民伍。柳氏謂"成立難於升天"者，真名言也。若夫世家子弟，坐享成業，奢淫驕惰，以致覆亡者，固不知此義，而輕動妄作者，亦未有不因之而不振者也。此意予於《克示編》、《家傳》屢言之，再致叮嚀之意於此者，誠欲吾子孫知創業守成，各有其道，而互參玩味，慎守遵行，敦睦孝友，以光前人，則予之深願也。

丙　戌

秋九月作《進修條約》。

冬十月，桂芳門樓成。

甲　午

十三年春正月，《克己示兒編》成。夏，《辨惑愚得》成。

作《壯游紀》而紀倦游歸田之事者，皆丈夫所當爲也。夫君子之道，出與處而已矣。出有所爲，處未嘗無所當爲。故程伊川曰：「功澤既不及人，別事又做不得，惟補葺聖人遺書，庶幾有補耳。」然聖賢經傳，諸大儒發明已詳，及諸子史集録，載事載道，羽翼聖經，垂訓已備。凡立异爲淫詭之言者，無不得罪於聖門而架屋疊牀之贅者，又徒亂人之耳目，予敢妄肆多言以犯不韙哉？惟侍親教子之暇，不廢筆研，積成卷册，自克自考，顏氏所謂「非敢軌物範世，業以整齊門內，提撕子孫，賢於傅婢寡妻耳。」若凡奉先垂後，有益生人，寡己之過之爲竊，附吾夫子施於有政，是亦爲政之遺意也。

乙　未

十四年冬十月，東川公序《克己編》。

先是，公問政於予，予答以是編，公即加稱賞，欲入梓。至是，又冠以序云。公名世卿，字汝衡，號東川，秦州人，以進士爲邑宰，仕至山東僉事。

丙　申

十五年春，張澹泉寄《克己編序》至。

張名淳甫，字伯初，號澹泉，河東人。

丁　酉

十六年春，白東川應詔舉堪任用。

正月間，奉明文爲公薦舉以備任用事。先是，冬十一月二十五日，上御文華殿西室，與大學士李時、夏言，武定侯郭勛，品題文武官員，嘆人才不足任用。勛因奏行吏、兵二部，通行天下撫按行各該有司，將見在退閒鄉官，備查退閒緣由，及訪查聞望隆重、行義可法、居官居鄉無玷者，申呈奏舉。白即予退休顛末查明，薦云：“問學該博，足以通古今之變；才能奇偉，足以辨天下之事。居官守正不阿，清苦終始如一。居鄉不入城市，行義遠近著聞。年力尚壯，可以任用。誠有如明詔所求者，真其人也。”申達當路訖。

戊　戌

十七年春作《筆錄克示外編》。凡有得於聞見者，隨筆雜錄，無定體，無定篇，每紙滿五十葉爲一卷，作一冊云。

己　亥

十八年春三月，以《克己編》奉寄求正於光禄寺卿谿田馬公。

馬名理，字伯循，號谿田，三原人。時在告家居，復書云：“頃王秀才來，辱惠書儀，足見垂愛至意，深感，深感！讀所著《克己編》書，真非記誦詞章俗儒所及，欣羨，欣羨！敬服，敬服！方議論贊序説間，偶遠方客至，前客甫行，又有遠方至者，應接不暇，是以管見綿力未及施也。尚容繼此再圖會晤無期，敬此問安，伏惟珍愛。”

辛　丑

二十年秋七月，以《克己編》及《北樂府》奉寄求正於舊僚友副都御史松泉夏公。

公復書云：“昔年維揚叨隨左右，過辱知愛倍百，恒品蚤作，夜思感仰深切，詎意一別之後，鴻泥踪迹邈爾難尋，出處之詳查無所得。每於靜思之餘，追憶清吟妙染，怳焉如對。而雲樹興思，杯酒論文，固古人所重慨嘆而難遂者也，其意寧有异哉？忽承書惠遠示，真若自天而下，驚喜不已。開緘繹誦，始知仕途偃蹇，久遂肥遁之志，俾二十餘年懷思抑鬱之情，一旦釋暢，欣慰可勝言耶？竊嘆門下以俊逸之才，負卓絶之識，而所至顛躓厄于升騰，果命也耶？抑人事之使然耶？蒼蒼理玄，誠有不可得而知者也。然昔人有不達于邦，必務達于家；不行于今，必有傳于後者。此進則行道，退則修己，聖賢之家法也。今門下既潔甘旨以伸菽水之歡，又著懿訓以啓後昆，則仰事俯畜〔四九〕之事已畢，而又有高情逸興形于樂府，其樂可知矣。近年士習民風愈趨愈下，視昔何啻十倍？當事者不知何力推挽回舊觀也。佳編承命作叙，生困于俗冗，文思彫落，稍暇有得，索便馳寄。便中先此附謝，匆促不備，幸惟照察。荷荷。"

壬　寅

二十一年冬十月，知縣周公子望遵憲綱舉堪任用。

巡案〔五〇〕監察御史明文憲綱內一款，山林隱逸懷才秉義之士，仰縣究心搜訪，舉送赴京，以備擢用。公薦云："查訪得致仕通判某，隱居教授，不求聞達。孝親友弟，有古君子之風。律身教子，皆正大光明之道。著書立言，有《克己示兒編》等書，皆正心修身之要，居官歸田之訓，有裨於道學。舉送於京，真可備用。"

又扁其堂爲'三樂'云。周名時相，字子望，號渭涯，安州人，乙酉舉人。

初，武定之奏行，新安張公即寄書吾芮士大夫耆民求於撫按處保薦，諸士友即約予，又爲予賀。予曰："此亦故事，可笑。

唐人詩云：‘無媒徑路草蕭蕭，自古雲林遠市朝。’又曰：‘縱使東巡也無益，君王自領美人來。’其來尚矣。是行必有所爲，不過數人耳，君其視之。蓋今科道大臣欲起者，猶不能無媒，況疏遠末品，誰能念及？更誰復信之？張公此舉蓋未深思。”衆皆一笑而罷。二公不令予知而申達，後亦竟不報，予言始驗云。

癸 卯

二十二年春，作諸祖神主及韜櫝成，權奉安静室，謁告奉祀。

秋七月二十九日，先妣終於正寝，擇塋域甃壙。至冬十二月二十七日，葬廣平新阡。

丙 午

二十五年秋八月二十九日，先考終於正寝。冬十月十六日，啓先妣壙合葬。

丁 未

二十六年春二月，《家傳》成。

戊 申

二十七年春三月，知縣鍾公刊《克己編》板成，遣人來送。鍾名如嶠，字民瞻，號我山，湖廣辰溪人，選貢監生[五一]。

或疑尹和靖入程伊川之門，半年後方得《大學》、《西銘》。看鍾令爲政，率意妄行，期年而民不堪，始就予之廬而問政。予遽以此編示之，無乃於伊川異乎？鍾雖悦而付梓以傳，於政若有小補，然志行終與予暌，亦葉公之好畫龍耳[五二]。不知好龍者爲其神變化而沛霖雨乎？抑异其形體而欲玩弄之乎？若欲玩弄，而真龍下户牖，畏而遠走，誠非真好矣。否則，亦非所以成其好之之意也。人患無悔心耳，苟有善端之萌，君子即憫而與之，以成其美。故曰：“與其潔也，不保其往也；與其進也，不與其退也。”鍾天資美，年力富，其没溺於童心俗態者，正以無賢父兄師友之教益，學未優而仕，專百里，所謂“賊夫人之子也”。孟子不云“王猶足用爲善”乎？予嘉其志，愛莫助之。蓋欲開其自新之路，云：“爾，矧拯焚救溺，又奚暇計其進退揖讓之禮節耶？顧予何人？安敢擬儒先之教人哉？且淺陋之言，正爲中人以下者設也。説而不繹，從而不改，吾未如之何矣。”

秋九月，《倚廬録》成，蓋斟酌古今喪祭之禮而行之者也。

冬十一月，撰次《芮城縣志》成。

跋〔五三〕

嘉慶己未，余奉檄暫權始興司鐸，適山右倚園劉君分宰是邑，與予有同官誼。朝夕過從，倚園論古談今，學有根柢。間出其先世鳳川先生《壯游紀》相示。披覽之下，見其自幼而壯、而老、而仕、而隱，編年紀月，筆之於書。嗚呼！士大夫生則名顯於當時，没則已焉者何可勝道？我鳳川先生名僅登於賢書，位止居於別駕，雖不能大展其抱負，而綜依其生平、立身、治民，卓卓可紀，迄今讀其書，猶可想見其人，又豈赫赫於前寂寂於後者所可同年而語哉？是書鎸刻，久已藏之家乘。近因板片漫漶，倚園亟欲新之，屬序於予。予媿無文，奚敢妄贊一詞？爰跋數語於簡末，亦以見倚園克承先志於不墜云爾。

嶺南後學何健翎拜跋。

校勘記

〔一〕底本原作《序》，編者補作"《壯遊記》序"。

〔二〕底本原無《自序》，此題目爲編者所加。

〔三〕"鳳川子曰"，抄本作"鳳川子劉良臣曰"。

〔四〕抄本在"於是也"之後尚有文字：蓋不有歲飢，吾父何以出游？吾父遠游，不久而弗返，吾祖何以納陳氏？陳氏不嬖，吾家何以索？吾家不索，吾父母何以携予自醫年依簡惠君以游於武邑？斯皆理之彰彰明甚者，顧人不能察耳。使吾祖當時知嬖妾亂家，不至甚不得已而不輕納，雖納而不嬖溺，吾父若知父母在不遠游之義，雖不得已而游，急返以慰倚閭之望，上事二親，下撫妻子，吾兄弟藉先業而充廣之，不亦善之善乎？或曰："不禮於嫂而季子相六國，見棄於妻而買臣守鄉郡，天欲興吾子，故以陳氏爲中亂，蓋亦傾否之意不足怪也。"予曰："是雖一道，然終不知平陂往復否泰之幾，而弗能包荒用馮河以處泰者也。凡處亨太者，可不猛省深懼以慎苞桑之戒哉？"

〔五〕抄本在"外氏"之後尚有文字：陳氏既嬖，吾祖母嘗往來長姑靳氏之家，吾父出入無定處，吾母子仍鞠于外氏。

〔六〕抄本在"陳氏死"之後尚有文字：自陳嬖，予祖母及父母被逐，家產日廢，至是幾盡。而陳死，吾祖母始與祖父歡好如初，財產非論矣。

〔七〕"詩古文詞"，抄本作"古向上"。

〔八〕"骸骨"，抄本在"骸骨"下有"致爲臣而"四字。

〔九〕"潁"，據《宋史·龐籍傳》，"潁"當作"潁"。

〔一〇〕"清畏人知"，據宋張鎡《仕學規範》卷二十一《涖官》記杜正獻公語："作官第一清畏，無求人知。"

〔一一〕"允楨"，與後文"允正"，抄本皆作"允禎"，刻本因避諱改字，後文不再出校。

〔一二〕"皇木"，抄本作"廣人"。

〔一三〕"印信"，抄本在"印信"下有"行使"二字。

〔一四〕"名鶴"，抄本作"鵮"。

〔一五〕"貶之"，抄本作"貶者爲歹例子"。

〔一六〕"松泉舟"，抄本作"松泉聯舟"。

〔一七〕"許國正"，抄本作"許國禎"，刻本因避諱改字，後文不再出校。

〔一八〕"庶"，抄本作"廉"。

〔一九〕"思"，抄本作"偲"。

〔二〇〕"是觀"，抄本作"是以觀"。

〔二一〕"元"，抄本作"玄"，刻本因避諱改字，後文不再出校。

〔二二〕"含"，抄本作"舍"。

〔二三〕"臟"，據文意當作"贓"。

〔二四〕"寧拆"，據文意當作"寧折"。

〔二五〕"梗概"，抄本作"履歷"。

〔二六〕抄本在"析爨"之後尚有文字：嗚呼！父子兄弟之際難哉！知《易》者其無悔吝乎？《家人》卦曰："家人有嚴君焉，父母之謂也。"說者謂："雖一家之小，必有所尊嚴而君長者。無尊嚴則孝敬衰，無君長則法度廢。母之不嚴，家之蠹也。瀆上下之分，庇子弟之過，亂內外之別，嫚帷薄之儀。父雖嚴，有不能盡察者，必父母尊嚴，內外齊肅，然後父尊子卑，兄友弟恭。夫制婦聽，各盡其道，而家道正。"又須於其志意未變動之前，而以法度防閑之，所謂"教婦初來，教子嬰孩"也。幼成若天性，習慣如自然，則不傷恩，不失義，然後能保其家而終吉。若待正志流散變動而後治，則捶撻至死而無威，忿怒日隆而增怨，悔吝多矣。予父母於貧苦之中劬育諸兒，惟知愛而不知教，吾母又過慈而無嚴，是以諸弟幼，無畏憚師法。長即直吾之仕，未知稼穡之艱難，且在父母膝下，便爲足欲，惟欲飽暖安逸，不量始終難易以爲節，不思戮力共成家業，雖素處豐厚之地者，以若所爲，猶不能無敗，況始造家産而未成者乎？在揚以予不苟取，不可動搖，縱復改官，亦終如揚，而不得私有取，且各有室家可成立，年少壯可營運，堅欲析爨以圖自便，父母聽之，予雖泣諫，若恐其相累而相制者，乃繼之以怒，而竟不能難。事既各專，又爲人誘，日剝月削，未幾何時，家遂替而終無成，所謂"父子嘻嘻，終吝"也。猶不猛省，反求其故，漸多逋負，至粥所有，殊無愧惜而徒委諸命，豈其然哉？不曰"力能勝貧，謹能勝禍”乎？詩人美衛武公之中興曰：“秉心塞淵，騋牝三千。”説者謂：“富强之業，非談高虛務淺近者所能辦。”不愼其始而克有終者鮮矣。

〔二七〕“從”，抄本作“縱”，通假字。

〔二八〕“事”，抄本作“遂”。若爲“事”，則在逗號前；若爲“遂”，則在逗號後。

〔二九〕“備員”，“備員”下抄本有“歹例子自我做”六字。

〔三〇〕“荅”，抄本作“答”。

〔三一〕“趙方謂”，抄本作“趙方所謂”。

〔三二〕“循資遷”，抄本作“循資待遷”。

〔三三〕“大”，抄本作“太”。

〔三四〕“李正”，抄本作“李禎”，刻本因避諱改字，後文不再出校。

〔三五〕“戒”，抄本作“分付”。

〔三六〕“王陽名”，抄本作“王陽明”。

〔三七〕“鄭鄉”，抄本作“鄭卿”。

〔三八〕“盛世事”，抄本作“盛世事乎”。

〔三九〕“亦虛”，抄本作“益虛”。

〔四〇〕“含宏”，抄本作“含弘”。

〔四一〕“大和”，抄本作“太和”。

〔四二〕“費”，抄本作“弗”。

〔四三〕“預”，抄本作“予”。

〔四四〕“不決於人”三句：語出胡安國語，中有脱文等。據胡安國之姪胡寅《先公行狀》，應作：“不可決諸人，亦非人所能決也。某之出處，自崇寧以來，皆內斷於心。”

〔四五〕“從叔”，抄本作“叔父”，後文同此。

〔四六〕“兩任歷奉”，抄本作“兩府歷俸”。

〔四七〕“揚欽”，據後文“楊事發”，應作“楊欽”。

〔四八〕“然矣”，抄本“然矣”二字之間尚有文字：“（同然），雖妻孥愠見之言不免，而得返自然之眞難移。復任造册赴部給由之舉，親故亦無復能撼聑（矣）。”

〔四九〕“畜”，抄本作“育”。

〔五〇〕“案”，抄本作“按”。

〔五一〕抄本下尚有文字：“招工匠於解，費工價銀數兩餘”。

〔五二〕抄本下尚有文字：“子胡以書，愚曰”。

〔五三〕此跋原在卷上之末，今移至卷下之末。

附　錄

詩文補遺

初建後樂亭燕集喜雨有序

　　東川白公以名進士宰芮，逾年，乃修凉軒故事。軒爲宋嘉祐間知縣事太子中舍吳公戭所作。引水作池，建亭於陽，上爲樓曰"看山"。其憂國憂民之誠，孜孜在念，故名其亭曰"後樂"，風韵不減前人。嘉靖丙申夏五月甲戌，時值久旱，先是公禱於境内神祇，約三日雨。二禮告畢，雲纔蔽日，須臾雨作，竟日弗止。衆賓喜見顔色，咸進請曰："後樂亭當爲喜雨亭矣。"凉軒在所略也，公讓而弗居。尊俎既陳，笙歌鼎沸，傳觴笑樂，賓主相忘。公興出塵表，呼童覓紙，一揮五韵。坐客閣筆。謬先命予追和一首，殊不足觀。雨中醉歸，更加點竄，統得二律，聊以紀實，工拙固弗計也。

　　後樂亭今爲衆樂，衣冠擁隊更乘軒。幸逢泰道風雲會，不用投書宰相門。仁愛觀山心最静，知通活水酒盈尊。漫言時雨多饒洽，還有陽光照覆盆。

　　樓亭纔建雨如絲，滿地歡聲似有期。翠竹敲雨鳴佩玉，緑荷擎蓋點清池。主人得句興非淺，座客摧鋒力不支。若論後先功次第，凉軒終比看山卑。

清乾隆《芮城縣志》卷十五《藝文》

八月十三日苗主簿招飲對月臨池予因誦唐人
水聲到池盡之句東川邑侯命足成因成長律

把酒問嫦娥，清光今幾何？十分猶未滿，數處已高歌。濃淡浮雲蔽，微茫烟樹羅。水聲到池盡，山色上樓多。燭傍疏籬晃，人從竹徑過。滌鴛須醉酒，時北山有警，城中戒嚴。習靜漫捫蘿。禁鼓催歸騎，揚鈴混夜鵝。廣寒宮殿濶，終不廢賢科。

清乾隆《芮城縣志》卷十五《藝文》

奉和東川池亭

亭樓深處對銀缸，詩酒相將未肯降。竹引清風聲入座，花移明月影穿窗。俯看塵海空濛地，倒捲銀河瀑布淙。臥治山城高興濶，東川國士自無雙。

清乾隆《芮城縣志》卷十五《藝文》

游石鐘洞

巉巖有逸叟，習靜恒於兹。地僻人來少，溪深鹿過遲。採芝香入炊，禱雨水流瀰。跨鶴翛然去，長生未可期。

清乾隆《芮城縣志》卷十五《藝文》

芮魏論

芮，姬姓伯爵，蓋自夏商以來若耿國類，非周初始封也。《山西通志》據河東夫《芮王廟記》，本陸德明"周非同姓不封"之説，謂周初封同姓。不知當未封之時，質成於文王者又何人耶？稽之傳記，皆曰"姬姓，無周封字也"。或曰：朱文公魏詩傳亦曰"周初封同姓"。《廟記》蓋本於此，曰"文公就畢魏而言"。蓋畢萬乃文王第十五子畢公高之後。畢在今長安，國絕。

至萬，爲晉大夫，伐魏取之。獻公以其地爲萬采邑，即芮地也。芮之稱魏，以芮伯萬爲其母所逐，秦人納之，居於魏，相去裁一舍。<small>芮伯城西二十里鄭村，魏侯城北五里。</small>遂不稱芮而稱魏，猶魏侯螢遷梁稱梁也。文公以非義理精微，未及詳考。

清乾隆《芮城縣志》卷十五《藝文》

芮城界辨 <small>《通志》</small>

芮在漢以後，胥名河北，屬河東郡，後魏屬河北郡。漢臨晉隸左馮翊，注云：“秦獲大荔，更名。有河水祠。芮鄉，故芮國。”《後漢書》注：“與虞讓國。”《周本紀》注“虞芮”亦云：“芮在馮翊臨晉縣。”按二國相讓閑田，在今平芮界，漢重泉、臨晉在河西，豈古芮地統轄於古臨晉？自今永濟城西以達東南百餘，里皆古臨晉屬乎？《後魏》注“河北”云：“二漢、晉屬河東，有芮城、立城、嫣水、首陽山、伯夷叔齊墓。”則永濟城南地舊多隸芮，而芮又屬河東郡，何以稱焉？《隋書》注云：“舊置安戎，後周改。又置永樂郡，後省入。”芮與永濟地分合無定，而唐武德二年以芮城、河北、永樂置芮州。貞觀元年州廢，以永樂隸鼎州，芮城、河北屬陝郡。宋因之，金乃改，與平陸均隸解云。

民國《芮城縣志》卷十五《藝文》

平芮界辨 <small>《通志》</small>

《唐志》：“陝州陝郡，本弘農郡，義寧元年置，武德元年曰陝州。三年兼置南韓州，四年廢南韓州。天寶元年更郡名。天祐元年爲興唐府，縣次畿、赤。哀帝初復有大都督府，領縣六：陝、峽石、靈寶、夏、芮城、平陸。”是夏、芮城、平陸今日屬解者，唐屬陝也。且陝縣注：“有太陽關，即茅津，一曰陝津，貞觀十一年造浮梁。有南北利人渠。”今茅津北岸屬平陸，則平陸亦兼有唐之陝縣地矣。平陸南岸界陝州，西南到靈寶，東南到澠池。芮城南岸界閿鄉，西南到華陰、潼關，東南到靈寶。自今日，二邑與河、陝之分，皆以河爲界也。

民國《芮城縣志》卷十五《藝文》

魏城賦

壬申之秋九月六日，劉子與友人信步游於真常之宮。飲食道館，追尋仙京。出而四望，西瞰魏城。念吾芮之有國，擬草生而著名。自立人極，幾世經營。商紂末年，與虞爭田。被西伯之德化，致國祚之流傳。本周人之同姓，芮良夫其最賢。姬轍既東，時至春秋。更國曰魏，竟爲晉收。畢萬受地，世事晉侯。絳既和戎而受悼公賜，桓約同儔而漆智氏頭。威烈冬烘，文侯始封。大兹城壘，以創王宮。是謂戰國，天下爭雄。侯於其間，肅肅雍雍。内師夏田，外友魏李。信期虞人，聞善則喜。民富於國，士服于己。穎濱以爲使當平世，得其志可追西漢之文帝，非戰國諸君之比也。傳子武侯，稍招怨尤。至孫惠王，妄圖富强。祖業卒荒，遷於大梁。雉堵峨峨，芳草斜陽。追今思古，胡不悲傷？式廬燕賓，今何在也？卜相論功，誰永賴也？大造茫茫，杳不知其所愛也。再念晉國，六卿專權。既欺孤君，又圖比肩。范氏既滅，中行亦遷。智伯罹禍，三氏鼎延。受命爲侯，紀綱紊焉。纔繼數君，强秦并吞。兹豈不幸？理勢斯存。晉既强而周弱，魏向晨而晉昏。又何怪乎魏之復入于秦？劃然長嘯，聲振前村。爲之歌曰：“際明時兮優游，樂日用兮何求？望美人兮河之洲。”劉子且歌且行，謂友人曰：“‘後之視今，亦猶今之視昔’，此非王右軍之言乎？兹眺魏城而吊遺迹，盍思所以不朽而可傳乎？”友曰：“噫嘻！古今同情，家國一致。魏使子孫不失文侯之業，以全魏之力，據山河之利，秦固未得以輕擠。秦使愛六國之人如子弟，雖至今亦可爲帝也。成立如升天之難，覆敗如燎毛之易。區區秦魏，固不足議。殷鑒不遠，在夏后之世。我等生辰，躬際皇仁。四海一家，六合同春。幸側儒紳，佳會以文。期成學業，以事一人。念作養之深恩，毗大猷于鼎新。李克、翟璜之佐，魏文又奚以論耶？是皆在我所當爲，不必追古昔而吟呻。”劉子聞言，冷然而悟，肅然而恐，愀然如有所失，惕然欲有所動。友以大道相期，實非余之所知。明天子、賢宰相，坐令萬方之熙熙，是謂大明之麗空，又何用乎爝火之裨？達則一官報效，窮則數卷書詩，以與吾友人日相追依，尋幽吊古，樂我天彝。兹魏城之是賦，更遑恤其他詞？

民國《芮城縣志》卷十五《藝文》

劉鳳川遺稿

〔明〕劉良臣　撰

田同旭　趙建斌　馬豔　點校

點校説明

《劉鳳川遺稿》，明代劉良臣撰。

劉良臣（？—1546），其生平仕履前卷《劉鳳川遺書》已著録。

劉良臣著述，除《劉鳳川遺書》所録之外，還有一部"遺稿"傳世，即現藏山西芮城圖書館所藏嘉慶年間抄本《劉鳳川文集》。此書共十册，首册題名《文集題目》，意即《劉鳳川文集・題目》的簡稱。其他九册依次爲《壯游紀》上卷、《壯游紀》下卷、《桂林斧斨》《揚州集》《兩秋唱和》《省侍後集》《奉椿集》《讀禮餘録》《秋桂紀言》等；另外在首册《文集題目》中，插録有僅有三篇碑文的《摭拾碑文》。如此而見，《劉鳳川文集》共收録劉良臣九種著述。若將《劉鳳川遺書》所録《鳳川文集》《克己示兒編》《家傳》三種統計在内，劉良臣共有十二種著述傳世。

《文集題目》應該全稱《劉鳳川文集・題目》（簡稱《文集題目》），是爲全書目録，彙集了劉良臣全部著述之書目，以及八種著述具體目録，也著録有《劉鳳川遺書》所收的三種著述。參見本書卷末附録"《文集題目》"。

《文集題目》的著録共分三類：

其一爲明確注明"已刻文集目録"三種：包括"已刻《（鳳川）文集》目録""已刻《克己示兒編》目録""已刻《家傳》目録"等三種。"已刻"者，意即"已經刻印"，指萬曆初刻本《劉鳳川文集》所收三種，因爲已經刻印，故《文集題目》所著録的書目，未再過録原文，屬"有目無文"者。其中有《家傳》

一種，民國年間重印《劉鳳川文集》時，去掉了《家傳》，補入嘉慶年補刻的《壯游紀》（上下卷），致使《家傳》因此遺失不傳。

其二爲"未刻文集目録"（題目爲編者所加）八種，編者也在每種文集題目之後，皆注明"《壯游紀》未刻""《桂林斧斨》未刻""《揚州集》未刻""《兩秋唱和》未刻""《省後文集》未刻""《奉椿集》未刻""《讀禮餘録》未刻""《秋桂紀言》未刻"等。"未刻"者，即尚未刻印而待刻印之意。由此透露出一個信息：抄本《劉鳳川文集》，形成於劉良臣後裔劉君倚園在"嘉慶五年"補刻《壯游紀》之前。

其三爲"未注明是否刻印文集目録"（題目爲編者所加）十四種，計《克示内編后（附諸公書）》《克示内編（八卷缺首卷）》《辛酉同年敍齒録》《文林集》《摭拾碑文》《問遺通録》《省侍續集》《末慕集（此卷後得）》《金蘭通問（手卷）》《朔方集》《進修條約》《倚廬録》《同選録》《芮城縣志》等，編者在每種文集題目前後，均未注明已刻或未刻。其中有十三種，均屬"有目無文"。而且《末慕集》明確標明"此卷後得"，意即抄寫者在彙集劉良臣全部著述之時，十四種著述還未來得及抄寫，或者還未找到原本。可惜的是，十四種文集中，僅《摭拾碑文》在題目之後插録有三篇碑文，其他十三種著述，至今存佚不詳。不過，在清代與民國幾部《芮城縣志》中，存有劉良臣幾篇佚文，均未見於《劉鳳川遺稿》與前卷《劉鳳川遺書》，説明《文集題目》中存佚不詳的十三種著述，有些可能還保存於世，只是需要費力訪查，或許會有意外收穫。

以上三類，可參見前卷列《劉鳳川遺書》之"點校説明"。

抄本《劉鳳川文集》，字迹工整清晰，很少錯訛。此次整理，即以抄本《劉鳳川文集》爲底本。少數篇章，參校乾隆《芮城縣志·藝文》所録劉良臣詩文。書名循《劉鳳川遺書》例，立名《劉鳳川遺稿》。同時，卷末附有首册《文集題目》，以便讀者參閱。此《文集題目》，著録了劉良臣全部著述之書目，除彙集有劉良臣現存全部書目及其諸書全部目録外，尚彙集有包括《家傳》及十三種“未注明是否刻印文集書目”及其有關書目的詳細目録。它就不僅僅是個目録的問題，其對於今人理清劉良臣全部著述，繼續訪查劉良臣的其他佚作，有着非常難得的文獻價值。

《桂林斧斤》序

文所以載道也，道也者，不可須臾離也，文豈可須臾離耶？三代而上斯文在君相，三代而下斯文在吾儒，是故《書》之《誓》、《誥》，《詩》之《雅》、《頌》，帝王之文也，皋陶、伊傅、周召之文附焉，至於《魯論》仁義之編，則皆孔、孟之文也。帝王以斯文繼天立極，孔孟以斯文繼往聖開來學，故曰不可須臾離。奈何天不常晴，日不常午，宇宙不常泰。孟軻之屍未冷，天下已貿貿焉莫知所之矣。自時厥後，火於秦，黃老於漢，佛於晉、宋、齊、梁、魏、隋之間，斯文之在天下，其不絕如綫，中間雖有辯異端，闢邪說，以斯文起衰而濟溺，然人猶有議之者，斯文之傳竟莫之許。比宋周、程、張、朱之賢，挺生於濂洛關閩之間，然後相與著爲性理群書，其布帛菽粟之文，直足以續孟氏千載不傳之緒。宋降而元，若許魯齋者，著書立言，其亦庶幾乎此者也，要之亦宋之遺才爾。恐非元廷人物，斯文之流落於胡甚矣。雖然，冬寒之極必有陽春，急湍之下必有深潭，大亂之後必有大治。大明肇興，聖聖相承，作養既久。河東薛氏夫子者出，心印濂洛，神會洙泗，學以復性爲本，言以明性爲先，俾斯文燦然復明於世，其流風餘韵迄今猶有存者。

吾年友劉君堯卿，肆得以私淑艾焉。公，芮城故家也，幼從外祖宦於武邑，其祖內外孫雖若毳斯，然於公獨以龍孫視之，因令就學，公由是折節讀書。不數年，已見大意。一日讀《孟子》

書，至"去聖人之世，若此其未遠也；近聖人之居，若此其甚也"，乃廢書而嘆曰："薛公之死未百年也，芮去河津不百里也，歸而求之，有余師矣。"由是告別乃祖，膏車抹馬〔一〕而行。比至，敷求遺編如《讀書錄》者而簡閱之，曰："此斯文之正脉也，微斯人，吾誰與歸?"於是，一掃詞章之習，凡片言隻字，維薛公之步驟是師。

其邑大夫石公聞而雅之，邀公於後堂中議論，竟日而罷。請公爲文者，大略有三：曰"吾於子思則師矣，知其德足以效君子也"，曰"一匡天下，民到于今，受其賜，知其仁，足以覆後世也"，曰"文王一怒而安天下之民，知其勇足以敵王愾也"。公皆援筆以上之，石覽而驚曰："此薛公之骨氣也，他日朱衣之首，非夫人之爲點而誰爲?"公讓曰："與其點首朱衣，孰若黃卷中與吾薛公對耶?"石曰："子之志固高矣。今國家治教休明，養士以學校，取士以科目，與其對薛公於黃卷中，何若由學校，登科目，領縉紳，於吾身親見之哉?"公翻然改曰："願安承教。"既而司考試者按臨厥邑，乃進諸士子與凡民之後秀者試之，惟公亦寓焉。及賞罰之際，唱名至公，曰："此非一鄉之善士也?"遂俾之廩食泮宮，仍列於科舉數。初不嫌其白丁，姑使之循序而進也。比槐黃際，乃治行裝而走晉陽，俟試期而入貢院。事畢，通家輩咸就公館以請讀，公辭謝不得已，乃通爲誦之，衆服其古，皆期公奪解。及揭曉，公名頗在人後，或者若有不豫色。然識者曰"晦翁雖不奪狀，其賢固自如也"，群疑遂釋。其爲同榜者素慕公之文，皆曰："天之生斯民也，使先知覺後知，使先覺覺後覺也。公何不備錄場屋之作，以爲天下後世之轂率耶?"公諾而錄之，要其志，欲人因文以明道耳，文非公所貴也。

其書既成，復謙退罔肯命名。予以辱在同年列，僭名曰《桂林伐斨》。《詩》曰："伐柯如何？匪斧不克。"以是知外公之文，恐不足以掇秋桂也。公之文豈止於掇桂？以是編爲場屋所撰云爾。夫場屋風檐寸晷之下也，惡足以展公之蘊？將來魁天下，居天位，木鐸天民，而與薛公齊名者，雖今日亦可逆睹也。其於斯文吾道，豈曰小補之哉？

弘治辛酉九月戊戌，聞喜李淮序

硃卷全録[二]

一、名：劉良臣，年二十一歲，係芮城縣廟下里匠籍，本縣儒學廩膳生員，今應弘治十四年鄉試，將三代脚色并所習經書開具于後。

一、三代：曾祖斌，故，不仕。祖江，存，未仕。父釗，存，未仕。

一、習《詩經》。

同考試官教諭陳批："四書，文理平平。經，順快可喜。論，疊疊[三]千餘言如長江巨河一瀉千里。詔，類西漢語氣。判，可。策，當，且皆一氣呵成。風檐寸晷之下得此，非素有所養者不能。用之中式，允當，允當。"

考試官教諭許批："七篇，初在所取，後觀二場，文理平順，三場五策，俱善敷答，必有學之士也，故取。"

考試官學正孫批："三場文理不差，詞氣充裕，秋選自不能舍子也。吾將有厚望焉，子其勉之！"

第一場

四　書

回也，其心三月不違仁，其餘則日月至焉而已矣。

聖人稱大賢久存乎心德，異群賢暫存乎心德。蓋仁者本心之全德也。大賢能久存之，聖人安得不稱之以勉門人也哉？想聖人之意，若曰仁道，人所當全而須臾不可離。顏回則獨能全而三月之不違。是故回也，深潛純粹，知仁爲吾心之固有，則遵四勿之目，念茲在茲，以着於心胸之間；至明至健，以仁爲吾性之本然，則盡克復之功，釋茲在茲，以服於胸臆之內。今日至焉，明日至焉，勉勉焉以至於三月之久，天道雖小變，而吾心之仁不少違；前月在焉，後月在焉，拳拳焉以及於三月之長，時候雖易更，而吾心之德不少間，不以一毫私意自蔽，本心其瑩然也。不以一毫私欲自累，靈臺其湛若也，回之三月不違仁如此。若其餘之游於吾門者，雖三千其偶也，而於是仁，則但日一至、月一至焉而已耳。見之不真，而爲之不力焉。受於吾教者，雖七十其尤也，而於是德，則但暫以存，偶以存焉耳。信之不篤，而行之不常焉。今日心存於內，而明日復出於外域，雖造而不能久也，安有如回者乎？前月心造乎仁，而後月又雜乎私欲，理雖還而不能純也，寧有如顏者乎？夫回久於仁如是，爲群弟子者可不勉哉？聖人一抑之，一揚之，如化工之育物，其善於教人者與？大抵仁乃人性之所固有，存之則進於聖賢，失之則入於禽獸，固人之所當全而全之者少焉。在孔門亦惟顏子能全之，觀其不遷怒貳過，以至欲罷不能，則可見矣，所以卓越諸子而未達一間也。天假以年則不日而化，惜乎不幸早卒，而喪予之嘆，徒爲聖人之慟也。

去讒遠色，賤貨而貴德，所以勸賢也。

除三端之私而尚一心之善，此勸賢之道也。蓋賢者有益於人國也，苟能去讒、遠色、賤貨而一於貴德焉，則勸賢之道何以加哉？中庸明道之費隱，引孔子告哀公問政之言及此，謂夫能尊賢則不惑，而尊賢之事，果何如哉？是故人君一心而無二用，持衡之勢此重則彼輕，自然之理也。信讒邪則任賢不專矣，故必舍旃勿然，使利口不得售其奸，深惡痛絕；使讒言不容入於耳，徇貨色，則好賢不篤矣。故必情欲不耽，而言笑不近於絕色；珍奇不貴，而精神不留於財貨，無分於讒邪之聽，使此心之中，一惟有德之是貴；無間於貨色之私，使此念之動，一惟賢者之是尊。屈己枉駕，拔其行道，而有得者於上位，幣帛車馬之儀，在所必誠也。企慕景仰，貴其佩仁而服義者於天工，腹心股肱之寄，在所必任也。是則人欲不雜乎心，而貴德以誠；外誘不奪乎志，而尊賢有禮。凡其備德之人，皆樂爲我用，得以安其位而行其志矣；有道之士，咸願立於朝，得以輸其忠而納其愊矣。此其所以爲勸賢之道。哀公可不加之意哉？嗟夫！人君之於國，未有不賴賢者而成治也。故以莘野耕夫，而湯有三聘之勤，遂成伐夏之功；以渭濱釣叟，而文王後車以載，遂大有周之業。孔子告哀公問政，必曰有君有臣，而九經之要，無出於修身尊賢之外，使哀公果能盡行其言，則文武之政可復見於魯矣。惜乎！悅而不繹，而不能以有成也。有天下國家者，尚其鑒諸。

樂取於人以爲善。自耕稼陶漁以至爲帝，無非取於人者。取諸人以爲善，是與人爲善者也。

大賢言聖人之樂善既詳，其惟以取於人遂及其有以助乎人，甚矣聖人樂善之誠也。然則既取於人以無間，豈不有以助人以爲善哉？昔孟子之意，謂夫大舜之善固已極其備，而其樂善惟以取於人，是以彼有善也，則欣慕愛樂，屈己以取彼之善。此有善也，則不待勉强，盡心以取此之善。取不徒取，而取之者，即踐於躬行；從不徒從，而從之者，即施於踐履，然又不但一時一事而已。故自耕稼於歷山，陶漁於河澤，困於下位也。以至紹位於一人，統馭乎天下，升爲天子也。窮達雖不一，無非好問好察，以取天下之善，不以己之大而棄其小，微顯雖不同。無非用中於民，以樂在人之善，不以己之貴而忽乎賤。此非取於人以爲善者乎？不執一偏之見而取於人，則人亦將有所感發而興起矣。不溺一己之私而用於彼，則彼亦將有所奮迅而激昂矣。見我之取善，而益勸於爲善，是彼之爲善不自爲也，實蕫[四]興於我也。睹我之樂善，而愈勉於行善，是彼之行善，不自行也，實造端於我也，此非與人以爲善者乎？吁！在人者有以裕於己，在己者有以及於人，大舜樂善之誠有如是哉？抑樂善不特舜也，子路聞有過則喜，禹聞善言則拜，無非樂乎善者。然不過行於一己，及於一人耳，終不如舜之與人爲善之大也，故君子莫大乎與人爲善。噫！聖賢樂善之誠如此，然則學者當何如？亦曰如舜而已矣。幸勿以爲聖本生知，非學可至。

《詩》

一之日于貉，取彼狐貍，爲公子裘。二之日其同，載纘武功，言私其豵，献豜于公。

邠民及時修田事，而取物以奉乎上；及時纘武事，而擇物以奉乎上。甚矣！邠人愛上之無已也。然則及時以取物，豈不皆有以奉乎上哉？周公以成王未知稼穡之艱難，故陳后稷、公劉風化之所由，使瞽矇朝夕諷誦以教之，至此專言狩獵以終首章前段無褐之意，謂夫時乎建子一陽之月也。是時農桑已畢，而禦寒之具所當備。邠民於是月之日，則載馳載驅，循行夫曠野之地，以往取狐貍之皮；張弓挾矢，遨游於郊藪之中，以往獲狐貍之獸。取狐之皮而不以自私，必敬必戒，皆以供上而爲我公子裘；取貍之皮而不以自用，惟慎惟勤，咸以奉上而爲我邠公服。庶乎吾之忠上之情少盡，而公子歲寒之禦爲可備矣。時乎建丑二陽之月也。是時禦寒已備，而武事之修所當續。邠民於是月之日，則率其父子，竭作以狩，而續修我之武功，使行於今日者，以續乎往日焉；偕其家衆，同行以獵，而習我之武事，使修於是歲者，以繼乎前歲焉。其所獲之獸，有一歲之豵，豕之小者也，則私爲己有而不敢以奉上；所取之物，有三歲之豜，豕之大者也，則獻之於上而不敢以自私。庶乎我之愛上之意獲舒，而公子時日之用爲可充矣。吁！取狐貍也，既敬以獻乎上；取豵豜也，又擇以獻乎上，邠民愛上之無已有如是。夫抑考成王以幼沖之資，撫盈成之運，其於稼穡之艱難，蓋未之知也；而周公以叔父之親，居家宰之位，故歷舉邠俗之厚以告之，惟欲其知所警而有所爲也。厥後成王果能有爲周守之令主，而綿姬祚於八百年，謂非周公告戒之力與？

左之左之，君子宜之。右之右之，君子有之。

隨用而隨足，王者美諸侯之才德然也。夫左宜而右有，君子之才德足於用也。王者之答諸侯，安得不以是而美之哉？此天子美諸侯之詩，蓋以答《瞻彼洛矣》也。若曰學於小道者致遠則泥，而才全德備者無用不足，是以我君子也，德備於身，而非有一善者之可比；才全於己，而非長一藝者之可倫。故或置之於左也，以之君乎國，則惟侯度之是謹，政以布而化以行；以之子乎民，則惟人民之是質，老以安而少以養。處於此而此無不宜，固非若車可陸而不可水也。用於彼而彼無不當，亦非若舟可水而不可陸也、左之左之，君子豈不宜之哉？或置之於右也，責之以文事，而文足以附衆，億兆之民，囊括之而有餘；責之以武備，而武足以威敵，三軍之衆，統馭之而無外。隨取隨有，如長江大河，源源不竭也。隨發隨應，如巨林大叢，暴暴不窮也。右之右之，君子豈不有之哉？君子之才德如是，今既見之，寧不寫我心之懷乎？稽之孔子曰：“及其使人也，器之。”周公曰：“無求備於一人。”蓋人有一才一藝，亦所當用，而周王之於諸侯，必言其才德之兼備焉。何也？蓋用人以器而不求備者，任人之常法。天子以是美諸侯者，亦愛慕而勸勉之辭。然任藩垣之寄者，尤非一才一藝之可堪也，有周君臣相與之際一何盛耶？

視爾友君子，輯柔爾顏，不遐有愆。相在爾室，尚不愧於屋漏。無曰不顯，莫予云覯。神之格思，不可度思，矧可射思。

賢侯使人命己，既示以常情之修於顯，必言其不可不修於隱也。甚矣！莫見乎隱，莫顯乎微也。賢侯自警，既言其修於顯，而必言其不可不修於隱焉。其致謹之意何切哉？昔衛武公作此詩，使人日誦於其側以自警。至此謂夫道德不可暫忘，而隱顯本無二致。不睹不聞之地，尤當戒謹恐懼焉。是以我視爾友於君子之時，與人相接之際，和柔爾之顏色，而暴慢之不形；淑慎爾之威儀，而謙恭之有加，是宜無過舉矣。其心常若自省曰：“所行貴於無過也，我之所行，豈不至於有過乎？所爲易至有愆也，我之所爲，果能至於無愆乎？”常人之情其修於顯者無不如此，爾小子獨居於室之時，尚當知其淵默者，雷聲而愈嚴愈敬，庶幾不愧於屋漏可焉。獨處暗室之內，尚當知其尸居者，龍見而毋怠毋荒，庶幾不惡於突奧可焉。無曰：“此非明顯之處，而莫予見也。而吾心之靈，皎如日月，儼乎十手之所指矣。”無曰：“此非陽

明之地，而莫予靚也。而自知之天，炳如日星，恍乎十目之所視
矣。"當知鬼神之妙，無物不體，聲臭無聞，格與不格不可得而
度，不顯亦臨猶懼有失也，況可厭射而不敬乎？形迹莫測，至與
不至不可得而知，無射亦保，尚恐有恝也，矧可怠忽而不謹乎？
夫如是則隱顯一致，內外交修，道德庶乎可進而威儀無恝矣。爾
小子豈可不勉於是哉？嗟夫！獨者人所不知而已，所獨知之地
也。常人之自欺者，則曰人不吾知也，不吾見也，不知人之視己
如見其肺肝然，烏可得而掩哉？子思子曰："故君子不動而敬，
不言而信。"又曰："夫微之顯，誠之不可掩如此夫。"而武公及
之，則亦聖賢之徒矣。生稱有斐，死謚睿聖，夫豈過情？

戎狄是膺，荊舒是懲，則莫我敢承。

大伐叛國之衆，無人敢禦其師，詩人美魯侯然也。蓋義兵一
出，人所不敢也。魯侯以是而大伐乎叛國，則豈有敢承之者哉？
是詩修閟宮而作，故推本后稷之生，而下及於僖公。謂夫文德固
吾君之所全，而武功亦吾君之能事。彼戎狄肆侮，患我魯國也甚
矣；荊舒匪茹，亂我邊疆也極矣。我公則整桓桓之六師，而於彼
西戎北狄之是膺，以復我之讐而固我之國，使彼不得以肆奸也。
奮赫赫之大勇，而於彼荊楚舒國之是懲，以振我之威而安我之
土，使彼不得以跳梁也。駕彼戎車，絡繹於周道之上，風飛雷
厲，直欲搗其巢穴。驅彼軍士，張皇於蠻烟之地，火烈湍奔，直
欲絕其種類。殆見六師一舉，而戎狄自爾其心寒，將順從之不暇
矣；三軍一動，而荊舒自爾其膽落，將屈服之恐後矣。望吾風而
自靡，但知稽首以稱臣爾，敢有荷其戈兵而承我者乎？聞吾聲而
遠遁，但知奔走以伏降爾，敢有整其師旅而禦我者乎？吁！伐乎
遠人而即服乎遠人如此，僖公之武大矣，詩人以是而頌美之，不
亦宜哉？大抵兵者人君不得已之用也，而魯人于《泮水》則言

其伐淮夷，於此則美其伐荆楚，何拳拳以是爲僖公頌耶？蓋淮夷、荆楚嘗爲患於魯，而僖公亦嘗從桓公以伐楚者也，故國人以此爲頌美焉。然猶不直勸以武事，而必自其修文德郊廟以及之。噫！若魯人者，其可謂善頌、善禱者與？

第貳場

論

教化，朝廷之先務

治天下有要焉，君子急其要可也。夫教化者，治天下之要也，使朝廷不先務乎此，吾未見其能治乎天下者也。是何也？木之生而不灌溉其根，則生未能盛；水之流而不疏瀹其源，則流不能長。朝廷之務雖多，而不先之以教化，則廉恥之風何由而立？風俗之美何由而興哉？善爲治者知教化爲朝廷之先務，而非刑政之末節，故不後其先而先其先，不緩其務而務其務；躬行於一身，倡率於群下；施布於萬方，則教化洽矣，廉恥立矣，風俗美矣，而朝廷以尊天下以正焉。不然，則雖假之以法制，威之以刑具，愈勞而愈難，終無以成其治。然則，教化也者，其真朝廷之先務歟？

請申豫章羅氏之旨：天下之事有萬之不一，而必有先後焉；天下之物有億之不齊，而必有本末焉。先後不可以或紊，本末不可以有亂，失其序則遠且難矣。故一身之間，有一身之先務也，失其務則不足以成其身；一家之中，有一家之先務也，失其務則不足以成其家；一國之內，有一國之先務也，失其務則不足以成其國，身家及國無不皆然。況朝廷之至尊，天下之至大，庶事於我乎統理，萬姓於我乎維屬，其可以無先務焉？先務者何？教化是已。

蓋教化也者，本人情以爲準，因天地以爲則，浮於風行草偃之速，而不出於人倫日用之外，固結人心，轉移治道，胥此焉是賴。第世之自私者則曰："吾之强力，足以鞭撻天下也，何有於教化？吾之知慮，足以摸繪天下也，何有於教化？吾之多聞，足以燭照天下也，何有於教化？"殊不知力如吳起，能强楚矣，而不能一貴戚之心，惡乎治？術如商鞅，能富國矣，而不能處商賈之心，惡乎治？知慮如斯、高，能强秦矣，而不能延二世之祀，惡乎治？之是數者，皆足以駭心眩目，誇視一世，而皆不足於治，則朝廷之先務，又豈有出於教化之外哉？

是故刑罰雖治亂之藥石，亦以救一時之弊耳，而非朝廷之所先，先之非務矣。兵食雖經國之大典，亦以有國者之常耳，而非朝廷之所急，急之非當矣。居九重之上，事有萬機也，莫先乎此焉；處億兆之尊，政有萬端也，無要乎此焉。譬之方圓之規矩也，舍規矩無以成方圓；譬之五音之六律也，舍六律無以正五音；譬之水木之本源也，舍本源無以致其盛大。故必正心修身，以立教化之本；禮賢下士，以資教化之用。庠序以設，納萬姓於道化中；標準以立，收四海於德仁內。於父子而教之親，於君臣而教之義，漸焉磨焉之不息；於夫婦而教之別，於長幼而教之序，於朋友而教之信，淪焉浮焉之不息。强力不尚也，而教化以先之；知慮不事也，而教化以務之；多聞不貴也，而教化以興之。淫巧者亂吾之教化也，於淫巧而遠焉；讒邪者惑吾之教化也，於讒邪而去焉；財貨者蠹吾之教化也，於財貨而賤焉；刑賞者弼吾之教化也，於刑賞不僭濫焉；守令者宣吾之教化也，於守令不妄任焉。非好尚之公，不足以敷教化也，於焉而好尚極其公；非聽納之謹，不足以行教化也，於焉而聽納極其謹。土宇未暇闘也，而人心爲之先服；四夷未暇附也，而人情爲之先契。由是法度立焉，紀綱振焉，民情以定，民性以復，廉恥之風立，風俗之美興。

天下之人咸知禮義之爲美，而肆意妄行者無有也，昏夜乞哀者蔑如也，攘雞攘羊者不見也，士人之美節以全矣。在野耕者之讓畔也，在塗行者之讓路也，在朝士讓爲大夫，大夫讓爲卿也，天下之風俗以美矣。蕩蕩平平，德化其廣及，不自廣及也，吾之教化及之然也；熙熙皞皞，恩澤其遠被，不自遠被也，吾之教化被之然也。不必二帝復生紫極而有堯舜矣，不必尹旦再出青槐而有伊周矣，不必圄圉空虛宇宙而有泰和矣。若夫强力之尚，智慮之爲，多聞之事者，亦徒自勞耳。仰視於此何如哉？由是觀之，信乎教化爲朝廷之先務矣。

嗚呼！是即孔子所謂德禮者也，即孟子所謂善教者也。雍熙於二帝，淳龐於三王，維持師友於孔孟。周室既衰，搖唇鼓舌，劌牙掉毒以相吞噬。由是靡靡以入於亂。暴秦以虐爲務，壞亂於是極焉。下至漢唐宋諸君，號稱英主，或政以雜霸，或大綱不正，或剛斷不足，未有能以教化爲務者。迨胡元之亂我中原，人倫教化掃地無聞。幸而天縱我太祖高皇帝，龍飛淮甸，肇造區夏，掃胡元之陰殰，而揭日月於中天，復我帝王之正統，行我帝王之教化，百餘年來，仁漸義洽。迨我皇上，益隆繼述，直足以超軼三代，而陋漢唐宋於下風，教化明，紀綱正，天下之人相安相樂於鳶飛魚躍之下，愚何幸躬逢其盛！

詔

擬漢賜天下今年田租之半詔文帝二年

民者，國家之天也；農者，生民之本也。民所恃以生也，民無所恃以爲生，則國誰與以爲國哉？故民必務本而不事末，然後生可遂。而取之無道，則民亦奚以堪？今朕親率群臣農以勸之，賜民今年田租之半。嗚呼！務爾本以遂生，則朕所願；免爾租以賑貸，則朕所私。故茲詔示，咸使聞知。

判　語五條

私礬

國朝禁礬與鹽法同，臣民當守而不可犯。經營亦自有利，私販罪必難逃。今某貪心無已時，爲利無寧日，玩公法而徇物以賊己，冒私課而貨賣以肥家，無器而避人者杖而徒，執兵而拒人者加一等。

失儀

抑抑威儀，武公歌以自警；與與敬謹，孔子禮以事君。今某心放於中，而謹恪蔑有；儀愆於外，而淑慎全無。在宗廟朝廷猶如此，他可知焉。使糾繆繩愆以奏參，欲知謹矣。儀視於人既蕩，罪加於己難躅。

越城

折柳圃樊，而狂夫猶知視之瞿瞿；築城禦侮，而臣民豈可履之平平？今某狂膽如天，全無畏法之意；攀越如地，何有仰高之心？觀夫外既著是行，原其中必有所愧。加以重律，用警將來。

罵人

惡聲之加，黜之必反於彼；不理於口，稽之不甘於人。心要存焉，言須謹也。今某穢言形於口而不存忠厚之心，罵聲肆諸人而不顧恩情之害。毀傷父母，欺枉良民。特罵者一十之獨笞，互罵者二五之各受。

違令

王言如絲，固在人奉之必謹；令典之著，尤君臣定議之詳。既班布於下方，須遵行於今日。今某視王言如故紙，以令典爲虛文，肆意妄行，不守森森之戒；誣上罔下，而有泄泄之爲。加以明刑，孰曰不當？

第叁場

策五道

第一問

負不世之大才，以成不世之大功。帝王固非後世之可及，而我聖祖尤非前代之可倫也。何則？麒麟之生，異於犬羊；蛟龍之生，異於魚鱉，物固有然者矣，況夫受天命而爲一代創業之主者哉？其神功聖德之過於尋常萬萬宜焉。且夫天生物而厚於人，生人而厚於聖人，故自古創業之君，必有超絕殊尤之才，摧陷廓清之功，其宏休大業，垂裕後昆，無有窮已。所以爲天地立心，爲生民立命，爲萬世開太平者，此也。二帝三王之功德，著在典謨訓誥諸書，傳之萬世，無容議矣。

自夫姬轍既東，王迹息微，迨及漢高之興，而班彪當分隔之時，著王命之論，而稱高帝以五事。魏武之興，而荀彧當爭戰之際，爲品評之詞，而稱魏武以四勝。下及李唐之興，而太宗嘗謂房玄齡"武勝於古"，"文勝於古"，"懷遠勝古"者，君以三功自稱於其臣矣。李百藥嘗稱太宗宮中之美，賑賙之善，四夷之款附，視朝之聽受，臣以四道贊美於其君矣。宋興以忠厚傳家，故程子以五事言，如百年無內亂，百年無誅殺大臣之類是也。若夫得失之相雜，蓋以一時臣子之諛詞，未必無過情，豈能如帝王耶？

洪惟我太祖高皇帝，當胡元之季葉，憤人紀之不修，奮起江淮，招徠豪杰，芟夷滌蕩，中國始清，綏輯撫寧，四海大定，神功聖德，度越千古，誠足以媲美二帝三王，而非漢唐宋諸君所可議擬其萬一者也。當時儒臣有潛溪宋濂，則舉六事以序大明日曆，大率言我聖祖之功德，與夫得國之正，政令之法而已。有廬陵解縉，則述衆美以著大明帝典，大率言我聖祖之神明，與夫得國之仁，至治之盛而已。濂之言未詳，當創業之初也；縉之言全備，及守成之日也。要之無有不同之事，謂之盡而不遺，則非承學所敢知也。

蓋我祖之大如天，蕩蕩乎民無能名焉，二臣雖賢，豈無遺而未列者乎？管見如此，惟執事教以典實爲文之道，幸！幸！

第二問

爲政之道大矣，莫要於用人。用人之政舉矣，尤貴於知人。然知人則哲，惟帝其難，況後世諸君之知人，豈能如前聖之至哲者乎？執事於秋闈以知人之道，發策承學，豈非以草野之下有堯舜君民之志者乎？其待承學之意厚矣。愚雖不敏，敢不仰答其萬一以自誣焉？

帝堯之治天下，恒以不得賢爲己憂，故急急求舜於畎畝之中，而薦之不以父母之惡而棄，不以匹夫之賤而疑，誠所謂知人矣。尋常之知人者，豈可比擬？故千古之上爲首稱焉，而其知人之法，則無出於皋陶九德之謨之外，奈之何？人未有遵而行者也。至漢高帝疾甚，答呂后："曹參可代蕭何，周勃必安劉氏。"考其始終，無一或差，庶幾可語知人之事矣。若武帝以霍光命爲大將軍，受遺詔，繼又輕信上官桀，以爲左將軍同受，後有謀反之誅。唐玄宗首以姚崇、宋璟爲相，繼又不信張九齡，而任妒賢嫉能之李林甫，遂成天寶之亂。德宗見李藩儀度閑雅，而知不爲惡，即除秘書，乃不覺盧杞之奸邪，而以忠清强介稱之。憲宗以斐度〔五〕之言可用，主以獨斷，遂成平蔡之功，乃信皇甫鎛之譖，而遠元勛以黜之。

是數君者，皆明於此而暗於彼，知人之道荒矣。信乎先儒曰："人主上必如堯，次必如高帝，庶幾可語知人之事，不然非所聞也。"故爲人主者，必正其心，以爲正人之本；明其德，以爲取人之則。《孟子》曰："賢者以其昭昭，使人昭昭。"《中庸》曰："爲政在人，取人以身。"是已，夫既能知人，以是而任乎官守，一皆盡職之吉人也；以是而任乎言責，一皆盡忠之彥士也。政事於以理，而天下於以治，爲政不在人乎？知人不在於哲乎？譬之爲宮室，必用乎材木，而求材木必在於工師焉。雖然，武帝諸君，固不足齒，然高帝非所取也。爲政者之取人，必以帝堯爲法，然後可耳。謹對。

第三問

原道學之相傳，群聖先後之無異；明道學之相傳，諸儒同異之各得。蓋天下未嘗一日無道也，亦不可一日無學也。聖人在則道學在聖人，聖人沒則道學在六經。

六經者，聖人道學之所在也。然時雖先後，人雖異同，無不各有發明者焉。於戲！是豈可以易易而知也哉？竊嘗聞之，《孟子》曰："由堯舜至於湯，五百有餘歲。若皋陶，則見而知之；若湯，則聞而知之。由湯至於文王，五百有餘歲。若伊尹、萊朱，則見而知之；若文王，則聞而知之。由文王至於孔子，五百有餘歲。若太公望、散宜生，則見而知之；若孔子，則聞而知之。"見聞雖不同也，而道未嘗不同；先後雖時遠也，而道未嘗有遠，故曰：“先聖後聖，其揆一也。”

　　然是道也，既具於聖人之身，而發於言以寓夫道者，則爲六經。故六經既作，而天下之人皆知是道之所在，炳炳朗朗，斯道如日中天。奈何孔子既没，聖人之道不傳。揚墨〔六〕氏出，而以爲我兼愛爲説。佛老氏生，而以虚無寂滅爲教，惑世誣民，充塞仁義。幸而戰國一孟軻，仁義是述，閑先聖之道於既往；好辯不辭，承三聖之統於將來。在唐一韓愈，《原道》一篇，侃侃乎正統之論；《佛骨》一表，凛凛乎排斥之言。孟子既衛於前，韓子又衛於後，庶幾道有所傳，否則不絶者鮮矣。有宋隆盛，真儒輩出，濂洛關建之學，上接孔孟不傳之緒，以講明斯道於世。

　　故於《易》，有明其理數者，有言數而兼理，有言理而兼數，或言自然之數與本然之理者。於《詩》，有明於旨趣者，或言理學，或言心學，或言文王之至德與周公之至仁者。以至論夏社之遷，召公之不悦，秦誓之不書，商曆伊尹之始立太甲，明於《書》者也。謂《大學》爲學之門户，《中庸》爲道之總要。知禮之達□，成於《禮運》《禮器》；知禮之洒掃，應對於《少儀》《曲禮》；明於禮者也，詳於《周官》者，則有曰：“有《關雎》《麟趾》之意，然後可以行《周官》之法度。”又曰：“知三代致治之意，始可講《周官》經世之務者焉。”明於《春秋》者，則有曰：“王者之迹息，而知《春秋》之始。又曰聖人有所因而作，而知《春秋》之終者焉。”是皆得於心而發於言，其於千聖傳心之要，要皆有得而無背馳焉。蓋直有以接孟氏之傳，而韓子因文以明道者，固不在所論矣。

　　夫誦古人之言而知其人，知其人而玩其言，玩其言而得其理，實講明斯道之端也。第愚生爲科舉而來，其學古以明道，則願學而未能。惟執事進之，幸甚。

第四問

爲國者必用乎財，理財者貴得其道。得其道則有餘，而失其道則不足，爲國者豈可以不謹而理之以道也哉？執事以國家大計與諸生商確，顧予不敏，何足奉承？然明問有及，不敢以不復也。嘗讀《大學》十章之傳而言絜矩，拳拳以理財爲言，學者誠不可以不之講也。

三代而下，創業之君如漢高帝之誅秦滅項，唐太宗之削平僭亂，宋太祖之混一五季分裂之天下。當其時，東征西伐，遣將調兵，其甲兵之費不但一日，賞給之需不但一人，其用可謂多矣，而皆足於用者，蓋自處以儉而用皆得宜故也。後之守成者，如武帝置平準於京師，德宗立兩稅之法，神宗設市易之司，法甚詳而名甚奇，財宜無不足也。夫何至於末年武帝海内虛耗，戶口減半？德宗奉天之圍，乞一襦袴不得？神宗士卒役死，百姓困窮？是諸君者，皆用財無節而施予未當故也。故雖有卜式、陸贄、司馬光諸賢，勤勤懇懇於章奏之間，而三君皆不之悟，然小人衆而君子獨，況利欲汩惑其心者多，一車薪之火，豈一杯水所能救哉？夫創業之君不急急於理財，而財足於用；守成之後急急於理財，而財反不足，維在於得失之間而已，又安知所謂《大學》理財之道者乎？

方今醜虜竊發，邊報未寧，徵輓倍常，芻糧告乏，所司既多方以運籌，朝廷復差官以經理。然其大要不過發内帑之藏，開官鹽之中，其他贖刑補吏，所助幾微。而隔省給銀買運，直雖不虧，費且數倍，繼今不已。竊恐公儲有限而民力不堪也，信有如執事所云者。茲欲賦不加重而財用足於平時，民不告勞而芻糧充於邊儲，愚竊有獻焉。

昔我太祖高皇帝更歷艱辛，知民疾苦，故損己以益民，當時抹馬[七]厲兵，控弦至三十萬衆；東征西伐，用師至二十萬人，軍資國用，未聞缺乏。承平既久，費度日多，故今之所入，不足以償其所出。欲爲之計，莫若遵先聖之言，法聖祖之德，儉用於上，以淸其本原；薄取於下，以厚乎國本。使國無游民而生之者衆，朝無倖位而食之者寡；不奪農時而爲之者疾，量入爲出而用之者舒，聖天子宰制於上，諸大臣奉行於下。如是則民足而君無不足，內固而外無不固。倉廩實，府庫充，一旦有用，無不恒足。

回視孝武以下諸君之守成，萬萬不侔矣。雖然今日廟堂之上，掌邦賦而司國計者自有籌策，要亦無過於此。執事幸毋以爲書生之常談而忽之。

第五問

爲固國之計者，莫如選將以練兵；爲興師之舉者，莫如善守而善戰，何則？國不可一日而無兵，兵不可一日而無將也，況值有事之時哉？選之，練之，以爲戰守之用；君將乎將，將將乎兵，斯可矣。

嗟乎！夷狄爲中國患，自古有之。以有虞之世，猶有三苗之不恭；以文王之世，猶有密人之敢距中國之於夷，誠猶君子之於小人也。故得其地不足賦，得其民不足使。要之，使服吾中國之威而不爲害則已矣。去則備之，來則逐之，聖王之待夷狄其道如此。然而古今議禦戎之策者，必曰：選將練兵。將患未選也，不可謂將無其人；兵患未練也，不可謂兵無其用。故在漢蕭何追韓信於亡旅，高祖拜以大將，竟成創漢之功。公孫敖〔八〕脫衛青於囚奴，武帝授以車騎將軍，竟符封侯之相。將誠無其人耶？在宋則狄青發身於行伍，仁宗任以宣撫使，而廣南以平。岳飛奮起於戰士，高宗任爲制置使，而湖湘以捷。兵誠無其用耶？

我朝承平百有餘年，武備未弛，謹備胡戎尤切注意，是以今之爲將者，貂蟬或世其官，節鉞或安其土，皆膏粱之子、粗鄙之流，以備位而已，智勇者少聞焉。爲兵者，孱弱或濫於行伍，强壯或没於私門，皆無用之人、游手之士，以充數而已，精銳者未衆焉。是其驕惰之氣習於平時，失色之驚見於急日，以致倉卒有事，内外騷然，蓋無非選練之方未至也。且北虜去年侵我大同，王師一出，虜乃乘勝南掠而退守穹廬。今年犯我延綏，王師再出，虜乃乘虛西掠而退居河套，爲吾之患也甚矣。兹欲委守於邊戍，則我散彼聚，來固不能當其鋒。欲直擣以六師，則示弱伏强，進或適以墮其計。今師駐一隅，餉供數省，欲戰不得，凱奏無期。將拒以持久，則師老財耗，無以保腹心之近憂；將置而班師，則我去彼來，無以銷邊陲之後患。

欲爲之計者，莫若修吾之内治，使凶年無飢寒之憂；廣吾之科目，使草野無遺才之嘆。賞罰者又所以爲激人心之本、人君之大柄也。將之選也不事乎虛文，智勇者不次擢用，膏粱之子不足用者則世禄而不世官，如是則將皆得人，而禁中之頗、牧出矣。兵之練也，務得其實效，精銳者異等褒賞，游手之人不事武者則重罰而不輕貸，如是則兵皆得人，而行伍之狄、岳起矣。於夷狄之來也，不必輒動王師，特以委之邊將，失機之罪不輕責罰，使得以行其志；委之邊軍，獲醜之賞不爲冒頂，使得以輸其力。如是則夷狄之視我虛實者，亦爲之寒心，自不敢犯我邊疆矣。

觀遼人敕其邊吏曰：“中國相司馬矣，幸勿生事開邊隙。”是知雖若犬羊豹虎，然亦未必以我無隙而來擾也。果我無隙而來犯，順以吾南仲吉甫之將，率吾尊君視上之民。不守則已，守則無不固；不戰則已，戰則無不克。征戍之勞，何以屢見？輓輸之困，何以頻興耶？

愚生謬以江湖之聞見以獻，竊恐古人之謀可用者不在是也。執事進之，幸甚！

附録　賀詩〔九〕

原吉詩并叙

　　予庠畏友劉堯卿先生，總角時與群兒異，殆非一鄉之士也，士夫咸目以神童。茲辛酉年，方弱冠，一舉而高掇鄉薦，爲吾邑之光。予適在都下，録至見姓名，不勝欣躍。今堯卿以會試邂逅，因輳成鄙句以寓期待意。伏惟電目筆削，幸幸。

　　斗宿光芒聚一車，春風滿載上京華。鰲擎水激三山動，鵬運風搏六合遮。爛熳文章千古盛，崢嶸頭角萬人誇。狀元好向金階奪，休落江南進士家。

　　友末原吉拜。字天祥，太學生。

李錦詩并叙〔一〇〕

賀劉堯卿秋闈高擢有叙

　　吾芮科目之乏人久矣，或者以爲天荒也，不亦宜乎？邇來君以英偉之資，超卓之才，值弱冠之年，龍門一躍，而天荒即破矣。彼所謂豪杰之士也，行將試南宮，對大廷，雄文杰作於天下之英才殆不多讓焉。予不自愧襪綫，强成此章，用伸往賀之意，誠爲布鼓雷門也，惟覬不擲爲荷。

　　象貌堂堂神氣清，才華久已邁群英。三場文字三冬足，一部詩書一覽通。芮邑天荒今已破，瀛洲地步又將登。明年飛躍桃花浪，單聽春雷第一聲。

　　邑人李錦贈。字尚綱，太學生。

彩彩　裕州梁岳，字惟高，乙卯舉人，本縣教諭。

附録·賀對· 彩對十八聯

大省題名落落磊磊廿歲，
巍科取第轟轟烈烈一場。

瞻我門墙顧盼僅纔三月，
取他科第經營不過一番。

論短論長當時知己出群類，
我來我去此地復能賀舉人。

幸際奇功已見老天終有意，
喜逢嘉士應知小邑始生才。

學問日新歷歷鄉邦皆仰目，
科場年少昂昂英俊盡回頭。

識理善文可羨瞬眸能畫虎，
逸才疾足但知點目便成龍。

士類騰歡此方固喜得鄉舉，
人心屬望鄰郡亦知是俊才。

向學潜心已見今時名奪錦，

取科反手還由平昔唾成珠。

襟袖標奇歆歟攀登真士子，
聲名鏜鞳播揚遠近好男兒。

濟會風雲要把大名張盛世，
依光日月好將忠志輔明君。

靈藥服來點化果爲芹泮客，
真方驗後品題還是桂宮人。

槐影侵波巨浪翻回神禹闕，
桂花噴郁天風送下廣寒宮。

玉斧今秋科第獨將仙桂折，
金門異日師生同奪錦標回。

桂殿獲材士氣增他百倍，
杏園有路儒冠誤我十年。

日月三年已見功夫有素，
風雷一陣須知變化無方。

泥金寄日共知李杜齊名，
綾餅嘗時方信孔顔同樂。

奮志平居攀登不負三年績，

出身今日囑付莫忘一面師。

科目由來點檢能存袁氏學，
功夫進日消磨喜去謝公矜

桂林八咏

　　弘治己未秋八月，予至自武邑，庠士子嫉忌紛紛。庚申秋，縣尹石公同試，予與邑庠諸生乃刮目相待，以遠大期之。至辛酉夏，提學憲僉王公來解試諸士子，予以民間弟子亦獲同試。王公復加稱賞，遂補廩，許應試秋科。是秋幸領薦書，因次第其事，爲《桂林八咏》云。

霜臺初試

　　士論紛紛不我容，霜臺喜得主司公。白丁亦許同掄藝，青眼誰能不讓儂？論草尚留炎汗迹，微軀忍取彩旗紅。時以解州、平陸及予芮三學生同試，餘皆在堂上下棚內，予以童生列於階下。時五月十六日，天極熱，予遂感疾。經書義已謄稿，論只留草在卷。及次日唱名，予在科舉數。縣官備科舉者彩紅各一庠士；不係科舉者，恃強取之。此二句皆紀當時事也。雲霄萬里纔發軔，名姓還應上九重。

貢院呈才

　　匹馬西風赴晉陽，重門深鎖戰三場。無譁日兢男兒勇，有興時聞桂子香。珠玉唾來呈異術，日星明處射文光。天荒自我須當破，古芮河山亦應祥。

虎榜題名

徹夜雷風連日雨，想因榜出禹門中。泥沾馬足來還去，名揭雲端淡復濃。一矢果穿楊葉的，數年不負草窗功。英聲此日喧傳遍，門第從今亦顯崇。

鹿鳴賓宴

樂舞笙歌列綺筵，興賢宴錫紫薇垣。酒分蟻蠟馨香襲，詩咏鹿鳴禮義虔。花壓巾紗精萬選，光生樽俎會群仙。不知宴罷歸來晚，紅袖迎門羨少年。

同年叙會

未會曲江會省垣，字稱齒序萃英賢。名花祇恐他人得，鷺翅何期爲我連。同年中年少者，予爲第二。滿座笑談冠蓋盛，當筵歌舞袖羅鮮。三行酒罷箴規切，莫負明時浪自傳。

榮歸閭里

秋香占得一枝高，縹緲霞烟里巷豪。官騎如飛知我捷，靈禽解語報親勞。昂昂氣焰山川外，子子旂旌郡縣郊。謾詫新郎乍塗林，杏園還許任游遨。

高堂壽親

育我勞勞二十春，一朝收入鳳麟群。三牲未向庭闈養，寸草難酬罔極恩。稱壽期沾褒典重，承歡醉舞彩衣新。分陰莫廢當年惜，大孝從來望爾真。

續食觀光

郡守藩侯勸駕勤，計偕例許續饔飧。興來傳舍狂書雨，晨發長途忍看雲。金闕輝煌迎日色，玉顏咫尺荷天恩。春官桃李能容我，盡把丹衷陛下陳。

弘治十五年壬戌春正月望日，條坡居士劉良臣書於金臺寓舍。

丁卯贈別錄

正德丁卯正月，予挂選吏部，還歸，因以鄙句吐懷於寓京諸友。諸君不棄寒陋，俱賜佳章。予恐久而遺失，集爲一冊，名曰《丁卯贈別錄》。鄙句先錄於此者，以諸作皆此之引也，亦使讀者漸入佳境爾。若附之於後，則珠玉既玩，瓦礫不入於目，不終冊而棄之矣。是歲中秋月望前二日，條坡居士劉良臣識。

論交不忍話分離，坐對寒燈淚欲垂。夢裏儘教尋舊約，年來誰復示新知。大家文字須珍重，小徑功名莫浪思。別後相期願相顧，春風携我上彤闈。

王　昱 字光世，號企庵，漢中人，甲子科

數年承高明庇及，生始得以知磨礱砥礪，每私自喜曰："天胡爲假此奇緣耶？"兹不幸奉君西歸，且以佳句留之，而以向上一等者相期待，生豈敢哉？雖然附驥之望，是固不能無也，是以不棄鄙陋而乃強此，非敢云詩。特以鳴盛德盛情，亦以紀歲月云耳。

相逢正好又相離，誰復如君雅愛垂？晦顯豈能逆造化，操持應不負心知。今朝真意同杯酒，後夜高情入夢思。此去龍泉須再

礪，年來共擬戰春闈。

美人爲別動經年，相去長安千里天。匹馬喜馳鄉國路，渴心思沃清冷泉。謾爲太瘦苦耽句，好向青雲再着鞭。合當衆中跨鰲首，蓬壺相遇飄飄然。

底　蘊字用章，號河瀕，考城人，辛酉科

兩年相與，啓發良多。兹值西旋介行，予亦言歸在即。鬱抑之情，再四撥之而不能開，特爲俚語，以吐赤心云。

多君嘗爲柝侏儸，別路難堪雪意垂。交誼斷金分聚類，斯文北斗仰先知。十年情事江湖夢，兩地心期旦晝思。兀坐偶從家道憶，春風誰復過庭闈？

張廷用字以忠，號平田，澄城人，甲子科

窮居京邸，舉目間，皆登壠駔儈，羈懷甚不可排遣。久而得君，乃有所賴，謂足以消塵慮而翊長進。優游幾三周歲，大領弘益。方將倚爲脱事去京之計，不料即棄我西歸，鄙懷不能不怏怏，乃復留我以詩，此何情哉？因出鄙句，用作離筵一闋，尚冀爲他日車笠之盟，豈特綈袍戀戀而已耶？

少壯寧當嘆別離，正須雲翼向天垂。西山逸氣隨春秀，北斗新聲豈燕知。明月有情還共照，飛鴻失路費相思。多君不吝分徐榻，愧我何堪後禮闈。

夫子風流我拙迂，春風聯榻藉吹噓。君今抛我條坡去，我得思君薊樹隅。白晝細磨雷氏劍，曉窗分讀子淵書。文清門地今鄒魯，合奠生芻問後車。

郭　震字孟威，號東岸，蒲州人，甲子科

條坡先生西歸，士友多詩送之。生爲最好，亦竊有意，

而適有珠玉來賜，驚汗畢，強次其韵兼錄呈焉，希斤正萬萬。

聞君別我去，使我失親仁。醴酒與君餞，好詩爲我陳。君情亦既切，我意良還淳。指日山南北，寄梅莫厭頻。

盧溝橋上送君離，酒半酣時日半垂。繾綣軫行留未得，徬徨柳折爲相知。行邊晴雪牽人慰，別後東風動我思。來歲瓊林應有會，管教詩禮冠春闈。

賈　智 字希哲，號熙軒，臨汾人，甲子科

蒙賜佳章，反覆珍玩，信可謂之三絶，非天下第一流人品不能如是。惜乎，征車載道，挽莫能留，唐音暫爲之息響，椿樹暮雲，蓋有不能已於懷者。遂忘己陋，輒敢效顰以次前韵，欣慕傷感，兼以期祝，緣楮餘毫便，更口占一律，曷敢若是多言哉？要其情，彷彿古人三疊之意。較其言，便如田間瓦器與宗廟之器同擊，其音之清濁不待辨而判然矣，詩云乎哉。

携手河梁話別離，傷心無奈日西垂。碧江不盡當年恨，黄甲應傳此際知。客路喜添孫雪興，畫堂樂遂狄雲思。歸懷也有承歡志，聆罷韶音拜壽闈。

送子離京國，陽關謾舉觴。論交情不盡，清致景非常。梅幹凝晴雪，竹枝帶曉霜。高堂稱壽畢，飛白慰愁腸。

高　崙 字時瞻，號白石，蒲州人，辛酉科，予同年

正德丁卯春，吾友堯卿歸芮城，詩留寓京諸友，獨不及愚，因步其韵以寄之，且寓自勵之意云，崙再拜。時瞻特以能書，試入史館書修《孝宗實録》。故疑予小徑之説，然予豈爲是哉？予作不奥者，以居止之遠，當時逼於行裝，未及

送到，故時占〔一〕以此責予，然予與時占乃同年中之最相知者，故時占云然。

客中故舊固難離，淚眼不應向此垂。異姓交情期我厚，同年友誼許君知。大家小徑何須別，留什擇人亦費思。誰謂齷齪不足道，孟郊卒亦步春闈。

聯句一首 附此乃十月郊行也

破帽衝寒傍水潯，廷用　白雲遥望鎖孤岑。昱　隔林幽鳥啼還歇，良臣　拂面輕塵去又侵。蘊　俯仰有時懷故國，昱　寂寥無興共長吟。青山謾道形如削，草爲欺霜恨亦深。廷用

附　録〔一二〕

冢宰張西磐公書

生張潤頓首再拜，大邦伯鳳川劉先生下。

自西夏話別，倏忽今十有五年，生□概不得問。言念當時區區冒昧剔□，安攘畢力久之。頭緒頗見改觀。但其間翼相賴，裨益實多。風雨雞鳴，每□。頃奉台翰，兼惠寵貽，雅什句與意將□，顧惟譾薄，第無業以堪，曷勝感激，隨□編，反復涉獵，皆率向上指南。比類引□□覺切當。殊爲歆服。使回繾綣，馳狀□光，敬致啓謝悃私，統希遵亮，兩地□□，短楬□槃，邂逅無日，雲樹中□切，悵□□□悵快拳。不宣。

校勘記

〔一〕“抹馬”，據文意當作“秣馬”。

〔二〕此標題底本失載，據抄本《文集題目》補。

〔三〕“疊疊”，據文意當作“疊疊”。

〔四〕“萑”，據文意當作“權”。

〔五〕“斐度”，據文意當作“裴度”。

〔六〕“揚墨”，據文意當作“楊墨”。

〔七〕“抹馬”，據文意當作“秣馬”。

〔八〕“公孫教”，據《漢書·衛青傳》，應作“公孫敖”。

〔九〕“賀詩”，底本失載，據抄本《文集題目》補。

〔一〇〕“李錦詩并叙”，底本失載，據抄本《文集題目》補。

〔一一〕“占”，據文意當作“瞻”，下同。

〔一二〕抄本《桂林斧斤》末，夾有一單頁抄文《附録·冢宰張西磐公書》。鋼筆書寫，藍色，簡化體，字體老道。此即抄本《文集題目·克示内編》中所録有題無文的《冢宰張西磐公書》，此抄文正好可以補闕，故附録於此。

正德甲戌春戰不利就試銓曹偶第者或相侮之笑而有作刻《文集》內

初行舟寄賈希哲明府

生世山行路，因君到水頭。上舡常減飯，停棹更凝眸。日午鳴鳩寂，風微宿霧收。清懷兀兀處，高枕聽長流。

乘月舟行與賈清豐夜話

一官初拜揚州命，千里舟行此地過。清話不嫌月色少，張帆頻聽水聲多。遠村僧寺鍾聲靜，近岸漁舟笑語和。賴有故人相勉切，循良事業莫蹉跎。

和答胡處州

萍踪自笑無時定，信有舟人到處留。屈指清源泊數日，長河猶自水悠悠。

舟阻魏家灣寄李鹽城

一葉扁舟倚岸停，晨昏忽忽睡來輕。風吹堤柳雷聲吼，水映檣干月色明。五日纔行六十里，一身寧抵三千名。國恩民瘼皆縈念，不獨區區計路程。

喜雨刻《文集》內

彭　城

望國川原秀，遺踪感慨多。高低盡禾黍，今古一山河。鬼面呈兒態，鶯聲亂野歌。候門纔半日，頓爾生沉痾。_{入謁見羅閫使感洩泄。}

至　淮

軒蓋迎淮水，承恩此日來。城垣蘸汜渚，樓觀臨津涯。白馬湖邊月，清江浦上雷。雖能祀漂母，巖畔生青苔。

初至蕃釐觀

幾年聞說蕃釐觀，此日瓊花始見臺。仙子已歸天上去，癡兒猶向夢中猜。新詞麗句聯青壁，古殿長廊襯綠苔。更笑迂儒緣底事，相逢便欲苦相催。

七月三日履揚州府任_{刻《文集》內}

露筋祠_{二首}

窈窕深閨質，臨危薄莫行。出門常掩面，投野暫潛形。不惜筋全露，唯教志莫傾。使君崇廟貌，高節日星明。

岸畔新祠扁露筋，令人瞻仰愴吟神。百年心事初無迹，萬世綱常此有身。利嘴蚊猶喧暮日，多情嫂已散朝雲。從容就義非徒死，愧殺皇皇拜路塵。

高郵府館小柏

森森翠柏舞西風，擺亂隨他萬木同。不是與君情最薄，與君元未久相逢。

秋　夜<small>三首俱刻《文集》內</small>

南行述所見<small>刻《文集》內</small>

出嫁詞<small>刻《文集》內</small>

初　寒<small>刻《文集》內</small>

用前韵自述<small>前韵刻《文集》內</small>〔二〕

此來不是愛輕肥，恐負明時爲振衣。世態雖違還古拙，交情只好在寒微。幾當動處須先審，事到難時總未非。謾向行邊書姓字，錯教人謂浪游歸。

登觀音閣<small>刻《文集》內</small>

用朱沂州韵送別

草草相逢話日斜，軟紅何必憶東華？三峰自昔高千仞，<small>三峰，沂州別號。逆瑾時，以部屬改御史，後爲其黨謫縣丞，升今，故云。</small>四海於今是一家。珠玉敢勞離後寄，旆旌平拂隴頭花。德星此夜知難聚，極目蕭蕭兩岸葭。

瓜洲冬夜舟中<small>刻《文集》內</small>

瓜洲臘望夜坐聞市聲甚急驚問侍者知爲潮至爭渡感而有作

舟子爭潮渡，驚聞戰鬥聲。用機終是險，循序亦須行。星子臨池動，雲根接渚生。凝冰漾寒月，未敢擬官清。

宜陵道中

一駕別乘出，江鄉景物看。竹籬開小院，茅屋壓平灘。地濕非因雨，天清若爲官。聖恩無補處，此日敢偷安？

興化短述 刻《文集》内

泰州北行

小艇沿溪時欲渡，溪邊盡是移舟户。捩舵開頭捷若神，還向風前爭健步。輕薄竹篙力不支，一脚失處翻泥污。愚民冒險不知傷，四顧茫茫接水鄉。風來塵土無由見，雨去壟畝成江洋。人云此景甚清致，我道止能清眼眶。

謝答石亭胡先生用來韵 胡名文璧，字汝重，來陽人，時守鳳陽

先生忘勢又忘年，青眼何堪辱我連。羊帶潤明呈玉色，龍香清貴重金錢。大篇到處人驚倒，真意來時夜不眠。從此廣陵添故事，文星還自帝鄉傳。——右謝明角帶烟墨

仙子曾留此地來，瓊鈎珠珮謾徘徊。花開久已成虛室，詩好還須再作臺。月落烏蹄[三]傷會合，人間天上費删裁。吟餘遥起石亭思，莫把春音秘驛梅。石亭，公號。——右謝題瓊花觀

平山堂古自年年，勾引詩翁玉綴連。淑氣有容起有脚，清風無價賣無錢。蜀岡綿亘幾千里，明府登臨時一眠。英顯五侯增勝概，石亭詩句盡流傳。——右謝題平山堂

已上皆甲戌年作

壽孫大參母太安人

春暉堂上報春安，更喜春風大地寬。浩蕩恩光頒玉軸，鬱葱佳氣上珠冠。祇知千載膺繁祉，未覺三遷教子難。明歲鴿籠稱放處，錦袍金豸滿臺端。

煌煌錦誥太夫人，喜得新參禄養真。老境褒封應再有，春來福壽又更新。婺香新噴金猊霧，瑞露珍分曉甕雲。謾詫古稀年可賀，遐齡還欲擬莊椿。

登仲憲使遂寧樓奉和劉侍御韵二首，
一首刻《文集》內

一登便見萬家村，宇宙茫茫入大渾。亂野風光真夢寐，忘機鷗鷺任騰騫。西臺剩有陽春什，北國遥瞻近日恩。多少塵襟無處寫，儘餘清興對吟魂。

飲仲憲使雜作五首[四]，一首刻《文集》內

底事林巒此地來，淮南江北信奇哉。高峰突兀撑雲路，一峰扁曰：高風雲路。小澗縈迴蘸草萊。峰下鑿一澗曰：碧雲深處。風月未論泉石價，鳳鷥寧使燕鶯猜。姿游只恐辜清賞，欲賦慚無八斗才。——右《土假山》

世澤流應遠，德源直接天。圖書盈按積，詩禮過庭傳。嫩草穿階破，晴雲學鳥騫。主人正爾樂，俗吏忽相牽。——右《取庵》

松東祠對遂寧樓，四代一堂禮制優。序右已能崇古道，祔班真合繼前修。多儀出主陳時祭，幾度祠堂告遠游。勉孝睦宗端在此，後人贏得藉餘休。——右《祠堂》

勝概觀餘暫憩兹，東君筵設已多時。興酣浪食殽[五]盤亂，

量狹不勝酒力支。照膽情懷如有約，風生議論更無私。未須珍重
文章價，百戰承箕有健兒。——右《榮壽樓》

送提學趙具區之京刻《文集》內

西窗爲王鸞題

道人何事倚西窗，爲避塵囂向此藏。多少迎暉爭健者，馬蹄
終日苦奔忙。

和鄭鹿門節推韵四首

薄暮貪前路，長河苦繆悠。亂雲迷野際，擊楫向中流。功欲
隨時立，出非爲己謀。江湖忠愛者，亦有廟堂憂。

鳳闕新恩重，鹿門舊味長。高情何所戀？盛世亦須償。漏盡
渾餘月，春深未有霜。更堪誇世德，三卯聚奎堂。——右《舟中
燈下有懷》

道喪雖千載，人心元未亡。牛刀言近戲，鳳管樂堪傷。未可輕
平允，真能答寵光。政餘吟嘯處，高枕傲羲黃。——右《過武城》

金爻銀章聚滿簣，蓬瀛人泛木蘭舟。量同江海杯頻換，心戀
雲霄筆欲投。謾説功名身外夢，會看光景眼前流。此情此會堪回
首，明日途程奔虎丘。——右《夜酌范萬二公》

金山刻《文集》內

畫竹爲天賦上人題刻《文集》內

天賦索書再吟

性癖每躭林下趣，幸從豸史縱奇觀。依稀記得魯齋語，又愛

功名又愛山。

焦　山

水護山根山對山，水山深處偶躋攀。乾坤有意分南北，歲月
無情任往還。御史風流傳海內，時從張劉二侍御游。隱君高隱摩雲
間。山有漢隱士焦光祠。丹崖多少留題者，付與山僧取次看。

儀真曉寒刻《文集》內

白塔河小述刻《文集》內

泰州公署

成功元不爲垂名，此日何須愛此行？水性漸教循故迹，山靈
還許訂幽盟。幾番鄉夢縈懷抱，一片丹心仰聖明。獨坐虛堂無所
願，浮雲散盡碧天清。

江山一覽樓刻《文集》內

曉出府城

野鳥橫空破曉烟，征帆冉冉思翩翩。已將蘭舸看如屋，未許
霜毫運若椽。攪亂晝眠尋舊病，妝成時態鬥新妍。故園佳趣久相
待，一望中條一悵然。

海陵夜雨

海陵一夜雨如注，爲我階前洗俗塵。物物到今都是夏，行行
過此儘宜春。幾星螢火欲投幕，兩部亂蛙真惱人。拙政獨慚完國
賦，明朝馬首又西巡。

伯牙鼓琴圖刻《文集》内

冬青樹蟬刻《文集》内

新建文山祠侍御劉山泉子静作

維揚奇觀此第一，蕃釐觀名，天寧寺名。總虛迹。憲君義舉若有期，先生正氣應無敵。葛巾草屨廟廊憂，義膽忠肝素學的。艱難萬折東流水，辛苦一心南向日。睢陽齒固不足憐，長山舌亦安能惜。從容就義死如生，敵國仇奸情亦戚。幾番此地出虎口，父老猶能道踪迹。廟貌巍峨江水長，文章清麗字飄逸。千金打碑天下傳，萬載令人自膾炙。威靈赫破奸諛膽，正論還回天地直。疾疫水旱禱必應，爲屬誅賊氣尤持。嗚呼！人臣此節不願有，先生節著趙氏赤。胡馬百年苦縱奔，此節與國竟何益？但願四海無風塵，先生左右廟堂成永吉。

和答馬紫泉鄉進士有懷[六]二首俱刻《文集》内

和夏松泉吏部旅懷二首俱刻《文集》内

邵伯舟中再用前韻

小鳥飛來若有情，頓令歸思爲君生。耽閑謾道無真趣，適意何嫌似近名。村落曉看雲氣薄，柁樓時聽水聲清。平湖一望渾無際，疑是黃河面魏城。

西郊二首俱刻《文集》内

高郵審差徭刻《文集》内

夜泊高郵湖用夏韵

湖中一夜風凄凄，湖水浪拍舡頭低。湛露無塵入銀漢，戴星有客來剡溪。城上聲催暮角急，柳邊情繞寒砧迷。呼童剪燭欲歸寢，明月滿窗鷗亂畦。

苦　雨

重陽昨日今重陰，苦雨凄風來遠林。壁舍霏霏半傾倒，河堤泛泛將陵侵。謾於世態苦着意，安得天時如我心。朝來杲杲日出耀，清光萬里開其襟。

如皋道中平生毛錐子，而乃事弓箭。文武本同途，羔裘邦之彦。長江波不揚，莫瀆明光殿

鉦鼓闐闐謾寄程，長江風净海雲輕。此行爲捕江洋大盗，既平而返。千方報國情難盡，一枕思親夢易驚。夜雨聲於舡下聽，寒空光自樹頭生。歸來又向漕河理，南北東西任我行。

已上皆乙亥歲作

寶應湖守風用人韵

風打漁舟拍岸陰，白雲遥望鎖寒岑。兩行弱柳三春色，一片輕帆萬里心。俯仰有時歌浩渺，徘徊無興足登臨。一聲鶴唳向天去，回首昂然伴我吟。

寶應紀夢

正德丙子正月七日，予以送金藍二都堂赴淮，至寶應舟

拍[七]。夜三鼓，夢在朝廷之上，亦不知爲何官，方議立儲君。予所議者，衆人之公既定矣。一年高者有權力，致怨望，意欲陰害之。予上其事，得致仕之命，且睿旨面諭之曰："爾暫隱避，渠不久即召爾矣。"辭謝訖，袖中若有印信、公移，即致仕檄也。身衣素褻服，冠履如常。隨遇李二守、鄭節推，告以故。且曰："宜往馬家去。"而從者乃以肩輿侍予，亦麾去不用。徒行過一家院内，至溪，若城壕狀。忽然而覺，不知其何祥也。

歲丙子正月，靈辰深夜時。精神良聚會，朕兆預相期。老少分邪正，從違定偶奇。但當修職業，出處更何疑。

謁都臺

　　總漕兼巡撫淮陽者。予至揚之初，爲吾晉陽張公，繼爲絳陽陶公，兹則文登蓁公[八]也。予至此三謁云。

三度都臺謁，張陶喜繼蓁。文章憐夙昔，歲月任西東。株守真成拙，蓬旋豈定踪。廟堂方重德，猶自羨兒童。

過淮雜述[九]四首，一首刻《文集》内，題目作《過淮》

柳堤南望入邦江，染色韶光未肯降。春睡尚輕驚易覺，瞳瞳曉日上舡窗。

脉脉無言曉渡淮，春風到處透人懷。孤帆渺渺鶯聲裏，傳道明朝御史來。

長淮之水何茫茫，遥憶美人天一方。莫訝河邊久延佇，東風昨夜促歸裝。

咏舟人二首，一首刻《文集》内，一首録《兩秋唱和》内

泗州謁張西渠巡按刻《文集》內

過高郵湖二首，一首刻《文集》內

晨起東風湧碧波，白雲青草望中多。掠舟小鳥不飛去，傍岸
散人爭笑歌。梢子從容慣見水，富兒老大安知禾？紛紛桃李貪春
發，不道韶光暗裏過。

舟　行錄《兩秋唱和》內

邵伯晚坐舟中

風堤綽嫋柳，雲岫散疏星。倒影垂池亂，迴聲入座清。曲新
南北調，吟舊古今情。安得忘機侶，相將話此生。

即事刻《文集》內

儀真文山祠刻《文集》內

雨中寫懷刻《文集》內

儀真鹽所監掣雨作[一〇]二首，一首刻《文集》內

欲雨却無雨，臨風又畏風。片雲山上下，小鳥樹西東。午夢
秤停外，年華擾蕩中。懷鄉多病思，久矣入樊籠。

淮浦秋風[一一]十首，俱刻《文集》內，又錄《兩秋
唱和》內

再至淮浦遇九日寄謝沈侍御〔一二〕錄《兩秋唱和》内

夜　坐二首，一首刻《文集》内

湛然無物到靈臺，舊病驚回異夢來。清興已隨流水去，好懷還付酒杯開。山瞻故國閑田地，予芮有二君相讓閑田。舟在長淮小渚涯。近侍舡頭喧鼓吹，洋洋恐有馬遷才。

雜　興八首〔一三〕，四首刻《文集》内

坐看游魚躍，入水復出水。岸草自青青，波流恒瀰瀰。止水天光湛，微波若有風。萍踪無定所，何以異飛鴻。到處皆清興，詩成盡日歌。兒童似解意，拍手弄烟波。

晨　起錄《兩秋唱和》内

苦　雨錄《兩秋唱和》内

喜　晴刻《文集》内

湖邊即事夏舜俞限韵

碌碌天涯西復東，家山常在夢魂中。湖邊濯足承朝日，鏡裏看雲步晚風。興去謾教書卷亂，客來寧使酒杯空。無端更起故人意，尺素裁成欲附鴻。

十月一日

送盡三秋尚未歸，曉風陵幕更侵衣。慈闈壽屆淚應落，客况愁多願亦違。弄日兒聲喧院宇，傲霜花氣入簾屝。悠悠世事何須

論，擬向湖邊看釣磯。

淮濱十月更夷猶，獨立西風數亂鷗。壯士幾回催返旆，居人久已厭停舟。囊空旅邸羞官況，寒到香閨憶遠游。寂寞楚天雲霧裏，飛飛征雁度南樓。

十月五日 刻《文集》內

秋風詞引 錄《兩秋唱和》內

和得秋風詞十韵 共詩三十首，俱錄《兩秋唱和》內

揚子道中

夜雪乘來興，寒風送去舟。忍看赤子凍，坐見清江流。未有憂勤策，真成汗漫游。北山詩欲賦，歲月幾悠悠。

已上皆丙子年作

通州道中遇雨

春雨絲絲春水悠，春風蕩漾木蘭舟。遥天漠漠亂紅紫，鎮日昏昏疑馬牛。索景謾言無興遣，平田喜藉有年休。松泉高誼今北海，安得與之共唱酬？約與夏舜俞會於泰州未遂故云。

如皋道中喜晴 刻《文集》內

海陵野望

和風遲日上蓬籠，清興無端四望同。落落鄉村繞輕霧，悠悠野鳥鳴晴空。田間挑菜婦携子，水底摸魚兒喚翁。粉堞雲屏相掩映，恍疑身在蓬萊宮。

三月望日甚晴因憶策試進士有感短述

刻《文集》内

邵伯曉起

曉烟迷柳蔽人目，夜雨敲蓬惱客心。風送笛聲來遠寺，時時吹作鳳凰吟。

月夜長句

月色籠雲白，波光蘸樹青。鳥通銀漢道，檣列翠峰屏。琴弄梅清濁，星搖葦暗明。蛙連蟲聒耳，人爲犬留形。掠水閑螢火，乘風愰燭旌。寥寥天宇闊，靄靄海烟增。鍾静林塘韵，漏傳樓閣更。漫成此地興，不盡故鄉情。揮汗尋詩句，掀簾聽笑聲。勞勞虛歲月，役役鬥娉婷。萬感隨時應，孤舟任意横。高堂雙白髮，藥圃幾黄精。三載限名郡，一餐舊管城。江潮奔尚急，漕岸浪頻生。霽景望如渴，清懷苦見縈。深慚克己什，翻愛息心銘。欲搆東南屋，予書屋名東南。猶依西北亭。恐靈性終損，將毀譽交傾。拂袖欲歸枕，呼童再點燈。賈舡皆尾發，驛使何曾停。相識若相問，自憐還自驚。胡爲七尺干，而絆百年名。在昔達觀者，乾坤兩葉萍。

高郵紀事刻《文集》内

病中對竹刻《文集》内

得周御史報刻《文集》内

送敖二守之官曲靖

渺渺秋江水，蘭舟此日行。三年別駕績，萬里故人情。淮浦莫烟净，滇池春草榮。離愁兼病思，感慨不成聲。

清源君廟

精爽神千古，循良第一官。道成靈怪息，恩溥士民安。水旱期冥佑，奸邪畏偶看。范光湖裏月，夜夜生清寒。

不　寐 刻《文集》內

邵伯湖中夏松泉夜話限韵〔一四〕 俱刻《文集》，內録《兩秋唱和》內

夏詩附并諸公之作 共詩十七首，俱録《兩秋唱和》內

廣陵別奉送民部尚書郎李先生之官有引〔一五〕

李，名鎧，字孔音，山東新城人。壬子鄉科。甲戌秋〔一六〕，良臣承乏來揚。先生以光守來遷，甫數日，俯仰間四閱寒暑矣。良臣蒙示教愛獨多。今於其行，遂不能已於言云。丁丑嘉平月吉，鳳川子劉良臣拜書。

廣陵寒雨洗離尊，四顧茫茫歲月奔。對酒欲歌江水渾，城東看花經幾春。千葩萬卉何紛綸，紅桃白李逐時新。芙蓉一夜發江濱，春風秋水天光匀。鄉郡爭言睹鳳麟，煌煌冠蓋擁車輪。飄飄直上帝城閽，望而不見心生塵。心生塵兮可奈何？我行歸去故山阿。君才已簡聖明知，華階重任無窮期。棟梁霖雨要敷施，坐令

萬物常熙熙。我亦安享太平時，今日一別何足疑？廣陵還有甘棠思。

相維善刑部寄書至有作 刻《文集》内

和答沈侍御子京除歲寓淮有感 二首〔一七〕

去歲登高水漠漠，丙子重九日，予泊舟淮浦。時子京適署山陽縣事，饋酒食。今年爆竹夜寥寥。謾憐九日同今日，共説三朝是詰朝。吾道艱難屬此地，世人讒謗共相招。溪邊雪片隨風舞，清夜猶聞笑稚鬖。

年來幾欲賦山囚，鄉夢時時入碧流。忽漫逢君同笑語，應教此地更夷猶。不煩車馬尋詩興，尚有文章爲道謀。墊觸豸冠元不忝，升沉今古一回頭。

已上丁丑年作

元日淮浦喜晴 十首

日映舡窗曉，風移上苑香。波光應解意，脉脉接淮陽。

海岸雪威盡，河橋草色新。喧喧聞笑語，無地不逢春。

暮濟長淮津，朝看揚子渡。千岩瑞靄分，萬里和風布。

長空眩碧色，極目望京國。共喜升平日，高歌虞舜德。

除日忽元日，歲光成過客。夜來燭燼明，共道承新澤。

搖搖湖水明，烟霧隨風散。雲深鵬欲搏，須臾程九萬。

椒漿柏酒濃，試飲效除祓。君親遥祝處，忍對杯中物。

多病懷鄉國，春來益動情。何如松下老，鎮日學長生。

群陰積歲莫，高下水雲鄉。共喜更新日，遐方被耿光。

此日淮濱俗，家家静掩扉。曝檐捫虱者，拍手弄晴輝。

調檄到郡歌

戊寅正月十二日，吏部勘合賚至，始知再被言起調。前此絶無消息，同寮中雖有知者，亦不相告。作歌以紀其事。

有客有客來魚魚，手持文部一束書。開緘驚見賤名姓，舊友新知咸跼蹐。昔也御史言不報，豈期更爲都臺調。愚迂自分與世違，欲言不言只冷笑。六品外官焉用此？恰有曹騰二痴子。國典人心未可欺，貝錦之言亦徒耳。逢迎兩字生成拙，聚飲一言那敢説？自知孤遠罪當問，獨向清江玩明月。明月清江幾度盈？古來直道難爲容。不容幸猶在齒録，桃紅李白太多情。人生快意事應少，塞翁得失胡欣惱？莫言全盛逞驕奢，只恐紅顏鏡中老。世情翻覆秋雲薄，面而不心還疏索。紅塵紫陌謾徘徊，鍾鼎山林自笑樂。君不見范光湖水深不流，邇來奔潰傷田疇。直送馳波到東海，魚龍夜叫沙鷗愁。又不聞中條山有王官谷，休休亭下人如玉。天高日暮萬山深，淙淙流水蕭蕭竹。對我茅堂近一舍，清風誰向塵寰借。昨非今是田園荒，杯當畫接吟當夜。捧檄入奏明光宮，乞得還山睡日紅。枕邊書卷眼前菊，種柳植槐看桂松。

發揚州

北闕恩猶重，南風兢却舒。圖書尚數卷，行李還一驢。倩舟載家口，多於比來初。屬吏念舊情，趦趄更囁嚅。寮友載餞贐，士庶追扳如。或含涕尾送，或拜伏唏噓。或加額祝説，或俯首嗟吁。或吁天遠昧，或疾人籩簾。儀物有薄厚，所貴能知予。素餐三載餘，樗櫟愧無據。但未壞心學，何以得此歟？公議本不泯，丹府自靈虛。治亂幾今古，此理何曾殊？人言世道降，視我民爲愚。術維挾狡詐，朝暮弄猿狙。雖能詃俗目，未可永終譽。騰彼順時者，相看漸欲疏。祇知富貴好，洋洋耀里閭。撿[一八]束酬知己，行藏豈在渠？棹歌帆影裏，望望入淮徐。五雲紅日近，回首憶郊墟。

祭　文告附

祭敕封御史沙公文乙亥四月十二日

吁嗟封君！而至是耶？養備五鼎，壽幾八旬。階崇七品，義篤一門。人生若此，又何恨云？第以鄉乏耆舊，郡奪善人，里無取法，政無考聞，而爲士類之酸辛也。

吁嗟封君！以忠厚待物，以清謹持身。教子有義方之訓，理家有儉素之仁。登名甲科，爲良御史者，固知爲子中之鳳；而憲副再擢，貞肅於中州者，又將爲天下之麟。詩書種種，嗣續循循，孰非其德之所因耶？

吁嗟封君！正宜受褒典之增嘉，爲楷範於縉紳。天乎不算，遽有此辰。某凡祭皆府長主之，衆寮統在。等竊禄兹土，飽飫浦淳。羡憲君之才美，信天道之能親。聞訃驚惕，中心如焚。菲奠是陳，用致吾私之慟；高風敬仰，永爲薄俗之敦。靈其不昧，來格來歆。尚饗。

祭敕封員外郎左公文七月十二日

惟靈隱德契天，篤生良器。科第少年，粉署清吏。推恩及公，大夫之封。出參藩省，益振才雄。公當此日，大限俄終。嗚呼！公之賢，閭里傳；公之慶，門庭盛。公何亡？使我傷？況我於參君，同登名於黃榜，而承乏來兹，又嘗拜公於堂上。公子唐，丙辰進士，與郡守孫公禄爲同年。方笑語以爲別，遽慟哭而遐想。嘆人生之如寄，成陳迹於俯仰。理勢則然，情何能已？恭率郡僚，薄陳奠祭。用告公神，鑒我誠意。嗚呼哀哉！尚饗。

祭敕封王宜人文大參王載卿配也

惟靈淑貞天性，世系武勛。早年相攸，作配參君。孝敬勤儉，克備於身。自南以還，偶感灾迍。王以廣東少參擢山西。正爾調攝，內政紛紜。曰家有姑，匪我執親？惟我是賴，朝夕饔飧。君其行哉，以澤西民。哀哀誠孝，嗟嗟蒼旻。胡與以賢德，而不與以壽考？乃信步瑤池，而永棄參君也。予等挹參君之清風，知維德之是助。敬陳奠而致詞，惟淑靈之鑒顧。尚饗。

祭李宜人何氏文二守李孔音配也

嗟嗟宜人！此日何堪？子焉夭折，女甫鸞鷟。有姑自家，冒遠來探。正宜解彼隱憂，和樂以耽。享厚祿之稠疊，酬辛苦以肥甘。撫未笄之季女，宜晚歲之多男。煌煌錦誥，指日廣覃。相前程於萬里，耀賢哲於二三。此皆驗夫君之德政，有耳目者之所共談也。胡爲乎生自北來，而竟弗起於南。悲風慘日，號木迷嵐。祭奠致哀，匪維罄寮寀之私意；歆格不昧，蓋淑貞於存沒其無慚。尚享。

祭敕封張太宜人運使張汝賢繼母也

維靈入室撫幼，不異己子。前生後勞，寧知彼此？孝以成名，恩光伊邇。鳳誥重頒，錥臺篆視。養陳五鼎，壽甫六紀。方憂慶生，是歲夏，張新頒誥命到，予等皆賀。遽冬吊死。天道無常，何憂何喜？罷市巷哭，賢哉母氏。敬潔一觴，靈其格止。尚享！

代孫參政作祭敕封王太宜人，王載卿母

維靈孝慈勤儉，閑雅淑貞。篤生麟鳳，擢第明廷。載列粉署，兩佐藩垣。正卿太僕，載卿以參政升行太僕卿。明命斯頒。木兮欲靜，風不定止。憶兮倚閭，胡永逝止？有子森森，有孫林林。陰雲漠漠，夜月沉沉。我與太僕，同官民部。四載來茲，交情益固。承乏晉藩，又維官階。行將拜別，值此悲哀。敬潔一觴，物其薄矣。執紼無緣，我心怍矣。尚享！

祭高少保文

維正德十年歲次乙亥十一月癸未朔越十八日庚子，直隸揚州府管府事、河南布政司右參政孫禄、同知李鐙、通判劉良臣、推官鄭杰，謹以牲帛酒果香燭之儀，祭於故資善大夫南京戶部尚書、贈太子少保平山高老先生曰：

嗟乎！建大議而中幾會，釋冤抑而濟貧窮。天下之人，孰不知公？若夫甲科之選，大理之擢，藩臬之政，固其常調，而撫治畿甸，正憲留都，殆浸浸乎彌綸參贊之功。此皆學士大夫之所共仰，匹夫匹婦之望攸同也。夫何司徒有任，而竟爲權奸所不容？於斯之時，虐焰熏天，如炙如烘，其隨世取憐、改節無恥者，何可勝數？而公之凜凜大節，挺乎若歲寒之松，雖艱難萬狀，廢黜百端，舉世皆冤，而略無幾微於其中。是其名固頡頏於劉、少師大學士、洛陽公、司馬東山公。謝、太子太師、大學士、餘姚謝公遷。韓、戶部尚書、洪洞韓老先生文。楊禮部尚書、鄆公守隨、右都御史邃庵公。之列，求其迹，則彷彿乎元城涑水之風。幸而天開翳障，離照當空，衆方喜其未衰，而成大用，天胡爲乎嗇壽考於厥躬？徒爲天下之所流涕，而弗以慰疲癃也？蓋公之生世六十九年，學爲有用，官爲盡職。處鄉而尚義，爲臣而效忠。其没也，異數自天，褒嘉無已。

有子而紹其業，有典而大其宗，可謂全厥始終矣。唯吾等之來兹也，無緣以聆教益，徒抱遐想於曩昔，又安得操几杖以相從乎？鄙吝何以消，得失何以攻，如之何其不中心忡忡也耶？今辰公葬，帝遣來封。既承命而舉大祭，恭陳奠以馨愚衷。物雖薄止，情冀交通。尚饗！

告城隍文

正德十一年正月二十七，具官_{同前}敢昭告于本府城隍之神曰：

陰陽表裏，一理流通。其明而可見者，固人之所易知。若幽而難明者，神則昭乎不可欺。況精神感通之際，人必賴神以教示，神亦必欲使人知而行之，以雪冤抑，昭報應於幾微也。一婦含冤，三年不雨，神豈恝然於吾民乎？正德十一年正月二十日，本府小東門外第二鋪地方，丟棄人頭二顆，死屍數段，不知何處軍民，何緣遭此？或因財利，或為女色，或夜遇讐家，或一言取釁，或謀為相忌，或患害相迫。本府已嘗遍令緝訪，絕無踪迹。通判劉良臣於二十五日，拘審近住居民，察言觀色，中間有若天奪其魄者，及察輿論，訪孩童，徵夢寐，亦略有端倪。第大辟重刑，實出疑暗，欲即考訊，恐罪及無辜，欲置而從輕，恐死者無訴。躬率僚佐，敬與神告，伏惟明賜罪人，令其有迹可察，有實可據。某等奉行神意，明正國典，以雪死者之恨，庶神之千載廟食，威靈赫奕，某等竊祿兹土者可逭其責，而百姓懍懍於幽明之罰矣。謹告。

祭告湖口文

維正德十二年歲次丁丑九月初六日，直隸揚州府通判劉良臣，率寶應縣知縣林馥、主簿楊景芳等，謹以牲醴祭告於范光大湖之神曰：

良臣等竊祿於茲，曠官廢事，情遏上達，澤壅下流。上帝降災，殃及黎庶。自今歲五月終來，霪雨彌旬，湖水泛漲；漕堤決壞，東注無涯；傷我已成之稼，危我久安之民。流移載路，晝夜哀號。挽運褰裳，波濤漫散。良臣輩省躬浩嘆，計無所出。六月上旬，方督工於邵伯，當此工報至，乃重罹禍災。臥榻兩月，該縣分委官屬少不更事，工唯速就，苟且無法。良臣前月扶病來觀，逆知必敗，已而神既震怒，民愈勞傷。邇雖乞歸情切，而責任攸在。日夜惕驚，弗敢寧居。躬督官夫，立程分任，各罄心力，賴神默佑。工將垂成，期於今午絕流。率屬奉告：伏惟鑒我愚誠，漸殺怒濤之勢；哀我有衆，長資灌溉之功。力永藉於挽漕，澤溥施於下土。良臣等不勝欣感悚慄之至。謹告。

祭清源君文 俗名二郎廟

正德十二年九月初七日，具官芮城後學劉良臣，率寶應縣主簿楊景芳，敬以牲醴致祭於隋嘉州守清源真君李公之祠曰：

惟君生爲良吏，沒爲明神。廟食茲土，殆亦有年。禦災捍患，有禱必應。蓋君之精神，流布兩間。上爲日星，下爲河岳，而與時永長者也。邇者洪水爲害，遠近皇皇，唯君是禱是賴。良臣督工於此，詢及居民，始已拜謁。今工已告成，荷君陰相之力居多。縣官具牲醴告謝，來白良臣。乃僭主祭事，唯以永福吾民爲祝。尚享！

祭告瓜洲壩文

正德十二年閏十二月初九日，直隸揚州府通判劉良臣率瓜洲閘壩官陳琳等，敢昭告于瓜洲第五壩之神曰：唯神鎮限江河，利澤挽運。自有漕儲以來，咸惟仰賴。邇者良臣等不職，致生天變。以茲嚴冬之月，風雨連宵，兼以司壩官夫怠忽自欺，殃決基口。良臣聞報驚皇，雨夜來視，奔流激怒，勢已莫爲。遂使舡運限礙，疲勞我民。雪中興工，先築月堤。前月晦日，工將垂成。某偶謁觀風者於儀真，官夫無統，心力不齊，又致衝敗。今再改築，期於侵晨絕流，隨築基趾。恭具牲醴，俯伏奉告：伏惟鑒照默佑，畀賜成功，以蘇疲民之力。某等不勝欣感懇切之至。謹告。

序

送柴司法之官潘府序

聖王德化天下之餘，必有法以一衆心。漢文曰："法正則民愨，罪當則民從。"欲法之平與罪之當，舍公與明，奚以哉？公以持己，明以燭奸，斷以決疑，不動於浮言，不驅於勢利，如是而已矣。自夫弄法之人興，而人始冤。冤則怨，怨則亂。元氣以一人索，謗議以一事起，天變以一夫作，可不謹哉？予自去歲秋承乏來揚，柴君宗周適爲府之推官，獄稱平允，郡長大參公每道其賢。無何，有考績之行，揚之人曰："柴君以忠厚之德，持仁明之政，此行不爲御史，必爲大理，州守而下弗論也。"銓衡以君厭繁劇，遂擇審理正於潘府。藩國之下，事頗加少，既可以安養性天，亦不失理刑之職。人爲君戚戚者，非知君者也。蓋出處動靜，自然之理數在焉。動則勞，靜則逸；動極而靜，靜極斯動，一動一靜，道斯備矣。凡在我之所當盡者，隨寓而安，其在人與在天者，我何知焉？君今以六品之貴，輔導親藩，且無奔走之勞，此行所得多矣，又何戚戚之云？君其勿替厥初，勿放厥心，一以治揚者治乎潘。冤者伸，枉者理，不鈎距，不陷穽，使潘之人稱斷獄明決者，必曰柴君。增重藩封，羽翼帝室，則功名事業，殆未可涯也。昔張釋之爲廷尉，天下無冤民，選才者以君常執法柄，豈無見與？斷獄不冤者後必昌。君今雖位不滿德，其後有不昌如于公者乎？矧以盛世之立賢無方，遷擢不次，如君者，豈能以久使之在散地乎？當其別，一時寮友戀戀不忍舍。大參公以言委予，予無似，謹以治獄動静之説爲君贈焉。

正德乙亥春正月廿八日，寅生芮城劉良臣序

送孫別駕致政序

別駕孫公倅揚之又明年，白郡長曰：“瑾不敏，叨自縣令轉今官，深愧無以報上恩，而年逾六十，目又病，鐘鳴漏盡，在古禮今制，皆宜就休。平陰（邑名）之園林，迓我久矣。”維時掌郡事者大參孫公聞而高之，勉慰者至再。既而別駕以朝賀北上，過淮浦歷沛豐，念淮陰之偉績，嘆留侯之高致，懷古感今，悵然於往來之間，道經桑梓，而益不復有南向之念矣。事竣，即修書札，遣使以極其情大參公爲上其事於撫按，許之使捧檄將還。大參公謂良臣輩曰：“孫倅兹不來矣。”當其去時，寮輩追而送之河之滸，倅告我曰：“兹別，會晤未可必。諸君皆老成英妙，當爲民造福。幸毋如瑾以林下爲念也。”余亦且信且疑，豈期果如其言而勇決之若是哉？余等之役役於此者，於民何補分寸？又安能遂彼之高哉？俯仰今昔，不能不以之興懷。凡天下事之成敗，人之聚散，時之有幸不幸者，真猶漚電倏忽，不可期料。屑屑而較之，營營而不知止者，何其徒自勞哉？若倅之歸也，吾見履其境，指山水園林，則曰：“吾少時所游息治理者。”入其室，閲圖書，則曰：“吾少時所讀玩者。今當與之日親以密，訂盟而弗違矣。”拜於前，見子成孫立，則曰：“耕讀堂構，爾其勉旃，毋辱先，毋爲人，毋取怨於鄉里，我無預也。"洋洋焉，黜陟理亂，褎然無聞，孰告之而孰撓之耶？士大夫之巷處，與親舊之素游者，郊迎庭謁，話舊語新，殆有嘆息泣下，欣羨撫掌，不一而足者，鄉子弟之觀感奮發，縣長二之審察去就，與夫觀風者之訪遺問老，平陰自此添一故事，所得不亦多乎？古稱鄉先生若此者，其庶幾乎？盍以言贈諸？良臣遂次第其語，爲送別駕叙云。

正德十一年夏四月廿有八日，承直郎、直隷揚州府通判、鄉貢進士、鳳川劉良臣序

帳　詞

送賀孫大參先生刻《文集》內，右調《意難忘》〔一九〕

賀李副郎先生

桂籍題名，蚤奮孤飛羽翼；花封試政，遥聞三載絃歌。真父母之守，州薦華宗伯之剡；大循良之倅，郡臺交爻史之章。沐恩休於紅日光中，贊經費於粉曹清處。年纔通考，官越四階。慶於庭，歌於郊，觀者如堵；出乎類，拔乎萃，望焉若仙。恭致賀詞，用伸舊寮案之意；期成大業，行看新郎副之勛。詞曰：

五雲深，煌煌丹詔遥臨。黃堂粉署謾追尋，到處是知音。空天皓月沉沉，平原甘雨林林。此日應教國計足，金紫列朝簪。右調《謁金門》〔二〇〕

北樂府

【普天樂】^{〔二一〕}邵伯述懷，刻《文集》內

【天香引】^{〔二二〕}槐樓即事，刻《文集》內

揚州集後序^{〔二三〕}

予自閼逢閹茂，桃浪戰北，就試天曹。越四月八日，叨揚州之命。七月朏，抵任視事。每念秋賦起家，恒歉於代，厥心罔敢放，繩趨矩步，謹如處子義。偶有見則抗俗猛爲，冥昭砥礪，期有補益。然上下或殊情，而公私恒異態。拙背於巧，媚戾於毅，謗嫌排擠，媒蘖日深。雖有一二同志，杯水輿火，力罔渠勝。丙子秋來，不能有爲。丁丑，則一朝不可居矣。正憶乞休，而起調之檄奄至。解任之日，身家之用，囊篋之蓄，相若來時矣，竊自喜其罔壞性天於人也。舟次頗適，撿閱入官以來應酬述作，得古今詩一百五十四首、序二篇、祭告文十一章、詩餘四章，諸公爲予倡和淮浦邵伯兩秋之作者引一篇、絕句三十章、律詩十五章附焉，總爲三卷，名曰《揚州集》。藏之家笥，聊以紀事適情，言之鄙拙，不遑計也。他若公移手札論辯之類，別自爲卷，茲不附云。

正德戊寅春二月廿八日，鳳川散人劉良臣堯卿書於汴河舟中。

揚州集終

此集原分三卷^{〔二四〕}，後有刻入《文集》者，有録入《兩秋唱

和》者，所餘不多，録時彙成一册，不分卷數。謹識。

校勘記

〔一〕《揚州集》共收詩文 117 題，其中 54 題有目無文，其文已見於刻本《劉鳳川遺書》所收《劉鳳川文集》及抄本《劉鳳川遺稿》所收《兩秋唱和》。此次整理，仍保留抄本原貌。目錄中題目後所注明的“刻《文集》內”及“録《兩秋唱和》內”等語，一出於抄本《文集題目》，又見於抄本《揚州集》，完全保留了原抄本原貌；二者題目不同者，出校勘記説明，其他不一一出校。

〔二〕前韻刻《文集》內：底本無，此據《文集題目》補。

〔三〕“蹄”，據文意當作“啼”。

〔四〕《文集題目》作《假石山》，《文集》題目作《仲憲使假山》。

〔五〕“殽”，據文意當作“肴”。

〔六〕《文集》題目作《和答馬紫泉》。

〔七〕“拍”，據文意當作“泊”。

〔八〕“藜”，據文意當作“叢”，下文同。參見《壯遊記》“丙子”年“三月”所記“巡撫叢公”語。

〔九〕《文集》題目作《過淮》。

〔一〇〕《文集》題目作《儀真鹽所監掣》。

〔一一〕《文集》題目作《淮浦秋風有序》。

〔一二〕《兩秋唱和》題目作《九日寄謝沈侍御子京》。

〔一三〕原抄本題后注：“四首刻《文集》內。”此處僅三首，疑漏抄一首。此詩又載《兩秋唱和》，注曰：“六首，四首刻《文集》內。”然所剩二首，與《揚州集》、《文集》不重復，實共九首。

〔一四〕《兩秋唱和》題作《邵伯湖中夜話限韻》。

〔一五〕“有引”，底本無，據《文集題目》補。

〔一六〕“甲戌秋”之後等語，本在詩後爲“後記”，今移至詩前，與“詩序”合爲一體。

〔一七〕“二首”，底本無，據《文集題目》補。

〔一八〕"撿"，據文意當作"检"，刻工習慣訛字。

〔一九〕右調《意難忘》：指《送賀孫大參先生》所屬詞牌。

〔二〇〕右調《謁金門》：底本失詞牌，此據詞律補。

〔二一〕此曲《文集》題作《邵伯驛舟中述懷》。

〔二二〕此曲《文集》題作《槐樓舟中即事》。

〔二三〕底本無標題，據《文集題目》補。

〔二四〕此爲原抄本卷末附言。

劉鳳川遺稿卷三·兩秋唱和[一]

秋風詞引[二]

秋風之什十章，外雜咏十有五章，皆鳳川劉子寓淮浦秋日之作也。鳳川以清才直氣，初倅吾揚，心所不樂不能爲，言所不合不能交。時顧若前若後，恒有落落難合態，其寓淮浦，尤其藩角之際也。咏繫諸秋，其容已耶？嘗觀自昔騷人詞客，感事興懷，每托諸秋，而其辭遂以秋稱，如宋玉之悲，阮籍之懷，杜甫之興，而他人它時諸作，卒莫與京者，豈直是時之宜於詩哉？蓋假一氣摧洌之餘，以寫幽凄憤懣之思。其事切，其言中，流及於後，猶足以助英夫壯士之歌而興起之，正陳師道所謂"窮而後工"者，其卒有稱，不以是耶？

予近與鳳川論三百篇，詩人之善爲辭，謂"北風其涼，雨雪其雰"，即知爲秋慘之候也；"春日載陽，有鳴倉庚"，即知爲春舒之時也。忠愛君子誦擬之下，其願聞春日之倉庚，而不欲見北風之雨雪固也。且貞元天道之互換，屈伸人事之倚伏，鳳川究葩經之終始，明蛇蠖之蟄伸，將來柄用於時，大敷厥學，其有所述，灝灝乎，洋洋乎，以和鳴。國家之盛，必有出秋風之詞之外者矣。張文潛論《蒹葭》之詩，亦曰："隕霜不殺者，物之灾也；逸樂終身者，非人之福也。"然秋風詞亦可少哉？

正德丁丑十月中浣，具區定叟趙鶴叔鳴撰。

淮浦秋風[三]

正德丙子秋，都臺以予請正閘壩事。逮淮數日，舟泊微雨中，作《秋風詞》十首，以明道先生"未須愁日暮，天際是輕

陰"爲韵。十首,俱刻《文集》內

九日寄謝沈侍御子京〔四〕

北地誰教作此臺,此天此日此重來。酒因不飲空辭醉,菊爲
羞看未肯開。病帽孤舟驚度雁,西風衰草亂雲涯。豸冠爭若白衣
使,王氏元非沈氏才。

夜 坐〔五〕 二首,一首刻《文集》內

秋老霜威重,夜深晴景空。未曾閉客目,何處覓人蹤。水色
行看月,舡聲卧聽風。好懷如可問,脉脉更無窮。

晨 起〔六〕

不堪深夜雨,滴滴到天明。書濕官舟敞,衣沾宿垢凝。髮隨
秋葉落,情與歲華增。水面成文處,蕭蕭作好聲。

苦 雨〔七〕

風風雨雨徹昏朝,穩睡幽人興正驕。謾把斯文移郡國,行將
吾道寄漁樵。時有人讒予太斯文相。止於西郡言期速,蓁〔八〕都臺撥委鳳陽
趙推府覆勘閘壩事,未到,故曰西郡。已許東皇意漸調。此日羈愁應萬
種,高堂一望一魂銷。

咏舟人 二首〔九〕,一首刻《文集》內

爲謝江湖萬里恩,年年舟邸長兒孫。相逢便問商多少,返笑
區區抱甕村。

舟 行〔一〇〕

扁舟盡日行,蕩漾風波裏。役役度年華,對此邗溝水。萬派

若無源，一脉何瀰瀰。帆影渺雲烟，荇葉出涯浃。答歌往來漁，灌溉東西里。挽漕人似鱗，朝貢舟如蟻。人力亦云多，成此百代利。江海豈不大？浩浩天地理。坐收造化功，取譽亦隆矣。衆流日夜勤，藏納安足儗？

雜興六首〔一〕，四首刻《文集》内

夜柝城頭急，秋砧深院鳴。遥聞吸水伴，笑語一聲聲。

千點更萬點，砧聲雜雨聲。人情多反覆，上下謾勞形。

　　客舟無聊，信口縱筆，積成此卷。録似諸大家教壇，用和改益，匪侈多舌，蓋以紀一時之事耳。仕途榮辱，世道古今，曲直背合，咸可見之言外矣。嗚呼！是歲小月春朔，鳳川子劉良臣謹識。

和得《秋風詞》十韵共詩四十首〔一二〕

蕭蕭不斷風穿袂，漾漾相將鷗入枻。官舟把酒問蘆花，昔人有此風情未？

莫論善惡郭爲墟，見《春秋》郭公注。還愛忠貞楚卜居。《楚辭》有《卜居》篇。到處山川惟客賦，此宵風月正吾須。

秋晚沿洄楚水頭，一襟凉露與天游。好思淮浦危舟咏，唐介事。那記山陽短笛愁。

春既暄暄秋淅淅，正是一消還一息。剥復夬姤顛倒排，都屬邵家觀物日。

赤驥常思千里路，擬鳳川之志。玄豹深藏七日霧。擬鳳川之守。君子重德不重榮，真看古今爲旦暮。

此中風月信無邊，盡日描摸入語言。纔羡晴鴻騫碧海，更看秋水瑩青天。

衛公何由善謔戲？魯人只在修廢墜。古來德政關一身，便爲

善論天人際。

義在何須競廛市，道在何須騁文字。文辭利祿去取間，吾儒只是求其是。

誰知俗吏多有聲，誰信廉吏恒忘情？亦擬其守。吏心固是有清濁，人面自能爲重輕。

水纔沉處月初沉，水正深時月正深。只把此心論水月，鳳川今夜在淮陰。具區趙鷗，字叔鳴，江都人，丙辰進士，山東按察司提學副使。

淅淅秋風吹客袂，行舟暗觸河聲沸。搖落重憐宋玉悲，酒醒試問愁銷未？

離舟遠市傍村墟，沙岸秋蕪映碧湖。飛鶩落霞時并逐，夕陽景好只斯須。

雲中上谷俯旄頭，胡虜乘秋弄劍矛。血染川原殘戰骨，誰能繫頸靖邊愁？時胡寇猖獗，京師戒嚴，故云。

爛熳野芳齊結實，沙頭舞鶴雙成侶。秋姿滿目總傷懷，東籬採菊知何日？

白蘋紅蓼渡頭路，褰緋擁翠人如霧。浮雲流水自無情，擾擾塵埃風日暮。

蘆花帶雪滿湖邊，白雁飛來霜信傳。處處寒衣砧杵動，夜凉擣練月明天。

睡起孤舟殘夢替，夕陽在樹凉蟬嘒。魚龍一蟄夜漫漫，出地雷聲春又際。

清秋訪古淮陰市，莓苔半蝕殘碑字。諸公惟策會陳奇，坎坷誰憐拒徹是？

雲邊斷雁送新聲，失侶長舍萬里情。水面波攢珠鈿小，城頭霧裊穀紋輕。

夾溪楊柳曉烟沉，溪上人家一徑深。淅瀝夜來凉雨濕，芭蕉庭院晝陰陰。右《秋風詞》奉和原唱，蓋追同繫纜湖邊時情景，餖飣成句，殊無倫次，古所謂效顰西子爲身累者也。一笑，一笑。松泉夏邦謨，字舜俞，涪州人，戊辰進士。吏部員外郎，左遷兩淮運司判官，擢提學簽事，歷官方面都臺，今爲户部尚書。

風柏卷幄荷收袂，相送浮生入轉椵。日暮時有百勞鳴，游絲縈枝欲歸未。

漢元設醴已故墟，蜂房今倍昔人居。獨憐錦樹太碧瘦，黃鳥交交空相須。

韓信祠前楚水頭，無數暗鳧點波游。片雲一霎摧列雨，汀洲暗澹白帝愁。

太虛蓬蓬還淅淅，變衰萬物氣應息。大賢取象擬碩果，皇極元來有今日。

江海交衝淮南路，少煦晶輝多瞑霧。奔潰芒芒昧河策，蒼水使者夢何暮。

鷦鷯瀏瀏小艇邊，謾對忘機更忘言。不待青蘋起吹噓，飲啄之餘飛刺天。

紛綸世故翻局戲，倥偬年光易葉墜。倦猗暗窗惜寄聲，睿然孤鶩下林際。

采菱西淑艇成市，趁暖南雲雁排字。屬玉立塘萬緣清，粳秔盈把垂垂是。

雉蝶月上鼓角聲，旅夢何如濩落情？碧蕪湖草暗南國，側身天地鴻毛輕。

轉轂日生又西沉，冉冉積續歲華深。莫論桂折霜風表，可信菊開午墻陰。葵丘底蘊。字汝章，號河曲，考城人，甲戌進士。興化知縣。歷升至副都御史，巡撫甘肅，卒於官。

故人今日重連袂，却見江頭詩咏椵。論文把酒江之濱，也將舊好叱名未。

前年駐節楚江墟，去歲飛旌返故君。[一三]都門今日重相與，計較升沉正不須。

世事紛紛有到頭，此心是處與天游。清風明月皆可樂，分外何須浪作愁？

堅持雅操冰霜淅，奮翼八紘未肯息。談笑禮度多整整，丹田一點猶童日。

前程莫怪多岐路，朝晴暮已迷烟霧。有道吾當守不回，晴陰一任隨朝暮。

從容守正樂無邊，逐浪隨風未可言。富貴功名皆是假，此心留取達蒼天。

贈言一得非謔戲，高舉千尋終也墜。只有身心屬自家，莫令愧怍天人際。

富貴崢嶸招過市，此翁猶自談文字。百年身後公道明，端的果誰爲非是。

從人好惡便多聲，守己却嫌外世情。莫管餘人生怨惡，肯教達者睫間輕。

生來不與世浮沉，交久方知道義深。莫放自家心逸失，古云天道不常陰。學步惟大方家不吝斧斤，斯不棄也。伏惟莫共外人看，貽笑於人，不可收也。呵呵。程鵬，字萬里，解州人，辛未進士，號條山，刑部郎中，仕終。

邵伯湖中夜話限韵 有引

正德丁丑九月十有八日，松泉夏子有淮安之行，鳳川子適巡視河道。聯舟至邵伯驛，天已暝矣。薄飲劇談，凡人情物理、出處進退，無不極論，論極而嘆，嘆而大笑，笑而至於無可奈何，擊節浩歌者有之。夏子曰："當賦一詩，以志今夕。"遂限韵而屬愚爲題云。五首俱刻《文集》內。

夏　詩^[一四]附并諸公之作共詩二十二首

秋聲滿樹振條鳴，銀燭燒殘客思生。裕蠱始慚迷後甲，取《易》"裕父之蠱"之義，以自責。醉狂寧用勸長庚？氣騰磊落心猶壯，夢絕驚猜恨已平。莫遣晨雞催早別，沙頭悵望重舍情。

驛岸維舟海月生，碧霄認斗始知庚。溪山擁霧寒屏暗，湖水無風晚鏡平。迹判行藏俱適意，懷兼今古總關情。清樽細酌歡娛足，不用笙簫作意鳴。

潦倒逢尤四八庚，自慚功業尚平平。高秋永夜重携手，僕與鳳川，去歲九月，同舸淮浦。今適值其期，故云。明月清風共有情。驛訊突馳飛騎過，櫂聲驚起宿鷗鳴。無聞終恐沉泥滓，誰信前賢畏後生。

楚畹幽蘭怨屈平，悲秋宋玉更多情。鶗雞忍對孤庭舞，鶗鴂愁先百草鳴。塵世風光同大夢，仙家歲月自長生。蹉跎細檢從前事，斗酌羲爻先後庚。

江海年年滯宦情，幽懷何用向人鳴。潮陽共識祠韓子，漢室誰憐哭賈生。經野功深思禹貢，防民慮遠見盤庚。更殘捲幔銀河淺，極望無邊月色平。

（以上）涪陵夏邦謨江

奉和劉鳳川先生與夏松泉湖上晚會之作

湖上蕭蕭落木鳴，暝雲端爲坐來生。黃花只待秋爲地，九月望後，菊尚未開。白露何繁斗指庚。斗指庚後，爲白露節。詩夢轉疑更鼓短，客懷還向晚波平。一談一酌風流在，羨殺仙舟會衷情。

奉謝劉鳳川先生過訪村居仍次前韻

纔報郊坰騶從鳴，便教詩思與秋生。任慚東瀼兼西瀼，杜子美所住有瀼東瀼西之勝。談劇先庚與後庚。坐中談事，有及丁寧揆度之義。砍地王郎歌莫激，鳳川前詩《序》中有"浩歌"語。治河劉子政還平。宋劉彝善水利之學。鳳川適治河有政惠，故云。高亭大字應無價，能寫狂夫放浪情。求鳳川寫"放浪亭"扁。

　　（以上）江都趙鷗

奉和鳳川與松泉同舟唱酬限韵

　　仙舟有客悲秋鳴，壯士焉知負此生。詩昧君能放君興，酒酣吾亦忘吾庚。人情轉盼如雲薄，公論懸河似砥平。自點萍踪發孤笑，却於世味淡無情。

　　淮水輕舟魯兩生，相逢何必問年庚。文峰面面天教麗，詞峽滔滔勢欲平。鳥篆香烟清入座，羊腸世路總關情。劇談方罷吟魂動，飛繞天涯試一鳴。

　　湖水涼生斗指庚，坡仙賦罷月濤平。翩然鶴羽翻疑夢，何處笙簫亦引情。放醉更須呼蟻陣，穩眠未許蹴雞鳴。醒來獨起披衣坐，報道東溟曉日生。

　　十頃湖光一掌平，何年小艇慰閑情。風欹草笠垂綸去，雨對茅柴擊缶鳴。真樂自從塵外得，好懷還向景中生。功名一笑渾如戲，馬上何能嘆甲庚。

　　久將世事付忘情，今却中流擊節鳴。天北陰雲秋欲淡，海東紅日曉初生。據鞍波老猶堪用，投筆班生莫問庚。但願吾皇隆帝德，孤臣遙頌泰階平。

　　（以上）襄陽鄭杰，字伯興，號鹿門，襄陽人，辛未進士。揚州府推官，歷升至南大理寺丞。卒於官。

讀具區鳳川之作用韵贈之

　　是誰突出盛唐鳴，詩不空吟待境生。一自雅亡傷古調，直從删後譜由庚。具區老手追工部，楚些新聲憶屈平。兼愛鳳川真作者，筆端春蚓更留情。

用韵感懷

秋齋孤坐奈蛩鳴，客思淒涼百感生。菽水餘哀空有淚，絲弦再續是何庚。仲由欲養嗟無及，文若多情恨未平。身事到頭知有數，書香一念更含情。

（以上）鄭杰

奉和劉鳳川先生與夏松泉邵伯晚會限韵并引

余契儆揚，再經明年，又四月矣。迤遭落莫，若甚不能爲情。舊人鳳川劉先生時時相過相慰，且以夏松泉先生限韵高作見示，更屬續貂。蓋余於鳳川數十年餘，相與，氣味頗相似，值今宦游同方，聲迹乖剌於時，其大略又偶相類，用是感勉，成蕪章上塵清覽。雖各事異情殊，然亦可昭相際之末契也。

官曹夙峙驚人鳴，又聽同舟好議生。晚舸洞簫吹碧月，秋塲枵鼓送金庚。懷傾蜀晉歌猶壯，憂切江湖氣轉平。賢達由來甘寂寞，乾坤著處頓忘情。

無聲至樂自和鳴，夜坐翻嫌海日生。尊酒未容引蟋蟀，河陽無路覓倉庚。微風暗促燭花落，曲岸遥連水鏡平。繫迹維揚非遠地，不妨常戀五雲情。

昨夜鏦鏦天籟鳴，尚疑風陣土囊生。志緣弧矢留泉石，數割陰陽囿歷庚。冬氣猶如春令暖，楚江不似汴河平。塵埃澒洞逆星騎，未下年來義鶻情。

誰家鼎食并鍾鳴，笑我塵還釜內生。落魄何須訪秀老，論詩虛道得唐庚。鍾山曉氣虬龍入，渤海霜濤精衛平。九曲池頭繹舊事，凄凉隋代不勝情。

　　（以上）葵丘底蘊

具區先生趙提學憲副成趣園二首用前韵

　　具區之藪聽雷鳴，是歲立冬日，雷電風雨交作。望望祥光夜夜生。倐爾魚龍看變化，自然笙磬入由庚。山開曉色林梢淨，江送潮聲水面平。園池水通江湖。徑竹岩松恒對眼，野禽村叟亦忘情。

　　謾道洪鍾叩便鳴，謝公還自念蒼生。南園桃李近鄒魯，北闕風雲接斗庚。夢繞莊周神欲幻，話逢黃憲氣全平。柳風醉處詩魂在，園堂扁曰:梧月柳風。此日應舍萬古情。

　　正德丁丑冬十月念日，芮城劉良臣堯卿書。

奉和湖舟夜話限韵

　　閑將心事倩詩鳴，砥礪相期對此生。志在拯民須後樂，時當更化賁先庚。風裁未許淹常格，經濟終當致太平。報國顯親臣子職，知君忠孝有餘情。

　　碌碌庸庸已半生，知非屈指計行庚。宦途有分才應歉，桂籍無緣氣未平。蝴蝶還家千里夢，慈烏返哺百年情。無聊最苦沉沉夜，獨臥寒窗聽雨鳴。

　　南溪文淵，字孔源，遼東蓋州人，揚州府通判。升陳州知州，致仕。

塞垣春日寫懷十四首，俱刻《文集》內

附　錄〔一五〕

蔗庵通守有四姬曰温玉新翠奇珍麗景作四艷曲戲贈

　　蔗庵，四川人，忘其郡邑、名字，戊午舉人。以淮安府推官升慶陽府通判，邂逅於小鹽池。

　　盡壓金釵十二行，錦江春色正汪洋。謾言肌骨温如玉，却恐玉無脂粉香。

　　逸樂不妨風雨夕，看春還愛艷陽天。簾飛寶篆閑清夢，花發新枝正翠鮮。

　　淮南山水誇名勝，秀毓奇珍光陸離。金谷高人恒把玩，邯鄲賈客未應知。

　　東山太傅薔薇洞，西蜀先生啗蔗庵。麗色娛人風景莫，鶯聲燕語謾沉酣。

兩秋唱和後序〔一六〕

　　兩秋唱和者，正德丙子、丁丑兩九月，松泉子與愚聯舟淮浦邵伯。愚唱之而松泉和焉者也，繼而具區子引之。一時同志諸公皆和之，積而成卷，題以是名。省侍歸田之暇，又命子侄録而爲集，志往事備遺忘也。末則附以春日塞垣之作，將寄諸舊游而和之，竟亦南北東西而絶音響。求如曩時之雅會，何可得哉？夫揚州，名郡也，群賢彙集，政餘有唱酬之雅，顧予兩繫諸秋。西夏，塞垣也。離群索居，事簡無不合之遇，吟情乃暢之春。樂區而動秋思，苦地而生春聲。具區子所謂"貞元天道之互換詘伸，人事之倚伏"者，不其信哉？追憶唱和之時，歷今三十餘載，録此集時，又二十餘年。卷中諸公咸已矣，惟松泉子年最少，仕最顯，今位大司徒，指日有台衡之望。邇寄書云："別後二十餘年，鴻泥踪迹，邈爾難尋，出處之詳，杳無所得。静息之餘，追憶高懷，恍焉如對。而雲樹興思，杯酒論文，固古人所重嘆而難遂者也。"嗚呼！人情、天道、友誼、離懷，二公之言之意盡矣。予將又何言哉？掩卷欷歔，爲書於後。

嘉靖丁未夏五月吉，鳳川子劉良臣堯卿識。

校勘記

〔一〕《兩秋唱和》共收詩歌十二題，其中二題有目無文，三題收詩不全，其詩已見於刻本《劉鳳川遺書》所收《劉鳳川文集》，又見於抄本《劉鳳川遺稿》所收《揚州集》。此次整理，仍保留抄本原貌。目録中題目後所注明的"刻《文集》内"等語，一出於抄本《文集題目》，又見於抄本《兩秋唱和》，完全保留了抄本原貌。二者題目不同者，以及又見於其他抄本者，出校勘記説明。

〔二〕此文又見《揚州集》。

〔三〕此詩又見《揚州集》。

〔四〕此詩又見《揚州集》，題作《再至淮浦遇九日寄謝沈侍御》。

〔五〕此詩又見《揚州集》。

〔六〕此詩又見《揚州集》。

〔七〕此詩又見《揚州集》。

〔八〕"藂"，據文意當作"叢"。參見《壯遊記》卷下校勘記〔八〕。

〔九〕此詩又見《揚州集》。

〔一〇〕此詩又見《揚州集》。

〔一一〕此詩又見《揚州集》，僅録三首。注曰："八首，四首刻《文集》内。"然此二首與《揚州集》所録三首不重復，實共九首。

〔一二〕此組詩又見《揚州集》。"共詩四十首"見於《文集題目》及

《揚州集》。

〔一三〕"君"，據文意當作"郡"。

〔一四〕此組詩又見《揚州集》。

〔一五〕此題底本無，據《文集題目》并參卷末"附録終"題署補。

〔一六〕底本無標題，據《文集題目》補。

上郭李秀夫冠帶賀序

夫大學之道，用人理財而已矣。先王之世，厥位稱德，厥民安業，人財恒足，風物大同，淵乎懿哉！世降俗移，處士橫議於鄉舉不行，貧富分於井田制裂。及祖龍納粟拜爵之令興，晁錯出粟實邊之議起，浸淫延施，人以財用，富以資身，遂至銅臭滿朝。加錢賜第，素封王樂之稱，埒諸縉紳道德之士，代之目亡弗仰視財富者矣。夫惟名與器不可以假人。若以彰德報功之名器，爲博易錢穀之長物，則熙熙攘攘於天下者，孰非爲利而來往耶？《孟子》曰：“上下交征利而國危矣。”故賣官者賣國之幾，急財者急事之秋也，識治體者慎之哉！我祖宗百餘年來，重惜名器若景星鳳凰，兀兀窮年老死不沾一命之士殆千萬人，矧可以貨取乎？近時雖恩賜冠帶於上納粟銀之夫，實不使之與政，烏有秦漢以來之靡濫也？

上郭李士杰，字秀夫，襲父封殖之資，浮湛里間，或少露芒穎於輸貸間，衡均量平，人即義而喧騰之。邇日納銀藩服，捧檄冠帶，諏日告有司北向稽首，祝明天子萬壽。縣僚佐張彩紅鼓吹送歸其里，觀者如堵墻焉。其諸待以舉火者，蟻聚蜂聯，奔賀絡繹。而諸官耆暨技人薛演輩，造予桂樓，來請賀言。予知秀夫之翁孟和君於髫年，其家法力於農，弗學弗仕，獲榮冠帶自秀夫始。秀夫之顯先德榮冠帶，與先德之顯秀夫冠帶之榮之也，秀夫盍思其所重乎？

秀夫妙年麗質，發身立行，財也；重於有司，艷於鄉里，財也。緊茲多財，所寡唯學，秀夫哀多益寡，勤學以率子弟，守謙以散積餘，李氏由是登仕版而亢宗而光國焉，豈特榮一身、誇一鄉而已哉？大同盛世，祖宗成法，秀夫寧無少裨益耶？演三人起謝曰：「先生之言至矣，非特李氏所當寶也，喻人以善莫良焉。」予曰：「有是哉！」遂書爲《李秀夫冠帶賀序》。

嘉靖辛卯夏四月丙辰，平涼府通判、管理寧夏西路等處倉場、辛酉鄉進士、同邑劉良臣堯卿甫書於孝弟堂。

賀鄉正蘭士奇序

夫人生有欲，不能無爭。爭訟之大咸起於微，遏於近小，則易爲力而爭訟息。風俗淳所係甚大也，鄰里鄉黨，公議攸在；親民之職，莫里胥若。《周禮》：比長、閭胥、族師、黨正之設於鄉，鄰長、里宰、酇長、鄙師之設於遂。其屬民讀法，辯其施舍，行其秩序，察其美惡，與夫趨其農工女工，俾其相糾相受等事，一司一職，皆任士人，所以當時之人，相安相保，克仁克讓，絕忿爭以成至治。懿哉，邈矣！漢猶近古，鄉亭三老之任，得與令丞尉相教事；唐之里正、坊正，宋之保長、耆長，皆是也。

我聖祖於郡縣各里有里長老人之設，許聽一鄉之訟，又許保諫有司，甚者令其綁縛奏聞，以除民害，其責任之重，謀慮之詳，深且遠矣。邇年以來，視爲故事而賤役之。長民者，不能申明祖制以擇善良，乃特設鄉長鄉正之役，贅矣彌文。而擇之精任之重，古其冠裳而體貌之人，亦各重其重，而行乎於鄉者皆樂爲之，於治道良有補焉。

吾邑坊長里蘭士奇，首擢是選，遂賓於鄉飲，鬢鬢皤如，衣冠偉如，瞻視儼如。予不悉其人，嘗兩借馬乘，皆無難色，即此可占其他行誼，有古人風。其分賑社倉之粟，均派厥里之役，剖訟決疑，里人善之者有口碑焉。真足以贊令丞之教化，而恩澤下究，民情上達。俾郡縣長皆士奇若，則庶民其有不安其田里，而嘆息愁恨者哉？成周兩漢之盛，聖祖良法美意，豈不可復見於今日耶？噫！事濟於彌文而隨時損益者，奚翅員外之官然也，勢也。

嘉靖辛卯中秋日，兩郡拙倅桂樓劉良臣堯卿甫序。

鄉飲僎賓李向義翁配張氏墓碣銘

李之先爲臨汾劉村人，至諱長者。洪武初始遷芮城陽王里，配尚氏。生諱大君，配孫氏。天順間撥添西廂里，李氏所自居縣東關者也。大生諱升君，字文進，配宬氏，生賢、良、方、正四丈夫子。賢，字時舉，廩膳邑庠，有令聞，未究而卒。方即翁，向義爲字，慷慨奇偉，辭縣吏，輸金冠帶爲義民，行乎上下，有司舉至鄉飲僎賓，行實詳於其志。配孺人諱妙善，邑大姓張璁女，母梁氏，有潛德。孺人年甫笄，歸翁，克相勤儉，貲用益饒。夫德子行，日燁燁右閭里，人以是多歸賢焉。生子男三：爵，耆老，娶馬氏；東，太學生，娶淡氏；豸，義官，娶劉氏。女三：任廷圭、劉良玉、生員蕭文秀其壻也。孫男七、女九：爵生繼宗，娶呂氏，女適薛健及冠帶生員王澤；東生冠帶生員顯宗，娶姚氏，女適生員薛鉢、劉良翰及宦族劉忠厚、王相，一幼在室；豸生榮宗，娶呂氏，敬宗、光宗、順宗，女適薛金及生員王應期。曾孫男七：新春、仲春、迎春、逢春、陽春、遇春、喜春，皆勤耕讀，可畏也。

孺人生於正統辛酉九月二十六日，先翁兩月後翁一紀而没，爲嘉靖壬午正月四日，得壽八十又二。大學君東卜今庚寅十二月四日將啓翁壙合葬焉。持大學生錠所爲狀來桂樓徵文。予與君交自髫年，且連姻翁家舊矣。翁昔葬時，予嘗志其墓，今於是銘又奚以靳？銘曰：

惟向義翁，兄弟融融。實昌李氏，貲益勢隆。孺人克配，益厲高風。綿綿胤續，焰焰如烘。兹惟公封，東原其崇。

送令狐君序

令狐氏，春秋魏姓也，晉始以魏顆封令狐，後因爲氏。顆子頡，所謂令狐文子者是已。代有聞人，故今猗氏之令狐爲甲族云。至君以醫術浮湛於農，精思恒慮，神存心手，内托癰疽，尤得行經活血之宜。嘉靖癸巳冬，李上舍公養疽發於背，卧礙輾轉。君至，劑才施，毒苦良去半，再月餘乃復常。遠邇暄騰，君術咸内交焉。

甲午春，公養造予桂樓，請曰："浩初以飲食嗜欲不節而氣失調，繼以忽視小毒不謹而疽大成。終以誤於庸醫，幾致危殆。匪令狐君遇，恐不能有今日，浩德君大矣，且由是知衛生之術與謹微之道矣。願得吾子一言，將射造其廬而謝焉。吾子連姻與浩，雅有骨肉，當爲浩一行，況言乎哉？"予笑不能詰，因悉其人。公養曰："其氣偉然若有餘，其言諾然若不足，其家饒於財而知義，其醫達於理而知變。故拯人之急也若飢渴，已人之病也若發蒙，如是已矣。"予曰："内充者貌豐，德盛者辭寡，富而知義弗驕，達而知變弗固，思濟人者見大，活千人者后昌，乃是數美，令狐之封不有繼顆者興乎？贈謝之意，予更奚所增乎？他日太史氏傳遺逸方技者，或於予言是徵乎？庶以輸吾公養之情乎？"

賀孫文振復水利序

誠僞殊途，曲直異態。術窮途分，情極態見。不必模體範形，而因用著體，察影知形矣。愚不可罔而知可困，訥不可愚而辯可窮，蓋誠所據在在已。地不必要害，執正馭奇，攻罔弗克，遙聲僞號張曲幟者，若勇實怯，欲利斯鈍，安能與之争鋒哉？故曰："秦之銳士，不足以當桓文之節制；桓文之節制，不足以當湯武仁義[二]。"執是以論天下之事，奚間巨細而不本於誠直耶？孔子所謂"匹夫不可奪志"，孟子所謂"雖千萬人吾往"者，豈非以素有是物而然與？

廟下水利肇自國初，近爲有力者，竊據上流，夤緣有司，妄分侵用數年矣。里之人積忿蓄怒，日深一日。路村孫君文振夫也，奮髯裂眥，誓於衆曰："行不能復吾利者有如此水。"里人聞而壯之，智者鼓勇，能者聚貲，文振徒步褰裝，求直於邑，於郡，於監司，雖積歲累月弗怠也。敵張疑兵劫其家，長少咸被逮，勇氣勃勃，無悔懼色，恒曰："彼以其富，我以吾誠；彼以其巧，我以吾直。"弗直弗休，乃竟得其理。彼則巧力俱窮，氣靡首俯，利仍歸里。文振又恐久而無徵也，請於縣，得豎石永垂厥由，里之人初持兩端者，至是帖帖咸感德焉，曰："微文振吾田其盡涸矣，仁人義舉，其利博哉？功可以無酬乎？"爭持殽酒爲賀。

介孫尚賢氏造桂樓來請言，予聞而嘉之，不復以不文辭。夫作事建功存乎人，功成事裏存乎志，志弗堅則功罔立，勇弗義則志罔存，堅志義勇非尋常齷齪者之所能也。文振見義勇爲，竟如厥志，使之膺一爵受一寄，豈不能折衝千里之外哉？鄉舉里選之法若行，文振不得高枕於農畝矣。惜哉！吾聞孫氏之先有諱益者，當元草昧之初，集鄉兵以守境土。俟大命有歸，獲錫銀牌稱元帥以尹縣，兄弟父子輝映後先。今文振之族多偉人，英氣凜凜，咸有祖風。文振之義得之家學，固不容僞與曲者也。

壽李母王太孺人八十序

福孰爲大？壽爲大。壽孰爲本？德爲本。何謂福？百順之名也。人爲百順，樂孰至焉？何謂壽？恒久之稱也。人生而久，願孰甚焉？何謂德全？所受於天之正理，不失赤子之心者也。攸好德則心逸日休，自求多福。是故福人所樂也，匪壽曷享？壽人所願也，匪德曷獲？德以基壽，壽以永福，富貴康寧，各以類應，天未可必，理弗可誣也。

在昔弘治中，予納交李世資氏於邑庠，循循雅飭，脱去習尚，益友也。既以北上，獲拜其先義相翁於里第，入其庭寂然無聲，視其僕肅然有度，食其饌腆然静嘉，顧瞻其用器，農具森然成列。私心賢且訝之，以爲是必得内相焉爾。居無何，義相翁棄世，其母王太孺人率世資專家政，益嚴益慎，貲日以饒，學日以就，進游上庠，足慰蓼懷。既而天奪世資，哀苦弗堪。教撫二孫，浚亦入上庠，滂入邑庠，皆成立。嫁其孫女爲齊昭勇恭人，用畢世資之願。今年壽登八袠，眠食康强，《洪範》"五福"曰既備矣，華封三祝豈容已乎？九月四日，直其初度之辰，稱賀頌祝者遠越河山。戚屬者曰"龐眉皓首，坐受榮養，瓜瓞綿綿，内外井井，不亦可頌乎？"里屬者曰："崇堂邃宇，茂隴豐畦，坻粟京稼，萬貨四臻，不亦可頌乎？"士屬者曰："胄監鄉學，冠裳濟濟，崇勛厚廡，金紫煌煌，不亦可頌乎？"貸屬者曰："肩䫜腹枵，携囊負橐，環五十里，藉以舉火，不亦可頌乎？"夫之數者，太孺人之所有，人所共見者也。之然者，太孺人之所存，人蓋不能以盡知焉。由是耋而期頤，曾玄繼立，褒典有加，殆未艾也。審若兹，天果不可必乎？善果無可徵乎？允乎理，不可誣矣。代之溺富貴而棄德義，甚或躬蹈凶短折併棄其壽而不悟者，何如哉？何如哉？

董母周孺人八十壽序

夫物之不齊者，情也。人之本善者，性也。能盡其性則能達其情，達其情則物不能物矣。《詩》云："如松柏之茂，無不爾或承。"是言其新繼舊生，物莫久焉者也。又曰："蜉蝣之羽，衣裳楚楚。"是惜其朝生暮死，物暫華焉者也。松柏如彼，其大且久也；蜉蝣如彼，其華且速也。均之爲物也，而不齊有如此，何哉？蓋本之深者末必茂，外之澤者中必槁，造化何容心焉？人亦物也，顧以渺然之身，其德業乃於天地參而身名與之同其久者，豈非以不失其本然之性而本源深厚者乎？松柏不足喻也。自有天地以來，人之生也，不知其幾千萬，而德業聲名之久存者可數焉，餘固蜉蝣若也。則夫人之欲壽欲松柏等者，固在彼而不在此；而百歲之可祝頌者，乃在人而不在壽也。爲臣而忠，爲子而孝，爲婦而義而貞，雖不滿百歲也，而人之仰之者千萬歲焉，矧和氣致祥仁者壽乎？斯真壽已。若夫叛臣逆子，悍悖之婦，雖百歲也，性已盡鑿，心已久死，罔生幸免，賊而已矣，又奚壽之足云？夫久近低昂者，物也，外也；恒久彌貞者，性也，内也。達乎此則内重見，外必輕，性真知，物必幻，區區之富貴壽夭，烏足以動其中哉？

西原董爵之母周孺人，勤儉孝敬，貞静兹仁，早失所天，撫二孤皆成立，今年壽登八袤。古曰大耋，《易》所謂鼓缶爲樂時也，豈非和氣致祥仁者壽與？十月二十五日爲初度之辰，族之子姓董儒官梅唱爲賀言，介其親李情來請言。予因原人之所以壽者爲孺人賀，且以告夫人人云。

慶百歲翁孫縣幕序

道以中庸爲至，壽以百歲爲期。中庸不可能也，盡中庸之道者，其聖矣乎？百歲不易至也。獲百歲之壽者，其瑞矣乎？過此以往未之或知也。緊昔帝王若堯、舜，若禹、湯、文、武，德位極聖，壽皆届百上下。當時之民，比屋可封，在在壽樂。故四代之學，皆以養老，而國老、庶老之外，又有引年之令焉。至於巡狩，則就見百年之老而不召，故百年曰期頤，言人生至是乃絕無而僅有，自養之外無他望焉。老而至使天子就見，豈非世之麟鳳與？後若林類、張蒼、顧思遠、李元爽輩，亦皆獲壽百餘，往往見於傳紀以爲異，非叛道而倖致者。堯舜在上，築道樹德，樂熙洽而享壽考，蒙錫異數者不可勝紀。

吾邑孫翁，嘗爲拓城幕，遇異人授養生術。今百歲矣，步履強健，可方林、張諸公，稱之曰吾邑人瑞，誰曰不宜？匪維吾邑也，雖謂之天下麟鳳可也。其姻國子生李公載隆寒晨謁，備述厥由，且言翁稟氣厚而衛養周，若歲寒之松柏然。予曰："子言柏，請與子論柏。今夫柏斯一植之微，及其歲寒也，萬木凌削，退然索然，如槁如枯，柏則鬱鬱蒼蒼，獨立物表，如端委揖讓，所持愈屬，蓋質堅理直，培植難而受命正，故能長百木，貫四時，歷千載而恒新。故曰柏者百也，數之極也。由百而千，千者遷也，人遷於山則仙矣。然則人生百歲者，其柏乎？其仙乎？"公載曰："頌人不當如是乎？請書之。"遂書爲《慶百歲翁孫縣幕序》。

慶劉翁八十冠帶序

嘉靖十有二紀，皇子生，皇上覃恩宇內，乃迪民康，以求攸濟，賜帛肉冠帶，優老有差，歡動遐僻。蕞爾芮邑，蔽山限河，土瘠俗儉。事耕鑿，安簡陋。遠游罔攸利，泉甘牟良。菊杞蓁茂，昭茲壽域。乃營乃躋，誕終厥歟。㟁維蚩蚩，壯而怡怡，老而熙熙，而耆、而耄、而期，後先相望。綏福若偏焉者，或譁且偽之。噫嘻！懋德孚衆，指難多屈。朱惡紫奪，贗多真亂。事恒若茲，獨茲優老乎哉？風移俗靡，罔免於譁。矧曰榮感，庶見鳳麟，匪阿所好也。

條麓朱陽，民獻劉翁，德壽并懋。膺茲腆恩，色斯無愧。邑諮里呈，諏曰冠帶。蒼顏皓首，偉如襜如。翁益恪慎，若臨淵冰。北望稽首，遥祝萬壽。臣璋生英祖之朝，歷憲孝武。逮我聖明，面稽天若。至仁覆冒，罔間窮谷。臣父臣子，兩游太學。臣叨以齒，濫茲冠服。爲孝勉忠，日用飲食焉耳。昊天罔極，曷德云報謝已？縣大夫以賓禮禮之，觀者動色，聞者稱善，茲非唐虞成周時與？《擊壤》之歌，《麥丘》之祝，何其肖諸？由是可以例天下矣。夫皇儲，國本也，本固末茂而恩斯溥矣。老成，國福也，福萃典存而治斯成矣。恩溥非私也，治成非偶也。匪私匪偶，厥係攸大。是故取人先德而後齒，論事優道而劣術，叙治詳巨而略細，固君子之所與也。鄙言惡得而靳諸？

明年甲午，國子生李公養來徵序。又明年，乙未仲春既望，承德郎、陝西平涼府通判、管理寧夏西路等處倉場、致仕辛酉鄉貢進士、鳳川劉良臣堯卿序。

故處士薛世安墓志銘

嘉靖十三年甲午三月二十七日甲子，朱呂處士薛世安卒於正寢。八月己未，其孤太學生廷光、縣學生廷輝偕其友李上舍浩，衰絰杖屨來桂樓，泣且拜曰：“光、輝不肖，禍延先君子，今屬纊數月矣。葬期卜吉在十月二十七日庚申，西曲原祖塋之南，地又得吉，衣衾棺椁苟完矣，惟銘志仰先生。先生素愛光、輝，脱遂銘先君子，後世知有先君子，乃愈愛光輝。”言既泣數行下，且拜且泣，杖而後起，徐出庠生李子汾所爲狀，又拜且泣。予勞而太息者久之，蓋予與處士雖未面，即其狀之所稱，及鄉邦之所傳聞，與今太學昆季之所學所養，不可謂不知處士矣。嗚呼！聖學晦而世道衰，弇阿媚世者既以賊德，悍戾陵物者又多賈禍，求無怨惡於鄉里稱善人者，何其鮮哉？今於吾鄉得處士焉，豈不甚快而奚靳一銘哉？

按狀薛氏世潛於農，至諱子法，字伯度君，剛正自持，與其配馮氏實大封植田廬，則處士之父母也。處士藉休承訓，益勤幹蠱，貲産日饒，斥其餘以周貧乏，了無難色。孝奉二親，能順言意，雖没久，遇忌辰俗節，恒垂涕減食飲。與人居，色温而意誠，遇之者無問賢愚，皆若飲醇酎，醉飫而返。縣酬其義，舉賓鄉飲，人咸稱曰善士云。

處士諱寧，字世安，生在成化丁亥八月六日己亥，得壽六十有八。諱彦，諱七，諱十八，其高曾祖考。李氏其結髮内子也，生二男子，即廷光，廷輝。四女子，歸景登、張甫、韓滏、馬世臣，皆其鄉右族。六孫男，良翰、良潤、生員良温、良能、良策、良程。一孫女，一曾孫男，克嗣皆幼。銘曰：

前有作而後有述，其無憂乎？虛則取而盈則予，其天游乎？厥德孔修，厥人寡尤。孰稱善士？孰羨少游？百千萬載，樂矣此丘。

壽母蔡孺人墓表刻《文集》内

賀張佩玉與鄉飲序

鄉飲酒者，先聖王制爲鄉人以時聚會飲酒之禮也。明長幼，崇敬讓，親睦鄉鄰，禁止陵犯，正身而安國，化民而成俗，其於治教也，似迂而切，似緩而急。故曰禮之教化也微。其止邪於未形，使民日遷善遠罪而不自知也。世衰教弛，禮廢樂崩，鄉人群飲者，教侈誨淫，縱欲敗度，然後繩以法制。不已則草薙而禽獮之，禍亂由之以興，先王之意荒矣。

我聖祖創制立法，一本成周鄉飲酒禮，行於草昧之初，自國都以達郡邑鄉村，歲兩舉之。揖讓進退，既備禮儀；揚觶讀法，又申勸戒，化成俗美，王道興行。視漢唐以下，雜霸雜夷之制，何啻陵谷？而獲與兹飲者，厥維艱哉。

西窰張佩玉，年僅六十，縣侯、庠士交舉焉。嘉靖十四年春，請與飲於學宮，深衣幅巾，獻酬坐序於縉紳士大夫之列，縣官賓而不敢民者，豈無所自而倖致哉？其賢蓋可準矣。夫均是人也，而賢不肖異品，固不在貴賤貧富也。行苟賢矣，雖賤且貧，尊吾尊爵，貴吾良貴，視天壤間物，舉不足以動於中，彼以富貴而已者陋矣。觀孟子之三達尊而富不與，箕子之五福而貴不與，吾人庶知其所從事哉？佩玉行乎鄉閭，泉貨日湧，鬢髮頒白，賢而有徵，蓋具達尊之二而泯六極之一，在齊民中則絕無而僅有者，其成周氏服勤畎畝者與？序而賀之，宜也。佩玉其散所積，懋厥德，則晚節愈堅，舉者賀者與有光矣。於治化也，寧無所裨益乎？

《霖雨惠寧》詩序

今上皇帝憲天法祖，勵精圖治，監觀四方，用康我兆庶。乃布德音，重選守令，乃召宰臣，簡仁賢以牧遐僻，軫念元元，洗刷弊垢，中外臣工，罔不率由以期至治。

嘉靖乙未，芮城令缺，天官卿乃以高第進士、秦隴白公疏名上請。命下之日，耳語面談，紛紛籍籍。尼公之行者有二，恐屈者曰：“芮，嚴邑也，阻山界河，舟車弗通。舉闔境所蓄，不及大郡數家之產。安陋就簡，蠕動烏栖，一中才之主足矣，烏用豪杰爲哉？今屈我公，是用牛刀以割雞也。”恐浼者曰：“芮小政煩，土瘠賦重，聲教罔暨，民悍而愚。急則敗而緩則散，刑弗可威而德罔以化也。身爲不善，君子弗入，覆車相尋，我公奚宜往哉？”贊公之行者亦二，爲公者曰：“秦晉密邇，風氣頗肖，僻芮簡質，殊異都會。我公清才奧學，宰潤政成芮於何有？行當鳴琴臥治，優游詩酒，以需顯擢也。”爲民者曰：“彈丸之芮，當塗略焉，任恒匪人，污毒潰發，更代如傳舍，誅求入骨髓，沴氣感召，灾旱相仍，寡學乏才，崇僞飾詐，載滋載蔓。若鼓不調之瑟，必解而更張之。匪得雄才，則政日以弊，民日以困，手足瘡痍，將入腹心，盤根錯節。乃別利器，飢渴甚者易爲食飲，嗣今革漓遷淳，化嗇爲豐，奄觀我公之報政矣。」

或衰數說來質於予，且曰：「多歧之惑奈何？」予曰：「尼公之行者，私公於一身，婦寺之忠也。恐屈者近是也，恐浼者則非矣，地之官人與人之官人也。贊公之行者，公公於天下，君子之道也。爲公者其小也，爲民者其大矣，然皆非知公者也。夫君子之學，孰非爲君，孰非爲民乎？溥天率土，何職非君？何使非民乎？魯人獵較，孔子亦獵較，而況治邑乎哉？言忠信，行篤敬，雖蠻貊之邦行矣，而況封內乎哉？至誠格天，德言動物，而況吾人乎哉？歸侵地，墮三都，綏來動和，固前日宰中都者之所爲也，又何難易大小之擇，利害多歧之惑哉？子之見庸矣乎？其諸待我公之淺也。」疑者憮然自失，粲然歡笑而去。

時歲大旱，自春三月不雨，至於夏六月，狂雲迅雷，暴雨猛風，倏作倏止，邑里皇皇，懸仰我公，愁如調飢。己未之夕，公甫入境，雲布風恬，膏雨沾足，眾心胥悅，萬口一詞，咸曰：「不先不後，真我公隨車雨也。」百年曠典，千載渴心，一旦獲慰，民今其食足而身安乎！蓋以聖明恭默思道之心，於天無間。我公懋德服眾，應上之求，作霖雨以澤天下，自吾邑始，天人相感之機，豈偶然而倖致哉？群言之疑當不攻而自破矣。

良臣喜不能寐，枕上成詩二律，用以志喜。次日雲開日明，盡掃陰翳，老稚在田，欣欣生色。謁我公歸，又以韓魏公「須臾慰滿三農望，歛却神功寂若無」之句爲韵作十四絕，詩見後，爲吾道吾民慶。仍取殷高宗命相之書，周宣王憂旱之詩之語，題諸卷端曰《霖雨惠寧》。見我公受帝之命，感天慰人，大沛霖雨，惠吾芮以安寧也。錄正教壇，其必有以命我矣。

是歲秋七月望日，治生鳳川子劉良臣謹序。

前訓科李君希舜墓志銘

芮之東鄙曰陌底鎮，間於河山，去州邑咸一舍，逵衝也。部使者與縉紳士之往來，歲無虛月，卒卒霜霖，或日莫求休，郵舍荒凉，薪水弗能給。李君希舜世居其地，闢館供張，備需極情，雖僕馬充斥，胥樂爲行窩，縣大夫亦恃湯沐邑焉。君益懼且慎，不厭煩勞，以是無論遠近，名士官貴咸喜内交之，若不知其炎者。

始君之在襁褓也，秀穎異常兒，其父曰：“是兒他日必亢吾宗。”命名曰孝。及長，果孝友克家，生事日裕。鎮之沃壤，十固有其二三。弘治戊午，父疾瀕危，君憂切肌骨，稽顙崔府君廟，求以身代，割左骨肉和湯藥以進[三]，父疾向愈。仲兄惰，廢農業，遺二孤，貧無依藉，收字之，成立，各爲婚娶，再撥物産付之。涇野吕殿撰讞判解時，録其事入《州志》。侍御王公因扁其門爲孝子云。嘉靖壬辰歲歉，餓莩盈途。一夫憊卧道側，君命僕扶至其家，活之。既去，不問其鄉里姓名以圖報。人有急欲求假者，必充囊儘欲而去。接人極謙恭，雖高城府者遇之，席未嘗不前，色未嘗不降也。此其彰彰在人者云。

君少爲鹺司從事，厭計刀錐利禄以徇俗，遂棄去。中讀醫書，思以濟人。薦授本縣醫學訓科，縣奇其才，委任紛遝，持法之下，多萃訴怨，又謝去。晚以臺檄爲鄉正，用淑里人，請賓鄉飲，一再與，即辭去。惟課諸子孫耕讀，日接賢士與之樂飲，篇章簡牘贈遺雲集，望廬願見升堂，讚頌者踵相接也。

鳳川子曰：芮地狹隘，本魏侯服，俗儉民悍，葛屨汾沮洳之風，迄今靡易。矯枉大過。競華蔑實者，流爲偷惰僭奢；掠美市恩者，甘爲軟美依阿；内薄外交者，喜爲聲張欺僞。波蕩風靡，反傷真淳。求其挺脱氣習，用酌厥中，敦倫篤義，謙良利物者，非其父兄師友素所教詔，必其天資之美有默契焉，指亦豈能多屈哉？今觀李君希舜之行，庶幾所謂豪杰之士，雖無文王猶興者與？要之，皆自一念之孝之所推也。夫邑有若而人，風斯期變矣。一旦云亡，豈特李氏之恫痛矣乎？吾於是重有感焉，非夫人之爲銘而誰爲？

按狀某、某、某，君之高、曾、祖也。才爲父，某爲前母，關爲母，配晁氏。子男三[四]：昂，娶關氏，繼晁氏；旻，爲縣學生，早卒，側室王氏出。女三：長適邑庠生黨汝翼，即狀君之行而徵銘者；次適肖懷邦[五]，次適庠生王博。孫男二：淳甫，國學生，娶范氏；温甫，娶馮氏。女二：董守遇、薛登枝壻也。曾孫某某。君生爲成化丙申正月五日，殁今嘉靖乙未六月六日，享年六十。墓在鎮南原先塋之南新塋，葬則其年十二月十日。銘曰：

堯舜之道孝弟耳，苟能充之聖可至。希舜李君稱孝子，行仁立教自親始。年纔下壽悲遠邇，身去名存猶不死。鬱鬱松楸君憩止，後千百禩徵銘志。

書《河梁惜別卷》後

予自西夏假給由省侍，歸耕林麓，絶迹城府，理亂黜陟，褒然亡矣。吏吾地者若監司，若守令，臧否形則仁苛判，波流焰爇，下徹衡茅，民日以窮，俗日以漓，漆室之憂，亦或不能無焉。至於古峰侍御之按吾河東也，則念之一日未嘗置。或曰："子於古峰升沉禮隔，仕止異途，其有舊乎？"曰："否。"曰："子倅揚時，抑稔其令聞於大江南北乎？"曰："似矣未盡也。"曰："今或以事蒞臺下，私荷其帡幪乎？"曰："無之，未嘗識拜光霽於生平也。"曰："然則子胡爲若是惓惓也？"

曰："吾鄉之居民，於鹽丁錯撈辦修築，歲無虛日，暑鑠金而寒折膠，弱妻幼子之追呼不免也。予嘗見其昔皇皇而今衍衍矣，非所謂一路福星者乎？又嘗聞郡縣貪殘吏，有望風解印綬去者，非所謂鐵面驄馬者乎？又嘗見漫山曹憲副號。《異虎記》、《路村塾學碑》，古峰所建所記。非所謂猛獸馴而正學崇乎？又嘗得古峰二稿讀之，詩賦無論盛唐，直跨魏晉，浸浸乎《離騷》變《風》境矣；雜文則準左氏，軼秦漢而理致過之，豈不爛然成章也哉？夫政以學充，言以德粹。充斯流，流則亡弗通矣；粹斯著，著則亡弗至矣。政通學至，吾人之能事畢矣。乃安往而不濟耶？是故定經貞度，刮垢闡幽，績偉利興，威行愛立，秩秩如也。又於東川白子《河梁惜別卷》而悉之，迺是數美，宣德達情，有餘地矣。兹惟竣事，得代入近清光，必將以吾民可痛哭流涕者，圖繪狀陳，諤諤蹇蹇，立於殿陛之前，與天子、宰相析是非，計利害，言聽道行，福澤油油然，沾被海内。沉疴積痼，其有瘳乎？《詩》曰：‘我儀圖之，維仲山甫舉之，愛莫助之。’又曰：‘中心藏之，何日忘之？’是以忘其疏遠鄙陋，僭申數語於卷末云。”

嘉靖丙申春正月二十六日，芮城鳳川子劉良臣識。

賀薛母解太君八十七歲序

嘉靖乙未，歲云暮矣。李君進之持幣捧狀，走謁桂樓，爲其姻家薛母解太君徵壽言，且備道其賢，以爲獲壽之本，又申其孫廷璋之意甚篤。予辭弗獲，乃序之。

夫壽，古今人所同欲也。徵言賀壽非古也，祝頌之遺意，近世之彌文也。作者架屋疊牀，千言一轍，君子反厭之，戒勿爲焉。予本非作者，爲吾邑壽言最於他文，愧不能出新意造奇語，以補風教，欲戒而未能也，然亦可驗吾邑之多壽者云。

昔蜀青城山有老人村，道路險遠，不識醯醬，溪多枸杞，根如龍蛇。居民多壽，有五世孫者。吾芮僻在河山之間，舟車弗通，罔事聲利，耕鑿循循爾，婦子欣欣爾，屋宇敝敝爾，冠裳職職爾，事悶悶然，俗渾渾然。予爲童子時，所及見者也，與青城山之民何以異？樸而真乃不勞其神，靜而貞乃不搖其精，唯其然是以能永年。

正德初，予回自成均，俗漸變矣；維揚回，又變矣；西夏回，又變矣，至於今日極矣。蝗旱交作，飢疫并臻，民喧然夭札矣。華者愈華，敝者愈敝，蝟然僞興，蕭然里空，念樸思淳，耿耿如也。則夫挺然老成，獲壽考者，不亦可賀乎？賀舊則新可勵，嘉實則華可歛。是以挽移風教之大端也，君子奚容廢諸？孔子曰：「仁者壽。」又曰：「剛毅木訥近仁。」靜定而仁，則天人合一故壽，動而役於物，則天與人始判然離矣，夭壽亦從而分焉。夫仁道至大，難言也。近則相去弗遠之謂，離則惡乎近？欲弗離斯可以言近矣，欲近斯可以言至矣。循循悶悶，非木訥乎？不撓不屈，非剛毅乎？是皆吾人質之近乎仁者也。苟能充之，仁豈遠乎哉？今觀大君之壽且賢，豈非所謂仁者與？觴而祝之宜也，予之言又何可以戒耶？

嘉靖十五年丙申仲春之望，平涼府通判、鄉貢進士同邑鳳川子劉良臣堯卿甫序。

宋丞督工詩圖序

嘉靖丙申夏，天降淫雨，水驟泛溢，決城敗堤，没田漂舍，崩潰成淵，中條南北瀰漫數百里，溺死者何限？洶洶頹鹽池垣數百丈，浸浸乎害及國儲矣。侍御沈公檄下郡縣，選賢能以事事。吾芮令長東川白公，首以監縣宋侯名薦。人若難焉，侯曰：「禹思天下有溺者，由己溺之[六]，吾顧非食祿於公者耶？」不謀僚寀，不告妻子，即日就道。既履害所，相機順勢，詢謀用良。心力既竭，匪紓匪亟，民不病而工告成焉。

鳳川子曰：方是役之興也，農務正殷，醵檄取夫，鹽無遺丁，聞者患之。侯乃斟酌調停，工靡失後，農罔廢業。應便濟急之才，真能不負東川之舉。而志在公家，事不辭難。又有以成侍御公之托，厥績偉矣！丁夫繪圖，縉紳詩咏，胡得而廢諸？夫鹽資生人，天地自然之利也，權利於民，以濟國用，不加賦而借其力，雖非古意，亦為隆典。轉運有員，鹽灶有籍，私販有禁，失額有罰，法若是周也。

國朝正統中，又督以憲臣，則法愈密而禁愈嚴，若是已矣。顧好大喜功者，增額外之數。興不急之役，居常時鹽蕘集於醾司，守令絡繹以催解。於是乎官民始敝，而以鹽為屬已矣。怨讟既繁，水旱相仍，今歲之災，又數年所未見者。古之王者遇災而懼，時視民勤，重所天以事天也。魯莊公時，大水，大無麥禾，冬築郿，春新延廄。《春秋》大書特書而不知已者，以見公不知務，不恤民，屈宜曰。所謂時絀舉贏，韓昭侯所以不免也，意深而慮遠矣。少知《春秋》之義，加志吾民者，其忍於民窮財盡之時，導人主以利，邀興作之名哉？不得已如是舉，義且時矣，在《春秋》雖書，無貶辭者也。義而仁焉，不亦可褒也哉？褒之不足則圖之，圖之不足則歌咏之，而情見乎辭焉。予獨即末流之敝，申以《春秋》之法，用告有位者云。

後樂亭記

夫上下分殊而同情，通其情則勞逸節矣。勞逸情異而本一，定於一則憂樂忘矣。《詩》曰“雨我公田，遂及我私”，下忠上之分也。《書》曰：“罔咈百姓，以從己之欲”，上愛下之仁也。上愛乎下，下忠其上，勞逸憂樂，各用其情，夫是之謂一體，夫是之謂大同，斯可以言治道矣。今之守令，古諸侯也。無田祿而食於人，孰非赤子之父母乎？遐方陋邑，視九重逖矣；勞逸憂樂，所戴者令耳。

吾芮邇來蝗旱相仍，辛卯、壬辰，大無麥禾。自後每歲歉恒倍，豐富者貧，而貧者半流亡矣。東川大夫殫心竭慮，還定安輯，憂民之憂，勞民之勞。乙未，下車，雨。丙申，作亭，雨。歲頗稔於恒，民亦憂公之憂，勞公之勞，趨事供賦之恐後，是故勞者逸矣，憂者樂矣，上下之情通而分定矣，由是亭成。豈爲游觀以病民耶？曰「後樂」，無教逸欲也；不志雨，弗貪天功也；上爲樓，曰「看山」，仰止之仁也；下引水爲池，流通之知也。面面洞達，豁胸次也；東山夜月，待明也；南塘烟柳，若愚也。西峰晚照，餘光也；中條秋色，有成也。池有蓮，君子之愛也；有魚，變化之象也。面植松竹，取其節也；環蒔花草，玩其芳也。書院前拱，欲以考德而問業；小山後挹，時以登高而覽遠，此亭之大觀也。

夫無教逸欲，克慎也；弗貪天功，克讓也。仁以澤物則廣，知以處事則宜。洞達而明，守之以愚；政成而光，持之以節，君子之能事畢矣。由是而變化，則不可測矣；由是而考德問業，愈崇廣矣；由是而玩物登覽，非游藝乎？學至游藝，則本末兼該，內外交養，作聖之功，不是過矣，於縣令也何有？然則浮議奚足恤？小勞奚足憚？安陋就簡之庸庸者，又奚足準歟？

亭作於是歲中夏，初冬乃訖工焉。材木磚石取之廢祠及罪者，民固弗擾也。大夫自爲序，發明義意切矣。又屬予爲記，統鑱諸石。大夫姓白氏，名世卿，字汝衡，秦人，己丑進士，學者因其號稱爲東川先生云。

嘉靖十五年歲次丙申仲冬朔日，平凉府通判致仕、鳳川子劉良臣記。

尚處士配徐合葬墓志銘_{刻《文集》内}

祭外舅恭靖先生同州李府君暨配孺人張氏韓氏之墓文^{〔七〕}

維嘉靖九年歲次庚寅三月辛卯朔越三日癸巳，平涼府通判愚甥劉良臣，敢昭告于外舅恭靖先生同州李府君暨配孺人張氏、韓氏之墓曰：

良臣受恩深厚，叨館高門。近以令器紹先之請，爲文謹述府君家世歷履之詳。仍採衆議，以恭靖題墓易名，深愧蕪詞，不足以發潛德之光。石既刻成，擇於是日竪立，謹具薄奠祭告，伏惟鑒享。

祭司命司竈司門司井司財之神文^{〔八〕}

維嘉靖十年歲次辛卯十月辛巳朔越十九日己亥，具官敢昭告于司命之神、司竈之神、司門之神、司井之神、司財之神曰：

仰惟明神，主我之生，資我之用。闔家動靜，咸賴神休。蕩蕩難名，永永垂佑。茲惟良臣初度之辰，年歲漸增，無任感戴。敬陳明薦，用竭微虔。尚享！

祭本宅土地之神文^{〔九〕}

後月朔，具官敢昭告于本宅土地之神曰：

惟神奠我居室，德惠無窮。今歲以來，小口多疾。賴神庇佑，幸皆康安。茲值仲冬，歲功告畢。若時報事，罔敢弗虔。蘋藻雖微，庶將誠意。俯祈鑒顧，永永垂休。尚享！

祭四弟文〔一〇〕

維嘉靖十二年歲次癸巳七月壬寅朔越八日己酉，兄具官致奠於四弟、故儒學廩膳生員劉良翰文卿曰：

嗟嗟吾弟，胡爲而至是耶？上而二親垂白在堂，下而二子韶齔在抱。年僅三十有六，學方潤及一身，而遽止於是耶？嗟爾之生，孝弟柔嘉，行無虧缺。文采光裕，業有成功。方正不阿，甘心窮苦。志多向上，屢躓秋科。使不奔走於衣食而專意於學，何所不至？乃竟中路夭折，百無所就，而遽止於此耶？

嗚呼痛哉！念惟我祖，自河中君以來，書種久乏。予得外祖簡惠之教，叨竊鄉科。出倅兩郡，碌碌無補。昔年以爾書來，得假給由省侍。方慶安全，兄弟自相師友。予棄置農畝以課諸子，望爾顯親亢宗，大吾門閭，竟爾已矣。

嗚呼天乎！家門不幸，一至是耶？肝腸寸裂，奈之何哉？弟亦何忍，永棄我耶？天時熱甚，柩車不可以久停。即日發引，葬爾南郊五弟之側，英魂文氣上徹雲霄。

嗚呼痛哉！弟其有知，幸歆顧之。尚享。

祭司命司竈司門司井司財之神文〔一一〕

維嘉靖十三年歲次甲午十月甲午朔越十九日壬子，具官姓名敢昭告于司命之神、司竈之神、司門之神、司井之神、司財之神曰：

惟我有家，仰賴神庇。富壽永延，居室奠安。衣食獲資，灾患恒禦。動作默佑，功德無涯。本擬春秋，歲兩修祀。連年荒歉，秋祭廢缺。不恭罪大，人口多虞。比者萬寶告成，農工休假。乃直良臣初度之辰，卜云其吉，謹具牲醴。祗薦歲事，用竭虔誠。維神鑒歆，永永垂佑。尚享。

祭本宅土地之神文〔一二〕

十二月二日，具官昭告于本宅土地之神曰：

良臣仰賴神庇，永奠厥居。茲維季冬，歲聿云暮。若時報事，罔敢弗虔。蘋藻雖微，用將誠意。尚其鑒顧，永永垂休。尚享。

代李顯道祭嫁母趙氏文二道

良佐不天，方在襁褓，喪我先君。祖憐母幼，奪志改嫁。良佐鞠于祖母，以迄於今。母以七十餘年壽終，賈氏屬纊之日，親受遺言。日月不居，奄及五七。夙興夜寐，哀慕不寧。母生平崇講內典，不敢陳以牲殽。恭獻素饌，敬爲上食。嗚呼哀哉！尚享，

又：嗚呼痛哉！吾母之不可見，今數月矣。昊天罔極，何以堪處？今值葬期，敬陳薄奠，少罄愚誠。靈其有知，庶幾歆顧。嗚呼痛哉！尚享。

代縣官祭許母高太夫人文〔一三〕

年月日，芮城縣某官某等，謹以牲醴香帛庶品之儀，恭祭於誥封一品太夫人許母高氏之靈曰：

嗚呼！女子之生，孰不爲婦也？而夫位冢宰兼太保，世幾賢焉。孰不爲母也？而子兩司徒二方岳，更莫肩焉。矧娟娟書種之靜秀，赫赫擢第於後先者乎？惟萬善之克備，斯五福之攸全。源深而流自長，言人必本於天也。惟太夫人名門淑麗，相府真仙。雖貴也而勤儉孝敬之不怠，既壽也而德言工容之莫愆。珠冠霞帔，夫而子，弟而兄，鸞誥稠疊；珍饈鼎食，子而孫，孫而曾，鵠立聯翩。踰八望九，福履如川。夫何孟司徒留都之薨逝，太夫

人聞訃而涕漣？痛切衷腸，疾竟纏綿。養遂捐於三釜，恩即賁於九泉。兆域之營，載申於繕部；吊祭之使，時遣於几筵。遠邇盡遺風而絡繹，鄉閭仰懿範而悲憐。生榮死哀，與世其永傳矣。某等竊祿鄰邑，晚進愚顓。沾膏丐馥，蓋亦有年。菲奠聊陳，罄下情之涓滴。尊靈不昧，來歆顧而下雲軿。嗚呼！尚享！

祭衆神文〔一四〕

維嘉靖十四年歲次乙未十月己丑朔十九日丁未，具官某謹祭告于司命之神同前。曰：

惟我有家，仰賴神庇。福壽永延，居室奠安。衣食獲資，灾患恒禦。動作默佑，功德無涯。比者萬寶告成，農工休暇。乃直良臣初度之辰，卜云其吉，謹具牲醴。祇薦歲事，用竭愚誠。惟神鑒顧，永永垂佑。尚享！

後二日，祭告於風雲雷雨之神、五土五穀之神、本鄉司屬之神、馬祖牛王之神、漢前將軍關武安王之神、隋嘉州守李清源君之神曰：

於維明神，陟降兩間，滋育萬物。禦灾捍患，澤被群生。所司攸殊，功德罔二。凡我有衆，咸賴神休。茲惟初冬，歲功告畢。若時報事，靡敢弗虔。某薄具蘋蘩，用將誠意。惟神鑒佑，永福無疆。尚享！

維嘉靖十五年歲次丙申十月癸未朔越十五日丁酉，具官某，謹祭告于風、雲、雷、雨之神云云。同前。

十九日，具官某謹祭告于司命之神云云。俱同前。

二十五日，具官某謹祭告于本宅土地之神曰：

良臣仰賴神庇，永奠厥居。茲惟初冬，歲功告畢。若時報事，罔敢弗虔。蘋藻雖微，用將誠意。尚其鑒顧，永永垂休。尚享！

校勘記

〔一〕抄本《文集題目》及《省後文集》單册封面書名皆題爲《省後文集》，卷内首頁則題作《省侍後集》。

〔二〕"秦之"四句：《荀子·議兵》："秦之鋭士，不可以當桓文之節制；桓文之節制，不可以敵湯武之仁義。"

〔三〕"骨"，《芮城縣志》作"股"。

〔四〕"子男三"，據後文所述，此疑爲"二"。

〔五〕"肖"，《芮城縣志》作"蕭"。

〔六〕"由"，《孟子·離婁下》作"猶"。

〔七〕底本原無標題，據《文集題目》補。

〔八〕底本原無標題，據《文集題目》補。

〔九〕底本原無標題，據《文集題目》補。

〔一〇〕底本原無標題，據《文集題目》補。

〔一一〕底本原無標題，據《文集題目》補。

〔一二〕底本原無標題，據《文集題目》補。

〔一三〕底本原無標題，據《文集題目》補。

〔一四〕底本原無標題，據《文集題目》補。

題《牧羊傳》

北山大夫爲夏逾年而夏治，攝芮纔數日，而芮民稱頌不絕口，何德化流行之速如是也？夫養己而不養人，言政而不及化，今之從政者孰非文中子之所憂乎？飢渴之甚易爲食飲，理固有然者矣。有孚德惠期月而可，豈聲音笑貌所能爲哉？大夫學純質粹，履道迪哲，思齊古循良於千載之上，作《牧羊傳》以自箴，辭雅意宏，惻怛懇切，蓋厥志勃勃未可涯云。

昔漢卜式以善牧羊對武帝曰：「治民亦猶是也，以時起居，惡者輒去，無令敗群。」帝奇其言，拜緱氏令，緱氏便之，不二三遷，至御史大夫，爵關內侯，賜金賜田，布告天下以嘉厥績。式可謂能踐其言，不負帝之任用矣。茲傳所謂良乘，田宜燥濕，即以時起居也。其屏虎豹，則又有埋輪當路之風，不但去其敗群者而已。試問其政，則明教慎刑，敦倫布義，不屑屑於簿書期會以取時譽。事無大小，必目閱手書，窮日夜弗怠。左右胥史如木偶然，刷弊湔垢也。恒矜入井之無知，均賦平役也，則欲藏富以益下，是故良者妥而悍者摧，黠猾者惴惴無敢萌，不可以威撼，矧可以私撓耶？

夫以道散民疲之時，而有好古達時之牧，障狂瀾而迴之，不亦鮮且艱哉？猗嗟！庶邦安得守令皆大夫若乎？宰衡監司，盍特最若而人以風四方乎？然則茲傳之作，豈非民牧之良師、民瘼之良劑乎？凡守若令宜各書一通以置座側可也。茲傳行異時兆牧人豐年人衆之夢，以隆昭代之治，則大夫德業之崇、波澤之深、名位之顯，雖踵伊呂而肩黃卓，皆其所有事也。區區卜式之遭際，又烏足道哉？

大夫名全，字伯才，姓李氏，號北山，內江人，己丑進士，即久淹於邑，而能安之無厭，足占其所養矣。

嘉靖二十三年歲在甲辰秋八月之吉，芮城鳳川子劉良臣題。

題馬簿《斫樹跋》

予讀《斫樹跋》，不覺粲然而笑，既而慨然嘆，已而欣然喜且幸焉。蓋周之所謂頑民，商之所謂義士也，非必盡飛廉、惡來之可誅者也。故《多士》、《多方》之拳拳告諭，周公知人心思商先王不容已者如此。大抵古之頑也義，今之頑也不仁。頑則無忿疾而已矣，不仁又何責焉？司馬溫公曰：“受人恩而不忍負者，其為子必孝，為臣必忠。”若視君親如路人，生死憂樂漫不加意，則所厚者薄，無所不薄，又何有於故舊交游？又何責以仁民愛物乎？竊幸吾民之離水火，餘固可略也。斫樹之過小，固不足挂之齒牙，甚頑之義大，予故發明之若此，以博笑云。

送黃同守還郡詩圖序

夫分土建官以主神人，賢與能乎？事神治民以克職分，敬與誠乎？茲固千古不易之大經乎？嗟嗟！君子奚疑憚而弗行乎？賢之言德也，自得以及人；能之言才也，裁度以立事；敬之言畏也，弗畏則怠生；誠之言實也，反實則偽作。是故德無不善，才有偏全，濟才以德，斯善之善者也。怠猶易見，偽或難識，飾偽亂真，斯惡之大者也，是以君子慎焉。夫自王澤熄而從衡肆，大丈夫之稱盈天下，陵跨巉岩，張駕洶湧，譸張為幻，胥虐胥戕。自以為得而卒不償其所失，自以為知而卒不免以自愚。抑孰若履坦途、蹈實地以上達者，終身無蹈溺之虞哉？是故動於物而泄泄然者，敬未至而內省疚也；染於習而揚揚然者，弗知誠而誣天人也。有能反經而從事於敬且誠焉，則神人有不胥悅者乎？

乾庵黃公以郡丞而攝令於芮也，爲嘉靖癸卯冬十一月至甲辰夏四月，不雪雨。公奮然曰：「神非人曷依？人非農曷食？農弗雨焉攸濟？雨弗降，二氣之罔和也。氣罔和，咎在長民者，豈刑罰乖而政不平與？徵斂橫而民不堪與？紀綱弛而狡猾肆與？冤抑滋而政弗理與？謳吟蔑而愁怨長與？有一於此，皆足以速戾而恫神，吾何以自解於民庶？」於是齋沐省躬，自怨自艾，蓋靡神弗舉，而靡念弗誠云。且面神而矢，約一日不雨則減常膳，二日不雨則免冠屏裳舍車而徒，三日不雨則徒跣拜伏遍於山川；群神終不雨，則枵腹裸裎，暴於炎日，誓以此身與雨爲存亡。

約已，次日雨，三日大雨，數日又雨。郊野渥如，道路嬉如，枯槁勃如，犁耰錯如，麥芃芃然，苗驛驛然。民大悅，爲之歌曰：「黃公初臨，開我曀陰。黃公將去，惠我時雨。」君子曰：「於是可以見天人之理通，感應之機捷矣。」至德三言而熒惑徙，出暴三日而甘雨降，豈欺我哉？民方仰公有爲而代者至，還郡且有期，民又爲之歌曰：「是以有所依兮，無以我公歸兮，無使我心悲兮。」

夫天道遠而難格，人情易於終怠。欲詳其易觀其難，欲審其來觀其去。公能格天於難，而感人於去，非所謂竭誠敬以主神人、克職分之賢能者乎？民無以爲情，乃繪圖歌頌，以係遐思。謂予老農也，不可以無言。又公必欲得予言，予方讀禮，歌不能成聲，特推誠敬在人之不可掩如此者以爲序，因警夫代之尚僞而自怠者云。

是歲夏五月端陽日，平涼府通判、辛酉舉人鳳川子劉良臣序。

延慶寺新置大部經典記

天竺之書自漢入中華以來，高僧名士翻譯推演，信口縱筆，極怪窮神。清净慈悲，明心見性之教；天堂地獄，輪迴報應之説。惑俗愚衆，充棟汗牛；琅函金書，不厭侈麗。蓋自謂其字字句句皆至理妙法，在在有神物護持，能誦習遵信者即作福解禍，欲一切衆生出離苦海，登彼慈航，成正真覺，爲人天師。所謂西方聖人，陰翊王度者是已。高明而文，如東坡、潛溪諸公，無不向慕喜談，不敢爲外道魔障，恐獲罪如來者，往往推援附入於吾儒，雖陷於自欺欺人，無所顧藉，豈若彼徒堅志苦行弗墜其教者爲可貴耶？

芮城縣西南百步許，有寺曰“延慶”，創自宇文周天和四年，歷隋唐宋元，或興或廢，九百歲於今矣。沙門清浩者投禮是寺，戒行精專，痛其教之不絕如綫，誓以興復爲己任，損衣貶食，哀財悉力，積日累月，可以有爲。乃於正德甲戌增修大雄殿，稍復舊貫〔二〕，僧徒雲集。又謂道以經傳，法以人興，有寺無經，猶若無僧，不幾於棄燈夜行乎？嘉靖己亥，偕其適嗣净鎰，不遠二千里，徒步京師，印造五大部經，若《華嚴》，若《涅槃》，若《金光明》，若《心地觀》，若《報恩》，餘若《地藏》《水懺》《法華》《孔雀》《金剛》《楞嚴》《藥師》諸品幾千卷，貯以静室，弗敢污褻。

乃曰：“吾徒於此，縱不能盡窮玄旨以超上乘，但能謹守以待善知識出，盡收三藏遺書，擴西方心印，作東土教主，布大慈雲，沛大法雨，俾有識含靈，沾潤弘溥，則浩於大慧，庶幾小補。”且範銅飾金像佛一堂，晨香暮燈，諷誦琅琅，鏗鍧杳靄，鍾磬幡幢，巍然燁然，熒熒煌煌，法教興崇，宗風振揚，蓋觀者改色而歸依倍常矣。由是上祝聖壽，下廣福田，似之引之，於萬斯年，遡清净波，孰不曰浩師其濬源也哉？有爲孔氏之徒者，剽時文以竊崇顯，博巨資以肆心志，顧於廟學壇宇之傾頹，屢過之而目罔睨視也，矧加志於窮黎、留情於經史耶？聞浩師之爲，不亦可愧死哉？

浩，字道源，大全斌公入室弟子，俗姓郭氏，西原人。其父業農，其兄爲儒。故學佛也，不敢忘孝弟，而恒與儒生游。今謁予爲記也，遂嘉之而弗拒。净鑑，字仲金，俗姓尚氏，西厢人。净銳，字仲進，俗姓段氏，孔村人。於是役皆效力不怠，而鑑又多才藝云。法得并書諸檀越姓名，載諸碑陰。

李孟和合葬墓志銘

嘉靖二十三年六月三十日，處士李孟和卒，其仲子藩司承差士周衰絰杖屨，拜謁桂樓，泣請墓石銘志。志曰：

處士姓李氏，諱景陽，字孟和，芮城上郭村人。曾祖好文，祖政，父聚，母王氏。孟和生而純謹倜儻，好施予。承父兄之積，力農幹蠱，日拓月益，傚先貲産，豐加數倍。縣大夫張公勸貧民麥種，孟和即輸百斛，無難色。張手置對聯，有輕財重義之褒，仍以彩紅鼓吹送至。張曹憲副以歲飢賑民，得孟和粟麥二百餘斛。又嘗以白金八十餘兩，補貧逋及遺失邊儲。東川白公、同守王公，皆以尚義表厥宅里。鄉人有稱貸不能償，即焚其券。其生事死葬外姑王之寡獨，及具妝奩完張朝經之妻室，咸弗愧郡縣之旌云。

配賈氏，同之朝邑人。父演，母王氏。成化十三年八月八日生，嘉靖二十一年二月十二日卒，儀行詳具墓表中。孟和生則後賈一年，三月十八也。子男三：士杰，義官；士周，即承差；士魁。孫男七、女一：杰生嵩，周生崙，縣吏；端、峰、嶺；魁生巍、峩，及一女。曾孫男二：曰講、曰書。女二俱幼。士杰等將以其年七月二十四日啓賈墓合葬焉。初，孟和之喪賈，而營新壙也，强走并銘及已。走曰：生作挽歌銘志，固稱曠達，然生不可并銘於死者，故特表賈。今孟和亦死矣，安得而弗銘？銘曰：

昔作壙欲同銘，今合葬弗爽盟。鬱鬱佳城，生氣是乘。而後聿興，斯文是徵。

送姚生良佑入學序 刻《文集》内

人皆曰今天下之文郁郁盛矣，故士之進也難於昔。夫士難進於昔，宜才賢之選鑿鑿乎精，而治效良愧於昔焉，豈非文有真僞而弗察，人之賢否弗甚辨與？未有真僞不分而能辨賢否者也，亦未有賢否弗辨而成治功者也。蓋昔之爲文也，潛心經傳，體貼義理，醇雅弗雜，故其人多循良；光明弗詭，故其人多正大；龐博弗僻，故其人多豪雄。夫是之謂真文實才施諸用，乃安往而弗濟矣。

今之文則反是，背經離傳，尚詭好奇，纂類綴緝，苟圖徑捷，用活套之冒頭附會經旨，攘總括之要語務爲博洽。譬之通都大賈，收故家敝器目爲商鼎周彝，工匠雕鏤土木銅鐵而飾以金珠，苟非真眼實見之主司，未有不爲其眩惑，輒酬以重值者矣。雖上焉者究其所歸，曾亦不免於唐宋叔季之習，間有一二老成極力推挽，杯水輿火，卒莫能勝。世以爲甚盛者，不知其爲甚衰也，欲求治效如昔，胡可得哉？

姚生良佑性敏而才清，侍予者數年。予嘗先之以孝弟忠信以立其本，繼之以誦讀潛玩以昌其學，實之以嘉言善行以要其止，文可進矣。乃三四試弗售於有司，儕輩獲升者咎其花樣違時也。生惑之，予曰：“秋水時至，溝澮獲灌溉之功，歲旱淵竭，江湖不能活魚鱉，豈江湖不如溝澮哉？物固係於所遭耳，爾惟勉爾之學以精爾之業，時至自達，勿患其合不合以徇時也。”生於是學益力。今歲一試，輒列優等。生始以予言爲信，人亦以是賀之。董事者托尉生來言曰：“佑也必欲吾師一教言。”予嘉其不逐於時也，故以爲文之真僞、士進之難易，及治效今昔之良否爲生

告，生其自此益務真文以充實才，高第顯官識治體者必勿於生靳
還淳反良之政。生其勿忘予言哉，生其勿忘予言哉。

賀張子入邑庠序

今富於財者，孰不欲其子弟能文章、取科第以圖顯榮哉？然
而十無二三者，有三難：子弟庸愚不可教一，聰察不肯學二，教
矣學矣而不得其道三。

大抵素無書種相傳，一旦崛起於田里，非其父祖積德累行以
昌厥後，子弟卓識特見無待而興，未有不墮於三者之中矣。故庸
愚者既無可教之資，雖誦讀之勤，督責之嚴，供給之優，意不能
發，筆不能下，茲固無如之何。聰察者挾財恃敏，口體是娛，志
力弗專，引類黨朋，資學濟欲，陋先忝生，寬則無忌而忘返，嚴
則益惡而生變。性資可教、志向知學者，假多財，慕虛聲，或不
獲遇良師，則趨時欲速，務末遺本，專事口耳，圖剽竊，誑惑父
兄，誇耀族里，問及經義時務，則瞠目張口而無答。悠悠泄泄，
歲與時馳，若是而曰能文章，欲超乎三者之外以償所歉，豈不戛
戛乎難哉？

西窰張氏者，族大而財多，擇子弟秀敏者，俾各遠邁從師問
學，焰焰盛矣。每遇歲試，瑤環瑜珥，靜娟相繼。今歲脫穎而出
者，曰緒一人焉。族之長老曰：“一子進，眾子將連茹而起，可
彈冠以相慶矣。”世所謂三難者，庶幾免夫？乃相與謁予，以言
爲賀，且欲因以爲勉。蓋張子之師李子，少嘗正句讀於我，而不
忘其淵源之所自也。張子氣清才敏，志篤力勤，李子每稱畏之，
教學之道得矣，予復何言？但事記誦剽竊以遺經旨，今之通敝
也。予故丁寧言之：“子能盡祛時敝，取法前修，致力義理之學，
由是友天下士，高科顯位，特易易耳。使異時稱張氏之良子弟必
子乎先，而張氏之雄於其鄉者，不獨以財與族而已。豈非今日求

賀言者拳拳之深意哉？與子同升者，吾門有姚子，予嘗以文之真僞爲其親友徵言者告，二子者各相叩其義可也。”

壽恬庵許翁七十序

夫富貴者，足欲之地也。今語人曰處富貴難，孰不以爲謬哉？然不知居養能移氣體，富貴易以驕人。今有偶贏百金，階一命，或能讀數行書，便志滿氣昂，目無老長，矧貴欲不可復賤，富欲不可復貧者十常十八，驕苟一作，雖才美如周公，不足觀也；崇高如國君，不足恃也，而可以易處乎哉？惟有真富良貴者，見大忘小，始能富貴貧賤處之一也，然其人亦罕矣。譬之金玉，天下之至美也，隱棄於砂石，至質弗損；追琢於冕裳，至文弗益。非若陶冶之器，雕鏤妆點，偶眩俗目，人終得而賤之。昔漢馬援以開國元勛連姻椒房，父子兄弟朱紫聯駢。其弟少游，則乘下澤款段，稱善鄉里，厭贏餘之苦求。玆其人視富貴爲何如哉？漢史既傳其事，後世凡紀述者，咸稱揚之不置。

桃林許氏恬庵翁者，太宰襄毅公之子，函谷司徒松皋太傅之弟，南墅都水默齋都憲之兄，其他兄弟子姓[三]，仕中外領科貢者，踵相接也，代稱世科世家，天下莫肩焉，方之馬氏有過無不及。翁獨慕少游之爲人，不通籍於朝。嘉靖甲辰壽七十矣，八月二十二日其生辰也。朱吕李氏上庠浚、邑庠注二生締姻翁門，來徵予言爲壽。予林野鄙人也，未嘗窺翁之門墙，然耳其貴盛則稔矣。問翁之行於二生曰：“翁隱德弗能悉舉，即概其捐地爲義塚，以葬客死之衆，及得其鄉人土地菩薩之稱，蓋仁孝謙慎人也。夫仁則愛物，孝則敬身，謙則弗驕，慎則弗怠。愛物則人己忘，敬身則本枝茂，弗驕則不物於物，弗怠則能恒其德，斯有真富良貴、善處富貴者也，斯恬庵之謂也。審若玆，則嗜欲烏能戕其真；紛華烏能蕩其志。厚積足以昌氣，恬淡足以凝神，陰德足以隆世澤，嗣續足以永富貴。無思無營，既安且寧，無憂者其惟翁乎？得衆動天美意，延年壽考者其惟翁乎？少游之子孫年壽不見於史傳，不知當時亦能如翁之兼備否乎？蓋自是不能專其美矣。」

二生曰：「頌人不當如是耶？請書爲序以獻。」遂書而爲《壽恬庵許翁七十序》。

贈梁孺人序

正德間，朱呂有李寧津公者，致爲臣而歸，其子公載、公養，兩以國子生待次而侍，幹蠱用譽，愉愉如也。嘉靖初，寧津捐館舍，喪葬皆以禮，蓋得其伯父素庵先生之遺訓云。嗣後公載幕階州，公養簿山陰。將之官，繼母蕭老且病。階州近塞，雜蕃夷，山陰涉江并海，苦炎濕，皆不可迎養。公載曰：「《禮》‘舅没則姑老’，吾妻爲冢婦，已受其家事之傳矣。吾兄弟今皆遠游，西北東南不相及，冢介婦皆出，吾母將誰托乎？」乃謀於配梁孺人，孺人曰：「是誠在我君，出而仕以盡臣職，妾處而養以盡婦道，禮也。」公載曰：「有是哉！吾何憂於母？又何慮乎家？」出而語公養，兄弟相與喜且泣。諏日，各之官。孺人朝夕奉姑飲食起居，未嘗委之婢僕。蕭母安如常，殆忘二子之遠游也。

庚子冬，公載以述職過家，蕭疾病，即侍湯藥，弗北上。未幾，蕭以壽終，凡百喪具葬儀咸悉。及公養奔喪歸，特受成算輸金帛耳。蕭葬未逾年，公載亦以疾卒。孺人哀毀之餘，家政益井井，教子益嚴於昔。人皆謂公載昔出若弗出，今死若弗死也，顧不可表揚以勵俗勸衆哉？於是，里族姻婭各走謁能言者爲讚頌，義相張鳳卿氏乃徵言於予。

予惟孝敬勤儉，女婦之四德也，然而有本末焉。夫孝以事親，敬以立身，所以盡人道；勤而無荒，儉而無濫，所以成家業。然能孝則敬至，能敬則孝恒，本之不可一日無者也。始勤則終逸，過儉則入吝，專於此則末矣。蓋本末雖相資，而本深則末自茂，未有能孝敬而弗勤儉者也，亦未有徒勤儉而能盡孝敬者也。孺人能孝敬於舅姑以當夫意，則勤儉不問而可推。觀其教諸子事耕讀、有官階，孰非本於孝敬之一念耶？人常言"女中君子"，若孺人者，殆其人與！殆其人與！

贈尚生入運司儒學序

古之爲民也四，後世則曰六，元又制江南人爲十等。古之爲儒也一，後世則曰三，元乃列儒於工伎之下。蓋元雖以夷亂華不足道，然亦其時之民之儒有以取之。若世祖之於魯齋，未嘗不以真儒上禮相尊待。薛敬軒謂"三代後，道學君子之遇合，未有如許魯齋者"有以也。今天下承平既久，民僞日滋，所謂民者非特曰六而已；文勝質滅，僞怪百出，所謂儒者非特曰三而已。正路蓁蕪，鮮克剔剪，傍蹊側徑，潛溢橫流，守正者淹，善巧者進，士生其間，非挺特之杰，蔑不爲俗所移者矣。識治憂道者，未嘗不仰屋竊嘆，顧所以挽之之力何如耳。

尚生一經者，勤力正學，不苟隨俗，屢試有司弗售，人或唁之，則曰："是不有義命乎？吾維精吾之業，當必有知己者，奚能從俗爲？"已而，吳皋侍御按河東，力以端士習振頹風爲首務，且面授經史奧旨於諸生，如家人父子之相與。至解得尚生，俾入運司學，作養復其家，鄉邦人士爭賀之。夫運司之有儒學，惟我河東爲然。以前元舊有學，正統間因奏而復設其制，比府焉[四]學焉。至今才賢之盛，府或有不能及者，非以司風紀提調者，先後諸公作之之力乎？於兹風靡波蕩之時，尚生爲吳皋所甄錄，豈非世道轉移之一機耶？安知自此以往不有魯齋、敬軒之真儒者出乎？予故歷道古今民儒之品之異有如此者爲生告，生其景行先哲，無變初心，無負吳皋之知己，斯爲邦家之光，吾道之榮，非特鄉里之耀而已。若以今日之進爲筌蹄，而終徇乎俗焉，非維吳皋之無休，抑亦今日賀言者之尤也。

周侯復令芮城記

周侯以武安縣令謫判沁州，當路者以判不足盡其才也，檄攝令於武鄉。武鄉有豪雕蠹鄉里，侯發其奸，置之法，蓋前守令所不能云。已而，侯擢令於芮。未幾，豪惡思有以報之，誣侯以贓，罷去。芮民之義者曰：“吾數年而得良令，乃爲豪惡誣去，吾力不能復吾令，非夫也。”於是號於衆，得百餘人，狀其事於巡按侯公，竟白侯冤，復令於芮。芮民喜動顔色，欲紀其事於石，具書持幣來徵記。鳳川子曰：“義舉也，可以彰往而勸來也，宜弗拒。”

夫金弗精不足以當火之百煉，玉弗真不敢以泣足之再刖。古之志士仁人，有始誣於一夫而終顯於衆人、屈於一時而申於百世者，亦惟盡其在我，生死常變以之，初不論其天之定不定也。若偶有爲而爲，勉强襲取於朝夕，而終不能不變厥初。或臨小利害，即動於物以徇時焉者，烏足以語此？故曰士窮見節義恭儉，豈可以聲音笑貌爲哉？侯初被誣於武安而謫沁，攝武鄉之政不改於武安，再被誣於武鄉而罷芮，求芮城之政不改於武鄉，豈非所謂死生常變不動於物而徇時者乎？侯今來矣，其必大慰斯民之望，無負諸知己薦保昭雪之心，操益勵而廉弗摧，公益溥而明弗夷，剪莠長穀，慎終如始，弗撓弗殉，必敬必誠，由是而郡，而藩而天下，俾異時秉史筆者大書特書不一書，斯荆陽之金，卞和之玉也，美符覆載傳矣。鄙言烏足爲輕重哉？姑記此爲之兆云。

九十翁焦處士墓表 刻《文集》內

鹽池督課詩圖序

鹽池督課圖者，芮鹽丁爲邑簿叵庵馬公作也。圖奚爲而作？德公也。鹽丁奚獨乎德公？以督課也。

曰：督弗嚴則課弗完，嚴以殘民則生怨，焉攸德？

曰：嚴所以成其寬也，寬則得衆，得衆則德公矣。

曰：嚴與寬判，政嚴矣，寬奚以成？

曰：俗之爲寬者，威廢而情狎之謂也。威廢情狎，原於摧廉而銷公。公銷則柄爲人持，柄爲人持則勤無勸而惰無懲，民斯害良矣，焉用是寬爲？秉廉則持公，公廉則政平而生嚴，嚴生則威立，威立則服事勤，服事勤則成功速，成功速則民脫戾而獲賚，脫戾獲賚則歸有期而人心悦，非所以成其寬而德公者乎？德公而情無以表見，此圖之所以作也。向督課者名實未加於上下，故每制於人。制於人則志弗伸而政隳，政隳則民無定主，無定主則雜害多而政務少。歲辦恒憂其不足，矧逋負償乎？叵庵以清才少年來簿芮，當路者爲用枉其才也。恒不以簿任，方攝令也而令之，及督課也而督之。轉運使不得制，鄰郡邑不得儕，伸縮縱橫無所問，故志行政舉，鹽丁子來課倍完於前日，豈非超逸夐駕之足，不爲尋常閑闌所羈絆而能一日千里耶？豈曰伯樂顧而價增已哉？圖而歌之，宜矣。

鳳川子曰：予於是乃重有感焉。今夫鹽，斯水之精英，及其利用也，資食於人，人煮海姑勿論。若吾池鹽，方其霖潦成淵，一望汪洋，寧知其孰爲鹽，孰爲水？且泥沙也，及時日既臨，南風載鼓，則皓皓百里，射天耀日，纍印剖珠，鍛圭棰璧，涌如坳如，不可名狀。於是哀歛合集，貢樣呈形，薦以玉盤，和以金鼎，上供御厨薦郊廟，中給公卿大夫士，下運舟車充囊負，以利閭閻，又貨厥直，助民賦以供國用，厥勛蓋赫赫云。其他擠於土砂，雜於泥淖，見者弗惜過者弗顧者，何限其初？豈甚相遠哉？有幸不幸耳。然則才賢之困於凡民，固成淵之鹽水也。及才呈蘊顯，又不能無御廚虀甕之分，土砂泥淖之棄，倖位遺珠，觀者嘆惋，治亂相尋，有由然矣。是故知而必舉，舉而必用，用而必專且久，斯可責其成功。此毛遂所以脫穎而定盟，孟明所以再敗而終捷也。叵庵初以超貢而出泥沙中，乃屈於宰鈞。既而申於臺憲，稍出緒餘於鹽課，即著偉績。他日鹽梅和羹，肇端於茲。益勤益慎，安位晦迹。勿爭能較功以取尤招妒，俾人知舉而任專，自可馴致其極矣。黃忠宣立功交南，為一代名臣，非起家項城簿乎？商高宗謂傅說曰：“若作和羹，爾惟鹽梅，爾交修予，罔予棄。”說曰：“學于古訓乃有獲，念終始典于學。”又曰：“有其善，喪厥善，矜其能，喪厥功。”叵庵弗棄衰朽，每下詢以求益，一得之愚，為叵庵謀則忠矣。其勿曰不自政而謀人政者，妄也。

山陰主簿李君墓志銘刻《文集》內

李懷山墳記刻《文集》內

答蕭蒙化詩四首，有序，二首刻《文集》內

兩辱左顧，兼惠過多，無任慚感。居憂以來，凡百禮節皆廢，所以車駕遠歸，未具一茗奉款，罪過殊深。又以哀毀日就衰老，舊學益荒落。曩者，東川公兩賜詩，不肖以歌不成聲，未敢奉答。忽睹來章，益見高處，且念念衰朽情德，益加拜荷極感刻。先妣大祥纔過，不能趨謝，然亦漸可以試歌咏矣。違禮忍哀，勉步嚴韵為四章詩，況尚惡殊餒飣，聊以奉答深情，兼致謝意，餘固不暇計也。

大旱思霖雨，滇南別駕歸。禾麻方茂好，珍玩自奇稀。舉世都論仕，何人得所依。此君還對此，誰定是與非！

多謝頻相顧，翻憐及早歸。闊懷吐未盡，教益領猶稀。扳請使接踵，挽留主莫依。多多嘉惠我，不怕傍人非。

謝馬簿親勘垓氏侵經界以正道路二首，

一首刻《文集》內

村郊飛蓋聽鳴騶，不是尋常汗漫游。小小下情勞我決，堂堂正路要人由。武城禮樂還驚喜，句繹要盟豈浪求？觸政已徵全禄印，壽鄉況許藉餘休。時予飲，馬行骰子酒令，馬曰：“壽。”予曰：“禄印。”

三四五六七言賀李生母

女子容，丈夫器。孝事舅姑，與父母例。周恤鄰里仁，順守修身義。理家化嗇爲豐，教子依仁游藝。男女效績古之制，貞勤罔不爲家利。

董孺人，邑庠廩膳李生之母也。閑家保富冠閭里，其夫君天禄雖蚤逝數年矣，內外益肅，囷囊益充。李生得盡力於學，無內顧憂，不特天禄之不死而已。縣二尹黃公以“孝慈貞勤”表其門，予因賀以鄙言云。

我歌鹽丁頌馬簿也

我歌我公，真我之主。誰敢侮予？優游池濟。
我歌我公，真我之天。風雨寒暑，日月常懸。
我歌我公，其廉如水。下無游魚，石子磊磊。
我歌我公，其公如衡。貧富遠近，誰重誰輕？
我歌我公，其明如鏡。妍媸分明，風恬境淨。

我歌我公，淑慎爾儀。我工告完，我歸有期。我歸有期，我家怡怡。我農我商，乃食乃衣。

我歌我公，無私無謬。惟天惟神，惟我公祐。禄位綿綿，孫榮子秀。載圖載歌，爲我公壽。《我歌我公》七章，五章章四句，二章章八句。

題畫菊金紫重光

柴桑愛菊愛隱逸，隱逸中含金紫胎。搖落不隨流水去，重光端自傲霜來。梅兄桂弟皆天秩，李白桃紅任地栽。把玩不知圖畫裏，恍疑坐對南山開。

冬日晴眺四首

情如霜後千林葉，興似春前萬物根。此興此情誰會得，空天午日無纖雲。

南畝蔓菁甜可食，北村社鼓遠堪聽。東鄰難唱西鄰應，四顧茫茫眼介明。

歲華歛處山光淡，日影移來雲自停。悵望中條連華岳，寂寥窗下不勝情。

忽聞靈鵲鳴東樹，又自樹頭飛下墻。好鳥面前已可玩，聲聲恰報壽陽妝。

已上乙巳年作

謝馬簿三首

向平多債未全償，藉得君侯日月光。金鳳傳觀誰敢褻？村氓稽首共焚香。

一旦村郊鼓吹喧，驚聞遠近里門填。兒童拍手還耳語，飛鳥潛藏不敢前。

金釵粉黛擁鳴璫，舞袖翻風聲繞梁。不管頭顱白似雪，阮郎却許擁劉郎。

代賀張朝覲冠帶

張子有財還有官，時人便不等閑看。始知丹桂在平地，只要英雄努力攀。

家世耕桑積困倉，土坡之下黃河陽。一朝天上沾恩寵，晝錦歸來倍有光。

春來萬物盡爭妍，雨露河壖氣更偏。細柳新蒲浮水綠，人人萃目覷河壖。

事業何須論大小，世人個個是奔茫。茫來畢竟身何益？閑處光陰得最長。

春日示諸兒四首俱刻《文集》内

春寒漫興刻《文集》内

尚氏敬思錄刻《文集》内

詩　餘

馬簿障詞

官執事。性敏才清，方壯已拔於超貢；器純度偉，未强即躍於亨衢。銓曹暫蹶霜蹄，岩邑牛刀小試。囊雖穎出，恢恢乎游刃有餘；鐵面見知，時巡鹽喻公見委，管鹽甚專。汲汲乎任專無貳。分庭抗禮，轉運爲僚。運司陳公亦甚禮馬。德布威行，郡邑仰視。絺綌汗暑，出入砂鹵之鄉；寶劍光寒，映徹牛斗之宿。功成不日，庶民子來。國課倍完，輿情允得。鸞鳳豈栖枳棘，休言矮屋不擡頭；風雲際會丹楓，要使閭閻蒙福澤。爰成詞調，佇看升騰。詞曰：

恒山自古稱雄鎮，馬，真定平山人。靈秀處，光生暈。丹砂赤箭未能當，此日況逢昌運。德門和氣，慶延祥召，一旦生豪俊。文章筆底風成陣，年正少，才名遒。驚人手段試山城，雲路從今發軔。都將經濟，他年盡展，看取三台印。——右調《御街行》

因讀陳文惠燕詞有感步其調一首

簾外低飛，庭前頻舞。呢喃梁上聲如訴。畫堂深處舊巢新，輕雲薄雨春風度。　嘴掠泥香，尾拂波痏。翩翩來往桃源路。烏衣王謝漫吟詩，長門不用相如賦。——右調《踏莎行》

檃栝四時讀書詞[五]

兒輩以舊書室四時詞，索書欲貼屋壁。然其詞不知作者爲誰，雖傳流已久，語句重複，意見淺近，蓋初學填腔作也。予因其意爲之檃栝，書以貽之。

春滿庭柯，雲淡風和。日遲遲、掩映烟蘿。鶯聲穿柳，燕尾拂波。正芳辰，宜賞玩，好吟哦。　歲月如梭，莫浪蹉跎，趁青年蚤取巍科。明窗静[六]几，奮志漸磨。讀宜勤，記宜熟，作宜多。

夏日偏長，草舍茅堂。樹陰濃、風細雲翔。輕衫短帽，小扇長揚。沉李鮮，新荷綠，矮梅香。　壯志昂昂，要擅文場，枕圓木起照螢光。進期達道，退自鋪張。五車書，三尺劍，一爐香。

秋入郊扉，風景攸宜。喜新涼、助我吾伊。雁歸湘浦，鵬運天池。月華明，風幕捲，汗青堆。　問道質疑，會友隆師，立脚跟向上無移。登高作賦，感興題詩。管教他，攀月桂，步雲梯。

冬日如銀，可愛還嗔。黄綿襖、只怕黑雲。一朝布滿，六出繽紛。起霜風，懸玉柱，鎖松筠。　舊學重温，益友陶熏，效游楊立雪程門。復生剥盡，蠖屈龍存。且圍爐，還展卷，細論文。——右調《行香子》

周尹朱吕堡障詞

天資秀敏，人品高明。拔俊京闈，問學已驚多士；歷官郡縣，仁聲又播三邦。鵷列待徵，牛刀小試。忽疆場之不靖，乃城堡之役興。顧我芮城，蕞爾退邑。東鄙一舍之地，曰朱吕村。居土著千指之民，離郡邑俱遠。四通八達，界河蔽山。素無數尺之藩籬，誰作一方之保障？雖狗鼠小虞尚頻警，倘虎狼深入抑何堪？幸遇明公，萬里長城是賴；棒兹羽檄，一方百堵攸成。雉堞明，樓觀高，觀者改色；門巷密，雞犬静，居者安眠。況外有固險山谿，只地利足以威敵服遠；而内有循良德政，可制挺以撻堅甲利兵。似此奇勛，真宜贊頌。爰成小調，用寫民情。詞曰：

山環水繞古封疆，明時久樂業，事耕桑。一朝羽檄遍傳揚，郡縣裏，都汲汲皇皇。　城堡謾經量，藩侯與郡長，選循良。渭涯令尹最才長，三兩月，便作萬年防。——右調寄《小重山》

李倉宰障詞

氣宇軒昂，才華磊落。南候一官小試，北倉纔轉即歸。幹父蠱而肯構肯堂，繩祖武而善述善繼。儲材具料，直定宿之方中；歲暇農休，乃堂室之再建。匠氏極斧斤之巧，後人效板築之勤。既合既完，美輪美奐。門容駟馬，啓秀應祥；厦廣千間，詒孫燕子。比鄰居者仰止，遠近望之巋然。官府乎，民居也，官民莫辨；富財矣，貴義焉，富貴斯真。托古調以填詞，效張公之頌禱。詞曰：

早梅開盡傲霜寒，透春消息江干。畫堂深處酒杯寬，朱履星攢。　風靜篆烟裊裊，天空雲翼閑閑。怡怡伯仲唱酬歡，橋梓清安。——右調寄《畫堂春》

王縣史障詞

孕秀多賢之里，儒業早修；傳經詩禮之庭，刑名旁達。匪刀筆之徒事，乃風紀之攸司。贊學政於京畿，已騰清譽；閑韜略於帥閫，更樹奇勛。卷結九重，階崇八品。爲民而圖捷徑，不辭枳棘之栖；脫穎而獲上知，頻有北山之委。既入鑒軍之幕下，又督轉運以輸邊。效勞蒙獎於憲臺，懸棒恒清乎郡邑。當爲臺輔之器，豈曰神仙之資？歡動縉紳，賀及黎庶。期成志業，爰調小詞。詞曰：

暑雨池鹽花盡解，水蝕墻傾，將作終年害。天使行臺憂且大，長才多少都行邁。　道是七溪王號尤可愛。喫熱效勞，冒冷行邊塞。彩幣花紅宜獎賚，醼臺千載芳名在。——右調寄《蝶戀花》

祭李顯道文

惟靈謙抑勤儉，老壯不衰。自襁褓而父喪母嫁，逮成童而誦詩讀書。二十年來，同予起居。後甫析爨，以卜鄰□。簡惠大父，遽爾云祖。嫈嫈孑立，形影相扶。既而有子，委禽於予。予出倅郡，弟家寬舒。及予省侍歸田，始能朝夕與俱。同事大母，翕翕愉愉。我女既殞，弟女及笄。乃歸我男，親結其縭。世世朱陳，唱塤應篪。兄弟漸入老境，兒孫膝下纍纍。向平之債將畢，相期白首追隨。一朝永逝，閭里驚疑。老淚如雨，忍視諸兒。敬奠一觴，寫我心悲。嗚呼哀哉！尚享！

祭土穀神文甲辰

於維明神，陟降兩間，滋育萬物。禦灾捍患，澤被群生。所司攸殊，功德罔貳。凡我有衆，咸賴神休。兹惟初冬，歲功告畢。去歲良臣以母喪在殯，衰絰悲苦。有隳祀事，今過小祥。凡事以布裹冠服出入，乃不敢以卑廢尊。暫易吉服，若時報事。蘋蘩薄具，用竭微誠。惟神鑒佑，永福無疆。尚享！

祭五祀文

惟我有家，仰賴神庇。福壽永延，居室奠安。衣食獲資，灾患恒禦。動作默佑，功德無涯。去歲良臣以母喪在殯，衰絰悲苦。有隳祀事，今過小祥。萬寶告成，農功休暇。直良臣初度之辰，乃不敢以卑廢尊。暫變吉服，祗薦歲事。謹具牲醴，用竭虔誠。惟神鑒歆，永永垂佑。尚享！

祭土地文

良臣仰賴神庇，永奠厥居。兹惟初冬，歲功告畢。去歲良臣以母喪在殯，衰絰悲苦。有隳祀事，今過小祥。凡事以布裹冠服出入，乃不敢以卑廢尊。暫變吉服，若時報事。蘋蘩薄具，用竭微誠。惟神鑒顧，永永垂休。尚享！

代黃縣丞等祭周尹父文

生世而壽考，教子而顯揚。此人人之所願，而公獲厥效焉。

式鄉範俗，箴官念民。此人人之所難，而公能允蹈焉。即是以觀，殆不必悉厥隱行，可知其德之攸好也。若使之司一官，效一職，寧肯為不道耶？蓋一鄉大老，德音是茂，令君其克肖乎？夫何迎養不逮，奪孝以忠。遽爾聞訃，為人人所痛悼也。惟衣衾棺椁，必厚必誠。得之為有財，令君之心亦獨可恔矣。某等侍令君之未幾，遭邦邑之不造。既不獲聽其箴言，又不能領其身教。雖視公若父行，而執紼哀輓，不能竭子分之微孝。此情此恨，又何可告耶？遙奠一觴，惟祈鑒照。尚享！

祭李甥梯文

嗚呼梯乎！才思湧發，少通經而文。天性孝友，克承顏以順志。方期跨竈而亢宗，豈曰繼志以承祀。奄爾一疾，竟止是乎？予初聞傳言，訪未得真。且驚且疑，以為或出於憎者之口所自也，既而果得其詳。肝腸如刺，在我如此。爾父爾母，情當何似也？嗚呼梯乎！而竟至是乎？第以衰軀泥塗，不能哭爾於喪次。蓋此痛此情，湍奔火熾，而莫知其所底止也。爾年雖未及長殤，然已娶而成人。可誄可諡，又豈可以常禮視乎？哀奠陳詞，爾其罔貳。尚享！

告先祠文 丙午二月六日

良臣父老病瞀臥牀，凡百家政，盡傳良臣。邇者，良臣第六女種玉，年漸長成，已許固安縣縣丞朱呂薛廷光第二子良策為昏。今日報吉，行納采禮，不勝感愴。謹以酒果香燭，用申虔告。謹告！

祭李山陰文

嗟嗟懷山，而至是耶？年來子雖夭折，孫甚岐嶷。且憂且

喜，正可觀頤。病方小愈，而不慎微。予嘗屢竭忠告，竟無益
裨。蓋天命之適然，在人心亦可疑也。若夫丈夫事業無憾，子孫
成立可期。諒瞑君九泉之目，匪獨我一人之私。七七之日，敬具
薄儀。遣兒來奠，君其格思。

祭薛丞母李文

於維大君，相夫而富家，教子而丞邑。幹蠱書香，繩繩蟄
蟄。固不必詳究歷履，而可占其賢德矣。孰不曰仁者宜壽，必百
歲而始極。是以固安乞休，欲色養以愛日。夫何倚閭之思未慰，
終天之恨遽集？惟必誠必敬於棺衾，備文極情於塋域，庶亦無遺
憾於今昔也。良臣邇者，締姻固安。高風縴挹，未獲一登堂而拜
謁，睹顏範以取則。嗚呼！暗中庭兮雲冪冪，鼓繐帳兮風淅淅。
奠一觴兮竭涓滴，情由生兮罔不盡。嗟俗尚兮盛文飾，於生死兮
竟何益？愧野陋兮儉而質，未審高門兮為得為失？冀感通兮笑莫
逆，來顧歆兮靈赫赫。尚享！

再祭李山陰文

嗚呼，懷山！去冬疾愈，起居復常，孰不欣慶？今靈輀祖
載，將就窀穸，又孰不傷痛耶？昔人所謂賀者在門，吊者在閭，
茲非其證耶？然而吾妹理家治喪，井井有條，天亦何嘗不定耶？
嗚呼，懷山！其亦死而不死，不幸之幸耶？嗚呼！人之於世，生
寄死歸，所貴者理直命正。若罔生幸免者，又奚以修短競耶？曩
君終七，僕嘗為詞，遣守兒薄申哀敬矣。今居三年喪，越禮而躬
致一奠者，亦曾子於子張哭而不吊之蘿[七]宜，為情稱耳。嗚呼！
尚享！

《奉椿集》後記〔八〕

癸卯秋，不肖喪先妣，至冬末始克葬，先君子殊無恙。甲辰春夏以來，有應酬之作，名曰《奉椿集》。丙午秋八月，先君不禄，冬初葬。後爲李懷山公養所作墳記、祭文，仍附此集者，以公養父子之卒，吾妹直讒邪之口，至是始定而襄事，亦先考生時所注意者也。若夫先妣先考喪葬記、志、告謝諸言，則爲《倚廬録》云。

丁未春三月廿八日識

校勘記

〔一〕《奉椿集》中有部分詩文，又見於《文集》。參閱《揚州集》與《兩秋唱和》校勘記一。

〔二〕“貫”，據文意當作“觀”。

〔三〕“姓”，據文意當作“侄”。

〔四〕“焉”，疑爲衍字。

〔五〕底本無標題，據《文集題目》補。

〔六〕“静”，據文意疑爲“浄”。

〔七〕“藿”，據文意當作“權”。

〔八〕底本無標題，據《文集題目》補。

薛耆士墓志銘刻《文集》内

張静夫墓志銘

　　處士諱廉，字静夫，姓張氏，世家芮之故任村。故任之張遷自永樂西元村，西元之張遷自猗氏柏坡村。其在金源時，有爲元帥諱忠者，季子曰德新，避兵亂始居故任，德新四傳而至士亨，士亨生元愷；元愷生鍾，娶韓氏；鍾生富，娶段氏；富生静夫，剛毅沉静，充斥先業，財甲邑里。遵父遺言，克篤友愛。兄弟四人，食指半百同爨，雍睦無間言，誠孝事母，承順無違，喪葬以禮，吊者大悦。戊子、壬辰，歲兩荒旱，張縣尹、曹憲副勸令出粟數百石以賑飢，應詔給冠帶，乃顧讓其季弟�鐣，而惟終老農畝。東川白進士宰縣時，以奉公等里，逋租無能償，勸出銀四十銖，表其門曰"尚義"。妻母劉老獨無依，則養之終身，備棺衾而葬，歲時祭掃無缺。其他輸財鑄武安王燎盆，修道清觀房廊，及助人昏喪，決人紛争等行，皆人之所稱揚。而閭里待以舉火者恒百餘家，一旦云亡，誰不哀悼？實嘉靖丁未正月二十一日也，生則成化庚子正月十一日，壽六十八耳。配姚氏，生子男二：師顔業農，娶李氏；師魯業儒，娶馮氏。女二：長適馬景仁，次適董守己。孫男三：汝嘉，汝粹，汝猷。女四：長適蒲儒生王舜民，餘幼。其仲弟前生員琅等，將以其年三月九日葬静夫於其村東先塋，偕師魯持蒲庠生寧子鯤狀來徵銘。銘曰：

　　弗賈弗商，而厚厥藏。克勤克儉，惟力本於耕桑。弗公弗卿，而抱厥能。維孝維友，施有政於家庭。三世同居，其得公藝之貽謀乎？式範鄉閭，奈何遽爾其云徂乎？吁！静夫！吁！
静夫！

尚朝用傳

君子之道，出與處而已矣。出則兼善天下，處則獨善其身。
故凡蘊才德而不用於世者稱處士，然情稱斯名亦鮮矣。往年，處
士尚朝用卒，其子太學生九霄嘗請予銘其墓，以狀有逸也，又以
西園上舍狀來請爲傳。蓋西園居常時口處士之賢不置，知其狀非
溢美也。乃按而傳曰：

君姓尚氏，諱文，字朝用。性穎敏，幼未就學，長好書史，
聞談及經義典故，即欣然聽之忘倦，久而遂通大義。一日，閱
《孟子》"自反而縮，雖千萬人，吾往"之言，遂發憤曰："吾先
世以寡弱爲人侮，自反豈不縮耶？抑未知此義耶？"乃動必循理，
又結歡士大夫以求益。由是鄉人日敬畏之，久益信服，咸就質疑
決爭，若素官然。

弘治間，高陽韓公爲縣令，處士爲里之長，衆推其賢，選都
衆里幹辦公事，剖決鬥訟，咨詢民瘼，咸當韓意。時有同役從政
里原相者，亦偉人也，韓奇其才，因問相曰："爾何如尚文也？"
相對曰："累十原相，不及一尚文。"韓由是益重之，每待以殊
禮。後之繼令者，踵韓之禮，有過無不及焉。又嘗以鹽籍爲礆司
之總甲，稍露鋒芒，即爲兩郡十邑之總管，與鄰邑委官相抗禮。
即是以觀，則其他細小群行，皆可推矣，庶幾所謂一鄉之真處
士與？

逸史氏曰：今之里長，即成周里宰鄰長，庶人在官食禄者
也。百姓休戚得與令丞咨議，勸導民間鬥爭，聽同老人理決，責
任最爲親民，非其人民斯殃矣。我聖祖良法美意，萬世所當遵守
者。在弘治時，若處士之惠及里人，爲令長所禮待，苟俾之爲守

令，豈不能惠及郡邑，而爲聖天子所禮待乎？君子之所貴，豈但位也哉？今膺是役者，以犬馬斯養是畜，以逢迎聚斂爲能，視閭閻之疾苦若罔聞知，求如處士何可得也？由是可以例守令矣。傳處士，爲食人之食者勸。

賀張維道序

承差，古無是名也，其成周氏行夫，掌邦國傳遞，媺惡之職與？今役之者，内維六卿，外維監司，郡守以下弗役也。故國初得叙用爲行人，然必才足以幹辦，言足以應對，本之以忠信，持之以悠久，斯克是役。厥後雖異其任，然方在藩司也，與州縣長吏抗禮。及丞大驛也，與州縣長吏埒富，是故富於財者不得志於科貢，必承差乎是圖，蓋無胥史案牘之勞云。候代藩司者動至千人，於此可以觀世矣。自夫入銀而獲游冑監也，科貢之途雜；自夫加銀而越次擢用也，吏承之途塞。守正待時者，終身不獲沾一命，奈之何？人不維利是尚乎？夫利者人之情性所不學而俱欲者也，矧道之使尚天下有不從風而靡者乎？是故未仕者常懷倍利之心，已仕者必求倍吾之利而後已。若索逋負然，計幾時而取贏，咸以爲當然矣。無怪乎由正途而無學術者多效其能，以爲子孫進用計也。謀國者方以法制簿書是程，而不知反其本以正之，可勝悼哉？

吾邑張維道者，豪邁士也。少志於學而難之，乃力爲農。農有餘積，乃商於關隴，執要握樞，目語額瞬，泉貨日湧。已而倦歸，曰：“大丈夫寧富財於室已哉？盍出緒餘發吾身，以效用於明時乎？”遂輸銀百餘銖，承差於藩司，給假歸省，與有司抗禮。行將加銀入官，得仕途之捷徑，鄉里親朋欣羨往賀。

邑庠侯生者，其姻也，乃以言徵予。予曰：“維道善服商，今進用有階，其以商之術術於官，以求倍其利，蓋其所素能而時所通尚也，奚以吾言爲？”侯生曰：“昔維道借商積財，圖有今日也。今維道借財發身，將行其義也。古人有入貨爲郎，賜侯關內，逆取而順守之者，卜式是也。兹遽可以商之術，定維道終身之價哉？願夫子賜以言而進之。”予曰：“誠若生言，匪獨可爲張氏賀，將爲吾道賀矣。弘治間，高陵有姚驛丞者，在蜀方伯連帥交畏之；聞喜有楊驛丞者，仕至河南藩司幕。維道思克繼其芳躅，俾聞其風者，頑夫廉，懦夫有立志，斯侯生之意不孤矣。”

王簿督完鹽課圖詩序

芮僻河山間，鮮往來迎送之勞，無戈馬烽烟之警，官於斯者可樂於卧治，民於斯者可安於耕鑿，昔人所謂擅有一壑者是已。年來邑事繁擾，官則厭若弗息，民則半棄耕鑿矣，而鹽政其最也。蓋民之籍鹽者，僅十之二三；而往役於醝司者，隆寒盛暑弗敢避，耕穡室家不能顧，歲蓋十九焉。清理督催之擾，歲無虛月，於邑之政得十之四五。其丞簿之承委歲辦也，冒寒暑，履沙鹵，比僚友之理他務者，又十之六七。故一得除目，或問及此，亡弗皺眉若遷謫者，乃咸以爲屬已矣。

夫鹽者天地自然之利，以資民用者也。王者權政以足國而助民，爲禁令以防争杜禍，一皆法天之道，而爲之設轉運以專其事而無預於守令，錯鹽丁於郡邑而優免其雜差，我聖祖法制至良也。今病於鹽者丁多逃亡，病於民者，反願投充，蓋必深有所畏惡於其間，而豈其得已哉？故爲州縣者，昔與轉運抗禮，而今甘俯首以爲屬；昔爲文移督催，今則專委官以董理。末流之弊至於如此，居今之時，爲今之官，非超邁通融之才，守一執中之操，未有不陷於偏且難者。邇日池中之變幾不可遏，而可視爲末務小失以長其漸邪？

戒庵王子初判吾芮，即有此委，其難其慎，勿怠勿苦，鹽課充而政聲張，上獎其能，下懷其德。分委義官張鍾秀倡於衆，繪爲圖狀，虛其上方以爲序，下方以爲詩，而來徵言。夫圖城市者，弗忘其所有事也；圖池中撈辦督課之狀者，志其勞且苦而喜其成功也；爲詩歌者，欲假物諷咏以舒其情，俟觀風者採也，叙者引其圖詩之所由也。夫利器別於盤錯，精金成於鍛鍊。忍難所以爲易，勞身所以逸心也。變而通之存乎時，義而裁之存乎勇。戒庵得變通時宜而家富於財，以清才妙年而官勇於義，其何地不可居？何職不克盡耶？或曰富懼其弗勞也，才懼其弗屈也。弗屈難於上，弗勞難於下，公何以政成而獲美譽？

予曰：“有其富則畏勞，恃其才則難屈。得變通之宜者，勞斯先之矣；充智勇之德者，屈斯忘之矣，此戒庵之所能而他人弗能也。成化、弘治間，簿吾芮者有三原李公，自簿而丞而令，一堂三轉，二十餘年，後調繁擢倅而去，百姓至今思之。以兹風靡波蕩，民窮財盡之時，而有戒庵，則三原不得專其美矣。”

《椿萱榮禄》序

仕恒患志不獲申，禄恒患養不及親，此人情今昔之所同也。若夫得百里之地而專之，展足擡頭，伸縮在我，迎二親之來而養之，承顏順志，愛敬無違，則幼學壯行，德教加而儀刑遠，豈非仁人孝子之所深願至榮而不可必得者哉？

蓋今之士，由科第而爲邑者，有親具慶，必期入爲臺諫，歷階卿相，榮名禄養，貤封褒顯於無窮，偏侍永感者未必不以爲恨焉。纔不得志於科第，便淹庠序間，及貢太學，登仕版，率入衰境，逮親康强迎養以禄者十無二三，所以子路有百里負米之嘆，曾子有萬鍾不及三釜之悲也。

鍾大夫年二十二，以超貢入太學，三十五令長於吾芮。雖未獲志於科第，而年力階資與科第埒。蓋我皇上中興更化，一遵祖宗三途并用之典，故有超貢之舉及風憲部屬之用，大夫由是與科第同升，皆其所有事也。其迎養松坪翁與余太孺人，咸直有喜無懼之年。畫舫安車，自辰水歷沅湘，覽荊襄之勝，泝伊洛之源，顧瞻嵩、華、太行之巍峨，北渡大河，旌旄鼓吹，集於河濱。大夫負弩前驅，丞簿師生拜迎道左。觀者填郭溢郛，謁鳴琴之堂者殆千萬人，尊莫加焉。大夫喜見眉宇，謝客易服，繡鷺銀魚，恭備五鼎，捧觴稱壽，拜舞膝下，養莫至焉。古人一日養不以三公換，況以百里之侯，色養於朝夕，天壤間至樂無以喻之，何物足換耶？

緝紳士唧唧嘆曰："賢哉大夫！何修而獲此？吾民何幸而獲福？茲顧不可稱賀耶？"大夫辭曰："毋嶠備員於此，顯揚襃典，異日不敢必，今幸獲盡烏鳥微情，庶補科第之缺，諸君幸惠以言，亦榮矣。"於是諸縉紳謀爲册，請曰："《椿萱并秀》可乎？"大夫曰："泛。"更曰："《椿萱榮禄》何如？"大夫曰："義斯備矣。"

夫大椿，以八千歲爲春秋，昉於《莊子》，言世久也。萱草，言樹之背，咏於風人，言忘憂也。故凡壽父者必稱椿，壽母者必稱萱。曰"榮禄"者，以禄養爲人子之榮也。且今制授一品之散官，始得爲榮禄大夫，豈非大夫父子他日所至之兆與？要之，立身行道其本也，持敬守一其要也。故曰："夫孝始於事親，中於事君，終於立身。"又曰："行父母之遺體敢不敬乎？"仕優不在於學乎？蓋松坪之少孤，能幹蠱承德，與太孺人之勤儉孝敬，創田宅，婚嫁弟妹，教子耕讀，皆有成效以爲鄉人師法，大夫得於庭訓多矣，又奚俟予言？特述此，爲群珠玉引端。

積慶堂説

積慶堂者，前訓科李君希舜貽其庶子昂者。予志訓科墓，所謂闢館供張縣大夫恃爲湯沐邑者是已。昂，字士仰，予未識其面，即訓科可以知士仰矣。士仰兄弟孝友，財貨充斥，皆訓科與其配晁慈孝仁厚之所積也。縣大夫鍾公往來其地，館穀之豐，不減於訓科生時。詢厥由，乃扁以是名，彩裝大書，具牲醴鼓吹，遣使送至其家，鄉里歆艷，兄弟怡愉。蓋地若增勝，而堂若增高云。

夫積之爲言集也，集聚衆善於一家也；慶之爲言幸也，幸喜德善而慶賀之也。天下之善多矣，非集則不能成；天下之慶多矣，惟善則慶有餘。積善在人，而獲慶在天，天人之理微矣，然亦未嘗歧而叛也。世患不能積善耳，不患不獲餘慶也。是故于公之高大其門，王氏之手植三槐，積善於身而責報於天，若持左券交手相付，天不可必於人乎？

士仰七歲而喪生母王，王方屬纊時，士仰亦感疾，嫡母晁，恐其增劇也，遷於別室，弗俾之知。及疾愈，求母弗得而號慟。晁泣置於膝，撫其首，慰以温言，愛逾所生。殆成立而無間。士仰所以事晁者，亦若不知其非生母也。其析産於兄士舉，無不泣且讓。視士之争入秋毫、兄弟相讐視者，奚翅雲泥？即此母子、兄弟之處之善如此，不必考群行，索歷履，可知其無忝於訓科矣。李氏之餘慶寧有既乎？然則是堂當相須以傳於無窮，其廉頑敦薄之風真可爲鄉邦世道勸也。鍾大夫之舉，豈細故哉？予故樂爲之説如此，德崇氏持是以往賀，可乎？二子曰："善。"遂書以歸之。

《雙節重光》序

《雙節重光》者，邑大夫鍾公爲朱吕王太孺人、張孺人姑婦作也。

王爲故太學生遁軒李世資之母，張則其繼室也。遁軒之父爲壽官公，歿於正德初，甫一紀而遁軒亦歿。當其時，其子今太學生浚未勝冠，縣學生滂尚未生，王泣謂張曰：“昔爾翁棄世，爾夫足承厥考。今不幸至此，我等雖存，如晝燭也，將奈何哉？”張含涕曰：“昔大〔二〕夫人能爲新婦姑，今新婦顧獨不能爲太夫人婦耶？且浚兒已能典謁，天若不殄李氏，新婦更生一男以佐浚，亦足以慰太夫人之懷。惟當順受以俟命耳。”逾兩月而滂生，王喜且悲曰：“生兒不見父，誰知二母苦？”識者因其言而易之曰：“生兒不見父，英奇有趙杜。”謂文子與祈公也，蓋吊者在門而賀者在閭矣。二孺人於是益相勉以慈孝，相力以勤儉，相濟以敬慎，撫教二孤以有今日，德業益充大於前人。鍾大夫過其廬必式曰：“是不可爲閭里勸耶？”遂大表其門曰“雙節重光”云。

夫節者，截也，截然而不可犯謂之持節，無過不及謂之中節。爲臣而忠，爲子而孝，爲士而廉，爲女而貞，皆是物也，故曰：“天地節而四時成。”光者，耀也，火生而有光而不用其光，故用光在乎得薪，所以保其耀，斯表者之義也。或曰：“富節易，貧節難。”蓋言順逆之勢異也，而不知夏侯令女不忍曹氏衰亡禽獸其行，魯文姜簞第朱鞶而豈弟如齊，是乃以節爲貧富順逆烏乎計？或又曰：“守節易，立孤難。”蓋言人己之分殊也，而不知伯夷餓死，卒守萬世之大防；程嬰繆詞，竟立趙氏之真孤，是乃以中爲難易，人己烏乎分？要之，能濟人之家國而不失己之節，斯人之所難而君子之所貴也。二孺人者，謂之一門二難，輝映百世可也。“雙節重光”云乎哉！

初鍾爲是舉，前太學生李西園公過予曰：“鄉邦嘉事，不可不以言賀，敢屬吾子，何如？”予曰：“代之巍堂所張，非高爵名家不以爲榮，某不足以辱命，敢辭？”翌日，復持贄來，曰：“某敢以贄强吾子，幸終賜以言。”對曰：“輕言者納侮，不揣其分者謂之妄，敢固辭？”李曰：“天下之堂，孰有高於許氏者？

子嘗以文壽恬庵，今若靳此人，或以爲異矣，敢固以請。”予辭弗獲命，勉爲衍其義如此。然技亦止此矣，公遠兄弟其收置敝篋，用覆醬瓿，庶不爲巍堂辱也。

常孺人表節賀序

表厥宅里，昉於成周，所謂旌別淑慝以風天下，以康兆民，要皆本於人情天道之同，然而非外人物之性以爲之也。蓋天地萬物一氣耳，氣之所具一理耳。理則堯舜同於塗人，氣則有偏正純駁之不一，故其所禀人與物異，而人又有聖智賢愚之等。首路同塵，輆途異軌，顧不有待於人爲，而可廢教學乎哉？淑慝之弗旌別，又奚以爲勸懲哉？三代以來，御民之術莫之能易也。我明隆盛，治教休明，興賢能，崇節行，皆大其坊里。然必録賢書，經奏聞，始獲上名天府，下有司而表之。顧遇合有幸不幸，在人有求不求，而珠遺滄海者恒多。近時良有司始有題扁其堂若門以彰之者，亦足爲風教之補，特不作大坊如制耳。行之既久，又多濫於有力者之私，而僞風漸作，人又稍不爲有無，惟情稱者鄉人咸樂羨賀云。

吾邑朱吕故義官薛名廷倫者，生時豪邁任俠，韓子所謂：言必信，行必果，已諾必誠，赴人困阨，世足多焉者也。正壯年而棄世，遺孤方童。厥配常亦少艾，慟絶而蘇。誠敬以事舅姑，慈愛以撫諸子，勤儉以理家，去飾以避嫌，雖飢凍相迫而誓以節死，人弗敢以再適撼搖。至若與繼姑同寢處，視妾子如己出，教良佑繼父官，能剖群疑，爲鄉人重，又皆彰彰在人耳目。縣大夫鍾公嘉之，題其門曰“節冠鄉邦”，人皆欣榮往賀。

董其事者李生焕來桂樓徵予言，夫天下之人有是非則有善惡，有善惡則有吉凶，一皆陰陽剛柔之義也。在《易》見於“爻象”者，凡陽剛多屬善而吉，凡陰柔多屬惡而凶，故曰：

"君子修之吉，小人悖之凶。"然修之之功，莫大乎智勇。蓋知吉者善養氣，剛毅者質近仁，淑慝之辯，節義之閑，豈佻佻嘐嘐、儇儇伈伈者之所能知能行哉？故不知此義者不可與之言，不行此義者不足與之言，又何吉凶之計耶？常孺人夫婦稟陽剛淳樸之氣多，故於節義之大知之真而行之勇如此，異時安知不有司風紀者爲之奏以大其坊里哉？大夫此舉，特爲之兆云。

李上舍新宅落成序

夫宅者，擇也。營居宅者，非惟擇其吉善之地，而尤貴於擇其吉善之術也。蓋有修身之道焉，《大學》之"潤屋""潤身"，《孟子》之"安宅""正路"是也；有慈孝之道焉，《大誥》之"底法堂構"，《大雅》之"貽孫燕子"是也；有恤睦之道焉，夫子之"里仁爲美"，五父之"親鄰"是也，茲非吉善之術之所當擇者哉？

故其宅之始作也，必審基址，集材木，鳩工師，勞心力，假以歲月，次第畢舉，而食飲之器，寢興之資，守衛之具，凡利於生人者缺一不可。匪富於財弗能，匪通於朝弗得。得矣，能矣，而陋巷陋宅，則車馬、賓客不能容，鄉里之觀弗壯，等威奚以辨乎？備矣，所望於子孫者，弗傲弗奢，世繼世守，斯善之善者也，然非善擇術者弗能也。苟昧乎此，而徒存誇己悦人，懷安恃財之志，必有輕祖無先，越禮僭分，戕人利己之爲，此公子荆之善居室見稱於《論語》，而魯侯之丹楹刻桷、築郎毀泉見譏於《春秋》也。

承平既久，民僞日滋，違式禁令屢下，而土木興作日隆。蓋惟以財利多寡爲崇卑，而上下恬然安之矣。其或有效尤妄作，不量己力，竭産罄囊以塗愚耳目者，又安知吉善之術爲何物乎？

陌底李上舍汝敦者，希舜訓科之孫，士舉耆民之子。訓科、耆民以慈孝聞，上舍得於庭訓，固知擇善之術，而泉貨日充，又能擇善地爲崇堂邃宇焉，親友咸賀之。予舊會友蕭徵庵與馮世德實董其事，來徵予言。予惟李氏之先，有文饒衛公者記平泉居曰："鬻平泉者非吾子孫也，以平泉一石一樹與人者非佳子弟也。"至後唐莊宗時，張全義一監軍，得其醒酒一石，衛公之孫延古，托全義求之，監軍被笞而還石，亦可嘉矣。歐陽公讀其記，猶以爲近愚。蓋人之所貴善遺以垂後者，在彼而不在此也。舉以爲上舍告者，期反惇風自吾縉紳始也，上舍、徵庵以爲何如？

《齊壽圖》記

《齊壽圖》者，芮城縣主簿王沛爲寮長我山大夫尊翁鍾封君夫婦作也。翁號松坪，厥配余太孺人，俱當始衰之年，爲我山迎養於芮。惟冬十月二十四日爲余誕辰，十一月廿六日則公誕辰也。繡幕重爐，三牲五鼎，彩服朱履，羅拜歡呼，玉振金夏，絲鳴竹咽，天倫極樂，宦邸盛集，祝者頌者，累牘連篇。沛特繪此圖，歌《萬年歡辭》一闋，效昔人放鴿籠吹笛曲之意。

夫盈天地間惟萬物，靈萬物者惟人，人之壽者惟仙，仙最著者老子、關尹子、西王母。在地壽者惟山海，在山壽者惟松柏，大椿八千歲爲春秋，蟠桃三千年一結實。龜千歲則巢蓮，鶴千歲則棲松。鍾山生千歲芝，園丘有不死木，皆壽物也。椿擬父也，萱擬母也，老人星者壽也；鹿者禄也，椿萱壽禄，龜齡鶴算者祝頌。靈鶴者報喜也，在松巔者高也，喜子高登、紫誥加封者期待也，圖咸備之矣，此沛之鄙私也。夫孝子之心莫願乎具慶，具慶之下莫大乎顯揚，顯揚之時莫貴乎悠久。享齊壽之樂者其惟翁之夫婦乎？盡顯揚之孝者其惟我山大夫乎？成悠久之善者其惟格天之誠乎？格天之道亦惟人乎？翁其推幼幼之心以教大夫幼人之幼乎？大夫其推老老之心以老人之老乎？沛亦願推長長貴貴之心，以長人之長、貴人之貴也。芮民得於觀感者，有不興其孝弟仁讓之心以復古西伯之化乎？同寅協恭之道沛亦盡其萬分之一乎？祝頌之大孰有過於是乎？乃屬鳳川子劉良臣筆之爲記，持以賀云。

附　錄賀詞

氣肅風寒，正三冬時月，百卉凋落。挺挺松坪，一色青青如昨。更媚椿萱壽樂，喜庭下、桂蘭灼灼。花縣裏、鼓吹喧衢[三]，翩翩舞鳳飛鶴。　蓬萊仙閣雲端，現老人星，仙子綽約。瑞靄祥烟，都道壽鄉寥廓。萊子斑衣戲着，看幾度、爛柯仙謔。縱然是、他地老天荒，常如今日矍鑠。——右調寄《萬年歡》

學張村創建上帝廟碑

芮城縣西十里，有村曰學張，張氏世居之。族大以繁，財雄西鄙，宦學相繼，農商相維，日盛以日，蓋慶積於先德，地鍾其靈秀也。思欲培壅其盛，得堪輿家說，宜建廟於村之左，蓋上可以爲國祝釐，下可以完固風氣，而凡祈禱拜謝者必之焉。其族之長曰龍者謀於衆，厥志僉同，遂沿里化資以倡之，不足則歛於其族。乃親董其事，而佐以某某，先爲正殿五楹，中肖上帝，傍列天蓬、天猷、真聖、翊聖諸像。後爲寢殿□楹，肖像聖母、火星、子孫像；左爲清源君祠，右爲武安王祠，各□楹。藥王、馬祖、牛王、土地，皆以次祀於左右。焚香有亭，鐘鼓有樓，享獻之殿，奏樂之臺，皆得以次告完。金碧煌煌，階闥秩秩，總費白金若干兩。經始於□□年□月□日，落成於□□年□月□日，巋然爲一方偉觀。朝暮令道士洒掃焚香，每歲清明節，招男女工樂爲賽會，拜路拜豆來祈報者，絡繹於途。其族冠帶生員宗孝，年近六十而無子，極誠盡敬，朔望期祝，二子肇生，人於是益靈之矣。

前生員鵬遠狀其事，來徵文于碑。愚維天地乃天子之所祭，諸侯以下不得而僭也，況庶人乎？維道教興行，玉皇、金闕、三清四聖之祀遍寰宇，蓋皆權輿於《周禮》五帝之説，因漢儒之誤而附會之也。且天無二日，而有五六帝乎？先儒謂天以形體言，蓋猶人之氣也；帝以主宰言，蓋猶人之心也。五方帝者，四時各有主宰之氣，猶人之五常之性隨感而應者也，其實一天帝而已矣。若日月、星辰、風雲、雷雨四類諸神，皆當領於天子之祠宮[四]，道家之流不得而與，斯禮之正也。末俗因襲既久，不能卒章，庶民亦惟焚香賽會致敬而已，固不得對越駿奔而祭之也。譬之天子行幸，或從官守土，長吏之下鄉，庶民進以飲食，不敢與之獻酬，斯亦飲食之而已矣。蓋禮之變而不失其正者，夫禮義於分固不可僭，誠敬於人則不可缺。《中庸》曰：“誠之不可掩如此夫。”《論語》曰：“敬鬼神而遠之。”要之，誠敬者，乃戴天履地、幽明始終之符也。張氏之族人竭其誠敬而神，人胥悦如此。若世世子孫誠敬勿替焉，則其盛殆不止如今日，而斯廟斯碑為不徒作矣。

賀王典膳序

夫典膳者八品王官，以滋味為職者也，即《周禮》膳夫、庖、饔，天子下士之任。屠蒯曰：“味以行氣，氣以實志，志以定言，言以出令。”豈細故而豈易和也哉？蓋滋味和則飲食正，知飲食之正味則知中庸之大道矣。故曰：“人莫不飲食也，鮮能知味也。”君人者之養氣體，莫要於是。

我聖祖立法定制養德也，則有翰院春坊養體也，則有光禄寺署，皆選名儒為之。其於藩府則有典膳，典膳之選用，則以光禄厨役年勞者爲之。厥後又有良家子弟入銀而授者。

近大工興，内帑告乏，大開入銀之例，生員則許以銀入監，吏承則許加銀取捷，典膳引禮則有見任候缺、遥授之差。銀因爲之隆殺，上藉之以濟大事，下賴之而不加賦，其法未始不良。顧末流之弊，富者影射以廣利，貧者徭役之日增，名利而實害。無怪乎在在告乏，而催科者日煩且慘也。不已則富益富，貧益貧，攤逃制作，灾盜迭興，能者勸借，貪者羅織，然則富者亦何利耶？

吾邑路村王君，富甲邑里，而流通不息，於人弗棄，於時弗乘，故人多樂其虛往而實歸，日伺其門者如市，歲爭輸其逋負，利倍十五。太史公所謂“不窺市井，不行異邑，坐而待收以取給”，蓋廉賈也。且上供九十壽母之甘旨，日夜無違；下榮諸子以冠帶，教誨有方。往年冢子官義，今年介子官典膳。典膳奉檄而歸，擇日爲具紗冠綉服，北望闕廷稽首謝，拜謁祖先，大會親友，車馬冠蓋，焜耀鄉邦，雖故農家，偉然縉紳氣度。李太白詩曰：“貧人唤云天下郎。”雖其言若激，要亦有徵焉。王君父子能和滋味於君親，以富不驕，於貧不損，爲邑貧富者免矣。君子於是謂其有本，維孝與慈是也。

謝鍾我山送《克己編》板書

某拙迂無似，出而不能有爲。年四十五，以母疾假給由歸田，省侍課農之暇，即事筆研，所著空言，久成卷册。蓋將用以自克因訓於家，非敢傳諸人也。

東川白公下車問政，而《克己編》適成，遂以呈覽，便蒙見賞，欲鋟梓傳布，僕辭以尚俟修改而止。今衰老矣，舊學益荒，技止於此，乃荷台候不鄙，捐俸資，遠招工匠刊布，且勞大筆題跋，不肖真有蒼蠅附驥之幸，且過爲謙虛，遜而居末。蓋德愈盛而心愈下，顧僕何人？何敢當此而何幸獲此耶？

昔呂文懿於一事考得本末，謂其門人曰："進我二階，不若獲此爲樂。"邇者工訖，辱教翰盛使，賜送備情極愛，纖息留心，且返犒工之資。拜領之下，悲喜交集，百朋之錫，無以云喻。即當設具，告我先人几筵，藏之祠側静室，模印以訓子孫。世荷台恩，奚翅二階之進乎哉？忘哀破禮，爲詩三章，遣豚兒隨啓申謝，東望公堂稽顙拜送，伏惟台鑒不次。

壽關母蔡孺人八十序

凡頌禱人者，必曰福壽。蓋福者，百順之名；壽者，悠久之謂，皆人所深願而不可必得者。得之在天，而爲之在人。然天地人物，一唯理與氣耳。人能全天所賦之理攸好德，然後能全天所禀之氣以享壽。觀《洪範》之"嚮用五福"，在君則係於極之建，在民則係於訓之行可見矣。是故王元之曰："古聖人之營壽域也，道爲土木，德爲版築，仁乎城，義乎池，慈乎雉堞，愛乎溝湟，恭乎扃鑰，儉乎門户，風雨不能毁，矢石不能攻。故其民無兵刑横夭之死，而皆躋於壽域。此事理之必然，而不可易者也。"

我國家聖聖相承，仁漸義洽，四海萬姓咸躋仁壽之域。二百年來，安其田里，樂其福錫，往往壽有逾八望九至百年者，若關母蔡氏其一也。即蔡氏有子有孫，足用康寧，享八十强健之壽，殆不必考素履，問鄉評，而德可徵矣。由是而釐而期，皆可逆睹。譬之松柏生於深林，沃以雨露，耀以日月，任其性天，無斧斤之戕，牛羊之踐，千百斯年，喬聳森森，固其所也。《詩》曰："維其有之，是以似之。"《易》曰："視履考祥，其旋元吉。"豈非可賀可勸者哉？族子關讜商氏倡爲賀舉，來徵予言，其亦知所以尚德，而非溢美者云。

與張澹泉書

某顓愚，曩恃知愛，出位妄言地方之擾，亦以爲講明義道一端，所謂議禮之家如聚訟也。不意粗心浮氣，誤犯台顏，獲罪深重。前歲托馬簿奉疏，未敢遽逆尊意，及見絕不答，始悟罪大惡極，不可掩解。方憶肉袒負荊，席藁待殛以謝，而先妣從吉未幾，先考凶禍接居倚廬，罪與日積，何云可逭？近以敝縣主鍾我山下山村問政，僕以拙搆呈，即蒙賞冠篇高作，袖歸板行，獲藉附驥之幸。蓋執事恩德如天，而不肖獲罪無地，幸知己而不知量，若非不屑之教，何以知改過自新耶？蘧伯玉行年五十而知四十九年之非，富鄭公八十書座屛曰“守口如瓶，防意如城”，豈非克己者當佩爲韋弦耶？惟尊候擴休休有容之量，宥區區無心之失，僕當自此緘口捫舌受教，無任哀感之至。印訖《克己編》一册奉覽，統惟照亮。戊申四月。

與李公道上舍書

先素翁潤塾孝行之高，才名之著，不肖素所敬仰，不幸天奪其算，未獲顯榮，不肖未嘗不恒痛悼，每愧力薄望輕，不能補助。張永之其濫載《縣志》者，又多是非亂真，適以起人之嘆恨。近聞執事極力成此門，不負孝皇盛典，足占世孝世德，鄙懷庶可以少紓。昨得對聯之命，遂欣然授筆書上，忘其身服衰絰而居倚廬也。草草不能達意，且呵凍筆，書亦不整，幸改用之。對云：游胄監，盧親塾，孝行文名同父子；大門閭，昌似續，恩光福廕契天人。

哀哀集古詩句哭吾父母也

哀哀父母《蓼莪》，悠悠蒼天《鴇羽》。受天之祜《桑扈》，胡不萬年《鳲鳩》？寤寐思服《關雎》，泣涕漣漣《氓》。

瞻望父兮《陟岵》，無父何怙《蓼莪》。我心傷悲《草蟲》，涕零如雨《小明》。天降罪罟《召旻》，誰謂荼苦《谷風》。

天之生我《小弁》，生我勞瘁《蓼莪》。兄及弟矣《斯干》，譖言則退《雨無正》。伊誰云從《何人斯》，使我心痗《伯兮》。

瞻望母兮《陟岵》，莫我肯顧《碩鼠》。畜我不卒《日月》，不可以據《柏舟》。念我獨兮《正月》，泣涕如雨《燕燕》。

母也天只《柏舟》，無母何恃《蓼莪》。瞻望弗及《燕燕》，克禋克祀《生民》。潛焉出涕《大東》，夙夜無已《陟岵》。

父兮母兮《日月》，生我劬勞《大東》。未堪家多難《訪落》，適彼樂郊《碩鼠》。哀鳴嗷嗷《鴻雁》，予維音曉曉《鴟鴞》。

《哀哀父母》六章，章六句。

送馬簿歸平山 刻《文集》內

賀劉司訓雙生子 刻《文集》內

《椿萱榮祿》册

大椿一季八千歲，不計人間元與會。北堂萱草解忘憂，靈根秀葉超凡卉。一朝會植孤松坪，奇枝早聽上林鶯。轉看河陽縣裏花，參天異日架明廷。明廷架處作霖雨，山城先沐恩如許。三牲五鼎日承歡，銀帶繡裳膝下舞。餘波渺渺還汪洋，孕秀鍾靈辰水陽。森森丹桂飄蟾窟，煌煌鶯誥映高堂。蒼生此日多塗炭，移孝推恩慎勿憚。牧愛能分宵旰憂，敬親寧肯將人慢？昔我為親出倅時，維揚迎養塞垣違。乞歸省侍二十載，顯揚無分徒何為？嗟嗟二親今已矣，終天之恨何時已？題君此册羨君榮，丈夫事業須魁偉。

王簿鹽池督課圖刻《文集》内

松坪高壽鍾封君夫婦〔五〕松坪其號也

松坪高，數千百仞凌青霄。我山鍾尹別號也。巍巍蟠其下，熊頭時住二山名，在辰溪。皆兒曹。大酉小酉相鼎立，二山名，在辰州辰溪。十洲三島同游遨。奇葩異卉盡逞毛髮媚，竹塢柏臺恒爲蒼翠交。霜風凛凛柳風和，千岩萬壑淅淅聲如濤。坪高高兮松青青，余難老兮余翁内姓。鍾長鳴。慣栖仙鶴枝頭滿，屢食蟠桃羽翰生。山即我兮我即山，我山誰敢妄躋攀。丹霞翠壁朝夕互掩映，長材巨木錯落五雲端。松之坪，山爲我，雄鎮江湖如岳隤。興雲致雨潤霞方，蘇息萬民出烈火。萬民祝頌口成碑，早晚恩光下玉墀。野叟載歌松坪高，綿綿福壽無窮期。

北野蕭倅以詩見憶用韵答之四首，俱刻《文集》内

和答北野讀松坪高之作刻《文集》内

謝北野數顧訪刻《文集》内

北野春日見訪馬上口占用韵答謝

不夢東華道，竊思馬少游。夜深頻換盞，春淺倦登樓。大郡文章客，蓬門車駕稠。何曾論得失，真不是時流。

愛民須學道，千古仰言游。伯起四知館，元龍百尺樓。霞光夕欲散，春色曉來稠。今日中朝彦，誰稱第一流。

　　附：曉日城西道，春風試壯游。興隨竹葉盞，心在桂芳樓。爲愛青雲客，爭憐白髮稠。寧知劉夢得，陶謝舊同流。

元江遠送北野子之官有序〔六〕

元江遠，鄰交緬，西南夷夏重門楗。帝德弘敷萬里餘，千年誰復說蒙段？行不裹糧海不波，羊腸九折皆平坦。

元江遠，蕭郎行，輕車熟路不須停。懸弧便有四方志，異域封侯班仲升。拔劍高歌對尊酒，丈夫不戀兒女情。

元江遠，山水好，玉臺目樂元江二山。峰縹緲。石間迸出溫玉泉，禮社之江向城繞。紫檀黃薑烏蘇目，蟒蛇膽虫孔雀鳥。吾儒元不厭清貧，象齒南金任渠寶。

元江遠，地氣偏，三伏暑熱非中原。殊風異俗要隨宜，水若太清魚不淵。忠信篤敬終身符，仁人孝子難求全。

元江遠，太行高，相思相望路迢迢。晝繡過家躬祭掃，承恩倅郡獨賢勞。賢勞莫作北山賦，銅柱還將勛業標。誰道遠臣無近澤，徵書早晚下丹霄。

北野奇男子，慷慨恢廓，有萬里封侯之志，兩倅滇南無難色。予作此於臨岐歌之，以壯其行而鼓其氣，至五疊而不厭。蓋不獨若昔人三疊陽關區區以惜別也。安事一室者，惡知豪士之志哉？

李孺人障詞

閨房秀質，右族賢聲。以道相夫，夫亡而家規益整；以文教子，子成而督課猶嚴。殆彷彿孟母之三遷，不但說梁妻之舉按〔七〕。已嫁而能孝能友，饒財而克儉克勤。內外咸宜，工儀俱備，真主家保富之母，吉孰大焉？作族里相內之規，譽斯播矣。黃丞初表其宅里，鍾令又大其門楣。彰往所以勸來，崇今欲以追古。觀者改色，賀者填門，遍假文儒。

積善堂中賢母壽，令子賢孫膝下秀。舉杯高唱醉天仙，宮一奏，商一奏，瑞靄祥烟彌永晝。　　滾滾財源日輻輳，門外時聞車馬鬥。高楣大扁孝慈勤，名家胄，閭里右，還看天公默造就。

——右調寄《天仙子》

春日課諸生

和風遲日午雲祥，校閱群英一日長。面面文鋒千里壯，堂堂筆陣萬人強。理精辭暢爲經義，濤湧源深是論場。時務便須識治體，明年端望繼書香。

謝鍾我山刊《克己編》三首，二首刻《文集》內

東川白，我山鍾，二公相契不相逢。好誼崇文風韵同，姓名都在碧紗籠。西郊衰朽鳳川翁，拙編成始今成終。短咏長歌尊酒空，兒孫世世荷帡幪。眼前白日飛西東，警迷發聵聞晨鍾。而我欲賦辭易窮，吁嗟乎，筆端安得吐長虹。

嘆　息

嘆息重悲辛，觀風者何人？民風久不採，民瘼何曾聞？在在稱愚谷，時時強飲醇。正言作迂論，財貨可通神。問天高不語，叩地厚無垠。只見貪夫富，誰能貴而貧？冥間幾處鑄，橫財當爾身。西風莫障扇，四起元規塵。獨夫心益固，認妄驕成真。本自撩人怒，翻疑妒婦嗔。天意苟如此，君卿浪費脣。

和鍾縣尹喜雨十首

百里皇皇大地乾，一朝甘雨萬人歡。陰陽感應如聲響，令尹元來是好官。

濟弱鋤強勤撫字，芮城幸借寇君來。精誠祈雨便得雨，遠近從今笑口開。

伯起真能畏四知，美顰元只在西施。若教里婦蹙眉效，終是妍媸兩路岐。

滂沱一雨下龍墀，正是來牟半死時。山縣民依真父母，東西南北欲何之？

眼看驥足躍亨衢，人事天時定不虛。莫道天人昭感格，名情端的要相須。

當年西伯築靈臺，萬姓歡呼若子來。元是與民同樂處，況於國內察祥災。

無恒只欲約爲泰，有本自能實若虛。求道還須自孟子，薦賢何必用專諸？

半年無雨奈憂何？十室民窮九室多。一旦溥沾新雨露，兩岐五袴爲君歌。

山城百里布仁風，風雨時時自感通。只看郊原好風雨，便知閭巷抹民窮。

送窮終歲尚容窮，焦爛還資一溉功。十首珠璣茶一盞，詩壇獨步我山翁。

美人圖爲鍾尹作

眠遲早起憐花月，花月清香本自宜。月印蚌胎成珠顆，花徵蘭夢衍螽斯。謾看織手盆中掬，喜聽嬌聲掌上持。三女古來稱美粲，畫圖今更羨三奇。

謝鍾尹惠柏板

奉謝賢明縣大夫，村翁何幸藉吹噓。惠來佳板真無價，不是尋常雨露濡。

天雨已先沾潤澤，高情偏又荷恩私。窮途深愧無能報，只有銘心兩首詩。

六月六日暴雨水傷田家六首雜言三首

刻《文集》内

薄麥不能償富豪，官租無辦憶奔逃。晚禾得雨如蕘草，老少田間盡日薅。

老翁不識今年水，水沴元來更異常。倒屋漫田重傷害，貨財一旦成空囊。

利物終爲利己地，媚人豈可殺人爲？漢宣最是厲精主，却被王成户口欺。

水後連日陰雨至十一日西風大作寒氣逼人田夫無綿衣者不敢出郊禾亦被折果實搖落葉若秋零因紀一律一絶

西風六月頓生寒，撼樹催苗嫩葉乾。竈下葛衫亦欲易，田間布襖尚嫌單。極貧到骨何須兆？咎急無容更造端。郡邑誰能重修省，老夫懷抱幾時寬。

歸獄追非厥水寒，京房《易傳》曰："歸獄不解，兹謂追非，厥水寒，殺人。"注："歸謂歸罪過于民，不罪己也。"一曰："釋有罪之人而歸無辜者也。解，止也。追非，遂非也。"慢神逆令更多般。《五行傳》曰："簡宗廟，不禱祠，廢祭祀，逆天時，則水不潤下。"説者謂："不敬鬼神，政令逆時，則水失其性。霧水暴出，百川逆溢，壞鄉邑，溺人民，及淫雨傷禾稼。蓋水，北方，終藏萬物者也。"去年没溺汧陽縣，丁未七月事。略帶些兒警庶官。汧陽縣官皆被害矣。

賀鍾尹得管糧道獎勵

上官悦獎下民安，第一勤能第二班。來文公第二。從此定須居第一，豸冠驄馬入臺端。

嗷嗷赤子賴君安，落落風標玉笋班。霜雪之威已遠布，却將春色入毫端。尹詩有"益如自修行端端"。

珠玉推敲字字安，身名元是紫宸班。憂民憂國還經濟，遺我偏多錦綉端。後二首答鍾和句。

又專賀

催科撫字兩心勞，嬴得聲名自此高。白日琴清翻舊調，紫垣課最寵新褒。謾言山縣驊騮伏，佇看雲程彩鳳翔。聖主若虛前席問，爲陳民苦是攤逃。

時事嘆

倡優楚楚綉羅裳，士庶巍巍眷獸堂。罪過不於富室問，差徭只合貧兒當。仕途捷徑莫如買，平地起家多是誆。更有一場堪笑處，書封明白送真贓。

和答鍾我山咏鹽丁四首，俱刻《文集》內

賀王丞奬勵刻《文集》內

賀鍾尹二首

壽域築成千載防，霞杯清泛菊花香。楚天漠漠遙瞻望，魏闕依依荷寵光。百里桑麻還長養，四山狐兔盡潛藏。老懷期祝無他說，好煉丹砂紫翠房。——右祝壽

壽前端喜夢蘭徵，公生前一日生子。壽後當爲夢熊升。官邸如君能有幾，人生到此更何營？啼聲定試充閭慶，指字應成跨竈名。愧我無緣食湯餅，看專明歲賀徐卿。——右賀生子

蘭夢鍾祥賦有序[八]

大凡事物之來必先有兆，而後有徵。故王氏之三槐，取必於數十年之後者，豈一時之倖致哉？蓋德修於身，責報於天，無毫髮爽，斯固理之必然，而天人俱定時也。鍾大夫積學累行於家食，仁民體國於宰邑，其爲宗祧之培也厚矣。今生佳兒，異時必亢宗無疑也。作《蘭夢鍾祥賦》爲大夫賀，大夫諒以爲實錄云。賦曰：

緊楚畹之滋蘭兮，比君子而號國香。生階庭如琳瑯兮，與椒桂其同芳。蒔砂石兮沃茗湯，芬襲人兮江之鄉。雜壤不可以亂兮，守貞介而保天常。靈均紉以爲佩兮，陋桃李之爭春陽。朝墜露之可飲兮，夕菊英之共嘗。昔鄭文之有妾兮南燕姞氏，燕有祖伯鯈[九]兮夢爲天使。手持蘭以賜之兮，曰以是爲而子。天啓之以進御兮，乃徵蘭以爲志。後千載兮，姞復降於北燕。唱回風兮，體綽約如天仙。晉大夫兮楚之賢，羌邂逅兮瑤池邊。念宗祧兮時過丁年，索靈氛兮占以成言。曰兩美其必合兮，更宜男而作之天。辭帝閽而西牧兮，祈郊禖而及山川。敬天兮勤民，積德兮累仁。越三載兮歲戊申，月壬戌兮日庚寅。佳氣鬱葱兮瑞靄勻，夜纔二鼓兮雞[一〇]鳴晨。厥聲非惡兮祖生識真，孔釋抱送兮天上麒麟。英物啼聲兮試若充溫，郊野騰歡兮遙謝蒼旻。永言配命兮惟我令君，多男多壽兮福履駢臻。亂曰：蘭之芳兮，厥鍾祥兮。奕葉光兮，而永長兮。

予爲此賦，欲俟彌月爲賀。賦成而子殤，又悲而吊焉。然則今日之吊者，又安知不爲他日之賀乎？斯固理之常耳。大夫索稿，錄呈以俟大夫覽之。其勿以刈蘭而傷往，尚期明歲徐卿之句以徵來賀也。徵則表冊卷則爲書之。十一月長至前二日識。

校勘記

〔一〕《奉椿集》中部分詩文又見於《文集》。參閲《揚州集》與《兩秋唱和》校勘記一説明。

〔二〕“大”，據文意及後文當作“太”。

〔三〕“衢”，據文意當作“道”。

〔四〕“官”，或疑爲“宫”。

〔五〕此詩又見《文集》。

〔六〕此詩又見《文集》。

〔七〕“按”，據文意當作“案”。

〔八〕此詩又見《文集》。

〔九〕“饈”，《文集》作“脩”。

〔一〇〕“雞”，《文集》作“鍾”。

銓 試

論

務決去而求必得

君子欲自修者，在絶無人欲之萌，而實獲天理之安焉。何則？天理人欲不容并立，而自欺與自慊實相反也，況夫一念之萌，而可差毫釐以謬千里哉？蓋意者心之發，心者身之主，而身又家國天下之本也。欲自修者，知爲善以去惡，則當實用其力而禁止其自欺。使其惡惡則如惡惡臭，好善則如好好色，皆務決去其自欺之念，不使萌於胸中，而求必得夫本然之性以自快足於己，不可徒苟且以徇外而爲人，則內外昭融，表裏澄徹，而心無不正，身無不修，家國天下可從而理矣。自修之首務，孰有加於此？大學之要關，孰有過於此哉？請暢子朱子之旨。

唯天降衷於民，其性本善而無惡，其情莫不好善而惡惡。但爲氣拘物蔽，存焉者寡，而善惡始遠矣。聖人者能盡其性，安得不爲大學之教，使其明德復其性，以同歸於至善之地耶？是以始之以格物致知以啓其明德之端，繼之以誠意正心以致其明德之實，而誠意爲首務，尤不可以不加謹焉。蓋意者心之發也，迹雖未形，而幾則已動，人雖不知而己獨知之，天理人欲之途，輒於此攸分。向也格致以求至善之所在，今既知其所在，則當由正路而居安宅，不可舍曠於他岐也。善本吾性之固有，則必誠心以爲之，由中達外，爲善而至於真有善，必如好好色之真，務以足乎己之目，一毫之自欺不使存於念慮。惡本吾性之所無，則必實心以去之，由中達外，去惡而至於真無惡，必如惡惡臭之誠，務以足乎己之鼻，一念之偏妄，不使雜於胸腔。自欺其決去而自慊其必得，天理人欲之辯，斷斷乎其昭明也。私意其退祛而至善其躍如，爲善去惡之念，鑿鑿乎其真實也。

曰務，曰求，則吾心之所致力者在此，如飢之欲食，渴之欲飲，而兢持之弗違；曰決，曰必，則吾心之所專主者在此，如行者赴家，食者求飽，而勇往之必前。湛乎止水不足以爲清，昭乎日月不足以爲明，巍乎泰華不足以爲高。天君泰然，而百體從令；尊爵良貴，乃克備一身。由是行之於家而家齊，推之於國而國治，達之於天下而天下平。君師之責自我而立，政教之行自我而準，何莫非自誠意中來耶？是知誠意者進德之基，務決去而求必得者誠意之功。先聖後賢，其揆一也。

嗟乎！帝王之治天下，聖賢之教天下，自此之外無他術。外乎此則爲功利，爲刑名，爲藋[一]謀，爲詞章，爲釋老，紛紛接迹於世，治日常少，亂日常多，又何怪與？此孔子所以傳先王之法以詔後世，而三千之徒，獨曾子之傳得其宗，而傳義作焉。及孟子沒而傳泯，寥寥數百載，雖以韓子之賢，猶未免於擇焉不精，語焉不詳之弊。向微程子之表章，朱子之章句，孰知大學爲垂世立教之大典，而爲學者之先務哉？又孰知誠意爲自修之首務，而實用其力於此哉？學者誠能從事於斯，而爲善去惡之必誠，則大學之爲教可識矣。

判

有事以財請求

苞苴之興，成湯所以責己；錢神之論，魯褒所以矯時。蓋幸門開，非治世之祥；而請托行，實奸人之欲。廉恥名節所係，是非邪正攸分。楊震戒有四知，孔子言存三畏。是皆在古之所忌，矧今法制之當遵？今某作事詭隨，存心狙詐。懷金暮夜欲枉己之是非，衒玉昏朝不顧人之名節。援東阿大夫之例，賂左右以成名；引西伯臣子之爲，獻美物以贖罪。既不安於命分，又欲罔乎天人。居之不疑，而不知形迹露矣；用之無度，而乃曰利息倍焉。斯固無耻之流，實爲有道之玷。計財以坐贓，論罪雖止於徒；律人以行止，爲先必當遷徙。

　　少保兼太子太保、吏部尚書楊批："會試遺才也，宜佐名郡。"

赴揚文憑[二]

吏部今填急字四十四號札付

本官前赴直隸揚州府管河。定限本年七月初四日到任。本衙門速將本官原領文憑并到任日月開繳，合干上司轉達赴部，以憑稽考。毋得本處徑申變亂，若過關津把截去處，驗實放行，須至札付者。

　　計官一員

　　對册同

　　右札付通判劉良臣准此。

　　急字四十四號。

　　　　（角印）

　　正德九年四月二十日

　　　　（全印）

　　札付押

　　直隸揚州府通判劉□爲除授官員事

　　照得本職見年三十三歲，山西平陽府解州芮城縣人。由舉人正德九年四月初八日欽除前職，領到吏部急字四十四號文憑一道，定限本年七月初四日到任。依蒙於本年七月初三日到任管事外，擬合就行。爲此今將原領文憑合牒本府煩爲轉繳本部，仍希申呈合干上司知會施行，須至牒者。

　　　計牒去原領文憑一道
　　　右牒
　　　本府
　　　正德九年七月初三日
　　　除授官員事
　　　牒押

揚州牒

直隸揚州府爲罷黜曠職官員以安地方事

該吏房准本房別卷備勘合科，付奉吏部心字八百七十號，勘合札付内一件前事，驗封清吏司案呈，准考功清吏司付奉本部連送，該本部題本司案呈，奉本部送吏科抄出，提督巡江兼管操江南京都察院右副都御史任鑒題：

正德十二年五月二十等日，臣巡歷直隸揚州府，看得所屬州縣，切憐江海，鹽盜出没。訪得本府通判劉□承委巡捕，推疾懶怠，既不巡歷所屬嚴督官兵巡邏，又致盜在府市河打劫湖州府解官張道銀兩，致傷身死。本官忍心坐視，略不加意，曠職廢業，莫此爲甚。臣行令知府李□緝捕外，似此不職，若不早爲罷黜，誠恐地方不寧，爲害非細。乞敕吏部再加訪察是寔，照依朝覲罷軟無爲老疾官員事例，放回原籍，另選賢能，以充任使，庶幾盜息民安，臣亦得小補，提督巡江與責焉等因，具本該通政司官責。奉聖旨，吏部知道，欽此欽遵，抄出送司。

查得正德十二年五月内，該巡按直隸鑒[三]察御史周鸑劾責淮安府知府薛鑾等不職，内稱揚州府通判劉本等管河則多方害人，帶催稅糧則乘機受賄，乞要照例罷黜等因，該本部看得外官三年一次朝覲考察，係是舊例，即今相去朝覲未遠，若再不時劾責罷黜，不無考察太繁，亦且人無固志。況六品以下文職，若有奸貪廢事、蠧政害民者，風憲衙門得以徑自拿問，亦不專在糾劾罷黜之列。已經移咨都察院，轉行巡按直隸監察御史，從公查訪的實應拿問者，徑自拿問。應參責者，先將干碍人犯問明，具招參責，未報。及查得本部見行事例，外官才力不及者，調用。今該前因案呈到部，看得提督巡江兼管操江南京都察院右副都御史任鑒，劾責直隸揚州府通判劉良臣前項不職，乞要照例放回一節，爲照本官先該監察御史周鵷劾責己行，巡按御史查訪未報，今巡江都御史又劾其巡捕不嚴，以致盜賊打劫，顯是才力不及，難以復留在任。合無先將本官照依才力不及事例行，令該府起送赴部，仍候巡按御史查報，無碍斟酌調用。若有別故，另行具責定奪。

緣係罷黜曠職官員以安地方，及奉欽依吏部知道事理未敢擅便。正德十二年十一月初九日，少保兼太子太保本部尚書陸□等具題。本月二十二日聖旨：“是。”欽此欽遵，合達送該司，仰付驗封清吏司類行直隸揚州府着落。當該官吏照依勘合札付內事理，將通判劉□起送赴部聽候調用。奉付准此擬合就行，爲此除起送另行外，合行先爲移牒，煩爲知會施行，須至牒者。

  右牒

  本府通判劉□

  正德十三年正月十五日

  罷黜曠職官員以安地方事

   牒押

起調公移

吏部今填急字六十一號札付

本官前赴陝西平凉府管理寧夏西路廣武營鳴沙州等處倉場，定限本年五月二十日到任。本衙門速將本官原領文憑并到任月日開繳，合干上司，轉達赴部，以憑稽考，毋得本處徑申變亂。若遇關津把截去處，驗實放行，須至札付者。

計官一員

對册同

右札付通判劉良臣准此。

急字六十一號

（角印）

正德十五年二月二十八。

（全印）

札付押押押

赴西夏文憑

陝西平凉府管理寧夏西路等處倉場通判劉□爲除授官員事

照得本職見年三十九歲，係山西平陽府解州芮城人，由舉人正德九年四月初八日除授直隸揚州府通判，本年七月初三日到任。正德十三年正月二十日，奉欽依起，送赴部聽候調用。正德十五年二月十六日，欽蒙調除前職，領到吏部急字六十一號文憑一道，定限本年五月二十日到任。依蒙於本年七月二十日到任外，所有本職原領文憑合牒，本府煩爲轉繳，施行須至牒者。

計牒去原領文憑一道

右牒

本府

正德十五年七月二十日

除授官員事

西夏牒

陝西平涼府爲除授官員事

正德十五年七月二十日，准本府添設管理寧夏西路等處倉場通判劉□牒，繳原領吏部急字六十一號札付文憑一道，到府准此。已將文憑於本月二十一日批，差陰陽生董養正賫赴陝西等處承宣布政使司告投轉繳訖，擬合就行。爲此除外移牒貴職，煩爲前去寧夏西路等處倉場查照管理施行，請勿遲延，須至牒者。

右牒

本府通判劉□

正德十五年八月十二日

　　全印

除授官員事

牒押

給由公移

欽差管理糧儲陝西等處提刑按察司僉事劉□爲給由事

據慶陽府寧夏東路管糧通判周英呈抄，蒙本道案驗，蒙欽差巡撫寧夏地方都察院右僉都御史張□批，據平涼府管理寧夏西路等處倉場通判劉良臣呈前事。

切照卑職見年四十三歲，係山西平陽府解州芮城縣人，由舉人正德九年四月初八日欽除直隸揚州府通判。本年七月初三日到任，至正德十三年正月十二日，蒙吏部勘合，奉欽依將卑職起送赴部調用，連閏實歷俸四十四個月零八日，一向因地方多事未曾給由。正德十五年二月十六日，欽蒙調除今職。本年七月二十日到任，至嘉靖三年八月二十日止，連閏實歷俸五十一個月，通前共計七年十一個月零八日，例該赴部考滿給由，擬合就行。爲此今將前項緣由理合具呈，伏乞照詳施行，蒙批仰道查勘應否呈奪等因。蒙此擬合行查，爲此案仰本官抄回照依案驗，内事理即查通判劉良臣委於何年月日到任，經管西路倉場糧草，即今果係幾年？於例應否給由？及查本官任内有無公私過名并粘帶不了事件，備查明白，作急具由回報，以憑施行。勿得徇情扶同捏報，未便抄案，先具不違依准呈來。

蒙此依蒙吊提寧夏西路應理州廣武營等倉場卷簿，本路通判劉良臣到任歷俸月日，俱與本官所呈相同。其經管應理州查得廣武足用等倉場，及監督催徵過寧夏中衛等屯田馬草，收放過糧料共六萬二千二百二十二石八斗八升九合二勺七抄六撮，草一百五萬七千九百五十四束七分二□八毫，俱係倉副使等官孫寶等經手收支明白。本官止是提督徵催及監放，一應各官自鎮城寧夏倉領來折色銀兩，按月繳報，并無經手粘帶不了事件，亦無公私過名，於例相應給由等因。其呈到道，轉呈到院蒙批。劉良臣既查無碍，准令回府照例起送給由，呈繳蒙批，擬合就行。爲此案仰本府抄回着落，當該官吏照依案驗批呈内事理，仍通申呈巡按等衙門，合干上司照例將通判劉良臣赴送赴部給由，勿得違錯。未便抄案，先具不違依准呈來。

右仰平涼府抄案字十八號半關防全關防

嘉靖三年九月

全給由事

判十八日僉事劉押　書吏陰儒押

關防

西安府咸寧縣爲傳報大勢回賊圍困城堡十分緊急夷情聲息事

抄蒙陝西等處承宣布政使司、分守關西道左參議李□，紙牌前事備仰本縣將發下通判劉□名下紙報谷并贖罪谷，追送永豐倉上納完足，徑發本官還職等因，蒙批擬合就行，爲此除行倉取獲實收繳報外，今將前項緣由理合具申施行，須至申者。

　　計開還職官一員平涼府通判劉□

　　右申

　　平涼府

　　全印

　　嘉靖四年二月初七日

　　　　知縣何鍾

　　　　縣丞缺

　　　　主簿胡思

　　　　典史白應舉

　　　　司吏趙宣

　　傳報大勢回賊圍困城堡十分緊急夷情聲息事。

附　錄

贈通守劉堯卿先生之任揚州

　　曈曈曉日照離艫，客裏分携思轉長。十載交游推俊杰，一銜恩命拜維揚。分漕開閫緣時措，倅郡聲聞與漢芳。驥足何妨稀世遇？漫看屬顧有孫陽。

　　正德九年孟夏之吉賜進士觀兵部職方司政葵丘底蘊拜書

送揚州別駕劉堯卿之任

　　問聞瓊花產在揚，先生手攬布春陽。瘡痍民物先須藥，廢壞漕河早預防。共目奇功期夏禹，同看別駕得王祥。兒童竹馬相迎久，去去休辭道路長。

正德甲戌五月吉知武强縣事太原韓宥拜書

贈劉老大人先生詩

福星飛入古揚城，草木山川總被榮。百姓有緣依父母，六曹無弊仰神明。高懸一鑒心田静，獨掃千兵筆陣橫。何幸親逢廉叔度，載歌五褲答升平。

正德甲戌孟冬下浣瀘州國學生金瓊頓首書

慶通府劉老大人榮膺獎勸詩

日盼奎文治下庠，政聲落落出黄堂。寸心有契寒泉水，千里無違皓月光。柏府霜嚴垂寵顧，鳳臺天聲待翱翔。乾坤事業何輕極，未許長城滯一方。

正德十年乙亥秋八月高郵州儒學訓導黄岩李學拜書。

送別駕劉先生之京詩有序

僕與鳳川同官維揚，游處幾三載。情好之篤，蓋有不可以言喻者，其至真猶夫昆與弟焉。僕尚留滯於兹，而君忽以言舍我北去。感佳會之難期，悵離懷之日遠。賦此以識歲月，君其能忘我乎？

雲暖風和百物熙，游人愴別獨堪疑。浩歌且盡樽酒醉，高義長遺去後思。春淺汀洲芳草細，水環淮泗片帆遲。行行莫嘆燕臺遠，正是黄金買駿時。

正德十三年歲次戊寅正月望後吉，友生涪陵夏邦謨書。

送平凉劉通府監儲朔方序

關西有巨鎮曰朔方，實當虜衝。分三路，各擁重兵爲備，城堡環峙，殆七十餘所。兵餉最爲不貲，出納繁劇，宜有專職。其中東二路，各設府佐一人以董之，而西路獨闕。雖有憲臣總督於上，地里曠邈，相距動數百里，而區畫有未易以遍及者。往往軍士苦於支給，居民困於轉輸，弊端百出，不可究極，邊儲之蠹蔑以加矣。於是巡撫都御史具疏請，特設官如中東例，詔允之。芮城劉君堯卿以通判起復，遂被是擢，同鄉諸縉紳相率爲餞以贈言屬予。

惟天下之事，在正其始。其始之正，末流猶不能以無失，而況於不正乎？君子之任事也，必愼於始，雖或踵人之弊，猶當革其故常，自我作始，況其事始於我乎？自事言之，創始者易；自人言之，創始者難。夫事非相因，造端於此，則前無所梏，後無所妨，惟意之欲，顧處置何如耳，此其易也。其始之善，終無不善；始之不善，終罔或善，此又其難也。於事若易，非其人則難；於人若難，得其人則易。古所謂建官惟賢，位事惟能者，厥有旨哉？

堯卿初判維揚，地當襟要，政爲盤錯，以談笑揮之，聲稱籍甚，才可知也。巡撫以才請，吏部以才遴，而朝廷以才遣，則是行可謂至榮，職宜無不舉矣。復何言哉？邊患莫甚於西北，而邊備亦無嚴於西北。今邊患猶昔，而備之者非昔，以兵則弱，以食則虛，欲壯中國之威，以遏犬羊之寇，其何所恃哉？《傳》曰："千里饋糧，士有飢色。樵蘇後爨，師不宿飽。"養兵以衛民，而驅民以供軍，其來久矣。食足而兵不强者未之有也，不足於食未有能强其兵者也。餉之爲職，顧不尤急哉？夫以一路之事付於一人，誠不得不任其責者。寧有超乘之驕，不可有脫巾之請；寧有飛輓之勞，不可有量沙之舉。非素有其具者，亦莫之能與也。士以才見用，且當設官之始，流芳振響，茲維其時。不以爲難而諉之弗能，不以爲易而將之弗恪。事作必慮其所終，法立必思其可繼。欲通而不欲滯，欲密而不欲疏。欲厚而不欲苟，欲嚴而不欲縱。如是則利可以興，弊可以革，出納之相因，有無之相濟，而軍餉無不充矣。士飽而歌，馬騰於槽，可計日待耳。兵強圉固，威奮德厚；戎狄聞風，遁於不暇，又何邊患之足虞哉？是固同鄉之義所厚望於君者，若夫旌能課最，進之不次，有國家之令典在，予可略云。

正德歲次庚辰夏五月朔吉，賜進士及第、翰林院侍講學士、奉直大夫經筵講官兼修國史玉牒、前左春坊太子左中允兼史館修撰、領司經局事上黨劉龍書。

翰林院檢討季方，都給事中安金，監察御史許翔鳳，兵部司務劉從學，宗人府經歷李文敏，後府都事韓宗孔，通判常惠，知州郭綺、程鵬，同知趙鼎、劉昂，知縣王安、王天祐、張鏜、韓宥、張友直、趙資、魏珊、王濟民，學正張思誠，舉人陳綱、閻輔、史臣、陳維、張道，監生魏邦、韓鈞、焦文光、黨霈、李騰雲、張雲同贈。

贈通府劉堯卿兄改任平涼

淮南千里播賢聲，丱歲趨庭識姓名。直道豈知今似古，陽春到處送如迎。廬江捧檄開新色，南海題詩屬舊情。三徑他年俱赴約，跨驢曳杖訪豪英。

賜同進士出身、翰林院檢討、代郡季方書。

送劉堯卿改判平涼

別駕維揚冰蘗苦，更除貝錢是非歧。三章有恨誰行闕？一點無私天自知。用舍行藏須永服，循良終始莫纖移。臧倉機險徒爲爾，竚看秦關再著奇。

正德庚辰歲春二月吉，賜進士出身、知鄧州事、古解年生程鵬書。

《河梁惜別》序

余聞王者之治，隆於天下；由聖人之道，明於人心。古之人學優則仕，仕優則學，道固易明。今之人學以媒禄，禄得則學廢，自淑尚不給也，況淑諸人乎？鮮善人則鮮善治，咎將誰歸？嗚呼！吾輩固有不能辭者矣。

別駕劉君堯卿發解賢科，軒車所至，士子從講者未嘗卻，中衛庠汪生二十餘輩皆秀而彥者，相從頗稔。其發微解難，釋疑驅惑，精於指授，而聖人之道明，諸生之業進矣。今以年資將謁吏部，汪生各爲詩送於河之上，不遠三百里來屬余序，此正余所不逮，何以爲言？然義不可不慰夫來之遠也。夫府事繁劇，邊儲要急，豈常才所能勝哉？堯卿理繁若簡，治劇若易，會計不失其要，供輸足濟其急，猶以餘力授生徒而教育之，教皆有成，不負爲《敩學半》之義，是足以觀其賢矣。使凡入仕者，咸如君治，治化不隆，余豈信夫？余始第辦事吏部，睹白岩先生主銓衡，欲隆新政，課士之賢且才者置上第，堯卿之行，豈止上第耶？大將有所授也，其詞翰豪放過人，乃緒餘耳，故不備及云。

嘉靖二年癸未冬十一月長至之吉，賜進士出身、刑科給事中練川管律序。

指揮白經贈詩

氣膽才凌雪，官清責近民。催科常笑拙，茹藿不嫌貧。帳大春風闊，墙高化雨新。六年公事滿，獻績覲楓宸。

指揮黃恩贈詩

携書獻績上天階，山水縈紆路幾迴。聖學有源徇木鐸，道心無僞湛靈臺。離歌未及攀汀柳，春信猶思托嶺梅。何必臨歧苦惆悵？廟堂久待濟川才。

指揮房端贈詩

梅花初放照平沙，把酒沙頭歌落花。欲別不別日忽暮，絕勝驛使寄京華。

指揮何湧贈詩

載酒別河梁，何妨倒百觴。交情疑不遠，去路覺偏長。有句堪成畫，無錢可貯囊。東風回塞上，滿地是農桑。

指揮劉澤贈詩

別君河畔意遲遲，萬里長風送馬蹄。撫字勞心霖雨足，揮毫落紙彩雲飛。應占御墨題殊績，佇看民風誦有衣。明陟莫嫌邊塞苦，賀蘭蒼翠亦宜歸。

教授宋濂贈詩

傾蓋嘗私喜識荆，河梁今日又東行。割雞久誤屈牛刃，饋餉長充破虜兵。六載勛勞青案牘，百年心事鐵燈檠。停杯不忍臨流別，一曲驪駒無限情。

訓導劉雲漢贈詩

詩才文思柳韓雄，玉潤金鏗氣更虹。鵠志直期清塞北，鳳名奚止擅河東。常連夜榻三年外，喜坐春風一月中。此去漢廷應課最，早將春信附冥鴻。

指揮李隆贈詩

政出維揚異，功收西夏奇。江南與塞北，兩地令人思。

鎮撫崔廉贈詩

大賢自有路，枳棘非鸞栖。已有超遷兆，屏名御翰題。

千户王賓贈詩

邊計才歌料量平，忽聞獻績覲神京。匆匆不盡臨歧意，雙玉沙頭恨易傾。

百户朱尚忠贈詩

惜別重惜別，北風水初結。渡君不須航，冰顏照君徹。人與冰偕清，中懷更如鐵。獻策黃金門，應取天心悦。回首顧宮墻，人踪滿深雪。

太學生馬昊贈詩

握手論文晚，臨歧話別難。詩才真逼杜，地位恨非韓。北上惟携劍，東封欲請丸。數年馳逐處，宜付畫圖看。

太學生賀璋贈詩

丈夫出門去，長作萬里行。仗劍不辭遠，衝寒猶謂清。豈知榮宦迹，所重在邊情。敷責庸奉報，欣逢聖主明。

門生錢琳贈詩

聞道朝天將欲行，門墻獨深離別情。蹊開却愁茅更塞，課最寧非寵可驚。東西轍迹周萬里，問難生徒執五經。從來燕晉多豪杰，北去應知重品評。

門生金定贈詩

幸托龍門恨已遲，河梁遽忍又分携。白袍誤重坡公許，紫塞多留范使題。今值風雲龍虎慶，素知枳棘鳳鸞栖。榮河指日知何處，教扎〔四〕寧忘爲指迷。

門生汪潮贈詩

自愧空空者，叨窺數仞墻。望洋驚緒論，借隙庇餘光。高子心茅闢，坡公眼力長。重來應不久，且莫難河梁。

門生梁朝漢贈詩

剩見衣冠侍講幃，真傳始悟昔年非。山茅大闢蹊成徑，霖澤滂沱土自肥。邊貯陳陳軍足餉，錢心落落筆生輝。不堪分手挈情處，正是梅花照客衣。

門生柳文贈詩

朔風明〔五〕馬馬如飛，君出西陲覲帝畿。寶劍遥遥衝去路，青山落落正斜暉。琴書課我情何限？忠恕傳心義自微。記取河橋分手日，小春楊柳欲依依。

門生楊鳳贈詩

年來師道總難承，一髮千鈞尚可憑。學有源流真造詣，道無隱顯自崚嶒。傳經遠紹胡安定，覓句長追杜少陵。別後勉思平日業，宮墻高廣豈容登？

門生章表贈詩

雪壓河堤一望平，朔風明〔六〕旆指東行。青驄掣電衝寒去，白璧登堂待晚成。函丈幾年聊輟講，關山千里總含情。臨歧未忍驪駒動，別意濃於帶酒醒。

門生何泰贈詩

政成原不待三年，培植於今更見賢。邊戍感恩頻臥轍，山翁遮道苦留錢。公餘絳帳開天末，績滿琅函獻日邊。御墨應題歸上第，聲華海內兢^{〔七〕}相傳。

門生周道贈詩

斯人斯地豈常遭，忽見朝天擁去旄。詔行應知推課首，才名真不愧詩豪。幸陪皋座摳衣久，亦濫龍門待價高。眼底便看登顯位，好音須寄慰吾曹。

門生孫希哲贈詩

督儲公廩實，邊戍已無飢。異政增時重，真傳破我疑。正堪資懿教，遽忍別清姿。到闕梅將發，逢人寄一枝。

門生馬成麟贈詩

蚤中青錢選，當朝獲瑞麟。才華清敲玉，筆力妙通神。政暇猶移甓，公餘即誨人。岐頭空悵望，無計駐行輪。

門生莫自棄贈詩

摳衣方問道，分席却憐行。既覺仍疑寐，重污孰與明？心香輸座主，脚迹愧門生。課最天曹薦，爭看竹馬迎。

門生劉椿贈詩

祖帳邊城外，紛紛兢^{〔八〕}餞行。民心懷父母，吾道重師生。

風急蹄偏健，霜清眼更明。朝回增峻秩，故吏候郊迎。

門生黃鑽贈詩

師道嗟隳久，先生獨力難。不憐五馬貴，常坐一氈寒。丹桂隨緣種，青衿任意蟠。朝天謁明主，增寵耀長安。

門生周易贈詩

一官分據六年還，異政多留紫塞邊。倉廩已看充白粲，心胸真可質青天。奏功應動龍顏喜，正學元從鹿洞傳。愧我浪游函丈下，微衷不忍對離筵。

舍人王宿贈詩

相逢未得足高情，那忍河梁又餞行？酒盡一杯行李促，山環萬里旆旌輕。三年政教留邊地，六載功勛達帝京。佇看天曹增秩後，普施霖雨慰蒼生。

跋〔九〕

予友高子應魁持《河梁餞別詩》一卷，過西蘭書屋示予讀之，乃劉君將課績吏部，中衛諸士夫與嘗受業門下者重別意也。誦往徯來，情思交備。予同年管子應韶序之，又謂善治本諸善人，善人本諸善學，善學本諸善教。慨仕途之人宦情熱中，視此則漠然矣。今劉君不以案牘廢此，其補於治道孰大邪？論劉君者，不可止以循吏云爾。

嘉靖癸未冬十一月長至之后丙子，省元豐城楊經跋

《天曹考最》前引

今中外吏授職三載，而報政於天官卿，卿受而稽其行察其

言，果行殊而核，言據而通，最吏也。必聞之闕廷，褒進不次，陟於崇階，蓋不如是，則無以作其勤而勵其怠。即我祖宗遠紹唐虞三載考績，敷納明試以庸之遺意也。行之既久，億世如斯，猗歟休哉！

鳳川劉君堯卿，晉平陽之芮城人。正德辛巳，自維揚移陝之平涼郡銓注，理寧夏餉三年，餉充而郡務振。然今當報政北行，交識慕其爲人，若都閫常君、同寅徐君，昔倡以咏其行，衆士夫遂從而和之，推愚引由。

愚以“天曹考最”四言漫書其首，蓋知其懋績一陳，輒稱最無疑焉爾，且因君之行而不盡其情，曰：凡我章逢，誦法孔孟，寓名仕版，以熙庶事，大約有四：有明進退，達取舍，雖大行不以爲加，終屈沉不以爲損，淡然名利，莫遘於中者。有汲汲皇皇，爲上爲下，夷險弗顧，崇卑罔言，苟諫行言從，膏澤下及則喜，或逆麟忤時，衆謗群憎，罪責有在，亦不之懼者。有占可而進，進則要津是謀，挾藏是求，占不可而退，退則外缺內充，尚固彌縫者。又有可亦進，否亦進，無內外小大，無時無處而不爲己計，雖枉尋而直尺不顧者。斯四者，蹇愚有後二焉，放逐固其所也。

夫明進退，非聖而哲者乎？皇汲非賢而忠直者乎？占可占否，則狡且黠者也；時爲己計，則識趣卑陋，亦不足以言仕矣。此不獨今日爲爾，古今皆同。斯情顧世殊時異，大樸日澆，愛增[一〇]以己而不以公，毀譽失真而不之察，守正者以不阿而見擠，枉合者以詭隨而見甄。嗚呼！邪正同途，顧無害事，終當顯白，必有察微知著者覺之，古人謂他日蓋方定者是也。但目前成立之難，而傷敗之易，噓染成風，如江河趨下，日莫能救，可勝惜哉！以此而進賢而退不肖，致安天下，得乎？

鳳川君少明經，舉弘治辛酉晉省進士，表儀峻整，問學淵宏，凡古今人物、典禮損益因革，扣對如谷，且其操存正大，有慕古清今之氣。昔判揚州，政有異能，忌者以爲偪己，從中毀之，吏曹因而北調，謂宜治簡。成難敗易之説，正謂如斯。

噫嘻！君豈治簡者乎？始至夏，愚得接談，嘗奇其才，既而鎮中臺憲皆知之。每委授蕘下，應酬無滯，是則皇皇汲汲，爲上爲下，惟以膏澤喜，不以逆忤懼，賢而忠直者也。視狡黠卑陋之徒蓋穢腐若歟？方今聖神中興，求賢若渴，宰相賢而且明，顧未有枉其是非之實而傷敗於中者。兹赴考也，不於君最，竟當何之？是故諸咏賦者欺[一一]而諆者，皆有所本而非泛溢者云。

嘉靖三年歲次甲申秋九月中澣之吉日，賜進士第、奉議大夫、山東等處提刑按察司僉事夏人城南居士張嘉謨引

甘肅總兵官鄆城史鏞贈詩

美人何幸得相親，便欲周行邁遠輪。心似玉壺驚我輩，儲如春阜飽邊民。還知案上無停管，此是方中不易人。珍重故人天上去，來春高擢信奇新。

西路協同永昌楊時贈詩

憑藉年來久，君行可奈何？治家情性懶，爲國智謀多。秋月冰壺操，陽春白雪歌。可人宜偉擢，日暮尚蹉跎。

都指揮東魯常世臣贈詩

纔得清光三載親，遽宜北去理征輪。郡無渤海懸刀客，路有山陰荷杖民。慷慨好憑君作範，循良真愧我何人。芮鄉便過丘園地，應喜雙親白髮新。

都指揮詹鑒贈詩

今日使君去，攀留不住何。厨囊長物少，道路好奇多。兩造因明折，三軍賴飽歌。追隨誠不及，我馬尚蹉跎。

都指揮沂水楊欽贈詩

邊頭少日幾相親，倏爾駸駸又整輪。愧我粗豪從武弁，惟君會計飽斯民。夏方此去真無議，晉國從來却有人。若到都門見相識，好言邊報逐時新。

慶陽通判金谿徐翼贈詩

數年寅誼重，化儷可奈何。政聞西塞久，心在北堂多。行李一挑盡，才猷萬口歌。西風此去便，愧我尚蹉跎。

東路通判泗水周英贈詩

邊城頃爾泐相親，豈料匆匆促去輪。金闕再朝天下主，雲儲曾給朔方民。祇疑眼下無良吏，不意寅中有是人。終夜相思成兩地，秋空時顧雁聲新。

南路守備上郡王效贈詩 丁丑武舉

清晨君戒道，攬轡竟之何。爲國賢勞遠，憐時感慨多。清才四海慕，惠政一方歌。我意留君住，君行未肯跎。

北路南備古鄆史經贈詩 戊辰武舉

汭國尤聞有二親，便過一省邁蹄輪。名輸北闕銓衡老，功及西邊介冑民。塞上異才唯見爾，眼前循吏有何人。明春會顧君消息，重捧鸞書擢命新。

左屯衛指揮淮陽劉威贈詩

鳳川劉二守，此去竟如何。聖主書屏獨，銓翁許績多。經年賡杜律，子夜輝吳歌。長安千里道，一任不蹉跎。

右屯衛指揮京口吳愷贈詩

偶於邊徼得舊親，便爾臨岐再整輪。誓以素忠攄聖主，勝留多貯與遺民。常存正大公平氣，元是光明俊偉人。指日天官應考最，九重天上鳳書新。

前衛指揮燕山羅賢贈詩

河東有佳客，此去當云何。慈母嘆行遠，天曹驗績多。一囊皆卷扎〔一二〕，五褲是謠歌。回首河梁外，蕭條馬足跎。

中屯衛指揮任城曹江贈詩

客中偶爾勃相親，如睹秋空月一輪。儲餉豐盈增敵愾，刑書詳允乏冤民。才猷綽綽真時彥，器識恢恢慕古人。來日銓曹恭謁已，流名蘭省矛銜新。

前衛指揮鄪水蘇英贈詩

征懷在長道，無已奈君何？客被宦情淡，歸驄逸興多。雄才郡獨擅，惠政衆齊歌。驥足淹留久，明年竟不跎。

左衛指揮維揚王進贈詩

君嘗西路得相親，今日如何發曉輪？方儗雄邊司富國，却從天上報安民。政唯寬大留餘澤，吏貴循良僅此人。明日長安東畔景，黃花夾道馬頭新。

右衛指揮金城黃恩贈詩

三年司國餉，今日竟之何？歲月催人疾，陽春播物多。一簽皆載籍，三疊有驪歌。青齡與直氣，今代豈能跎。

中屯衛指揮金臺盛恩贈詩

美人西界得摳親，曾與停驂一駐輪。至治每優徇直道，殊方能溥及烝民。菲才愧我常無任，盛望惟君可慰人。北闕報書朝帝後，好陳邊計一函新。

寧夏指揮盱眙保周贈詩 庚辰武舉

北行當考最，不住奈君何？能以三軍飽，因儲萬斛多。德容興我念，佳政付人歌。何日重來此，茫茫歲月跎。

寧夏千戶湖南陳爵贈詩

曉發邊城道，輪驄無知何。聲名素是懿，行李未能多。德在遺黎頌，清傳稚子歌。國賢今北考，莫日不蹉跎。

城南居士張嘉謨贈詩〔一三〕

北地凋殘分外寒，先生承檄也彈冠。羞妝假髻爲時重，直操孤奇強自寬。誰道明時爲守易，寧知邊地理儲難？片言折獄情無隱，百韻成詩興未闌。古典今儀存至治，高談雄辯倒迴瀾。□〔一四〕椒平正幨帷整，行李蕭條介從單。唯守有才堪棟宇，塞予無似得芝蘭。客邊款洽嘗傾蓋，月下相思欲廢餐。挺挺象賢傳塞曲，悠悠沉夢統江干。雲程自合騰騏驥，只〔一五〕棘終非宿鳳鸞。此去銓司應考最，霜鋒不負□時槃。

　　城南居士張嘉謨與鳳川在塞下交識三載，情治頗契。時鳳川當北行書續，來辭予，且言有老親，欲便道省視，匆匆行色，不盡所□小詩一闋，用博期待之意。時嘉靖甲申秋九月菊節後也。晤時不□□後何期？呵呵！異日開緘，不無如見生面，生又喋喋。

《朝天獻績詩》序

仕焉而弗擇其官，官焉而弗擇其地，古之人欲行其義若是，今之人去古益遠，其能盡夫人而無惡於古乎？余嘗慨焉而未之信也。蓋今之仕者重甲科，今之官者喜大郡，否則自謂不得其志，故其才恒不達於政。此其勢之使然，流而爲俗也久矣。苟非豪杰之士，又孰能離人而獨立哉？余於劉君鳳川始見其人而信之矣。

鳳川才清而學博，識遠而治高，侃侃然物不能屈。余視鳳川取甲第也，易猶拾芥；視登甲登而如鳳川也，難於獲麟。鳳川一不信於春闈，乃翻然就仕道急於及物，謂非拔於流俗者能之乎？初判揚州府事，既而巡撫寧夏，都御史海山王公以邊方錢穀孔艱，恒患侵漁，請於上，於[一六]專所責，文部謂鳳川風裁足以軋衆，廉静足以治繁，改判平涼府，駐節廣武。廣武，戍營也。視揚州則窮僻蕪蔓，曰陋惟甚。鳳川居數年，恬弗爲異，化行而事理，弊絕而風清，人樂於治，謂非拔於流俗者又能之乎？夫行不侔於今，而獨能匹休乎古？視雖登甲第，得大郡，碌碌終日，或至於敗厥官者，其賢不肖之相去何如哉？

鳳川所不能者，蓋其天也，才奚咎焉？行將覲天子，獻偉績，天子聞其賢而將以大其用。王君大忠，志行與鳳川合者也，乃作詩以壯其行，來屬余先之以是序。

嘉靖三年歲在甲申秋九月九日吉，賜進士第、刑科給事中練川友生管律應韶甫序。

上郡王效贈詩丁丑武舉南路守備官

有客朝天去，彲彲出塞城。道腴光射斗，德大量吞鯨。風動霜蹄疾，天空雪羽輕。多賢聲動主，懋擢位達卿。便殿承清問，邊方尚用兵。

淮陽高捷贈詩寧夏庠生

不嫌官地陋，獨喜道心亨。白粲盈公廩，黃芻滿戍營。秋城驚去馬，喬木羨遷鶯。偉績留邊壘，清光近帝京。臨歧把好酒，寧忍別離情。

練川管律贈詩

朝天鳳川子，高□〔一七〕壓時髦。紫塞爭攀柳，天都看種桃。鳴珂趨象闕，秉笏列東曹。百里元非□〔一八〕，雲程任遠翔。

《餞贈別駕鳳川劉先生獻績》序〔一九〕

集當鎮地衝要之最，鳳川仗素學，乃大設施。屯種有通塞則清理之，芻餉有出納則公平之，詞訟有曲直則明允之。煢獨罔虐，高明罔畏，所謂剛不吐柔不茹，鳳川以之。庸是德澤下究，遍及憔悴，遐邇稱無間言。相繼巡撫中丞如西磐張公暨今張晉州〔二○〕公咸重之愛之，於茲六稔矣。適當獻績之期，先生限於時制，不容少留。揮使趙相廉、李相欽久沐盛德，義不忍別，走价敝寓，索余叙之爲行贈。

先生文章大家，顧余何人，乃敢喙哉？第辱先生愛下亦非一日，豈容退避？竊聞士君子之得志，利澤及於人，聲名昭於時，非倖致也，存乎人也。凡吏於上者，受直於天王，仕所以行其義，誠宜有以奉其直。惜人不能皆賢，既得志焉，或富貴而淫，或威武而屈，或急於宮室妻妾之奉，物交情蕩，往往受若直，怠若事，所以利澤鴻號罔熙，賢不肖相去遠矣。且吾夏鎮孤峙河外，內障中原。酋虜鈔掠，殆無寧歲。兵疲於征逐，農困於輪輓，兼以天時人事多不相得，訟聲日繁，逃逋滿野，自非司平者推德政蘇息之，其不仆者鮮矣。鳳川至，一鎮之以靜，訟平，賦均，役省，摧暴鋤強，風采可畏，人之懷服，信有不容已者。於戲！人存政舉，豈無徵哉？異時喬轉清要，持天下之衡，通天下之變，而澤天下之民，又知其所優為，豈肯自限於一方也哉？此趙、李所以不忍別也，所以序其善政而為行贈也。余濫厠科目之末，尚當拭目俟之，豈敢以迂拙而罔為之書乎？

　　嘉靖三年歲在甲申秋九月中澣之吉，鄉進士晉陽宋文鑒書。

　　廣武把總指揮趙廉、李欽、彭鎮，百戶朱經、耿鑒，副使孫寶同贈。

楊時贈詞 [二一]

　　恭惟別駕鳳川劉先生大人，執事拔俊河東，鳳翥青雲之上；授官塞北，龍蟠潢潦之間。志在蒼生，道從先進。影影文采，琪花瓊樹之姿；煥煥詞章，玉韻金聲之震。片言可以折獄，一言允乎格天。出納惟公，會計攸當。黃芻山崎，騄驥增健而超騰；白粲丘豐，貔虎生威而奮愾。塵清外域，綱正邊疆。賓僚□ [二二] 羨奇才，秀麗追令狐楚；幕府何慚上客？推重過武元衡。細務不遺，多能難得。宜有紗籠之持護，豈惟介冑之往來？經濟成之六年，獻納行將千里。朝天有日，妙選應冠蘭臺；駐轄無期，悵望徒瞻柳岸。酒傾雙玉，調起陽關。托無詞以見情，假烏絲而識遠。詞曰：

送君別，遥向金門獻烈。經濟才華真白雪，光映冰壺色。　閫外盛傳廉潔，幕裏盛夸明哲。扶摇直上雲霄徹，冠柱高簪鐵。

右調寄《謁金門》，芸莊管律撰，嘉靖三年歲在甲申秋九月之吉，欽差分守寧夏西路廣武營地方、協同楊時贈。

靈石任守德贈詩壬子舉人，平凉同知

年來無日不思親，重整鄉關舊破輪。學濟三才真儒宿，藝能百中訝天民。豹藏深霧時逢變，龍蟄寒江春自伸。久謫長沙甏壯志，九重虛席待□[二三]新。

仁和李祉贈詩甲子舉人，平凉縣知縣

別駕高平甫四霜，於今考績促行裝。南畿已立羊公石，西國重栽召伯棠。霽月一天心洒落，清陂千頃度汪洋。懸知課最天曹日，超擢崇階沐寵光。

太原賈朝相贈詩盂縣人，丙子舉人，平凉縣學教諭

摇摇旌斾出西秦，偉望英聲感縉紳。掩映群山旅況博，縈迴周道馬蹄頻。奉天殿下朝新主，愛日堂前拜老親。從此先生騰踏去，巍功准擬勒堅珉。

古莘張引贈詩訓導

匆匆膏轄欲東之，述職天朝分所宜。會計惟明膺厚賞，苟且不入恐天知。望雲頓覺關山遠，戀闕偏嫌驛路遲。枳棘不堪栖鳳鳥，願躋要華慰吾私。

内鄉江興訓導

賢科早捷姓名香，佐郡攄忠清譽彰。北地征夫稱耿介，南州赤子慕循良。蒼蠅點璧元無玷，月旦更題愈有光。聖主思賢弘化理，此行管取荷明揚。

汝陽王經贈詩訓導

少年壯氣吐虹霓，今古人文盡品題。一戰秋闈登桂籍，兩分郡職惠旄倪。憲臺寵異飛霜簡，楓陛褒揚降紫泥。德政都歸歌咏裏，高名應與古人齊。

古相王致中贈詩

先生世系屬堯封，顏範溫恭孰與同？政事龔黃宦海羡，文章韓柳士林空。皂囊已見推烏府，徵檄行看下紫宮。唱徹驪駒分首後，幾回惆悵月明中。

李淮覆書〔二四〕

年侍生李淮，頓首拜郡伯年兄劉大人堯卿先生至契下。執事頃辱手教，并惠賻儀，多感。一別十餘年，渴想不可言。兼以吾兄清才，既不能取甲科以副〔二五〕衆望，一官小試，又往往轗軻，令人殊怏怏。古人所謂將降大任，必先拂亂其所爲，或以此耶？吾兄未可以是自沮，考滿公文尚猶未得，不可不亟回任。名實未加於上下，人臣之義終未盡，未可以遽已也，千萬千萬。生西行，想在新歲首。道路阻隔，昏喪相仍，心事種種，弗克一面晤，悵恨何如？諒尊懷必不殊此也，奈何！奈何！外書帕侑啓乞撿入。

冬仲廿一日，淮頓首拜覆

黃綬書〔二六〕

若昔駐夏，邊餉實多賴給，且高誼汪度，誠金玉君子，誰不欲親之？第惟分涼之人，不獲朝夕侍教，良用怏怏。每見手澤，便與顏用和輩想其爲人，今不圖承乏兹土，最便省候爲慰，爲慰，然初失於詢訪，久稽馳問，適承飛翰，令人悚愕。恭仰德躬清勝，老夫人樂其善養，是於其大者得矣。然獨不念西民之望之也？亦如赤子之慕慈母也，且方戀戀於斑衣之會，若不遑出者，君子之心，寧若是安乎？惟綬譾才，深恐弗任，尚祈來教，少償夙望是幸也。腆幣泚顏領之，令親回，先此布謝，餘容嗣致不宣。

寅月廿六日，舊愛下侍生黃綬頓首再拜大憲府劉老先生大人門人〔二七〕。

> 黃，夏人，己丑進士，平陽推官，後擢監察御史、大理寺丞，卒於官，字公佩，號南渠。

宋蕃詩有引

仗劍悲歌不自由，無端澗壑足淹留。燈殘自覺揚州夢，歲晚誰憐杜曲愁？回首風塵真落落，側身天池總悠悠。聞知鄰近磻溪處，後載歸來盡白頭。

> 守揚時，屬下蕃已領高雅，但未得一覿爲歉。兹蓮幕李子道及林下曠，致草草小言代候，亦見鄙心之嚮往也。輕瀆，輕瀆。十一月一日，治下生宋蕃頓首大通守祖父母劉老大人臺下。

> 宋，揚州寶應人，以歲貢監生守吉州，蓋予在揚時爲生員云。

《秋桂紀言》後序[二八]

弘治辛酉（四年，1491）秋，李巨川以予叨薦三場墨卷，名爲《桂林斧斯》而序之。予後因附以當時賀詩、彩對及《桂林八咏》、《丁卯話別》等詩，統爲一冊。正德甲戌，就選天曹，同事者又欲錄出銓試"論"、"判"；今《讀禮》之餘，又附以授官文憑，及起調給由等公移、諸縉紳往來贈言、書札，再爲一冊，名曰《秋桂紀言》。藏之篋笥，與《序齒錄》、《同選錄》、《壯游紀》等，示諸子孫，以見予起家秋科，不能如得志甲科者之有爲，甘於自棄者之顛末有如此。又以見拙迂所至，未嘗敢喪其良心，見棄於大人君子，亦足償所願矣。顧終不能少徇時宜，勉再一出，以責後效，以副諸君子之期望，有遺恨焉。趙嬰曰："人各有能有不能。"王介甫曰："丈夫出處非無意，猿鶴從來自不知。"孟子曰："君子亦仁而已矣，何必同？"感時愴事，操觚兀坐，念流光之易過，慨佳會之難逢，蓋有不能盡言者矣。張城南所謂"開緘如一面"者，真若爲今日設云。

嘉靖二十七年（1548）歲次戊申春三月廿八日之吉，抱甕老人劉良臣堯卿甫識。

校勘記

〔一〕"菫"，據文意當作"權"。

〔二〕底本無此題目，此據《文集題目》補。

〔三〕"鑒"，據文意當作"監"。

〔四〕"扎"，據文意當作"札"。

〔五〕"明"，底本有手寫旁批："疑是'鳴'字。"

〔六〕"明"，底本有手寫旁批："疑是'鳴'字。"

〔七〕"兢"，據文意此處應當作"競"。

〔八〕“兢”，據文意此處應當作“競”。

〔九〕“跋”，底本無，此爲編者所加。

〔一〇〕“增”，底本此處有手寫眉批：“憎。”

〔一一〕“欺”，底本此處有手寫旁批：“疑是‘期’字。”

〔一二〕“扎”，據文意當作“札”。

〔一三〕底本無署名，此爲編者所加。

〔一四〕“□”，底本此處有手寫草書眉批，字不詳，疑爲“杍”或“楎”字。

〔一五〕“只”，據文意疑作“枳”。

〔一六〕“於”，側旁粘有手寫紙條：“於字再征。”

〔一七〕“□”，底本此處屬手寫草書，據文意疑爲“譽”字形訛。

〔一八〕“□”，底本此處有手寫草書眉批，據文意疑爲“路”字。

〔一九〕底本無標題，據《文集題目》補。

〔二〇〕“晉州”，據前文應作“晉川”。

〔二一〕底本無標題，據《文集題目》補。

〔二二〕“□”，空字格，底本此處有手寫眉批“是”。

〔二三〕“□”，空字格，底本此處有手寫草書眉批“知”。

〔二四〕底本無標題，據《文集題目》補。

〔二五〕“副”，據文意疑作“孚”。

〔二六〕底本無標題，據《文集題目》補。

〔二七〕“人”，據文意當作“下”。

〔二八〕底本無標題，據《文集題目》補。

明平凉少府鳳川劉公墓表

賜進士第通議大夫都察院右副都御史奉敕巡撫甘肅等處地方虞坡　楊博撰

賜進士第中大夫山東布政司右參政奉敕兼理密雲等處兵備孝泉　王輪書

賜進士第中憲大夫山東按察司副使奉敕提督學校右山　裴紳篆額

芮城鳳川劉公，諱良臣，字堯卿。早以明經領弘治辛酉鄉薦，筮仕揚州府通判，尋改平凉，督餉西夏，未五十歸田。歸三十年以壽終，實嘉靖庚戌五月二十一日也。門人私謚曰"文肅先生"，户部主事滄泉張公淳甫爲公作《志》，稱公在揚州時公廉不阿，查革夫廠閘壩艮[二]七萬兩，織造中貴貪恣，公裁之以理，中貴歙手。在西夏時，力斥參將之暴橫，平反慶藩之冤獄。既里居，孝友溫克，足迹絶不至官府。冠婚葬祭，動必以聖賢爲法。晚年猶讀書不輟，所著有《克己編》行於世。滄泉攻古文詞，不輕許可，於公獨敬愛若此。謂非秉彝好德之公哉？鄉先生歿，可祭於社，如公者，殆其人與？公兩配李氏，俱同州判官恭靖先生之女。子六人，守、寧、宗業儒，寧、宇、寀業農，彬彬然皆世其家。

蒲坂楊博曰：頃予還自塞上，見士風衰薄，日以浸淫，大率計利而忘義，伐善而黨惡，工媚悦而鮮廉隅，至使閭里小人言及縉紳，爲之訾笑。乃今觀於鳳川公，出則秉道嫉邪，壁立萬仞；處則砥名礪行，表正一方。又未嘗不欣然慕之。《經》[三]曰："雖無老成人，尚有典型。"過公之墓者，慎式旃哉，慎式旃哉！

大明嘉靖三十一年（1552）歲次壬子秋八月十日，孤子子守、子寧、子宇、子寍、子棠、子宗同泣血立石

大明承德郎平涼府通判鳳川劉老先生暨二配李孺人合葬墓表

賜進士出身奉議大夫山東按察司僉事奉敕整飭沂州等處兵備邑人四野　薛一鶚撰

侄邑庠廩膳生員　劉子耕書丹

不肖男子　寍篆額

芮於山西爲僻邑，俗敦樸素，人才不數出。然一出即英特奇偉，行可維風，文足鳴世，絕無委阿不振態，若有得於山河間氣之積。夫地之久休者其脉厚，水之盛畜者其澤沃。岳降申甫之言，良非厚誣。

嗚呼！先生不其人哉？父釗，授承事郎；母李氏，武邑判簿簡惠公女。先生生於成化辛丑十月十九日，諱良臣，字堯卿，號鳳川。弱冠舉於鄉，申歲拜官維揚，後改西夏。告歸，歸三十年而卒，實嘉靖庚戌歲也，壽七十。元配李孺人，先先生四十一年卒，壽三十；繼李孺人，後先生十二年卒，壽七十二，俱同州節判恭靖公女也。

始恭靖公擇婿，得先生，奇之曰："秀穎拔俗，異日定作名士。"遂以前孺人歸。婦儀雅馴，閨範修整，載在楊太保、張戶部《表》《志》中。生三女，一旦遘疾逝。舅姑者雅宜孺人而痛其亡，思爲之續，必若而人。而繼孺人方在室，遂奠禽焉，恭靖公亦幸其終兩姓之好也。

孺人嬪劉，敬老慈幼，悉遵厥姊遺矩，故家人咸謂前孺人猶不亡。先生乃得顓志問學，工古文詞，盛爲上□□獎，蚤歲領鄉薦。值數奇，五試禮闈弗第，乃通判揚州。值郡太守缺，先生攝

郡事，擊强扶弱，發奸摘伏，人莫敢干以私。閘壩夫役故事，牟利可□□。先生釐革殆盡，一切餽遺都絕。

時逆瑾當權，名下中貴史經行驛道，所至靡然，莫與抗。先生於額外誅求，抑閟不行，云：“脱有殃禍，吾以身當之。”於□□間有“鐵漢”之謠。御史召諸司集議里甲事宜，類皆唯唯承旨，獨先生多所回覆，辨駁移日，臺中錯愕相視。然先生居下位，以直道事人，固有信於知己，屈於不知己者。於是臺院有“年老曠職”之劾，顧先生此時年三十二歲，職事固無細不舉也。章下選部，選部重違言者意，乃量移西夏。

先生怡然就道，行李一二肩。同寅念其貧者，破例餽贈，悉不受。初至西夏，慶藩恒山有疑獄，久不決。先生一訊得其情，平反以上。參將閹勛以暴橫聞，即於眾中面斥之，當道方屬望，可大用。乃先生思蓴一念不置，作《秋風辭》以寄興，屬諸名家賡和成卷。因給由歸省，拜親堂下。退語所親曰：“此吾懸車日也。”遂謝政。

先生天性好學，家居不問生理。乃搆桂芳樓，聚書萬卷，日哦其中間。指示諸子曰：“丈夫擁此而坐真，何假於南面百雉？”積三十年，所著有《維揚集》《朔方》《省侍》《奉椿》等集，《辯惑愚得》《克己示兒編》《倚廬録》《讀禮餘録》《家傳》《縣志》《壯游紀》《桂樓樂府》，皆手自删定，授諸子藏之家笥。孺人見而喜曰：“此龐德公遺安之意乎？”先生笑曰：“第無金耳。”即先生出素所畜積者遺之，奚啻遺安？後孺人訓迪諸子，必首懇曰：“幸有父書在也，若等勉之。”

先生歿之次年，合前孺人葬廣平新阡。至是，孺人又歿，乃啓先生之藏而合焉。生男女各六，守、寧、宇、宁、寀、宗，寧、宇義農，餘俱補邑庠弟子員，標格敏秀，爲鄉里推重。孫男甚衆，皆浸浸然奇氣逼人。

嗚呼！昔有宋王祜仕不得志，謂人曰："祜不做，兒子必做。"且以手植之槐徵，後子旦果登相位，如取諸寄。今先生心事氣節不愧王氏，而未究其用。然德澤在生民，懿範在鄉邦，家法在子孫，矧得于間氣之積者哉？是必有亢厥宗如王氏者，宜遂表之以徵他日。

嘉靖四十二年（1563）歲次癸亥冬十月二十五日，不肖男子守、子寧、子宇、子宁、子棠、子宗泣血立石。

附原抄者按語：〔四〕壙中《志》文，張戶部澹泉公作，惜録《表》時未得目睹，於心快快。至僉事薛公《表》文，録闕數字，以碑石裂崩，湮没難認，不敢臆度。可慨也夫，可慨也夫！

真常宮重修無極殿記

無極殿，奉三清也，曰玉清，元始天尊居之；曰上清，靈寶天尊居之；曰太清，道德天尊居之，位在昊天上帝之上。

嗚呼！是果何所本與？蓋仿釋氏三身而爲之耳。夫三身者，謂法身，本性也；報身，德業也；肉身，真身也。宗其教者，分爲三像而駢列之，失其指矣；而三清之説，失爲尤甚。蓋莫高匪天，莫尊匪帝。以其形體而言謂之天，以其主宰而言謂之帝。凡在覆冒之下者，無一物而非天所有，無一事而非帝所主也。

自夫太極生陰陽而兩儀立，兩儀立而五行具四時行，以至男女交感，萬物化生，而變化無窮焉，是皆無聲無臭，自然之理，豈太極之外復有所謂無極哉？復有所謂道者哉？且三清云者，非謂老子矣乎？老子仕周爲柱下史，孔子嘗以禮問之矣，嘗以龍稱之矣，其所著《五千言》可考而知也。大抵以清淨無爲爲本，不爲物先，一返自然而已。其道固可嘉也，雖神聖其身，不能居於六合之外，亦無在天帝之上之理。爲其徒者以三清名，雖曰尊之，實以誣之也。厥後飛仙變化之術，丹藥符籙之技，禱祠醮祭之法，沉淪鬼獄之論，雜然并興，秦皇、漢武、唐玄、宋徽，皆好而尊信之，其教遂盛行於天下，與釋氏并而名之曰道，則以天下共由若道路，然求其實，不知果能爲天下古今之所共由乎？

芮城縣城北六里許，古魏城東下莊村，有宮曰真常，即唐之澤淨觀也，元升爲宮今名。國朝洪武廿四年清理道教，以本縣庵觀入本宮蘗林。歲久，殿宇傾頹疏漏，神像色脱衣落，殊不稱尊崇之意。道士郭月勤主本宮事，集其徒而謀修之。西原劉鋭、馮景玉，以夜夢所感與郭合，遂刲羊置酒，遍請好道之士，獲貲千餘緡。與凡木植之朽者易之，瓦石之毁者補之，彩其棟宇，妝其神像，享獻有卓[五]，瞻拜有地，斯殿遂焕然一新矣。雖曰物之興衰顯晦有數，要亦存乎人爾，代之美食厚禄，揚揚出入，而於祀典神祇、廟學根本，邈不加之意者，視月勤不亦可愧哉？

是役也，弘治乙丑秋七月經始，正德壬申冬十月畢工。勤曰："非勒豐碑，假文詞以傳諸久，則後之繼者無考，且何以起其增修之志耶？"於是懇庠友黨廷舉，踵養心精舍通見。月勤跪而言曰："先生妙年登科，博極群書，堪輿間事理，靡不究及。況我莊、列之書，學文家所不廢。而神仙之説，亦大丈夫之所爲，留侯、赤松之游，純陽、澧水之遇，希夷、華山之隱，率皆學儒而歸道者。古人云'英雄回首即神仙'，殆非虛語。先生方將效用明時，固不屑此，其雄文杰作人所膾炙也。今巨石已礱，惟先生俯賜一言，則宮殿有光，道流有幸，土木姓名賴以傳之永久矣，敢再拜以請！"

予憐其意誠切，聞其言之有理，遂爲許諾，而述其沿革以爲記。獨深辨三清者，以是記爲本殿而作，且以道家頗正而其失此爲最云。必如朱子所謂爲道家之宗者，當自祀其老子、關尹、莊、列之徒，及安期生、魏伯陽輩，而天地百神自當領於天子之祠宮，不使道家預之，庶乎其可也。

校勘記

〔一〕按：《摭拾碑文》四文，見於抄本《文集題目·目録》之《克己外編》與《文林集》之間。其在《摭拾碑文》題目之後，綴入此四文。《真常宮重修無極殿記》爲劉良臣所撰，前三文爲友人所撰。

〔二〕"艮"，通"銀"。

〔三〕"經"，應作"詩"，或作"詩經"。"雖無老成人尚有典型"出自《詩·大雅·蕩》。

〔四〕底本無此語，此爲編者所加。

〔五〕"卓"，通"桌"。

附録·文集題目〔一〕

一　卷

二　卷

得武西安書　館陶武時鳴，予承乏維揚時，知高郵州。後調徐州，升鳳翔同知，調西安府。

已刻《克己示兒編》目録

已刻《家傳》目録

聯句一首　附：此乃十月郊行也

揚州集 _{未刻}

初行舟寄賈希哲明府

乘月舟行與賈請豐夜話

和答胡處州

舟阻魏家灣寄李鹽城

彭城

至淮

初至蕃釐觀

露筋祠　二首

高郵府館小柏

用前韵自述　（前韵刻《文集》內）

用朱沂州韵送別

瓜洲臘望夜坐聞市聲甚急驚問侍者知爲潮至爭渡感而有作

宜陵道中

泰州北行

謝答石亭胡先生用來韵　三首（一明角帶烟墨、一題瓊花觀、一題平山堂）

壽孫大參母太安人　二首

登仲憲使遂寧樓奉和劉侍御韵　二首（一首刻《文集》內）〔二〕

飲仲憲使雜作　五首（一土假山，一取庵，一祠堂，一榮壽樓，一假石山，一首刻《文集》內）

西窗爲王鸞題

和鄭鹿門節推韵　四首（一舟中燈下有懷，一過武城，一夜酌范、萬二公）

兩秋唱和 _{未刻}

　　秋風詞引　趙鶴

省侍後集 未刻

奉椿集 未刻

辛酉同年叙齒録

克示内編　後附諸公書

問遺通録

省侍續集

金蘭通問　手卷

朔方集

進修條約

倚廬録

同選録

芮城縣志

校勘記

〔一〕即《劉良臣文集題目》，或《劉鳳川文集題目》《劉鳳川先生文集題目》。

〔二〕底本無"一首刻《文集》内"，此據《文集》文本補。

〔三〕底本無"一首刻《文集》内"，此據《文集》文本補。

〔四〕底本無"一首刻《文集》内"，此據《文集》文本補。

〔五〕底本失載題目，據《文集》文本補。

〔六〕底本失載題目，據《文集》文本補。

〔七〕底本無"一首刻《文集》内"，此據《文集》文本補。

〔八〕底本無"一首刻《文集》内"，此據《文集》文本補。

〔九〕底本無"一首刻《文集》内"，此據《文集》文本補。

〔一〇〕底本無"二首刻《文集》内"，此據《文集》文本補。

〔一一〕"河"，《秋桂紀言》文本作"何"。

〔一二〕"仁"，《秋桂紀言》文本作"任"。

〔一三〕抄本《文集題目》在此處插有《撼拾碑文》中三文，此將三文析出辟爲《劉鳳川遺稿》卷八，此處僅留題目。

蘭坡遺墨

〔明〕寇　陽　撰

張勇耀　點校

點校説明

　　《蘭坡遺墨》一卷，明山西榆次寇陽撰。"蘭坡精舍"爲寇陽致仕後在榆次蘭坡下所築書室之名。寇陽有《題蘭坡精舍》詩云："蘭坡之下結茅廬，林麓依然隱者居。緑水青山行處是，俗緣塵慮坐中除。眼前風景佳無限，架上琴書樂有餘。藥裹茗甌隨分定，浮生此外更何如？"可知此處風景頗佳，有琴有書，爲其精神栖息之所。

　　寇陽（1504—1570），字體乾，號惕齋，涂水先生寇天叙之子。幼承庭訓，嗜學不輟，"讀書日記數千言，識者皆知爲偉器"，"受業於鄉進士鄭氏之門，勵志朝夕不怠"。十九歲以儒士屬試省闈，二十二歲登嘉靖四年（1525）鄉薦，嘉靖八年中進士。歷官直隸廣平縣知縣、禮部主客司主事、浙江按察司僉事、陝西布政司右參議、山東布政司右參政、江西按察使、浙江布政司右布政使，轉河南左布政使，因不合於當道，未任落職。寇陽爲官清廉正直，遇事有擔當，"守己堅貞，莅事果斷"，"持廉秉公，人皆敬畏，不敢干以私"（褚鈇《明河南左布政惕齋寇公墓表》），爲時論所稱，大有乃父風範。歸鄉後，"待諸弟恩義備至，教子孫勤儉世守，處夫婦以和敬，馭僕隸以恩威，接鄉黨以平恕"（同上）。"於宅後古丘之下結數椽，扁其室曰蘭坡精舍，吟咏於中，垂皓彌篤"（寇光裕《蘭坡遺墨跋》）。年六十七卒。

　　寇陽生於官宦之家，祖父寇恭官至定州判官。父天叙正德三年（1508）進士，官至兵部右侍郎。有人曾勸寇天叙爲子植産，天叙曰："遺一經足矣，何植産爲？"寇陽當時在旁，曰："父積書以遺，子不敢不勉力。若植産，俾損志益過，陽雖不才，亦不願。"可知父子之志。天叙、寇陽父子進士，天叙弟天與又中解元，當時稱頌"父子成進士，象賢濟美世"，世所罕有。子侄輩卒業胄監、服官郡邑者又有十餘人，"一門六薦鄉書，四登甲第，三晉第一家也"（褚鈇《明河南左布政惕齋寇公墓表》），寇氏可謂一門皆顯。

今存《蘭坡遺墨》一卷，爲明萬曆年間寇光裕所刻，國家圖書館有藏。據光裕跋文，寇陽卒時，光裕未滿三歲。後十五年，光裕補郡庠生，於蘭坡精舍檢閱舊書，"得遺墨一册，捧讀再四，不覺潸然淚十行下"，則寇陽生前此書已結集。光裕請吏部左侍郎方從哲寫引文，請户部尚書褚鈇撰墓表，並在書後加了跋文，予以刊刻。褚鈇寫墓志時，稱距寇陽去世已有四十餘年，則此書刊刻當在萬曆末年。

《蘭坡遺墨》含寇陽詩歌、奏疏、行狀墓志三項内容，其中詩歌二十二首、奏疏三篇、行狀墓志九篇。詩歌多爲其行迹、交游之紀實之作，奏疏是其爲父天叙、祖母吳氏請求祭葬事宜之公文，行狀墓志則是爲其父、其祖母、其叔及其他姻親所寫的記述生平之文。其中寇陽爲其父所寫的《明通議大夫兵部右侍郎涂水先君寇公事略》所記寇天叙事迹甚詳，爲研究明代中期政治、經濟、文化等方面，特別是山西地方文史，提供了重要的文獻資料。

本次點校，即以國家圖書館所藏明萬曆寇光裕刻本爲底本進行，不足之處，尚請方家批評指正。

蘭坡遺墨引

遺墨維何？蓋惕齋寇公之家藏稿也。其云蘭坡者何？契彼幽蘭，産于林臯，公蓋構舍其傍，以爲旦莫游咏者也。公之歿也，逮今四十餘年矣，仲嗣光裕集公詩文若干首，付之剞劂，請余言以引其端。余不敏，展而觀之，而知其澤於雅矣。嗟乎，公豈蹈幽人之致而攣孤蘭以爲佩者乎？蓋其浴德砥行，潔而彌芳，冰玉一色，清芬馥馥，奚翅九畹之滋？故縣筮仕歷藩臬，其間歲月升沉，不知幾經霜露，大都彊直自遂，而不少變于時。天機鼓蕩，得趣應心，著之爲言，英英大雅，而筆底亦古幹遒勁，依稀先民手澤焉。讀其文，想見其人，所謂華實並茂，曬然欲出塵埃之外者。余于嗣君之請，而特述其概如此。若夫趾芳先業，毋墜家聲，則在嗣君勉旃矣。

吏部左侍郎兼翰林院侍讀學士方從哲頓首撰

五言律

過西榮寺

野曠儼招提，淒涼兵燹遺。龍蛇頹古壁，苔蘚上荒基。僧老袈裟破，庭虛樹影移。登樓聊縱目，何日羽書遲。

夏日菩薩堂與空上人話

勝地隔人境，招尋有宿緣。老僧頭似雪，高論湧如泉。劫火何時盡，浮生半日禪。藤蘿歸徑遠，杳杳接諸天。

轉官浙臬別省中諸僚友

蘭省佳華地，追陪歲月深。高山勤仰德，流水本知音。鶴影晴翻砌，茶烟夜出林。如何歡未足，離況忽驚心。

其二

君振雲霄翮，子〔二〕乘江海槎。明時修禮樂，民隱達幽遐。春日南宮靜，秋風北雁斜。相思更相勗，努力報年華。

早發能仁寺過仙人洞

能仁凌曉發，面面翠峰排。曲磴穿雲上，幽花浥露開。珍禽啼古柏，琳宇結深隈。隱隱明霞起，仙人跨鶴回。

送郭西渠妹丈檢校淮揚

淮海推南服，君今理棹過。郗生元入幕，杜老晚鳴珂。落日
關山迥，秋風塞雁多。飛騰從此去，行路聽謳歌。

其二

東南佳麗地，今古帝王畿。綠樹江邊擁，青山海上圍。舳艫
前後接，冠蓋往來飛。大府名賢會，群公爾可依。

其三

萬室臨淮次，重湖抱郭流。水田蛙閣閣，沙渚鷺攸攸。罐蟹
供官稅，笙歌減客愁。年來頗蕭索，不似舊時秋。

其四

重鎮扼江城，營屯十萬兵。漕舟浮上國，戍卒盡南征。擾擾
事行役，紛紛日送迎。艱難昧生理，憔悴或吞聲。

其五

經濟須公等，書生漫討論。時危思合報，俗薄理宜敦。厲志
頻嘗膽，憂民輒覆盆。官階有高下，盡職無卑尊。

七言律

過蘭交寺見先司馬君遺墨次韻

遺墨依然映碧山，幾回讀罷泪潺湲。人生轉眼成今古，渾似

茫茫一梦間。

送榮先生之涇陽訓導

親從天上捧龍章，振鐸西京道路長。關輔古來多俊傑，河汾元自有門牆。青氈杳杳瞻秋月，宮錦煌煌耀梓鄉。此日送君多感慨，隴雲秦樹思茫茫。

賀鈍軒遷新居

涂陽新起碧雲樓，偏稱瀛洲仙子游。門外一驄曾彌節，階前雙桂欲橫秋。青宮此日須園綺，黃閣他年待富歐。廣厦萬間君雅志，會看安堵遍遐陬。

早春藩司紫薇樓觀梅

樓前佳本是誰栽，瓊蕊瑤枝冒雪開。風景此中堪眺賞，鄉關何處且徘徊。青松白石元同調，急管繁弦漫舉杯。薇省早春多勝集，諸公盡是出群才。

天台道中次兩湖蕭憲副韻

問俗天台亦漫游，遺踪往事總悠悠。平田水繞青堪摘，疊嶂雲移翠自流。松下仙家聞犬吠，柳邊漁艇過龍湫。桃源空說當年勝，只此能銷萬古愁。

雁蕩山寺

靈區入梦已多年，此日登臨一爽然。古殿有基堪繫馬，殘僧無處可參禪。危峰拔地應千丈，瀑水飛空有萬泉。向夕披雲卧山館，溪聲不斷送潺湲。

早發東甌

曉日輕帆送客舟，雲山漫漫水悠悠。一身去國四千里，五夜思鄉幾度秋。海橋忽驚風土異，江湖偏繫廟堂憂。澄清無計慚汀叟，搔首孤蓬向處州。

上元壽俞明府初度

上元燈火爛銀衢，正是長庚下帝區。金闕五雲曾起鳳，花封百里暫飛鳧。月明村巷無驚犬，風送弦歌入畫圖。四境願侯同壽域，佇看鴻業翊乾符。

題蘭坡精舍

蘭坡之下結茅廬，林麓依然隱者居。綠水青山行處是，俗緣塵慮坐中除。眼前風景佳無限，架上琴書樂有餘。藥裹茗甌隨分定，浮生此外更何如？

元夕和韻

樓頭鐘鼓報初更，彩勝花燈處處晴。天上星河轉清淺，人間弦管樂升平。穿簾皓魄輝羅綺，匝路香風拂旆旌。落翠遺簪渾不管，更闌猶自踏歌行。

壽鈍軒五十

與君同聽《鹿鳴》歌，君醉瓊林二紀過。金馬玉堂聲價重，蟠桃仙酒笑顏酡。清風泉石栖遲久，舊德朝中屬望多。記取八千從半百，行看丹詔下巒坡。

山陵扈蹕與諸僚友游九龍池

群彦追陪日已西，尚從巖嶒共攀躋。三層鳳閣依丹嶂，九派龍泉下碧溪。曲澗亂流翻錦鯉，垂楊深處囀黄鸝。前驅忽報鑾輿至，策馬奔趨笑語齊。

題温徽《半窗春雨圖》

春雨霏微濕不搖，窗前鳳尾欲凌霄。陰森色映珠簾静，縹緲烟籠畫閣嬌。閣中美人顔如玉，坐對此君真不俗。世謂筆有縮地功，移得瀟湘一段緑。

七言絶句

表弟王秀才饋鮮魚謝以二絶

曾記江湖放舸年，雲濤時見釣魚船。任公自是擒鰲手，玉骨銀鱗次第傳。

其二

春動林塘物物鮮，錦鱗游泳出深淵。即看桃浪三千丈，一躍龍門到九天。

園亭即事

湘簾冰簟象牙牀，手倦抛書午夢長。山鳥數聲驚覺後，紫薇風送滿亭香。

六　言

游西山晚宿碧雲寺

枕畔泉聲汩汩，窗間月影疏疏。客睡冷然不寐，恍如身在蓬壺。

三　言〔三〕

過釣臺留贊

有漢叟，曰嚴光。耕春山，釣桐江。友帝子，動星芒。揚清風，水流芳。

古　風〔四〕

長城行

憶昔胡元末運丁，中原氣焰轟雷霆。高皇一掃燕南蘖，成祖三犁漠北庭。東夷西域共臣職，匈奴兩臂全無力。縱横不過數千里，釜内游魚竟何匿。漢家自失城東勝，天驕來踏黄河冰。榆林雲中逼胡壘，邊事紛紛從此興。也先火篩絶儔伍，豕突蛇奔犯吾土。于公少保善提兵，石家將軍戰如虎。前有威寧後梁震，搗巢直入陰山陣。纍纍賊首滿載還，氈裘中宵咸煨燼。謀臣猛將不常有，自古疆場重防守。楊王遺烈花馬池，經世宏猷最長久。濮陽蘇翁文武才，登壇仗鉞承明來。甲兵慣落胡兒膽，桃李曾收楚國材。雲中出沒稱門戶，新築長城斷驕虜。六騾踪迹眇龍沙，三關崄業成安堵。山城處處饒桑麻，兒童時復吹青笳。青笳一曲道何事，共道我公威德賒。長沙楊公建長略，我公識度真恢廓。報國惟知有赤心，成功會見登黃閣。君不見漢唐以來雖全盛，和親歲幣終非正。天朝制馭超百王，指日匈奴須款聖。

校勘記

〔一〕本標題原文所無，爲整理者添加。

〔二〕“子”，據詩意當作“予”，與首句“君”相對。

〔三〕“三言”，底本原無，據詩體補。

〔四〕“古風”，底本原無，據詩體補。

原任禮部主客清吏司主事守制臣寇陽謹奏爲陳情比例懇乞天恩賜給贈諡祭葬以光泉壤以勵臣節事

照得臣父寇天叙原籍山西太原府榆次縣，由正德三年進士，本年十二月除授南京大理寺左寺左評事，正德六年升本寺左寺副，七年十一月升本寺左寺正，十一年正月升寧波府知府，十四年八月升應天府府丞。嘉靖三年五月升都察院右僉都御史，巡撫宣府。隨改撫治鄖陽，又改巡撫甘肅。五年十月升右副都御史，巡撫陝西地方。三年考滿，已授本等誥封。九年正月升刑部右侍郎，赴任間聞臣祖喪，守制回籍。十二年五月，奉欽依改兵部右侍郎，行取到京，於八月十一日到任管事。方感激天恩，勉圖報稱，不意于九月二十二日在部感患風痰等症，一向開注門籍，私宅調治未見痊疴，已于十一月初十日具本乞休，未蒙俞允。至本月二十四日前疾加重，于二十六日巳時身故，其應得俸糧截日住支。臣系嫡長親男，當日住俸守制外。伏睹《大明會典》內一款，凡文官一品至三品，照依生前散官果有功績，合加封者，例與加贈。又一款，文武大臣有請諡者，本部照例上請，得旨，行吏、兵二部備查實，開送翰林院，擬諡請旨。又一款：兩京三品文官曾授本等封者，俱照例祭葬。凡此皆朝廷褒恤勤勞，風勵臣節，以敦治化之大典也。

切念臣父自做秀才時，涵育聖化，立志向學，非禮不動。繼游太學，納交天下賢士，力行古道，潛心時務，幸登甲第，奮庸仕籍。初任大理寺評事之時，公明執法，不茹不吐，纍斷疑獄，多所平反，一時堂屬無不推重。後本寺寺丞胡瓚升任，特疏舉薦，士論歎賞。其任寧波府知府，興利除害，民有"青天父母"之謠；崇禮正學，士有鼓舞維新之習。御史石金等先後論薦，凡六七次，以次超升應天府丞。適值逆豪叛亂，蒙武宗毅皇帝南征，駐驛留都，殆將十月，供億百出，專責本府；權幸多門，誅求無厭。當時府尹感勞不及，月余病故。臣父獨立支持，抵抗權幸，節省財力，應天兩縣之民不知騷擾之苦。他若奏簡神帛堂之冗役，清審坊廟長之負纍，金陵根本之地，寔多保障之勞。都御史李充嗣因臣父考滿，特疏保留。御史蕭鳴鳳等纍疏論薦，南京士民至今懷思不已。比時臣父之精神氣體已稍傷矣。其巡撫甘肅之時，正西域多事之際，土魯番犯其西，達虜擾其北，犬戎侵其南。臣父介處於三敵之中，孤懸於萬里之外，□〔二〕地方新遭殘破，□〔三〕勢猖獗，時事艱危，百孔千瘡，極難爲力。臣父奮不顧身，志存死國，勞心焦思，周防曲慮。日不遑食，夜不安寢，修理邊備，屯田撫練，屬番痊卒。時有警急，相機剿殺，陸續斬獲回達首級百有餘顆。該部卷案可查。吐魯番見我有備，竟難得志于是，輸誠納款，求貢益切。後開關通貢，邊境獲寧。本兵覆奏，亦嘗追論臣父保守重鎮、經理西域之功尤不可泯。此時臣父之精神心力已盡于此，而身體重傷，病根已種矣。及巡撫陝西之時，復遭大歉之歲，奏請皇上曠天恩，蠲免租稅，給發銀鹽，處置賑濟，殫竭心力，保一方于無虞，紓九重之西顧。北虜入寇固原，臣父調度剿殺，大致克捷，斬獲首級一百九顆。當時奏□〔四〕欽依："寇天叙寫敕獎勵，賞紵絲三表裏，銀三十兩，还升俸一級，欽此。"比時臣父內拯八府之饑荒，外供三邊之軍餉，兼理固、靖、環、慶、臨、鞏等處邊備，及服裏一應錢糧、詞訟、盜賊等事，政務旁午，憂勞萬端，而臣父積傷之病將作矣。以上皆臣父之勤勞顯著，載在所司，有可紀錄者。其他細微，不敢瑣瑣上瀆聖聽。

近爲陳言邊務事，該刑部尚書王時中等及兵科都給事中張潤身等，各論薦臣父沉毅有謀，疏通無滯。宦游京府，才華著于東南；撫歷邊陲，威令行于西北。頃因吏部會推前職，荷蒙聖明簡在，特兹起用。臣父方守制服滿，竊伏丘園，自甘恬退，以保病軀。忽蒙恩命，不勝感激，益圖報稱，力疾奔馳，前來供職。詎□〔五〕命與心違，數十年積傷之病一旦舉發，百醫不瘳，年餘五旬，抱忠而没，痛恨何言！雖卧病在牀，忽聞大同之變，憂思計處，猶竭所見，上陳睿覽，用贊廟謨，則臣父惓惓爲國之忠，一息尚存，不敢少懈，誠所謂鞠躬盡瘁，死而後已者也。目今囊篋蕭然，家産微薄，母老子幼，無以爲生，則臣父平日奉公守法，不顧身家，益可驗矣。

及查得先年工部右侍郎劉丙病故，荷蒙聖恩，賜之贈諡祭葬。痛惟臣父歷事二朝，纍官三品，備嘗艱苦，曾效勤勞，乃心王事，絶不言私，惟知法守，並無過犯。雖任府丞之時，言官挾私，論臣父因緣鄉里權要，驟升京府重官，一時公論囂然稱屈。該吏部覆本，謂臣父久敦士行，素重官評，荷蒙聖明洞察，存留供職，則臣父之賢否勤勞，舉不能逃皇上離照之下矣。揆之劉丙事體，大略相同，如蒙伏望皇上一視同仁，憫念臣父居官清苦，撫邊微勞，殁于官所，情實可憐，乞敕該部再加查議，如果臣父生前勞績委有可録，持守委有可取，與劉丙事體相同，前項贈諡祭葬照例擬請賜給，用彰朝廷優恤盛典，則臣舉家存没，感戴天恩，寧有窮極。生當捐軀，死當結草，以圖補報。將天下之爲臣者益勸于忠，爲子者益勸于孝，其于聖化之隆，寧不少裨于萬分之一哉？干冒天威，臣下情無任懇切，祈望隄越待罪之至。

爲此具本，專令家人親賫，謹具奏聞。

奉聖旨："該部知道，欽此欽遵。"

原任禮部主客清吏司主事守制臣寇陽
謹奏爲謝恩事

照得臣父天叙，原籍山西太原府榆次縣人，由進士歷任兵部
右侍郎，於嘉靖十二年十一月二十六日在任病故。臣系嫡長親
男，依例守制。緣臣父系在京三品堂官，例該欽賜祭葬等項恤
典。臣當即具本奏請，荷蒙聖恩，特賜俞允。該禮、工二部行移
山西布政司，遣本司堂上官遵奉諭祭安葬。已于嘉靖十四年正月
二十三日，有本布政司右參政陳講親詣臣父柩前，欽遵明旨，舉
行諭祭。禮畢，本月二十四日將臣父安葬。修墳工匠俱完。伏惟
敕使臨門，閭閻爲之動色；玉音賁壙，泉土爲之生光。士庶驚
傳，臣工競勸，哀榮終始，深銜天地之恩，粉骨碎身，莫罄涓涘
之報。臣舉家没存，不勝感戴之至。除望闕叩頭外，爲此具本，
專令家人親賫奏謝。

原任禮部主客清吏司主事守制臣寇陽謹
奏爲陳情比例懇乞天恩賜給祭葬以光
泉土事

切照臣原籍山西太原府榆次縣人，由進士歷任廣平縣知縣，
再任禮部主客司主事。嘉靖十二年十一月二十六日，臣父天叙任
兵部右侍郎病故，臣依例回籍守制間。今嘉靖十四年正月二十八
日，臣祖母淑人吳氏在家病故，臣系嫡長孫男，例該承重，接服
丁憂。再照臣父先任都察院右副都御史之時，遇蒙恩例，臣祖父
恭受封通議大夫、都察院右副都御史，臣吳氏受封淑人。臣祖于
嘉靖九年病故，係在京三品堂官。臣父援例奏請，荷蒙聖恩，賜
給祭葬。臣今祖母吳氏亦故，係受封三品淑人，于例亦該祭葬。
伏睹聖朝，凡推恩臣下，必及其配。查得已故南京兵部右侍郎王

倬妻陳氏病故，伊男王愭比例奏乞，荷蒙准賜諭祭，開壙合葬。臣祖母吳氏與陳氏事例相同，伏望皇上俯念臣父歷官中外，頗效忠勤，乞敕該部議擬，將臣祖母淑人吳氏照例賜祭，開壙合葬，則臣舉家沒存，不勝感戴天恩之至。爲此具本，令家人親賫奏以聞。

奉聖旨："是。"欽此欽遵。

明通議大夫兵部右侍郎涂水先君寇公事略

先君諱天叙，姓寇氏，字子惇，別號涂水。先君世居晉之太原府榆次縣，其先有諱信者，國初自徐溝縣徙來居之，遂爲榆次人。信以上譜牒不存，莫可考。信生文長，文長生彥清，彥清生高大父琰。剛毅重厚，積功纍仁，實昌世業。琰生曾大父玘。以先叔祖儉貴，贈大理寺左評事。娶張氏，封儒人。玘生祖大父恭，號毅庵先生，與先叔祖大理公裕庵先生齊名于時，數奇不偶，卒業太學，仕至定州判官。配趙氏，是生先君。繼配吳氏，生天秩、天衢，俱七品散官。次天瑞，中己卯鄉試。

先君性穎敏重厚，五歲，祖妣趙氏有疾，家人欲剪其髮，先君攀號不肯。未幾卒，先君號泣擗踴，哀毀如成人。蓋孝友之德出于天性。時外祖趙公嘗撫其頂曰："此子面方口大，舉止不凡，他日必昌大寇門矣。"尋令讀書，即能記憶，不復嬉戲。十二，從邑人任同府先生，授舉子業，輒盡通其義。十五，補縣學弟子。丁巳，隨叔祖于京，從今中丞姚東泉先生講學。時東泉先生在祠部，縉紳子弟及都下人士從學者數十人，皆紈綺美麗。先君布袍短褐，終日徒步，裕如也。先生每歎其難。先君已有志聖賢之學，不規規于舉子業矣。先生嘗語人曰："寇子德器不凡，他日所就不可量也。"居一載，歸，名動三晉。辛酉，舉鄉試第二十二人。壬戌，試禮部不第，卒業太學，尚友天下士，得今光祿卿谿田馬公、太常卿涇野呂公、祭酒后渠崔公、中丞柳泉馬公，及已故太參西澗秦公、憲副西渠張公。先君與諸公議論相合，義氣相投，遂定交焉。所務皆聖賢體用之學，躬行力踐，一時海內之士皆聞而慕之。未幾毅庵公病嗽于家，危甚。先君聞之，暮裝晨歸，凡六晝夜抵家，日夕親侍湯藥，不解帶者四十餘日。毅庵公見先君至，甚喜，垂絕復愈，人以爲孝感所致。

正德戊辰，登涇野呂公榜進士，試政工部。是年冬，授官南京大理寺左寺左評事。時逆瑾用事，期限甚迫，不獲歸省，買舟徑赴南京。先君清介自持，讞獄詳明，用法寬平，凡有疑獄，多所平反，一時民無冤抑。南京有巨族犯法，其人不出，而以家人抵罪，先君駁之曰：“豈人在而稱逃，欺天乎？欺人乎？”刑部奏請，坐委法司拘提，竟抵于法。其不畏強禦如此。先君凡事務先大體，嘗有一獄，審處甚善，刑部尚書公謂其屬曰：“我部中十三司官，不如大理寺一寇評事也。”三法司堂屬無不推重歎服，名重留都，上下大小咸知有寇大理焉。布袍蔬食，猶若未仕時。新歲將至，猶着常時布袍。同僚崇陽王公謂曰：“歲將改，尚衣此耶？”先君曰：“實乏值以易耳，衣此何妨。”王公曰：“新歲亦可製一新服。”乃自取一紵服遺先君。亦服之，後償其值。不赴無名飲燕，暇則閉戶讀書，勵志進修。辛未，升本寺左寺副。壬申，三載考滿，復職，詳審過輕重囚犯五千四百七十一起，一萬八千二百五十一名口。本寺考語，載在志刻。隨升本寺左寺正。庚午，武宗皇帝上兩宮徽號，推恩群臣，祖母趙氏贈孺人，吳氏封孺人。時毅庵祖以見任定州，未與。至癸酉致仕，授封南京大理評事。乙亥，六年考滿，復職。丙子，升浙江寧波府知府。

寧波爲浙東巨郡，賦繁訟健，且多宦室豪右，善請托，一不行則謗議蜂起，雖宦之善者卒不得令名，人皆難之。先君素行既足以服人，而至則開誠心，布公道，不茹不吐，不激不隨，一以愛民節財爲主，嘗以虎谷王先生所書"青天白日，高山大川，愛民如子，處事如家"四語銘諸座右。均徭役，清賦税，袪宿弊，去冗費，興利除害，鋤强扶弱。丁丑歲祲，先君請于部使者秋糧折銀，民有"挽回烏府萬家春"之謡。凡旱，祈雨輒應。先君迎毅庵祖、吳孺人祖母養于宦所。戊寅八月二日，祖壽七十，縉紳稱慶。先期霖雨，先君禱晴于城隍，至日晴明，上下歡慶。成禮，明日復雨，人皆驚歎，以爲孝感所致。慈谿豪右馮姓者，武斷于鄉，民苦之，莫之誰何。先君執之于法，衆心大快，有"賢明寇太守，擒了馮二虎，民安堵"之謡。自是豪右斂迹，復無公差下鄉，又"萬民樂生業，無人横索錢"之謡。尤導民以禮，有董孝子廟，舊有婦人像，先君撤去之。校學人才，尤加意振作，每朔望，必親爲講論，諄諄開導以體認寔踐之學。爲文以純正爲主，取人先觀其器識。四時季考，特爲勸懲，四明之士駸駸然進于理學矣。如豐坊、陸弋、董瀛、李淮孝，皆先君所造士也。但經先君之識拔者，後皆成。嘗謂董瀛曰："爾文皆佳，每至結束處輒氣不昌，其勉之。"董子鄉薦後遂卒，人皆服知人之鑒。童生趙昊以書謁先君，閱而奇之，延與兒輩講學，每每開導。後昊舉進士，爲行人，直言被謫。丁祀大成，樂久廢不理，公延曉音樂者，令生員及童生習之，自是洋洋樂備矣。丙子鄉試，先君與外簾三試卷皆爲總閲。有一知縣持一卷請先君取，先君曰："此卷不宜取。"其人數請，先君力止之。榜後開，所請卷乃其所私者。嘉興知府李道甫曰："寇公真神目也。"衆皆歎公之明，服公之執。處鄉士大夫，肅而有禮，士大夫遂相戒，終無敢干以私者。且皆感服敬愛，背無怨言。一時上司齊口褒薦，薦語載在志刻。在郡三載，政績卓異，聲譽茂馳，中外仰慕。己卯八月，超升應天府丞。離寧波時，老幼號泣，攀轅請留靴，以慰去思。先君曰："吾民之情厚矣，但事涉俗。"竟不允。沿河兩岸挽舟不肯舍，至暮抵西泊，僅二十里而宿。縉紳先生皆歌咏贈別，連篇層軸，皆曰："吾郡自張公廣漢後，惟公一人而已。"

十月至應天，時寧濠倡亂，蒙武宗毅皇帝南征，供億百端，皆取給本府。府尹扶風胡公感勞成疾，月餘遂卒。先君署府事，獨力支持，百務叢集，皆處之有方，從容應答。內外權幸，無慮數百，如姜彬者，勢焰尤盛，人莫敢忤。先君獨正色抗禮，凡事有可言者，據利害，反覆開諭，至誠感動，多有停止。庚辰正月，上自觀迎春，先君郊外治具，及駕至，俯伏廊下。嬖幸神周輩疾先君不禮，從傍劾其遲慢，上曰："可嚇那蠻子。"周輩對曰："渠亦吾西人也，寧不動耶？"上亦不怒。先是，中官所選女樂數百，拘于別所，數月上皆不用，亦不知貧者多饑餓。先君言于彬，得釋放全活者甚眾。嘗有事忤彬，彬使人日偵所爲，數月無所得。偵者私謂先君曰："提督將不利于公，公可自見一謝，求解之。"先君正色曰："死生有命，豈人所爲？使吾命當得禍，解之能免耶？"竟不往謝。後彬謂人曰："寇公真君子也。"于是他權幸皆避不敢肆。每有需索，先君曰："吾當見上親奏。"皆斂迹矣。駐驛留都凡九月，供億萬端，先君自爲區畫，未嘗一毫取擾上元、江寧二縣，民賴以不病。十月，鑾與北返，先君及撫按官俱送過江。先是，車駕南巡，嬖幸用事，所至，官必行重賄始可免禍辱。時撫按諸公謀于先君，欲重遺諸幸。先君曰："此非人之所能也。夫人必自侮，然後人得而侮之，苟吾自處既潔，縱得禍，亦所甘心。所費不下千萬，計此物奚從辦哉？"力止之。眾皆不然。比至，諸幸以不得所欲，初皆撓之，先君不爲動，久亦自定。至駕行，撫按諸公恐既去而遺禍，復以前事謀賄之，先君曰："事已將畢，奈何復舉此事？"又力止之。駕至揚州，撫按皆放回，獨留先君，蓋亦諸幸之意也。至淮安，適上出幸，先君伏道左，上問曰："何處官？"先君對以應天府丞，上曰："尚在此，當即回。"先君即叩頭謝辭，遂返，諸嬖幸竟不能有所加也。一時公論皆服先君之明而有執，撫按諸公各自慚服。嘗相語曰："非我輩所及也。"大軍既去，先君一意民事，興學校，均賦役，撫凋瘵，清宿弊。

壬午，今上改元嘉靖，先君應詔察舉內府、神帛、堂匠、十庫、花園及進鮮等項冗役冗費凡七事，奏請裁革。百餘年積弊重困，一旦剗去，上下稱快。癸未，言官有嘗爲先君屬官懷私怨者，劾公因緣鄉里權要，驟升京府美官。士論大爲不平，南京科道欲爲先君白之，先君力止之。部院題覆，謂先君久敦士行，素重官評，上獨留供職。先君纍疏求退，皆不允。甲申，歲大饑，人相食，有合門登舟自沉于江者。先君竭力賑濟，設粥以食流民，躬自巡視，晝夜不息。既而瘟疫大作，復設藥以救之，全活甚衆。當疫氣盛行，先君親臨病者，人或勸之，不聽，卒亦無恙。又奏折兌運糧以蘇民困。是年夏，以迎聖母效勞，蒙賜白金五兩，紵絲一表裏。先君在應天三載餘，初駕幸臨，人情洶洶，先君鎮定優裕，士林視之爲去就，百姓倚之爲安危。既而復值荒歉，百姓賴之以全活。南京根本之地，屹爲一大保障，撫按交章論薦，至再至三，人望益歸。薦語已載志刻。嘉靖三年冬，升都察院右僉都御史，巡撫宣府，尋以邊報甚急，改撫治勛陽。到任二月，乙酉，復改巡撫甘肅。

三邊重鎮，西接回夷，北鄰狄虜，南界番族，介處于三敵之中，孤懸于萬里之外。且士卒叛逆，人心未定。新遭土魯番殘破，危如破甑，緩急俱不可恃。事勢艱危，極難爲力，時論以先君有經濟重望，故有是命。到任月餘，忽報回賊三百餘騎犯山丹，先君調度截殺，擒斬酋首脫脫木兒及餘黨首級三十六顆。初至既有此捷，賞罰允當，將士用命，而賊聞之驚服，是以終任不復敢來犯邊。地方廢馳已甚，乃大爲整頓，作士氣，時簡練，禁侵削，廣儲蓄，均水利，興屯田，撫屬番，數月人心悅服，士氣振起，咸有鬥志。時太監及總兵官每年私令軍士打草散給于衆，遇放草價則盡歸于己。先君嚴禁私役，凡放月糧草價，即令軍士自領，皆得實惠。如此類甚多。親臨較閱，每以銀的教射，兵皆精練戰護。功次紀驗明白，無有冒濫。陣亡官軍，奏請優恤，不令泯没。肅州有造匿名帖謀作亂者，乃奸人每年當徵收屯糧，輒造此言以動有司，遂得緩徵，習爲得計。先君廉得其情，乃約總兵官親詣肅州，下令有能告捕者，賞銀百金。數日有告者，捕得，乃一道士及數軍生，按寔抵罪。即如約給賞告者，因詢此糧之故，皆言額外之科甚多，如水流經田，亦輸地頭錢之類，悉除去之，衆心大悅，竟無他變。先君應變處事之明敏周至，類如此。先是，土魯番大掠甘肅，廟謀閉關絕貢，至是數遞番文，求和通貢，語猶悖慢。先君上議，以爲回夷于我有必通之勢，我于回夷無終絕之理，必得命將出師大示威武，然後夷心始知畏懼，地方可保數十年無事。今目前之事，恐此虜求通不得，必來侵擾不已，若不大集兵糧，使其來，則必大遭挫衄，而歸彼輸誠無日，而邊方無可寧之時矣。總制尚書王公欲遣使，賫鈞帖，切責首酋遠檀滿速兒，先君議以爲不可，其略曰："遣使遠通外國，事體重大。鈞帖內有云，即將送檀拜牙送還哈密，復國爲主，如本人委靡不振，聽爾選擇本類有行止力量一人主理國事，切惟自我太宗設立哈密爲土魯番經略大臣，文告之辭後先相望，所費錢糧不貲，所傷生靈無算，止爲此區區尺寸之地耳。今雖爲彼占據，其名猶爲我地，半存猶得以識之。若使此虜自擇本類主理國事，事體尤大，未否相應，亦未見曾否題准，職等未敢奉行。"竟坐此數語，改差進貢，回夷順責而去。因陳條七事，一嚴清解以實軍伍，二清備禦以固邊疆，三廣屯糧以實邊儲，四添京運以養游兵，五處料物以實軍器，六添火器以壯軍威，七留部官以督軍儲。言言皆邊方切務，上皆允行。先是，西域有貢獅子、牛、狗者，前巡撫陳公及禮部該科請却，不聽，先君亦奏言："皇上正位以來，孜孜圖治，珍禽奇獸，舉無所好。近御馬監奏采虎豹，皇上特旨禁止，曰虎豹是無益之物，不必采取。夫獅子、牛、狗，其無益與虎豹同，豈陛下有見于虎豹而不見于獅子、牛、狗耶？昔齊威王不寶照乘之珠，漢文帝詔却千里馬，當時因以爲美，後世可以爲法。伏望皇上鑒前代之所爲，反求近日之初心，却還貢物，以潛消四方遠夷窺伺希恩之心。尤願日禦經筵，日親賢士，講求治道，屏絕玩好，將見民物阜安，家社自然億萬年鞏固矣。"先君在甘肅二年，處置得宜，華夷帖服，邊人惟恐公去。巡按胡公體乾疏請進秩，以酬經略之勞，久任以慰邊人之望。

　　丙戌，升右副都御史，巡撫陝西地方。内撫八府，外餉三邊，地方廣遠，政務浩繁。兵荒相仍，時事極艱。先君靜以養民，義以訓兵，嚴以馭吏，明以祛奸，圖大體，急先務，以慰關輔之望。丁亥夏，北虜入寇固原，先君調度截殺，大致克捷，斬首一百九顆，蓋自來所無之功也。捷奏，賜敕獎勵，賞紵絲三表裏，白金三十兩，升俸一級。戊子，歲大饑，疏請乞盡蠲租稅，大發銀鹽以賑，忠誠懇切。上爲之感動，敕下，悉如所請。一日，上謂太學士遂庵公曰："寇巡撫何如？"楊公答曰："寇年少精敏，作官盡心，足以紓皇上西顧之憂。"上深然之。先君晝夜焦勞，經營區畫，選委賢能官員，督責守巡，極力賑濟，綜理周悉，巨細曲盡，具見賑濟事宜。關陝之民賴以全活，是以雖遭大凶，而地方無虞，一時中外歎服，以爲不可及也。時有織造太監至陝，供億甚繁，則以地方荒歉，奏請停止。上允之，取回中官。先是，織造者初至，巡按張公行謀于先君曰："關中疲弊，豈復堪此？可奏止之。”先君曰：“凡事求可，功求成。彼初至，遽有此舉，恐上不足以回天聽，下無益于事，不如始從之。今歲荒旱特甚，延至秋冬，極言旱災，請賑濟，上必惻然，而後圖止織造，庶天聽可回，事可成。”至是果然。張公深服其處事之善。

是年以明倫大典成，蒙恩詔，得封毅庵祖爲通議大夫、都察院右副都御史，贈趙恭人爲淑人，封吳恭人爲淑人。己丑，三年考滿，如例得封祖父母及妻如其官。庚寅，升刑部右侍郎，未任。丁毅庵祖憂，哀毀過禮。訃聞，賜諭祭，敕有司營葬事。襄事後，杜門讀書課子。癸巳起復，改兵部右侍郎，八月十一日陛見上命，即日到任，一時中外屬望，以爲先君得大任，天下可太平矣，朝野慶幸。九月十九日皇子生，賜紵絲服一襲。二十二日感疾，蓋先君歷試艱險，極力經理，勞心太過，時有痰暈，又經大喪，哀毀過甚，至是始大發。在部理事，間或暈，移時方醒，于是注門籍私宅調治。十月，忽有大同軍士賊殺主將李瑾之變，先君聞之，歎曰：“往年姑息之弊，亦至于此。”力疾上疏，大略以爲：“大同叛卒往年賊殺撫臣，今又戕害主將，稔惡怙終，若不加誅戮，無以大章國法。但介亂者止數人，餘皆脅從，皇上不忍玉石俱焚，已給黃榜曉諭。傳聞逆軍不容張掛，合無將黃榜事理刊印小帖，不計數目，射入城內，使善惡自明。仍照往年江西殺賊功次，使夥內自相擒斬，庶賊可滅。”且求休退。上不允去，而下其議于有司，又賜鮮藕于第。縉紳訪問無虛日，接人輒論國事，及爲學爲政之法，亹亹忘倦，不知身之病也。或勸以不宜過言，亦不能自止也。時有言官繫獄問死刑者，一大臣欲具疏以救，謀于先君。先君曰：“只成公之名耳，不能救彼也。”其人問故，答曰：“須同諸法並請于當路者，使恩出于上，則可。”其人從之，言官果得緩誅。至一月二十四日，前疾加重。二十六日，終于京邸正寢。訃聞，上傷悼，賜祭，敕有司營葬事。甲午春正月，子男陽以禮部主客司主事扶柩歸家。先君生于成化甲子年，距終，享年五十四歲，嗚呼痛哉！

先君天性孝友，穎悟沉毅，讀書以明理爲主，修身以力行爲功。言必忠信，行必篤敬。器識宏遠，力量剛毅。備審物理，明習典故。每遇大事，即有處分。周慮曲計，罔有遺患。臨利害，屹然不動，竟以無事。凡事求可，功求成，善與人同，不必功之出于己，出于人，但圖成事而已。事毅庵封君、吳淑人極其誠敬，迎養于寧波南都關中，或在家，則分俸以養。痛趙淑人早逝，每祭掃，輒慟哭于墓，言必流涕，終身如是。父母凡身三封焉。處諸弟恩義備至。雖甚愛，至有不率，即正色責之。四弟敏，使從宦讀書，亦領鄉薦。叔弟天與，爲東昌府知府，幼聰悟，携于官所教之，亦有今日。先叔祖大理公及五叔祖俱早亡，遺孤子女，先君承毅庵公意，皆撫之，使俱成立。與郝淑人相敬如賓，教子嚴正，未嘗少假辭色。子雖不多，亦甚愛，至有過，必痛捶之。每訓，必以遠大爲期。少時俱不令美衣食，長亦有節不過與。嘗曰：“吾祖宗以來素勤儉，子孫當世世慎守毋違也。”下至婢僕，循循如寒素風。守寧波，遷官日，借同官柴薪銀二十兩，以爲道里費。居官三十年，不能起屋。臨終之日，止有新得俸祿銀百金而已，棺具皆假于人者。平日于貨物玩好一無所好，惟圖書而已。與人無雜交，交則必以道義始終如一。見人之善如己有之，人有小過必容之。至有去取人物，則界限甚明，一毫不假也。然愛惜人材之意恒勝。石州張南川先生與先君同事關中，敬公如神明，信公如蓍龜。嘗曰：“涂水先生不可及也。寬而不弛，嚴而不迫。大不遺細，遠不遺近。”嘗述先君之言曰：“嚴而泰，溫而厲，處事接人都不可缺。”先君處大事不動聲色，而從容中節，泯然無迹，事有倉卒相遇，即有處分不爲亂。在關中，嘗郊迎詔敕，時天旱甚，一人持枯苗號煎道左，先君不爲動容，令從人搜去之。比歸，亦不問。張問先君故，先君曰："愚民但知白己之真情，庸知其他，是可恕也。"張歎服。嘗因事誨人曰："天下之事，順理而行，自無不利。稍有私意，便滯礙難行，吾每驗之皆然。"又曰："處事當顧大體，細微曲折亦不可不盡。"又曰："吾平生爲小心謹慎，不敢一時放肆。"周御史鈇謂先君："外有以極其規模之大，內有以盡其節目之詳。"讀書務適于用，尤明習本朝典故。言事旁引曲證，備盡事理。事無大小難易，皆有成算于中者。先君抱經濟之略，未能究其用，使天下不見事功之盛，生民不蒙至治之澤。疏奏明暢條達，誠意懇至；爲文雄渾，詩本性情，不事纖巧，雖私書家禮，亦皆可傳之人人。作字端楷不苟，私居終日儼然。對僕妾未嘗不莊，蓋先君誠明之學，造詣深純，有不待勉强者矣。

先君配郝氏，纍封淑人，本邑蘇州府同知珌之孫女。子男二，長即不肖。己丑進士，初任廣平縣知縣，再任禮部主客司主事。初娶僉都御史和順王雲鳳女，再娶按察司副使陽曲王槐女，繼娶本邑義官趙晏女。次陟，蔭補國子生，聘太僕卿太原侯綸女。女一，適本縣國子生郭堯臣。孫男二，孫女一，俱幼。不肖輩卜明年嘉靖十四年正月二十四日葬于城西祖塋。先君歷官半天下，政績之大，不肖愚幼，不能詳記，莒次昏迷。

其履歷之概如此，敢乞執事次第爲狀，將以求當代鉅公撰述碑銘表傳，以圖不朽。幸甚幸甚。

明封淑人祖妣吳氏行略

先祖母淑人姓吳氏，世爲本邑南關古族。父諱□，母□氏，仁厚慈良，豐積喜散。祖母生而端重穎慧，容德女紅，懿瞻夙成。父翁鍾愛，欲擇所配。先祖封中丞毅庵公少游邑庠，有重名。適先祖母趙淑人早逝，吳公遂以淑人歸先祖。先祖幼與先叔祖大理裕庵公俱業儒，閫務一委之祖母。祖母甘淡薄，躬紡織，理農事，晝夜勤苦，以裕生理。以是先祖得一意向學，無內顧憂。屢遭歲歉，食用且繁。祖母脫簪珥助困，經理衰益，不低于困，人以爲能。先君司馬涂水公五歲失怙，祖母鞠之，無異己出。服食必先長，令向學，婚娶禮儀務令豐厚，人以爲難。先君事祖母極其誠敬，亦不知其爲繼母也，人以爲慈孝兩盡。先祖數奇不偶，卒業太學，仕倅定州。祖妣辛苦艱難餘二十年，略無嗟怨。後受三封，雖處榮裕，勤儉如昔，敝衣遺縷，不肯苟棄。處妯娌雍睦無間言，姻故往來必款曲。姊妹有窮乏者，周恤終身。於諸子及婦雖甚愛，不廢呵責。馭奴僕威愛兼盡，雖婦人，有丈夫風。嘗誨諸子曰："作官者盡力於官守，治家者盡力於家務，毋殆職業，以貽後纍。"諸子奉教惟謹，是以居官者一介不苟，得以成名；居家者勤勵不息，俱能立業不宰。

　　嘉靖癸巳，先考卒於京，明年甲午，先季叔舉人卒於家，祖母老年悲痛，遂感疾少食。又明年乙未春正月二十有八日己丑終於正寢，嗚呼痛哉！距生於□年□月□日，享年七十有二〔六〕。子男四，長先君，初任廷評，先祖母受封孺人。繼任郡守京兆，封恭人。又任中丞司馬，封淑人。浙東、江右、關中、京邸，皆享迎養焉。比棄養，訃聞，敕有司塋葬，遣官諭祭，遠近士大夫交致焉。人以爲生死榮哀，福壽兼備，先祖母食報於天，理也。而先考登戊辰進士，歷官兵部右侍郎，娶郝氏，纍封淑人。次天秩，娶趙氏。次天衢，娶任氏。秩、衢俱七品散官。次天瑞，己卯舉人，娶孫氏。女二，長適本邑生員王仲寅，次適國子生太原王朝起。孫男八，長即不肖陽，嘉靖己丑進士，歷官禮部主客司主事，初娶王氏，贈孺人，繼娶王氏，再繼趙氏，封孺人。次陞，娶郭氏。次隅，娶郭氏。次階，娶李氏。陞、隅、階俱縣學生。次隆，次陵。次防，聘郭氏。次陟，蔭補國子生，聘侯氏。

孫女八，長適國子生郭堯臣，次適王府典膳郭堯進，次適岳昺，次適張義，次適白如珎，次適牛載，次許聘郭守，次許聘太谷人郭□曾。孫男二，俱幼。子孫衆多，且有顯榮，人以爲先祖母積善餘慶，亦理也。伏念自先祖母趙淑人蚤亡，先君方在襁保，家祚中微，成敗蓋未可知矣。幸吳祖母歸先祖，撫先君成立，繼育三叔，俾今子姓蕃衍，克亢厥家，其有功於宗祧甚大。

不肖時愚幼，不能悉記，謹以聞諸先君，攟拾如右，惟秉筆君子不鄙，備錫采擇，以垂不朽，幸甚。

明淑人妣郝氏行略

淑人妣郝氏，其先世爲本縣望族。大父諱珬，舉于鄉，仕至姑蘇二守，有惠政。父諱善，行誼謹厚，人忿至弗校，里稱長者，至比之陳太丘云。母高生淑人妣。妣生而貞靜，寡言笑，居常不出閫閾，婦女非至親者不能面見。精于女紅，事父母孝謹，二守公謂善曰：“吾孫女賢慧非凡，配必擇所歸。”已而得少司馬，喜曰：“嘉耦也。”即于歸，任婦職若閑習者。祖妣吳淑人性嚴厲，妣事之柔下婉順，能惟其意。後至貴顯尤，然遇長幼謙而有恩，妯娌內外人咸曰：“宦家女能若是，是所難也。”

始少司馬考從中丞祖考並爲邑博士，或窘于供饋，淑人妣至爲脫簪珥以助。尤躬績紡，無寒燠，雖夜不倦。少司馬考卒業太學，時涇野呂公、溪田馬公、西潤秦公、后渠崔公、柳泉馬公、西渠張公，偕考七人相與謀道，妣主饋惟恪。呂公每歎曰：“有雞鳴風人之賢，然同傀一市，居終三年，不聞音欻。”少司馬考自筮仕至本兵，幾三十年無內顧，皆淑人妣之力。妣所至公寓，必嚴局限、戒僮僕如一日。然少司馬考志守冰蘗，初俸薄苦，需費淑人妣以節儉佐之。繼稍裕，尤服澣素，茹淡薄，如未宦時。凡甘美服食，不一及陽葷，曰：“無以驕侈損兒志也。”惟往往迎養大人，調視服膳，又極珍麗，大人亦安于邸養，故留都、甬東、關中皆迎，無弗至也。東昌守堂叔子立以遺腹生，甫十歲，少司馬考携之官且久，淑人妣撫視特厚，凡服食必先陽輩。少司馬考爲中丞時，祖考逝，逝無何，少司馬亦逝，生計一惟淑人妣經理，百務叢沓。督令婢僕耕織，無敢懈惰。或勸之逸，妣曰：“此生人理，吾樂之，且俾吾兒專志于宦也。”陽自司部員外郎受命分澍憲，時淑人妣六裘。陽過家獻觴且迎，答曰：“南土泇濕，昔吾患之，況吾今頹齡又多病耶？汝第慎於官，毋忝先人，毋貽憂可爾。”此皆庭訓于陽之大者。若御下之慈，修祀之謹，恤匱之仁，諸他美德，不能以殫述云。

　　淑人妣初封孺人，再恭人，少司馬考爲中丞時，有命封淑人。是年七月二十七日，以疾卒于家正寢，距生成化壬寅十二月二十六日，享年六十一歲。子男二人，長即陽，以進士歷今官，婦王贈孺人，爲右僉都御史和順王公雲鳳女。繼王，爲按察使陽曲王公槐孫女。繼趙，封孺人，同邑義官趙晏女。次陟，以蔭補國子生，聘婦右副都御史侯公綸女，娶太原王朝簡女，爲太保晉溪公從孫女。女一，適太學生郭堯臣。孫男二，俱幼。孫女二，一許聘右春坊右贊善同邑聞公樸第三子，一幼未許聘。嘉靖十二年，敕賜少司馬考葬於邑罕山之原，如禮，爲淑人妣虛右礦[七]陽。之歸也，將啓而祔焉。

　　於乎！淑人妣以懿德成少司馬考，刑于之化，純備篤行，咸有默助。而義方之訓，于陽也足徵焉。淑人妣之生且歿可無遺憾，宜謀所以不朽者。始訃之未至也，陽憂悸罹禍，閉門泣血，將捐職而行，孰有荼蓼如今日可隱哉。惟淑人妣懿德無使遺泯，托名筆而益彰，庶乎一慰也。陽敬摭其概，泣血稽顙，懇同寅張督學公采擇而狀之，幸甚。

明鄉進士虎山先叔寇公事略

嘉靖十二年冬十一月二十六日，先大夫涂水翁棄養京邸。不肖悲號痛苦，無望生全，幸而苟延視息，正月二十三日扶柩西歸。行次真定，值家報云：四叔病甚，思欲一見先公柩，不肖益悲懼，乃兼程馳。次井陘，訃至，謂先叔於二月初五日已捐館舍矣。嗚呼！痛哉！痛哉！昊天降割，一至此耶！先是，去年七月先公起兵侍，時不肖自廣平亦被命北上，迎先公於獲鹿，見先公精神恍惚，退而大懼。先公且語不肖曰："汝四叔近得穀疾，形體槁瘁，吾甚憂之。"每鄉人至，輒備詢起居。不虞先公先罹此□〔八〕矣，□〔九〕聞先公之訃，悲痛傷感，病益甚，遂至此極也。嗚呼！尚忍言哉！

按譜，先世爲徐溝人，有六世祖諱信者，避元亂徙居榆次。信生彥清，彥清生琰〔一〇〕，琰生玘。始以先叔祖諱儉貴，贈大理評事，繼以先公貴，贈通議大夫、都察院右副都御史，配張氏，贈淑人。玘生恭，是爲先大父毅庵公也，任定州判官，以先公貴，纍封官如贈君。玘初配趙，贈淑人，生先公，五歲棄世。繼配吳，纍封淑人，生天秩、天衢、天瑞，是爲先叔也。字子和，別號虎山。先叔生而穎敏堅定，年數歲，即能讀書強記，十二歲聞先公同谿田、涇野諸先生講學橋門，乃感慕走京師，從谿田馬先生，受舉子業。勇猛發憤，至忘食寢，或意有未會，處其額有泚。如此者三載，歸而補爲學宮弟子。十九試棘圍不第，先公朝尉留都，往游學焉。時御史汪公正每早過門，即聞書聲，歎曰："寇子好學如是。"即後先公出守四明，復游學焉，歸而逷駿有聲，遂領己卯鄉薦第二十二人，時年三十九矣。向汪御史適爲吾省參政，歎曰："有志者固如是耶！"即庚辰，試禮部不第，歸而益肆力於學，閉戶下帷之事，今復見之。癸未、丙戌、己丑連試不第，志益勵，期於必遂。庚寅，逢先大父封君憂。壬辰起復，蓋將得意焉，而乃竟於此耶！嗚呼痛哉！

先叔資貌魁偉，天性强毅，力學不倦，宏深博洽，無書不讀。爲文雄渾充贍，論說亹亹，恒出人意表。且善引進後學，講論終日，聽者忘倦。所著舉子業，精絕罕儷。性復尚豪邁，多義氣，凡事所當爲，無巨細，無難易，力任無疑。論天下事，至有所感激處，聲色俱厲。縣東原戈村舊有宋文彥博建原池書院，内有孔子廟，圮壞不治，先叔慨然歎曰："此非後學事耶？"倡鄉人共葺之。廟貌晰新。授徒講學於中，士習彬彬蔚蔚，臻於盛矣。族人有婚喪不能舉者，不計有無，必周之。嘗倣朱子鄉約，率同志行之，俗因之化焉。嗚呼！先叔學宏而識遠，質强而才贍，使之得志以有爲恢恢乎，必大有所樹。而乃格於命數，弗獲究竟厥施，惜矣。

距生於弘治□年□月□日，卒於嘉靖十三年二月初五日，享年四十四歲。配同邑知縣孫瑤女，生男子二人，長隅，補縣學弟子；次防。女子二人，長適聶東，先卒；次許聘郭崇子□。隅輩將以□年□月□日附葬於城西祖塋之次，敢乞大人君子援筆一爲之銘，以垂不朽。不肖謹拭淚摭其行略，如左帷執事圖之，幸甚幸甚。

明故承直郎慶陽府通判省庵李公墓志銘

公諱彦金，字維純，別號省庵，世爲榆次縣在城四里人。始祖克溫，克溫生志善，志善生奉，奉生王大父茂，茂生大父公明，公明生考，諱約。贈工部員外郎。妣劉氏，封太安人。生四子，公其仲也。自幼即穎異不群，稍長，負笈從師，日誦數千言。充邑庠弟子員。爲文認理浹深不竭，聲稱藉甚。太原守一山張公奇之，延爲子弟師，公以道自尊，不少假借。鄉人以事浼公者，千金弗視，與弟兵憲侍庵公自相師友。嘉靖丁酉，遂同舉於鄉。侍庵公第進士，陟顯宦之，所至治績炳耀，公教之之功寔多。公屢舉不第，己未謁選銓曹，授陝西慶陽府通判。慶陽土瘠民貧，素稱難治，邊儲多至負歉。公立科條，嚴侵蠹，民不苦誅求而糧儲易完。北虜告急，兵馬叢集，公視府篆，從容措置，芻粟立辦，僚寀稱歎。有指揮張□者，人以大辟誣之，公知其冤，即為辯理，時守道難之，公曰：“殺人以媚人，吾弗為也。”辛酉入覲，士民攀送擁車下，至不能行。張氏子女俯伏流涕。

公性剛直，不能俯仰于人，當道疾之，媒蘖其短，尋致放歸。士大夫無不稱屈，公曰：“與其奔走宦途，孰若優游田里？有田可耕，有子可教，何必功名邪？”築書舍於北城下，日攜酒餚，招故舊吟飲於其間，有《考槃》之趣焉。司成又泉關公有詩以紀其勝事。父母孝敬純篤，始終弗渝。處昆弟友愛懇至，久暫如一。待少所從外傳曰：“却廷幾者，恭敬終身。”捐金為治葬地。與人交洞見底裏，教子嚴而誨。居鄉能忍人，樂施與，諸所助婚賻喪，與周貧乏，亦惟厚焉。丙申四月十八日，公之誕辰也，適子杜食廩之敕，賀客畢集，鄉人稱羨。不幸明日偶感小疾，遂至不起。嗚呼傷哉！

距生弘治十六年，享年六十有三。娶褚氏本邑仲才女，側室殷氏，陽曲生員經女。男一，廩膳生員，杜殷所出也，娶郭氏，光祿署廷丞健女。女一，適增廣生員郭秉元，褚所出也。孫男四，發榮、發蒙、發育、發材，俱幼。孫女二，女幼，杜出。於元年十一月初九日附葬於祖塋。持舉人杜獻甫所為狀匃匄諸余，請銘。嗚呼，余忍銘公哉！校淚之餘，遂次第其事，而為之銘。銘曰：

嗚呼省庵，天賦其才，而未窮於用。人畢其位，而未充其任。在人者未才必，而在己者當自盡。既嗇於躬，必昌其胤。天運循環，理數之定。嗚呼省庵，可以爲恨。

明義官趙公配孺人郝氏合葬墓志銘

嘉靖十有三載甲午冬十二月五日丁酉，義官趙公諱良甫配孺人以壽終。蓋趙公爲陽先君兵部侍郎涂水公之母舅。先是，癸巳歲冬，先君以疾終於京邸。明年春，陽扶柩西還，道經孺人之門，孺人已老，臨哭哀甚，曰：“自吾甥赴召後，吾數夢見來拜，吾不意遽至此也！”言泣悲慟不已。乃今孺人亦至此極耶，痛哉！先君五歲失先祖母，依鞠於舅氏，孺人寔撫育之。先君每道舅氏及孺人之賢以誨陽輩，故陽於孺人之純德懿行，□〔一〕竊聞其詳焉。

孺人姓郝氏，爲榆次望族，父垣，隱德長者。母李氏，孺人，生而慈惠貞淑，年十七，歸趙公。公奕世豐裕，及父翁欽皆醇篤寬大，讀書好禮。性復嚴峻，孺人事之，咸得其歡心。趙公好賢禮士，賓客絡繹，閫務一委之孺人。孺人綜理周密，巨細畢舉。趙公異母弟良佑八歲而孤，公及孺人撫愛深至，飲食寒燠無時弗察。及長，爲尚寧化王府正平縣君，將父志也。起第郡城，極其宏麗，分貲之半與之。孺人尤爲料理，罔知爾我。良佑亦母事孺人，極其誠敬。四時食物必先致焉。趙公居父翁之喪，哀致成疾，早世，孺人循未亡人之禮，歲時追慕，悲慟不勝。時時述公遺訓，以誨諸子。嘗曰：“汝父早世，汝輩不自卓立，何以慰汝父之靈也？”言輒嗚咽涕泣。以是諸子皆德性夙成，克諧厥緒，蓋振家聲。庶出子晟，孺人撫之，無異己子，衣食無私，厚之。有疾，輒憂形於色，其貞切如此。處宗族鄰里，曲盡周恤，馭婢僕恩威兼至。餘處豐裕，常存儉約。躬親紡績，至老不廢。性尤忍事，嘗曰：“寧使我容人，無使人容我。”於人熙熙，惟恐有傷。蓋寬仁之德，出於自然。故福德之盛，鄉閭罕儔。

孺人生于景三十年十二初六日，距卒享年八十有三。子三，長昺，娶□氏。次晏，初娶寇氏，大理評事裕庵公儉女。繼娶高氏、羅氏。晟，側室徐氏出也，娶羅氏。三子皆納級義官女。子一，徐出，適張公道孫。男六，長東園，娶張氏。次東郊、東山、東方、東京、東川。孫女三，長適齊尚質，次即陽繼室，封孺人。餘尚未聘。昺輩將以明年乙未正月二十四日乙酉啓趙公之礦而合葬焉，命陽志其墓石。爰不敢敬辭，繫之銘曰：

振振趙公，厥履孔醇。天作之配，惟德之行。載篤其慶，寔兀厥宗。源源後昆，繫疇之功。既熾而昌，昭朗令終。至德用彰，爰勒貞珉。百代有興，來徵斯文。

明將仕郎嘉興縣主簿周君墓志銘

君諱全，字一之，姓周氏，別號處原。其先世太原陽曲人，元季有景賢者，從居榆次張處里，遂家焉。景賢生贈太僕寺寺丞益，益生霖，霖生志俊，志俊生成。成生德禮，娶冀氏，實生君。君天資敦敏，幼從塾師，日記數千言。稍長，游邑庠，博學雄文，每試輒先諸士，聲稱籍甚。未幾，即補廩君。色喜，人問其故，曰：“家貧，藉此養親耳。”屢試場屋不第，貢入太學，試京闈，復不第，人皆爲君稱屈焉。

需次銓曹，授浙江嘉興縣主簿。時倭患方熾，或難之，君曰：“事不避難，臣子之責也。”毅然赴任。勤敏蒞事，節用愛人，士民悅服。洪水壞城垣，君督率備築，不日告成。太守命君陰樹木於水中，以過寇船，左右曰：“寇且至，宜少避。”君叱去，督理愈急。工畢而寇至，一方賴以免禍。督府命給軍餉，君給散均平，三軍踴躍，咸有鬥志。修將士船五百餘艘，頃刻鱗集。張尹亟稱其才，委視鹽政，不畏權勢，奸弊頓清。御史凌公與其能，執法催科不擾，而完稅獨先諸邑。監兌鄭公特馳檄獎之。戊午秋，聞君供事場屋，綜理周密，同事者咸嘖嘖歎服，以爲非衆所及也。在任五載，小心勤慎，始終如一。上信下服，顯擢伊爾。君浩然有去志，遂致其□〔一二〕而歸。上下咸留之不得，且嘉歎，以爲人所難也。君爲人誠篤簡重，臨事慷慨，有古人風。事親孝敬純懇，終身不違顔色。弟完，少不羈，君多方誨迪，竟爲佳士。訓子姓以勤儉讀書，以是家日饒裕，諸子濟濟，接踵橋門。交友忠信，處鄉和睦。屬纊之日，鄉人咸悼惜焉。

君卒於嘉靖庚申歲十二月二十四日，距生於弘治庚戌二月十九日，享年七十有一。娶張氏，先君三年卒。子男一，雲漢，純謹克世其家，娶□氏，密雲司訓爲仁女。孫男四，長班，縣學生，娶李氏，縣學廩膳生大本女。次班，聘太學生趙輝女。次棟，次箕。孫女四，長適縣學生褚鈇，次適趙國賓，次聘郭藩城，次幼。曾孫男二，長安童，次寧童。嗚呼！壽考令終，子姓藩衍而且賢，謂非積善之餘慶耶？雲漢將以辛酉歲二月七日於城西祖塋，啓母張氏之礦而合葬焉。介經運孫君好古、縣學生鞏君邦寧，持君侄縣學雲鴻所爲狀來乞銘。予與君三十年前同學之友誼，不容辭。遂述其行而志之，且爲之銘。銘曰：

膴膴慶原，毓秀鍾靈。孝弟力田，即讀且耕。讀以致身，耕以資生。小試南國，藉藉政聲。蕁鑪起興，高朗令終。亦有孺子，繼繼繩繩。塗陽之阡，有峨其封。我銘諸幽，百代有徵。

祭邑侯乃翁　公文

先民有言：“有開必先，無往不復。此感彼應，如券斯契。”故世之享豐裕昭融之慶者，必其先世，常有敦厚博大之積。

於戲！惟翁宅仁服義，握瑜抱珍，香山之後，洛杜之英。潛德弗耀，教子成名。來令吾土，愷悌政行。犬不夜吠，琴常晝鳴。翁來就養，既樂且榮。翁歸無幾，胡然遽終。訃音一及，髦倪震驚。翁雖已矣，慶運嗣君。嗣君明府，克亢厥宗。翁榮翁顯，尚莫可恨。知翁目瞑，我民涕零。我酧一雞，以寄此情。翁靈不昧，庶幾來歆。

祭太宜人侯母文

維嘉靖十五年歲次丙申閏十二月壬子朔，越五日丙辰，守制禮部主事眷晚生寇陽謹以牲醴庶羞之儀致祭於誥封太宜人侯母尊靈曰：

於戲！宜人之德，坤順惟則。宜人之族，簪纓閥閱。宜人之歸，三晉之英。宜人之履，百世之刑。孰不有舅，曰舅蚤世。孰不有姑，曰姑蚤逝。閫務旁午，殷憂叢萃。值時之艱，諒無與對。於維宜人，百責咸備。仰事俯育，鞠躬盡瘁。夫子將軍，橫戈塞城。公尔忘家，威振胡庭。霄旰既任，中原安枕。將軍之功，內相難泯。帝嘉其勞，宜人錫號。鸞誥輝煌，翟服炳耀。善積仁纍，天篤其慶。其慶伊何，永錫爾胤。維何曰文曰武，文爲世麟，武爲國虎。麟趾振振，國之鼎臣。隆德懋勛，中外式憑。如日之升，如川之至。縈疇之功，四方孔熾。匪曰有子，亦既有孫。公族瀼瀼，蘭苗鳳騰。基福者德，享福者壽。宜人之壽，耄耋黃耉。嗚呼！食天之報，方邁未涯。胡爲一疾，遽尔升遐。國喪姆儀，鄉亡內則。斯人之悲，曷其有疾。陽生也晚，忝托葭莩。聞訃而哀，匍匐以趨。茲拜靈柩，安措有期。衣冠柩紼，薤露濡濡。陳牲於俎，載酒於尊。蕪詞告虔，靈其鑒存。

嗚呼！尚饗！

校勘記

〔一〕本標題原文所無，爲整理者添加。

〔二〕"□"，底本漫漶不清，據文意疑當作"適"。

〔三〕“□”，底本漫漶不清，據文意疑當作“賊”。

〔四〕“□”，底本漫漶不清，據文意疑當作“奉”。

〔五〕“□”，底本漫漶不清，據文意疑當作“料”。

〔六〕生年月日，底本原缺。嘉靖乙未爲嘉靖十四年（1535），據文中享年七十二歲，則生於天順年癸未（1463），月日不詳。

〔七〕“礦”，據文意當爲“壙”，墳墓。後文不一一出校。

〔八〕“□”，底本漫漶不清，據文意疑當作“難”。

〔九〕“□”，底本漫漶不清，據文意疑當作“遽”。

〔一〇〕據《明通議大夫兵部右侍郎涂水先君寇公事略》“信生文長，文長生彦清，彦清生高大父琰”，《明河南左布政愓齋寇公墓表》中“始祖信，來自徐溝。生文長，文長生彦清，彦清生琰”，則此處誤，缺文長一代。

〔一一〕“□”，底本漫漶不清，據文意疑當作“陽”。

〔一二〕“□”，底本漫漶不清，據文意疑當作“政”。

明河南左布政惕齋寇公墓表

　　河南左布政惕齋寇公者，兵部右侍郎涂水先生之長子也。既率而葬，業已二十年。公仲子光裕追思幽宅，無文無以彰先德、昭來裔。浼其父門人延長令杜君廷王狀其世行，偕廩生周機謁余而言曰："先君捐館時，光裕方三歲。葬禮苟簡，志銘闕而不備，常抱終天恨。敢煩直筆表諸墓，庶先君瞑目地下，不孝罪亦少贖。"余惟邑有先達，邦之文獻，士之模範係焉。適今不逮，後將何稽。矧余未第時，公知我，曁爲御史，公復觴我而教之曰："君遭際清時，宜明目張膽，進賢退奸，以報聖天子知遇。毋若世之沽名苟禄者。"嗚呼！教澤猶存，高山在仰。近又聯姻公之侄舉人知剛，其可以寡陋辭？

　　按狀，公諱陽，字體乾，別號惕齋，世爲榆次二里人。始祖信，來自徐溝。生文長，文長生彥清，彥清生琰，率隱德弗耀。琰生玘，玘生恭、儉、讓三子。恭由貢士任定州判官，儉由進士任大理寺左評事。恭生四子，長天叙，登呂柟榜進士，官至兵部右侍郎，號涂水。季天瑞，亦登鄉薦。後玘以子儉貴，贈大理寺左評事。復以孫天叙賢，加贈都察院右副都御史。恭亦以子貴封都察院右副都御史。其世德宦業，俱載名公馬伯循、呂仲木所撰志中。初，涂水配淑人郝氏，生公及弟藩府左長史陟。公幼時賦資穎異，不喜嬉戲，讀書日記數千言，識者皆知爲偉器。時有勸涂水爲公植産者，涂水曰："遺一經足矣，何植産爲？"公適在側，聞之曰："父積書以遺，子不敢不勉力。若植産，俾損志益過。陽雖不才，亦不願。"勸者愧服。年十六，隨父任寧波，受業於鄉進士鄭師之門，勵志朝夕不息。居三載，遂精通舉子業，十九以儒士屬試省闈，二十二登嘉靖乙酉鄉薦，與叔解元天與同榜。天與即儼子，會試聯捷。公未第，尋城外幽僻處鑿一土窑，朝而步往，暮而步還，潛心聖賢之學，務身體力行。如是者三載，遂登嘉靖己丑進士。視世公子者流，飽食終日而不知問學爲何物，相去不天淵耶？時涂水爲都御史，開府甘肅，屢建奇勛，朝廷有延世之賞。公不留與子而蔭其弟陟，人皆高之。

　　筮仕直隸廣平縣知縣，守己堅貞，蒞事果斷，三年間政平訟理，盜息民安。撫按交章薦達部院，疏名征辟。顧是時，涂水爲少司馬見任京堂，故公不得在臺諫，升禮部主客司主事。癸巳，丁父少司馬憂。乙未，復承重丁祖母憂。公號泣躃踊，幾不能生。悉奏請如例葬祭。戊戌起原官，尋升祠祭司員外郎。辛丑，升浙江按察司僉事。浙多鄉士大夫，仕者每難其任。公持廉秉公，人皆敬畏，不敢干以私。壬寅，丁母郝淑人憂，聞訃兼程奔歸，復奏請如例祭葬。以哀毀過度，患怔忡未愈。公天性至孝，且三喪相繼，故慟甚而病至於此。庚戌復起原官。壬子升陝西布政司右參議，保釐商洛。其地多產金銀，前官每以賄敗。公至，一毫無所取。甲寅，升河南按察司副使，詰兵大名。舊各屬供億遂不下數千金，公逐事裁革，且出納選置主者有餘。仍發屬作正支銷，至今省直論有守者，率以公爲稱云。未幾，升山東布政司右參政，復轉江西按察使，所至正大光明，雖有豪宗巨族，皆莫敢壞法干紀。時江右分，宜人當國通關節者，立致尊顯。公歷藩臬前後二十載，獨守正不阿。以故雖望重，撫按薦不啻數十次，終不得開府一面，大展經綸。丁巳，升浙江布政司右布政使，時左轄肆意侵漁，公素疾其縱，及署篆，嚴加釐革。彼惡其形己之短，遂假他事以中傷之。公雖轉河南左轄，即未任落職。聞報，浩然長往，略不以去就介懷。非有養，能若是乎？

　　公從政清廉正直，遇大事輒有擔當，至居家，待諸弟恩義備至，教子孫勤儉世守，處夫婦以和敬，馭僕隸以恩威，接鄉黨以平恕。且終歲居一小室，校閱古今典籍，吟咏其中，非公事絕不與邑宰相。蓋公誠明之學，造詣深純，故出處大事可觀，而細行曲謹，又彰彰如是。惜仕不盡才，壽不滿德，享年僅六十有七。且未睹諸子之成。余不能無遺憾也。公生於弘治甲子，卒於隆慶庚午。初配王氏，名臣都御史雲鳳之女，贈孺人。繼配王氏，副使槐之孫女。又配趙氏，義官晏之女，封孺人。俱先卒，又繼薛氏，陽武侯公幹之女。側室閻氏，處事鸞之女，俱有賢德。子男二，長一龍，邑增廣生，娶李氏，順天府尹敏之女。夫婦死孝節。洪直指奏旌其門。次光裕，府庠生，屢試高第，將來必繼公志者。娶孫氏，應天府丞允中女。繼娶張氏，御史梯孫女。俱薛出。女四，長適太學生李柢，四川按察使僉事彥士之子，趙出。一適庠生姬命新，大名府通判輔之子。其二先後俱適太學生李之葦，即前府尹敏之子。中閻出，餘亦薛出。

公一門六薦鄉書，四登甲第，蓋三晉第一家也。而公與少司馬、解元與，廷評又皆以"父子成進士，象賢濟美世"所罕有。而公之弟若侄，卒業胄監，服官郡邑者，又十有餘人。盛矣！盛矣！余邑在嘉靖時起家進士，顯名當世者甚衆，而禦史鈍軒周公以德行稱祭酒，又泉閻公以文學稱，公牧愛旬宣，始為良有司，終為賢監司。謂之曰："執事雖曰不敏，今周公致仕四十年，而又泉與公亦二十餘年，乃其所以為德行文章政事率泯滅不傳于世，余嘗歎之，故於公子之請，樂於纂述，使附於麗牲之碑。庶後世尚論人物者得有所考云。"

　　戶部尚書褚鈇撰

蘭坡遺墨跋

　　聖人之澤，萬世不斬，父子之脉脉相傳，庶幾近之。家大人契蘭草産，於宅後古丘下結數椽，扁其室曰"蘭坡精舍"，吟咏於中，垂皓彌篤。迨庚午捐館，不肖未及三周而孤。越戊寅，伯子兄一龍又夭，獨依萱堂，何嘗九我。十八歲，補郡庠生，拂拭精舍，始檢積書中，得遺墨一册，捧讀再四，不覺潸然泪十行下。細閱手澤，恍承心印，蓋學詩學禮，孔氏庭訓，藹然凛然。始自歎嗣大人宗祧，不獲領大人矩範，悲哉數之奇耶！終自慰，雖不及面大人之面，猶可心大人之心者，惟兹册耳。不肖鶩也弗克類，若念兹在兹，付之刊人，永識不斬云。

　　不肖孤寇光裕謹跋

巢雲詩集

〔明〕裴邦奇　撰

張勇耀　丁迎雪　點校

點校説明

《巢雲詩集》八卷，明裴邦奇撰。

裴邦奇，字庸甫，號巢雲，明山西聞喜人。其生年，據孔天胤《文谷漁嬉稿》萬曆六年（1578）卷《巢雲生日》詩“獨游三士裏，半度百年生”，可推知爲嘉靖八年（1529）前後。其卒年不詳，王道行挽詩：“俠氣翩翩健若龍，黄金買賦出居庸。大江桃葉流何處，明月刀環竟不逢。摩詰郢中成寡和，阿蒙地下或相從。白頭空有文姬在，禪草誰當奏九重。”在“阿蒙地下”句後，王道行自注：“吕中舍陽，其文友也，先卒。”據查，吕陽卒於萬曆十四年（1586），則裴邦奇卒年當在此年之後。

邦奇一生未仕，清雍正《山西通志》、乾隆《聞喜縣志》皆記其“學問綜博，不事舉子業，以詩名，與汾陽孔探花天胤、謝山人榛相唱和，爲所推重，有《巢雲詩集》四卷”（其中稱孔天胤“探花”誤，當爲榜眼），可知是一位布衣學者、詩人。裴邦奇雖爲布衣，平生交結却多爲當時名士。清雍正《山西通志》孔天胤條也記載：“天允（胤）好讀書，詩文高古，晚年寄興山水園林，時與王明甫、吕仲和、裴庸甫諸人相唱和。”

《巢雲詩集》即爲裴邦奇交往行迹之實録及友朋酬唱之藝術結晶，尤其與孔天胤的交往，堪稱一代佳話。孔天胤（1505—1581），字汝錫，號文谷，明汾州文同里百金堡（今屬山西文水縣）人。嘉靖十一年（1532）以一甲第二名進士及第，官至河南左布政使。裴邦奇曾於萬曆三年、萬曆五年、萬曆六年幾次游歷汾州，并且滯留時間都比較長。二人唱和詩極多，檢邦奇集中，與孔天胤相關者有近三十首，而孔天胤集中，僅萬曆五年就有《喜裴徵君見枉，兼枉蘭章，輒倚韻奉酬以寫我心》《偶得名酒携訪巢雲，撫景清言，不覺造夕》等十餘首。

邦奇幾次游歷汾州，與慶成王府的金蘭社、永和王府的青蓮社及王府宗親好詩者也多有交游。金蘭社，簡稱蘭社，屬慶成王府；青蓮社簡稱蓮社，屬永和王府。明萬曆《汾州府志》“宗會”：“先是，兩府各立詩社，慶成社名金蘭，王宗川主之。永和社名青蓮，王恒南主之。比時宗賢畢聚，成律成帖，彬彬稱盛焉。”兩社之成員，多以兩府宗親爲主，也有王官或王府教授等人參與。裴邦奇在《答孔文谷先生桐庵山房之招》中，就有“萍踪栖泊旅情微，蘭社相留未忍歸”句，道出金蘭社與他的交往情誼。

裴邦奇《巢雲詩集》八卷，今存明萬曆刻本及清悠然齋抄本。前者藏於中國國家圖書館，十行十八字，白口，四周雙邊，卷端題“聞喜裴邦奇撰”，有總目，無序跋。後者藏於上海圖書館，爲八行二十字，藍格，上鐫“悠然齋”三字，卷端題“聞喜裴邦奇撰”，前有孔天胤《巢雲詩集序》及萬曆庚辰吕陽《巢雲詩集序》。此書《嘉業堂藏書志》著録：“《巢雲詩集》八卷，清抄本。邦奇字庸甫，號巢雲，聞喜人。性孤介，不能俯仰，寄情於詩酒，布衣蔬食，晏如也。搢紳之士，咸加推重，而詩亦與人俱高，不同凡響。首有丁丑孔天胤序，河東吕陽序，後有張黄裳跋。有‘梁氏百尺樓藏書記’朱文長印，‘蒼圓子’朱文圓印，‘四明盧氏抱經樓藏書印’白文方印。”孔天胤序，清康熙《山西通志》卷三十二《藝文》有收。據孔天胤序，可知邦奇詩結集於萬曆丁丑仲夏，且當時只有四編，後爲八卷，當爲陸續增補。孔天胤對邦奇詩評價極高：“先生莫予逆也，予因研覽其四編，則諸體咸備，言章章殊要，皆不出乎吾宗。不出乎宗，斯正也矣。”

邦奇詩也見於各種選本及方志。如清陳田《明詩紀事》庚籤卷二十七收有六首，朱彝尊《明詩綜》卷六十八收有一首等。另如諸版《山西通志》《平陽府志》《聞喜縣志》《臨汾縣志》，亦多收其詩，收錄頻次最高的是《汾上夜歸》《游姑射山》《宿蓮花洞》等。特別值得一提的雍正《平陽府志》，收有《中岳外史篇壽孔方伯》《姑射神人歌壽呂舍人》《與林皋夜飲襄陵酒樓》《書源泉王孫卷》《游姑射山》《宿蓮花洞》《寄呂舍人二章》《卜居張氏別業柬呂舍人》《姑射龍子祠同甬東賦》《呂岫雲別業四章》《汾上夜歸》等十餘首，其中前二首不見於《巢雲詩集》，爲軼詩（已附於詩集後）。

本次點校，依據國家圖書館所藏萬曆刻本，以上海圖書館悠然齋抄本爲對校本，并參校各種選本及《山西通志》《平陽府志》《聞喜縣志》等方志。詩前兩篇序言及詩後跋文，則據上海圖書館抄本録入。特別感謝韓兵强先生爲我們提供版本信息。校勘不足之處，尚請方家批評指正。

巢雲詩集叙〔一〕

萬曆丁丑仲夏，巢雲裴子來自河東，訪予背郭之園，出所爲詩四編，以期訂證。予亦出吾所爲以求訂證於先生。先生莫予逆也，予因研覽其四編，則諸體咸備，言章章殊要，皆不出乎吾宗。不出乎宗，斯正矣。

宗之云何？昔吾夫子陳詩之教曰"温柔敦厚"，夫是四德，蓋其宗也。故詩之微婉者，温德之徵也；詩之冲融者，柔德之徵也；詩之慷慨者，敦德之徵也；詩之惻怛者，厚德之徵也。以案〔二〕其四編，則兼而有之。惟其有之，是以似之。其藏之龍門乎，表之東觀乎？天下之寶，必當爲天下重之。彼有爲狂躁之詞者，瞽也；有爲憤疾之辭者，瞶也；有爲綺靡之詞者，蔓也；有爲頹墮之詞者，萎也。茫茫然自失其宗而不知，而方掉臂以自雄者衆也。或燕石見珍於宋，荆璆抱泣於楚，亦豈少哉？

客有善彈琴者而人不識，予擊節嘆曰："琴德之愔愔，實勞我心。世無子期，孰辯伯牙〔三〕？"巢雲子曰："有是哉，吾不敢以輟其行也。請載此語於編之端。"

河汾七十四歲老人中岳外史孔天胤叙〔四〕

校勘記

〔一〕"巢雲詩集叙"，康熙《山西通志》卷三十二《藝文》作《裴巢雲詩集序》。

〔二〕"案"，康熙《山西通志》作"按"。

〔三〕"孰辯伯牙"，康熙《山西通志》作"孰辯伯牙之音"。

〔四〕康熙《山西通志》無落款。

巢雲詩集序

詩之爲教，所以言志也。志各有在，調各不同。故志在放曠則其調飄逸，志在憂危則其調沉鬱，詩之大都然也。孟襄陽志於高尚，其詩調清婉自在，如孤雲野鶴，而其出沒翔集之態，變換百出，如此方可稱爲山人之詩焉。關中孫太初雅志隱居，獨立遺世，其詩如蛟龍在淵，神化不測，游心盛唐，與襄陽頡頏千載，稱爲同調。顧不若後之山人，汩沒於縉紳間，求工一文一辭而復以前無古人自侈，互樹表幟以獵聲，利吁詩教至此，可謂大厄也。

萬曆丁丑，西河孔文谷先生序巢雲山人詩，謂"得正宗"。予閱山人之詩，志趣高遠，格調清奇，自有古雅存乎其間，真天邊之靈籟，刪後之遺響也。因信文谷爲知言矣。今之山人，以詩名者遍天下而其名實相稱者，太初而下，五十年間始得巢雲。是彼自以其人爲山人，而非予之所謂山人也。予之所謂山人者，其惟巢雲乎！

巢雲姓裴氏，名邦奇，字庸甫，巢雲乃其別號。平陽聞喜人，晉公之裔。性孤介，不能俯仰，寄情詩酒間，布衣蔬食，常晏如也。與陽友善，時相倡和，縉紳之士咸加推重。然未嘗有所求，以是人尤高之。

詩凡八卷，六百二十二首。萬曆庚辰仲冬朔日河東呂陽撰。

五言古詩

擬李陵送蘇武歸漢兼寄司馬遷

蕭蕭胡馬鳴，大漠風沙起。臨岐挽舊節，送彼遠游子。愁結天山雲，泪滴交河水。轉盼成參商，躑躅行且已。把手作悲歌，長劍復相倚。因之懷故壠，悵然猶捫髀。憶昔天漢間，而我同羈此。子今歸漢庭，我繫單于壘。相別在一杯，相思隔萬里。白頭當自愛，交情決生死。殷勤托片言，爲我謝太史。南北各風烟，清光徒仰止。終無會面期，寧不感知己。

招　隱

淮南抱貞素，不爲春草游。念彼隱君子，空山非久留。招來日容與，攀援叢桂幽。濯纓臨巨壑，振袂登高丘。玄猿和其嘯，白鹿與之儔。寄言同調者，舍此復何求。

俠客行

少年任游俠，不數黃鬚兒。彎弓跨獵馬，南山射熊羆。聞道邊警急，赴難不移時。仗劍擊狂寇，突衝百萬師。豈圖千金壽，祗爲靖邊陲。功成拂衣去，不言身是誰。

門有車馬客行

門有車馬客，下車拂衣塵。入門相把袂，道是同鄉人。形容

不復識，姓氏頗記真。延之坐中堂，銜杯叙所親。謂我離鄉土，
屈指二十春。音書久未達，親友半不存。華屋成丘墟，故壠翳荆
榛。匆匆言未竟，涕泪霑我巾。豈無桑梓念，恐與豺虎鄰。徒抱
四方志，坎壈無能伸。悲歌撫長劍，離思逐浮雲。平生落魄懷，
非爾向誰論。

結客少年場行

長安紈袴子，結交輕薄兒。聯騎白鼻騧，飲赴青樓期。携彈
射飛鳥，呼盧賭蛾眉。不惜千金擲，不受五侯欺。意氣薄雲霄，
肝膽吐相知。感恩重然諾，山岳終不移。

對　雨

對雨開青尊，長歌飲茆屋。草色入疏簾，秋聲起修竹。白雲
晚復晴，幽鳥時相逐。扶醉看西山，山光青可掬。坐遲明月來，
伴我北窗宿。

山　中

雨霽山光明，秋空澹凝碧。峭壁摩青蒼，灝景呈朝夕。絶
磴石崚嶒，苔遍少人迹。天風拂面來，搔首岸白幘。直上千仞
巔，去天不盈尺。滿身蒼翠寒，頓覺爽吟膈。眦睚萬象空，醉
叱乾坤窄。朝吸沆瀣漿，夕啖崑崙核。永言閟高踪，日與白
雲適。

山　居

山居寂無事，山雲閑不收。楓林脱紅葉，蟋蟀吟清秋。角巾
挂蘿壁，長日不梳頭。藉草岩下卧，枕納寒泉流。清風時入夢，
即與羲皇游。

登藐姑射山

西登姑射山，飄然望蓬瀛。馮虛擥烟霧，嵐光堆紫青。懸崖挂松桂，搖落起秋聲。飛泉自空來，萬壑若雷轟。谷鳥向我語，野猿識我情。探幽不知倦，驂御山之精。白雲携滿袖，清風吹長纓。倚岩扣奇石，放歌升天行。忽見兩羽客，遙下丹梯迎。身披玄霞裳，綽約朱顏明。謂我何適此，調笑如平生。酌彼黃金液，啖之若木英。駕言此別去，勿爲塵所縈。還結汗漫游，終期凌太清。回首不復見，惟聞雙鶴鳴。

苦熱行柬呂岫雲舍人

羲和駕日輪，怒鞭赤龍起。蹀踞奔長空，火雲散如綺。四方苦鬱蒸，如在洪爐裏。憑誰掃炎埃，有美鳳閣史。呼吸動風雷，造物任驅使。我欲往從之，汗漫游千里。振衣閬風岑，濯足滄溟水。飲我玉壺冰，啖我青房李。清風來故人，明月即知己。與君暢幽懷，河朔豈專美。蚤作商家霖，蒼生望久矣。

姑射洞

窈窕姑射洞，上接蔚藍天。松聲度幽壑，樹杪飛寒泉。我來隱石几，披閱南華篇。坐待神人至，相將凌紫烟。

集通明閣

愛此清晝長，泛酒通明閣。疊嶂分紫青，幽香散叢薄。醉語天上聞，歌聲雲外落。安得王子喬，借我緱山鶴。欲作望仙游，凌風嘯丹壑。

登七星臺

日扶九節杖，陟彼七星臺。天風曳蘭佩，身在白雲隈。馮虛發長嘯，欲扣閶闔開。招呼王子晉，吹笙送玉杯。

群雅堂公讌

春風扇廣堂，烟景媚瑤席。飛蓋結青雲，文采何輝赫。朱弦奮逸響，鏗然金與石。當筵範群品，濯濯自高格。豁達同襟期，探討窮朝夕。贈我紫瓊華，飲我流霞液。攀援汗漫游，孰云霄壤隔。終慚搶榆羽，獨謝凌風翮。

訪友人不值

我來扣郊居，欲面不相及。山犬吠白雲，石壁挂青笠。幽林成獨往，蒼翠沾衣濕。瞻彼同心人，斜陽空佇立。

送張崷崍僉憲之任潁川

生平厭世氛，多爲世所誚。卜築水雲鄉，日把滄洲釣。披褐不裹頭，結交多名流。緬懷張使君，才與相如儔。矯矯丹穴鳳，逸氣凌高秋。咳唾迸成珠，文章爛若綺。少年游帝鄉，布衣謁天子。天子臨明光，賦獻子虛章。爲有凌雲氣，乃授尚書郎。夜吸金莖露，朝熏蘭省香。一旦遭讒謫，分符守雷澤。長吟鸛鵲樓，洒翰中條石。西游汾水濱，驅車訪隱淪。一見相把袂，宛若平生親。流水揮素弦，清宵酌春酒。呼我方外交，贈我雙瓊玖。投之以木桃，感君曾見采。合劍成雙龍，傾心共四海。愧我真酒徒，不得常追趨。君秉澄清節，又過梁王都。悵別蒲東路，西風秋欲暮。振衣二室峰，采秀三花樹。應躡青雲梯，好儗金聲賦。安能接高標，共拾芙蓉露。何時到潁川，憑君尺素傳。望望隔千里，相思雲樹邊。

送蘇都運謝政還山東

遲遲春日暮，嚶嚶黃鳥鳴。天涯送知己，惆悵難爲情。載歌歸去辭，謾折長堤柳。却憐蘇長公，無心戀五斗。上書大明宮，勇退急流中。解冠挂神武，稅駕還山東。祖帳集衣冠，春城蔟旌蓋。蒼生挽不留，芳草應相待。天接滄溟水，霞飛日觀峰。知君從此憩，誰能躡其踪。林下遂初衣，岡頭發清嘯。倦鳥投長林，白雲依遠嶠。三徑撫松菊，一官卧薜蘿。安石不復起，其如蒼生何。

春日寄所知

黃鳥啼春林，嚶嚶求其侶。念彼同心人，一別杳何許。斜日落中洲，含情獨延佇。愁連芳草深，目送白雲去。

寄海上人兼致鏡扇

憶作晉陽客，栖爾雙林中。借榻卧松雪，坐石談苦空。愧非玄度輩，得接惠休公。別來二三載，停雲思無窮。安能依淨土，塵迹嗟飄蓬。搔首獨延佇，偶值春歸鴻。短書寄千里，殷勤寫我衷。鏡以代明月，扇也生清風。對此聊見意，若與故人同。

以詩代書答馬雲樓

馬卿有高誼，遣使來山居。寄我雙錦鱗，剖鱗得素書。恍若見顏色，故舊情不疏。憶昔城南別，于今二載餘。相思長夜夢，飛越草玄廬。夢回見明月，清光照碧疏。便欲駕黃鵠，徑入瑤臺墟。班荆話我懷，臨風執子袪。相將弄烟水，老作淶川漁。

題崔氏林泉卷

崔生玉樹姿，逸興寄草莽。結廬西山隈，風致足幽賞。茂林布重陰，珠泉滴清響。適此良獨樂，優游絶塵想。散髮坐盤石，目送白雲往。余亦嘯烟霞，得爾爲山長。相期崆峒巔，朝夕同僱仰。

孤　鶴

翩翩孤飛鶴，藻質表貞素。不受樊籠羈，畏彼緇塵涴。志在凌烟霄，安能逐雞鶩。惜無雲水鄉，幽栖扲朝暮。欲奮千里翮，三山覓珠樹。

七言古詩

燕歌行

秋風蕭蕭木葉飛，人戍漁陽猶未歸，空庭佇立遲音徽。天寒日暮鴻雁稀，含情泣下獨依依。愁看明月入簾幃，偏能照妾流黃機。

公無渡河

公無渡河，河廣且深，惡風揚波天吳戴。九首萬里衝泥沙，縱有舟楫不可渡，公欲渡之將奈何？寧使委道傍，勝飼蛟與鼉。委道傍穴可，同飼蛟鼉安所從？公宜聽妾止，慎勿墮其中。

江南曲

江草青青江柳長，江花夾岸明新妝。江南女兒歌春陽，歌春陽，送春酒，月滿船，魚在罶。

游女曲

誰家女郎顏如玉，曳錦鳴璫盛妝束。晚來拾翠春江曲，春江曲，草色迷，人不見，鷓鴣啼。

采蓮曲

若耶溪上蓮花開，吳姬越女采蓮來。紅顏皓齒歌頻催，歌頻催，日將暮，轍生塵，衣帶露。

采菱曲

采菱采到湖水西，驚起前灘雙鳧鷖。朝見雙飛暮雙棲，暮雙棲，無別偶，儂與歡，不相守。

采桑婦行

桑間少婦誰氏子，自言家住長安里。幼年生長綺羅叢，不理桑蠶與鍼指。嫁來顦領不成妝，阿姑頻促妾采桑。自恨紅顏多命薄，當逢年少冶游郎。郎好輕財重杯酌，朝飲章臺暮平樂。臂挽驃弓跨紫騮，袖出明珠彈黃雀。往來游獵向秦川，更得名交亦少年。一旦俱因邊警去，兩年誰報凱歌還。望之不見泪盈頰，果是阿郎輕棄妾。南陌愁扳一樹桑，東風羞見雙飛蝶。願清邊塞早歸來，免使他人誚游獵。

楊白花

楊白花，白紛紛。飛來復飛去，東風愁殺人。安得游絲長百丈，年年縮住六宮春。

白紵舞歌三首

銀河清淺白露垂，月華凉浸芙蓉池。金屏笑出浣紗姬，霞綃霧縠光陸離。象筵起舞揚雙眉，長歌白紵奉君帷，含情顧笑君莫遺。

館娃宮深秋夜長，美人妝成出洞房。木犀香裊芙蓉裳，回風舞雪紅袖揚。舞罷贈之明月璫，願作雲間雙鳳凰，青天碧海從翱翔。

吹鳳笙，擊鼉鼓。椒蘭烟飛黃金廡，秋色沉沉月未午。越姬彈瑟吳姬舞，鈿翠欲墮避風臺。前溪淥水雜相催，胡不劇飲流霞杯，盛年一去難再來。

將進酒

將進酒，開瓊筵。美人玉指調朱弦，況值春光濃似酒。萬樹桃花紅欲然，此際相逢莫草草。舞雪歌雲任傾倒，今朝對花不盡歡。明日花飛空懊惱，勸君行樂須及時。把酒酌君君莫辭，丈夫窮達自有命。奔走紅塵老何爲？君不見晉山簡倒著接䍦，張白眼，小兒拍手笑攔街。日日習池醉不返，又不見楚屈平，世人皆醉彼獨醒。一旦輕沉汨羅水，九歌空著離騷經。醉者未必損醒者，竟何益？世上人生誰滿百，流水不回東海波。長繩那繫西山日，秉燭何妨五夜游。買花詎惜千金擲，將進酒，莫停杯，隔花黃鳥聲相催。眼前有酒不成醉，身後浮名安用哉？

行路難

君不見驥服鹽車上太行，駑駘翻笑乏筋力。仰首長鳴千里風，不逢伯樂無人識。行路難，行路難，世路多荊棘，出門還入門。令人長太息，投竿欲釣滄海流，驚濤駭浪無時休。荷鉏欲采西山薇，豺虎縱橫人迹稀。行路難，行路難，擾擾竟何之，不如守故域。科頭箕踞青松陰，大嘯長歌貧亦得。來日漸少去日多，而我胡爲恒偪側。且喜牀頭有濁醪，滿傾一斗澆胸臆。

久 雨

秋霖不斷雲不飛，秋風罷采西山薇。柴門水漲苺苔滑，茶竈塵封烟火稀。銀漢倒傾夜還晝，奔流萬壑蛟龍鬥。我欲練成五色石，馮虛補却青天漏。

秋雨嘆二首

秋風吹雨斷還續，芙蓉香冷秋江曲。山家門掩日瀟然，欲買斗酒無青錢。庭槐葉脫烏[一]聲急，倚杖步簷還佇立。往歲無如今歲荒，問天不語天垂泣。

秋雨瀟瀟風瑟瑟，衹見浮雲不見日。出門泥淬一尺深，畏路難行傷我心。山城搖落天將旰，倚劍長歌白石爛。花落寒燈夜不眠，披衣坐待東方旦。

憩白雲居

山人愛白雲，白雲無覊束。掃雲開洞居，雲深可避俗。笑脫衣帽挂長松，臥聽飛泉瀉寒玉。此中足以托幽栖，何必遠游駕黃鵠。

雲樓篇馬子端先生曾夢游天上十二樓，因自號
　　雲樓，故有此贈

涑川老人半白頭，偃眠枕納黃河流。天外長風扶醉夢，飛入雲中十二樓。十二樓臺夜不閉，獨聽廣樂謁上帝。翡翠窗開露氣寒，蝦鬚簾捲天香細。扳若木兮眺五城，丹梯前導蒼龍精。鯨吻欲吞銀漢水，鳳聲忽奏雲和笙。朱門玉女雙露面，見之調笑若平生。俄然恍惚迷所在，天雞亂鳴仙犬吠。紫陽真人親出迎，脫贈一雙明月珮。念汝謫去游人間，誰主蓬萊千仞山。不知今夕是何夕，復睹仙翁冰雪顏。執袂同傾沆瀣酌，滿頭遍插芙蓉蕚。披閱時開太乙經，招邀還上春秋閣。探玄乃授延年術，登庸且有匡時略。語竟天風送汝歸，虹霓爲帶雲爲衣。手把玉麈發長嘯，東方旭日猶未晞。覺來令人毛骨爽，仿佛此身在天上。頓使烟霞空玉樓，惟餘枕簟依蒼莽。空翠溟濛濕鵷冠，舉頭那見海天寬。五色

琅玕露胸臆，千機雲錦生毫端。曾披短褐登秘府，賦擬凌雲動漢武。懶曳長裾謝五侯，獨留嘉藻鳴千古。而今歸臥舊山中，夜夢猶疑在天姥。太乙經、春秋閣，夢中所見者，故云。

明月篇壽孔文谷先生

雨餘萬里秋光浄，銀漢昭回珠斗暎。碧空無際綠烟消，海風吹月飛天鏡。鏡中長夜金波流，彩徹五城十二樓。馮虛一望無纖翳，露華湛湛風颸颸。不知今夕爲何夕，素娥乘鸞振雙翮。萬古青天碧海心，獨愛當年攀桂客。攀桂客爲元宮孫，學海詞源在吐吞。腹飽琅玕焕星彩，手擎日月排天閽。憶昔蜚英纔弱冠，步躡長虹渡河漢。直上瓊樓玉宇間，笑折天香夜將半。帶雲折得一枝黄，歸來射策獻明光。天上臚傳第一甲，綠袍白馬出長楊。一旦聲華冠時傑，河東瑞鳳鳴丹穴。文衡造士秉三秦，絳帳傳經開兩浙。正踏仙人掌上游，復躋雁蕩觀龍湫。褰帷少室三花樹，擊楫淮陰泗水流。詩囊收盡寰中景，方岳馴登紫薇省。自甘勇退乞還山，何事中年宦情冷。黑髮歸來築隱居，風洒蘭雪開玄廬。高梧作蓋引青鳳，嘉樹屯雲護翠虛。即此幽栖清興發，北窗無夢飛丹闕。管涔山下著奇書，汾水灘頭釣明月。月將清影蘸清波，我欲置之金叵羅。把向尊前爲公壽，更倚高寒呼素娥。素娥對面宛如昨，相期輒贈長生藥。年年人與月同清，歲歲月邀人共酌。今年兩度送清輝，況復裝航住不歸。玉缸好釀丹霞酒，同醉花前舞羽衣。

鶴庵行爲鄭文學賦

滎陽鄭氏稱廣文，世出東吳家在汾。懶曳長裾恥干謁，結庵高臥山中雲。雲白山青最佳處，手種長松百千樹。松下養雛成大鶴，顧戀亭皋不飛去。此雛得之遼海東，百年頂鍊丹砂紅。玄裳羽衣自高潔，清唳一聲明月空。思入蓬萊巢若木，志存霄漢凌長風。藻質能爲主人重，相看如獲丹山鳳。便開谷口種芝田，復于石上鑿清泉。饑茹芝英渴飲泉，遐心不爲稻粱牽。自栖子真庵，何異遘仙宅。日避茶烟傍几席，昂藏無足貴乘軒。遠近相通能識客，我來初夏今已凉。朝夕親狎形兩忘，去住相隨有黄鵠。欲將從爾參翱翔，爾語賢主翁，試訂尋真約。我騎黄鵠翁騎鶴，秋來有興尋中岳。岳中石室紫烟流，待摘三花插滿頭。更招仙侣浮丘伯，同作吹笙控鶴游。

甬東山人行_{有序}

甬東吕中父四明，高士也。自齊魯過上黨，渡汾南，游龍門，取道晉寧。以篇什見訪，且索予言。因即其所歷爲贈命曰《甬東山人行》。

越有四明山，峰巒撑碧波。秀出錦芙蓉，空翠洒寥廓。千丈飛流噴雪濤，五色輕烟莽丹壑。薜懸石洞深復深，云是太古神工鑿。中有山人吕甬東，日讀靈篇卧叢薄。赤城霞氣染蘿衣，雁蕩林霏濕芒屩。饑餐緑雪茹梅花，玉立修長瘦如鶴。不作杜陵白髮愁，常期賀監金龜酌。有時海上騎白龍，東游直上日觀峰。手把松枝扣奇石，一聲長嘯天門空。前歲壺關謁三老，復向西河探孔融。今年命駕汾之滸，題詩先寄裴庸甫。同宗更遇紫薇君，一見平生懷盡吐。漫揮玉麈接玄談，屢出新醪烹紫鯆。酒酣倒著竹皮冠，燈前信筆掃琅玕。朗吟夜震春雷動，颼颼滿堂風雨寒。吁嗟！甬東老詩狂乃如是，此地猶令我輩驚，龍門山靈難爲爾。

湖南逸士行

湖南逸士殊清真，皎如玉樹出風塵。抽毫懶獻兩都賦，吐氣遙淩三楚人。萬里青霄飛一鶴，孤高不受人羈縛。東上天門攬大荒，南游洛水尋中岳。去歲來登姑射巔，携書有囊琴無弦。江湖作客寧甘拙，世路逢人不取憐。談天舌動風雲氣，枕易夢到羲皇前。日來車馬填門盛，福禍言之無不應。甫也文章憎命達，商云富貴由天定。卜到精微如有神，聲名雷動便驚人。爲爾歡迎掃蘿徑，一見即知非常倫。我亦曾聞命之理，露泄玄機無過爾。五行妙絕李虛中，百錢不下嚴夫子。莫訝揮塵説星辰，更喜游心在經史。兩年與爾接清游，坐花邀月揮瓊甌。分題席上刻紅燭，脱帽風前搔白頭。却恨人生不常聚，乘秋欲向秦中去。濯足黃河九曲流，振衣華岳三峰樹。丈夫遠游心洒然，隨行長佩雙龍淵。雲臺儻遇希夷子，爲予先扣指玄篇。

方外行

近得方外交，自負元龍傲。故家金陵墟，足迹徧海嶠。朝躋日觀峰，夜發天門嘯。昨從上黨來，訪我汾水隈。把手相逢談海岳，一春懷抱爲君開。如君自是青霞士，疏放無羈有高致。袖裏無錢能不憂，尊中有酒即快意。折巾垢面慵梳頭，身若滄江不繫舟。束裝懶帶馮歡鋏，作客長披季子裘。壯年落魄無人識，日擁黃罏頌酒德。慷慨悲歌白石篇，縱橫醉洒金壺墨。興來苦無紙，洒之白練裙。眼前走猊驥，筆底淩風雲。有時洗硯臨池水，池下蛟龍駭欲死。北面敢當王右軍，東吳何謝顛長史。我亦高陽一酒徒，白頭短褐困墶塗。此日江湖見爾輩，生平意氣何相孚。笑解牀頭雙玉劍，招邀同醉酒家胡。醉來振策登姑射，滿空嵐翠霑衣濕。閣筆蓮花洞口峰，卧聞夜夜山靈泣。

贈張崐峽憲副

君侯秀出岷峨間，長髯白晳芙蓉顏。蚤躡青雲游帝里，更扶

赤日排天關。獨振英聲騰茂實，摘文握武元無匹。筆揮鳳藻氣凌
雲，腰佩麟符光照日。遠移節鉞自南中，開府澶淵才且雄。露冕
常經山鳥怪，懸軍直擣塞垣空。政簡戎清廳事蕭，春風柳拂旌旗
綠。退公無事只高眠，搦管題詩滿青竹。憶昔尊酒別堯封，幾年
徒切懷音容。未得裁書頻寄雁，長托飛夢復登龍。邇來興擬山陰
發，千里風塵將晉謁。抱劍容參幕下籌，倚闌坐嘯樓中月。談兵
尊俎滅氛埃，鎮靜還須濟世才。但恐北門難借寇，廟堂虛席待
君來。

贈陳生

季方西來游晉鄙，春風吹送雙游履。振策曾凌雁蕩雲，操觚
嘗據烏皮几。尊酒相逢誼更投，高歌擊筑夜淹留。何時借爾山陰
棹，共泛姚江萬里流。

雁門行送張守戎

雁門之關高百丈，紫垣盤踞青天上。朔氣長凌虎豹嚴，邊雲
低護山河壯。關內居人十萬家，關頭戈戟森如麻。八月笳聲吹雪
落，三秋雁陣逐風斜。廣武故城今尚在，盧龍句注遙相對。烽火
無烟士馬閑，漠北胡兒俱款塞。雖云闌外淨[二]妖氛，聖主年來
北顧勤。給餉雲中收猛士，飛符汾上召將軍。將軍生長鳴珂里，
玉立清光徹秋水。少年曾向圯橋邊，親爲黃石三進履。英妙今當
三十强，飽諳兵略疇能比。蔚將世業繼弓裘，畨沐天恩曳金紫。
金紫生輝鋏騎鳴，吳鉤錦帶曼胡纓。韜鈴日畫平戎策，鼓角風喧
出塞聲。出塞先聲駭群醜，月明沙磧傳刁斗。萬馬長嘶首蓿花，
三軍共醉蒲[三]萄酒。輕裘曉日獵平原，巨纛春風屯細柳。將軍
將軍氣如虹，此去應收不戰功。雁門保障須君輩，勛績還當李
牧同。

醉歌行

幾年高臥汾水濱，茅屋深藏天下春。隱几青山日容與，鈎簾明月夜相親。疏狂懶步長安陌，野鶴玄猿隨所適。獨仗烏藤曉出山，偶逢緱嶺登仙客。一笑相看意氣橫，歡留却話歲寒盟。同來月下披玄草，漫向風前洒玉觥。飄然信是烟霞友，藻思如君世稀有。大雅直傾三百篇，壯懷縱飲十千斗。平生白眼輕侯王，與君傾倒形且忘。醉後狂歌彈寶劍，秋空萬里燭龍光。

醉歌行奉和文谷先生閏中秋誕日宴仲川寄興園〔四〕

兔苑池亭秋日曦，高張雲幕香風吹。霓旌羽蓋紛相擁，愛客梁王不告疲。元宮上仙鳴珮環，乘風來自雲霄間。盱衡手弄珊瑚柄，入門笑破芙蓉顏。洋洋盈耳歡聲起，共采瓊英在芳沚。芳沚波連弱水青，平臺氣接函關紫。此中避俗亦避喧，白鶴朱鳳隨翩翩。乘興揮毫洒醉墨，美哉篇什成璵璠。當筵簫鼓雜前陳，客情不厭主情伸。挖乘相從鄴下士，倚闌重對月中人。衣冠不讓商山叟，長歌紫芝搔白首。丹爐大藥鍊長生，石洞清虛題小有。婆娑雙袖舞天香，滿傾玉盌吞清光。百年此樂樂未央，還期慶祚日靈長。

醉歌行與林皋夜飲襄陵酒樓

西風搖落汾水秋，相送故人紅蓼洲。弭棹縶離漁父港，拂衣先問酒家樓。一雙白魚穿柳上，三百青錢懸杖頭。當樓少婦相調笑，我輩豈是真狂流。登樓一望天寥廓，坐據胡牀呼酒酌。黃花倒插白接䍦，玉甒滿傾銀鑿落。此物能消萬古愁，多君共踐十年約。千里相逢信有緣，風流何謝飲中仙。興來拔劍燈前舞，醉後連茵甕底眠。百歲人生幾回遇，可惜良辰等閑度。一別那堪六載過，昔時少壯今遲暮。六載相思深復深，天涯秋色莽蕭森。此際有懷須盡吐，況留明月照同心。林皋林皋今聚首，且進盈觴之別酒。我固因君發浩歌，君能爲我擊玉缶。今夕何夕良非偶，明朝陌上愁分手。我去尋幽姑射峰，君歸把釣黃河口。尋盟準擬孟冬初，枉駕還能駐此否？儻期重醉酒家胡，一飲更傾三百斗。

奉和孔丈賦小田種菊盈園招飲菊花酒歌

憶昔陶公宰彭澤，折腰懶向督郵前。拂衣解印賦《歸去》，嘯傲東軒信有緣。高趣潯陽結爲隱，清風晉室推其賢。種秫僅能供濁酒，種菊端爲制頹年。獨愛此菊有佳色，采之宛若黃金飾。百慮不從醉裏袪，九華空負籬邊植。今有貴公子，系出平原家。人自清真興自賒，釀酒爲延中岳史，闢園祇種東籬花。史也逸氣逼清湘，稅駕歸來二十霜。披風偏作羲皇夢，酒翰能令松菊香。此時公子頻邀酌，悠然不減陶公樂。常得青尊泛菊英，也應勝煉丹爐藥。

寄贈馬守戎

伏波將軍騎鐵[五]驄，雪晴出獵天山東。勁挽騂弓如滿月，一箭射墮雙飛鴻。歸來仍醉蒲萄酒，夜唱邊歌擊刁斗。烽火無烟士馬閑，春風煖拂營門柳。

郊游墜馬戲柬吕舍人兼貽王守戎

春郊烟景麗，同作采芳游。怪余不策烏藤杖，隨君亦跨紫騂騮。騂騮元是追風騎，馳突那攬青絲轡。貪看烟樹擁前村，不道風波在平地。解鞍斜墜頓紅塵，恍惚空中飄此身。驚心豈是養生者，科髮翻成落帽人。君不見杜陵客，縱酒酣歌自高格，白頭醉控紫游韁。安知落在瞿塘石，我今懷古發長嘆。伏枕當歌行路難，病腰愈爲耽詩瘦。惡況還須對酒寬，酒盡詩成特寄君。牡丹春色開幾分，無能領略花前景，徒切瞻依谷口雲。再告呂內史，復致王將軍，莫教輕棄五花文。擬踏賀蘭山上缺，必須此馬策奇勳。

王使君龍門圖[六]

丹青削出龍門山，孤高插入霄漢間。馮虛下瞰龍門水，浴日涵天流未已。憶自神禹開鴻蒙，靈源出向崑崙東。巨黿贔贔載其下，側景搖動虛無中。丹梯接雲霧，黃河奮蛟龍。晴旭凌蒼巘，陰風吹白虹。乾坤勝概無過此奇者，勢與匡廬瀑布相爭雄。峭壁巉巖隨蕩漾，驚濤噴薄三千丈。欻聽春雷萬竅鳴，淘淘疊泛桃花浪。中有仙人鞭赤鯤，九曲洪流任吐吞。探珠踏破驪龍窟，袖挾長風謁帝閽。相逢却恨登龍暮，謾就霜縑聊短賦。祝君好作濟川舟，莫負當年從此渡。

武林山水障子歌

壯哉武林之名區，移入君家紫翠居。吳山空青若可掃，高峰想像敵匡廬。嵐氣溟濛望欲迷，烟村霧樹連翠隄。百折丹巒踞虎豹，六橋流水奮鯨鯢。坐游錢塘江興奇，飛來峰鶴馭鸞驂。倏來峰之側風帆，浪舸宛在江之中。杯瞰西湖，塊睇南屏。峭壁崚嶒屹相向，水花岸草含芳馨。舟人漁子弄清淺，鸕鷀鸂鶒眠沙汀。長松疑帶雨，陰壑似生寒。洞門仿佛出仙鬟，雲蒸霞蔚千萬狀。分明滉漾几席間，我生素抱山水癖。青鞵布襪處處尋名山，尋之不得盡奇絕。偶披此障使我開心顏，恍疑此境曾冥搜。湖山生色明雙眸，何當卜築南屏下，拂衣飄然事遠游。躡足陵丹梯，身與白雲浮。四望渺兮無際，窮笑傲兮夷猶。時時泊烟渚，日日乘釣槎。製秋衣兮采荷芰，抱明月兮宿蒹葭。倚風發長嘯，招尋林逋家。謾引寒香凝肺腑，相將和雪茹梅花。

麻姑篇爲毛我山使君賦

蓬萊屹立雲氣紫，萬疊芙蓉插天起。峭壁高懸上古松，長蘿下蘸滄溟水。扶桑日出天雞鳴，雲輧芝蓋紛相迎。中有一仙人不識，自以麻姑爲姓名。耳懸明月璫，身曳青霞珮。夜宿赤城隈，日逐群仙隊。朝見花開暮見飛，不問人間是何代。綽約不改冰雪容，采芝五岳躡星虹。往年曾到蔡經處，今歲遙扳姑射峰。姑射主人東海客，玉立修髯自高格。明世堪爲柱石臣，漢庭畚上天人策。雞舌曾含畫省香，虎符今綰黄堂伯。撫字三年惠愛深，循良一日聲名赫。郡中無事但吟哦，坐攬姑射青嵯峨。曉汲汾流釀春酒，正值麻姑雲外過。一笑相逢携素手，花顏雲髮還依舊。長爪猶堪背上搔，何物把向尊前壽。未帶班麟脯，先贈緗核桃。此桃不數千瓊瑤，啖之令人生羽毛。爲言二千石，元是謫仙才。更授長生術，洞然胸臆開。大嘯一聲海天碧，欲去不去相徘徊。從此丹臺訂佳約，一年一度壽君來。我向三山理笙鶴，君當商[七]室調鹽梅。莫道仙凡兩超隔，五雲深處即蓬萊。

書源泉王孫卷

瞻彼姑射山，峰巒青嵯峨。烟霞自吞吐，日月相盪摩。麓有源泉出石竇，倒激雲根噴雪波。下通星海上接天河，分流萬派成盤渦。之子何年住其側，日漱瓊瑤餐玉禾。不巾不韤自高格，坐據白石眠青莎。時聞泉韻響，仿佛爾唫哦。爾徒翫此清泠水，何不釀之成白醝。招邀狂客百遍相過，滿飲十千金叵羅。澆胸中之磊魂，放舞影之婆娑。笑挽白龍叱走靈黿，拂衣抛鄭珊瑚柯。掬泉弄月月在手，醉語蟬聯呼素娥。安得爾鼓雲和瑟，和我一曲源泉歌。

題李在山水圖二首

千岩萬壑雄天姥，遠樹明霞帶秋浦。山開乳窟噴晴烟，石迸飛泉洒寒雨。紅葉林中停小車，幽人指顧西天涯。雞犬遥聞翠微裏，白雲縹緲是誰家。

樹影重重雲漠漠，四壁嵐光映江閣。紅衣疊泛水生香，白鳥雙飛情自若。山翁睡起日西流，坐受清風不裹頭。江上何人弄漁笛，一聲吹破楚天秋。

趙子昂畫馬圖

學士曾游大宛國，驊騮寫作桃花色。渡水猶憐錦障泥，追風欲脱黄金勒。花開苜蓿幾經春，顧影長鳴似逼真。何時遂爾騰驤志，踏破龍沙萬里塵。

酬蘭軒惠椰瓢

美人贈我日南瓢，不煩手掬渴自消。汲泉常注翠微色，酌酒能將明月邀。山家得此爲珍器，詩草作丸亦堪置。或時不用樹頭懸，縱有風聲何忍棄。

緑竹歌答虞田

我愛君家草堂静，一區雲構中條籠。剪徑新栽十個竹，霜幹移來自淇澳。奪日争看鳳彩明，凌霄可望龍孫育。此君有主能抱節，渭川千畝胸中畜。謝却華簪戴籜冠，腹飽琅玕不食肉。夜寂時聞簫籟聲，月明夢繞簀簹谷。往年看竹到君家，百遍相過不待速。今歲重看已作林，林下清風生萬斛。陰森疑是辟疆園，檀欒足寓玉猷目。便脱綌衣挂翠梢，萬竿烟雨消煩燠。君當把酒我擊筑，醉來同作瀟湘宿。豪吟爲我興飇飛，牆頭一掃霜毫禿。怪爾長歌綠竹篇，湘靈夜抱蒼雲哭。

畫竹爲劉登山憲伯賦

歷代寫竹誰爭長，宋有文同今夏昶。眉山大蘇亦擅名，文也清潤夏蕭爽。此幅不知出誰手，發筆縱橫世稀有。萬竹俄生萬頃煙，千竿可比千瓊玖。憶從何處識此君，月明環珮洞庭聞。自別英皇罷瑤瑟，至今淚染成斑紋。瀟瀟猶帶湘江雨，裊裊如淩渭畝雲。今見此君更殊絶，檀欒尚傲梁園雪。風露泠泠滴翠寒，子規夜叫何曾裂。當年衛武並稱賢，此日劉公同抱節。劉公愛爾獨清修，高邁何如王子猷。夕聽秋聲起竿籟，日看疏影依林丘。竹兮竹兮爾增重，翩翩好栖河東鳳。有時鳳向舜庭儀，九成擬作簫韶用。

畫菊爲劉登山憲伯賦

憶昨訪君草玄屋，滿坐風生香馥馥。俯看堦下無一花，壁上誰知有叢菊。誰將此幅鵝溪絹，信掃秋英動人目。點綴參差清且奇，全開半開若有期。寒芳自惜香堪嗅，晚節能堅蝶不知。淺淡真成傅粉妝，鮮穠不謝紫雲娘。肌凝曉雪幾經歲，面帶春風那畏霜。浥露迎風各有態，同心倚伏朝中央。花神貞潔元無匹，乃出涇陽劉氏筆。借問從來識者誰，陶令相知最真率。自賦歸來懶折腰，一代高風壓晉室。悠然寄傲東籬邊，坐對南山獨抱膝。白衣遠送青尊來，正值花開重九日。笑采九華泛濁醪，銜杯與爾情偏逸。我見此花形逼真，惜哉不見陶徵君。今有河東劉憲使，雖云異代堪同群。劉也拂衣捐五斗，天書曾賜歸田畝。日臥玉鉤原上雲，時呼白墮村中酒。圖間僅對數枝花，門外新栽五株柳。醉扶柳影上藍輿，趣高不落淵明後。

校勘記

〔一〕"烏"，據文意當作某"鳥"。

〔二〕"凈"，悠然齋抄本疑當作"静"。

〔三〕"蒲"，悠然齋抄本作"葡"。

〔四〕詩題，悠然齋抄本作《醉歌行奉和文谷先生誕日宴仲川寄興園》，無"閏中秋"三字。

〔五〕"銕"，悠然齋抄本作"鐵"。

〔六〕悠然齋抄本有《龍門行》，與此詩當爲同一首詩，全詩共十三句，前十一句相同，後兩句不同。補録於此，《龍門行》："芙蓉削出龍門山，孤高插入霄漢間。馮虛下瞰龍門水，浴日涵天流未已。憶自神禹開鴻蒙，靈源出向崑崙東。巨黿贔贔載其下，倒景摇動虚無中。丹梯接雲霧，黄河奮蛟龍。晴旭淩蒼巘，陰風吹白虹。乾坤勝概無過此奇者，勢與匡廬瀑布相争雄。峭壁巉岩隨蕩漾，驚濤噴薄三千丈。欸聽春雷萬壑鳴，淘淘疊泛桃花浪。自西中流鞭赤鯤，天吴辟易馮夷奔。待將九曲風沙静，擬頌河清獻帝閽。"

〔七〕"商"，悠然齋抄本作"商"。

五言律詩

關山月

明月關山滿，清輝夜未殘。黃沙迷塞遠，白露滴秋寒。念妾閨中望，知君馬上看。歸期何日定，早爲靖樓蘭。

長安道

佳麗長安道，香風拂面來。旭光明劍珮，春色醉樓臺。鳳吹朱門起，鶯花紫禁開。相逢游俠子，馬上臂鷹回。

隴頭吟

誰念邊人苦，年年戍隴頭。風沙迷戰壘，霜雪敝征裘。雁度交河水，鵰盤大漠秋。遙聞哀角動，落日泪雙流。

王明君

自恃傾城貌，翻成去國愁。此身歸虜塞，何日返皇州。朔雁驚魂斷，交河逐泪流。琵琶彈夜月，猶憶漢宮秋。

銅雀妓

高臺控鄴城，羅綺重含情。自嘆君王歿，誰將玉輦迎。歌鐘清夜斷，舞袖暗塵生。望極西陵樹，惟餘片月明。

妾薄命

搔首鬱徬徨，空庭午夜凉。花飛連理樹，香冷合歡牀。夢隔蒼梧遠，愁縈碧草長。自知妾薄命，不敢怨蕭郎。

胡姬年十五

胡姬年十五，家住薊門東。擾擾雙鬟綠，盈盈一笑同。卷簾開夜市，留客醉春風。更喜門前柳，長條繫玉驄。

賦得盈盈樓上女

盈盈樓上女，長日倚危闌。千里蘼蕪綠，一簾風雨寒。彩雲春夢斷，青鏡曉妝殘。自製相思枕，憑誰寄所歡。

紫騮馬

騮馬非凡種，産自渥洼傍。能馳千里足，那惜百金裝。酣戰胡霜冷，驕嘶塞草黃。不辭流汗血，直欲净沙場。

折楊柳

步步垂陽陌，遙憐蕩子行。綠條空自折，黃鳥爲誰鳴。暮雨顰愁黛，東風縮別情。緘書前日至，猶戍亞夫營。

梅花落

寒夜不成寐，徘徊月色新。誰將雙玉管，吹落一枝春。香未銷殘雪，花宜贈遠人。回看清影瘦，無語泪霑巾。

賦得嶺上多白雲

振策登高嶺，白雲滿壑飛。捲舒常自若，出没本無機。懶近蓬萊闕，輕霑薜荔衣。不堪持贈遠，南望復依依。

雨晴晚步

雨晴聊寓目，斜日下岩阿。野興隨烟水，幽栖任薜蘿。遠山空翠爽，嘉樹晚凉多。更遇垂綸者，相將鼓枻歌。

雨後獨酌

梅雨初晴後，風來澹似秋。隴雲低樹合，溪水抱田流。門靜堪羅雀，身閑但狎鷗。一尊聊自酌，坐對晚山幽。

元日值雪

倦客居無定，他鄉歲屢遷。野堂生淑氣，朝雪兆豐年。兩鬢驚垂白，孤栖尚草玄。屠蘇還自壽，漫和郢人篇。

懷藐姑射山

數載違姑射，朝來爽氣生。薜蘿應有待，魚鳥未忘情。雲破千峰出，雷奔萬壑鳴。吾將游汗漫，欲作御風行。

重游藐姑射山三首

翠壁乘春眺，丹崖拂曉行。松筠重訂約，猿鶴舊知名。遙聽珠泉響，疑聞玉珮聲。倚闌重搔首，天際白雲生。

坐石披空翠，樵歌送玉觴。日銜山氣紫，花泛水痕香。冰雪人何杳，烟霞思轉長。願言同步屧，去去采瓊芳。

拂袖香風煖，撩人春色多。晴川飛白鷺，烟樹挂青蘿。水石供清賞，乾坤入浩歌。明朝還載酒，餘興付滄波。

登西山見龍子祠

曉躡西山磴，山高可振衣。俯看龍臥處，烟霧鬱霏霏。花片流丹壑，泉聲出翠微。列仙如有待，欲跨白雲飛。

與王霽宇明府談栖霞洞

往歲栖霞洞，王喬飛舃來。御風游汗漫，題石掃莓苔。春入千峰秀，河蟠九曲回。碧桃懸洞口，猶待令君開。

溪　居

結屋依紅樹，開門對白沙。晴川飛雁鷔，宿露洗兼葭。夜弄溪頭月，朝餐水上霞。恐人來問渡，不復種桃花。

西　郊

曳杖過汾渡，西郊日轉晴。獨憐山色好，閑傍柳陰行。石徑蒼苔滑，村橋綠水平。翩翩雙白鳥，似識野人情。

夏日郊居

野曠墟烟白，林深晝景長。客來慵戴笠，獨坐喜焚香。梅雨堦除淨，松風杖舃涼。月明散幽躅，不出水雲鄉。

憩清涼館獨酌

爐頭沽酒酌，坐揀杏花陰。歌竟憑誰和，杯乾且復斟。却憐今夕興，不共故人吟。惟有春空月，盈盈照客心。

登平霞閣望汾水得“閑”字

霞閣聯高會，相逢共解顏。馮虛一以眺，汾水自潺湲。練色秋雲外，波聲夕照間。却慚長作客，何似野鷗閑。

墟　落

墟落春城外，山光碧四圍。橋通沽酒市，門對釣魚磯。燕子穿林度，桃花帶雨飛。更憐雙白鳥，相伴采蘋歸。

春日即事四首

隱几春風裏，幽居可樂饑。遠山青入座，芳草綠牽衣。溪暖從兒釣，家貧過客稀。去年雙燕子，今復傍人飛。

落落乾坤內，春風興自幽。無魚寧足嘆，有酒復何求。釣月一竿竹，濯纓萬里流。孤踪常自若，寒暑付羊裘。

累月常披髮，一春不啓關。攤書眠白日，倚杖看青山。鳥哢驚殘夢，花開破醉顏。夜來春雨足，隨意弄潺湲。

江海一尊酒，桑麻五畝園。門無問字客，家有報時猿。徑點苔痕綠，窗搖竹影繁。晚來風月下，身世已忘言。

五日有懷汾上舊游

往歲栖汾上，西園共舉觴。菖蒲浮酒綠，荷芰染衣香。節序還今日，風烟各一方。離情縮不住，空置彩絲長。

慶成西園午日招宴同蘭社諸君應教二首

客裏逢佳節，西園扡乘來。熏風蘭殿起，醴酒桂宮開。黍角陳雕俎，蒲香瀉玉杯。夜深猶度曲，不放彩雲回。

西園佳麗地，何憚曳裾來。海燕穿簾度，宮花倚檻開。沉湘誰吊古，激楚自銜杯。況接應劉輩，安能不醉回。

苦熱集仲川社中

袒跣洪爐裏，熇然苦未勝。意將回赤帝，渴欲飲清冰。陰洞
雲猶濕，仙莖露不凝。主人歌白雪，端可破炎蒸。

秋　懷

搖落西風候，孤城晚自陰。長空哀雁度，細雨亂蛩吟。對酒
他鄉客，悲秋此日心。緬懷舊游處，相隔水雲深。

客中秋夜

對酒聊彈鋏，乘風漫倚樓。關山橫片月，碪杵動高秋。萬樹
霜華冷，千門夜色流。誰家橫玉笛，吹起越鄉愁。

七　夕

穿針迎巧夕，結伴向妝樓。夜靜明河轉，天空大火流。曲闌
徒倚月，薄袂不禁秋。自分生來拙，何勞問女牛。

十四夜宿水頭無月

旅夜投孤館，蕭然惱客情。亂雲垂雨色，高壘枕河聲。海宇
今宵月，關山幾處明。清光應未滿，尊酒爲誰傾。

中秋夜

皓魄今無恙，清虛近可依。星河直北望，烏鵲自南飛。桂宇
天香遠，松庭夜色輝。不堪風露下，冷浸薜蘿衣。

中秋有懷

把酒待明月，月出海東頭。皓彩當空見，金波接漢流。關山

凝遠望，松桂動高秋。不盡懷君意，西風獨倚樓。

中秋期友人不至

有客成修阻，難同此夜歡。羽觴聊自酌，瑤瑟向誰彈。雁斷霜華冷，樓高月影寒。仙居望不遠，吾欲跨青鸞。

中秋卧病值雨柬吕岫雲

雨浥清虛境，風烟起暮愁。空懷千里月，却負一年秋。冷浸文園病，光沉庾亮樓。不知天柱上，誰與事清游。

十五夜雨霽

雨氣當空散，雲陰向晚開。坐邀明月至，何異故人來。碧漢金繩度，清風玉笛哀。嬋娟如有意，常照紫霞杯。

十六夜

此夕興不淺，銜杯更倚樓。試看千里月，方减一分秋。短笛穿雲響，明河隔座流。西風拂醉袖，猶有桂香浮。

十七夜

見月偏忘寐，清光况未殘。簾開香霧濕，露下碧梧寒。節序驚蟾魄，風塵老鶡冠。遥憐征戍客，應倚玉門看。

九日無酒

苦乏杯中物，慵登雨後臺。翠禽空自舞，黄菊爲誰開。久客慚書劍，幽栖托草萊。西風獨延佇，不見白衣來。

九日無菊

物候偏驚客，林亭獨舉杯。如何三徑菊，不向九秋開。積翠
生蘿壁，高雲傍石臺。故園書未達，愁絕斷鴻哀。

蘭社諸君九日峪中登眺予以他事
不預以詩訊之

並馬尋幽谷，風流可讓君。勝游曾訂約，佳節奈離群。泛酒
應黃菊，徵歌必紫雲。不知題竹否，麗藻願相聞。

冬夜月下與張弘堂王會川中川言別

江海慚爲客，雲霄幸識君。引觴呼月出，移榻坐宵分。自是
河東鳳，行空冀北群。春風花似錦，好醉曲江濱。

除　夕

夜對青燈燦，年催白髮新。僑居羅雀巷，且作飯牛人。草具
方辭歲，梅花已得春。牀頭濁酒熟，何事更憂貧。

栖真館同丘使君宴集

半載留高館，幽栖與世違。看梅驚物候，藉草對春暉。我抱
紫霞想，君來黃鶴磯。不期千里晤，清興各翻飛。

道院避暑

避暑仙游館，烟霞接上清。松門停鶴轡，花嶼出鸞笙。袖拂
天風爽，杯邀海月明。夜深群動息，好作步虛聲。

同吕岫雲登七佛岩寺值雨

秋日登靈境，蒼茫野色連。蛩聲吟四壁，雲影亂諸天。佛閣飛花雨，僧厨濕茗烟。相將坐磐石，揮麈共談玄。

望靈岩寺

遠道瞻靈境，氤氳寶氣重。雲心微露塔，谷口忽聞鐘。象教何緣得，龍華未可逢。行行復延佇，吾欲叩[一]禪宗。

正月十六夜同諸友集大雲寺

夜色橫金界，春醅泛紫霞。幸逢高士輩，同醉梵王家。月挂諸天鏡，燈開萬象花。不妨歸路遠，此地有三車。

經廢寺

駐馬投荒寺，空林苦鬱蒸。路迷青草際，鐘斷白雲層。鳥篆留僧偈，螢光照佛燈。性真原不滅，興廢自相仍。

海雲洞

窈窕初開地，清虛別是天。我來尋玉洞，不爲禮金仙。寒翠流祇樹，空香繞梵筵。何當常借榻，日就海雲眠。

過海雲洞有懷

散步城南寺，吟袍振野風。松壇遼鶴返，石洞海雲空。白社虛陶令，緇衣失遠公。靈光猶未滅，長夜照禪宮。

重過海雲洞

重過海雲洞，洞深雲氣凉。昨宵曾聽法，今日更揮觴。天雨霑衣潤，曇花撲酒香。歸途莫畏晚，自有玉毫光。

九日集古峰洞

值此重陽日，幽尋太乙家。長風吹白幘，湛露洗黃花。吊古龍山杳，馮高雁字斜。漫勞人送酒，仙洞有流霞。

九日集大雲寺

宿訂禪宮約，今來興益長。蓮開陶令社，菊發遠公房。舉白酬佳節，登高借上方。祇林風露下，滿袖挹空香。

過定上人蘭若

蘭若依汾曲，鐘聲隔隴聞。衆香紛繞榻，雙樹直侵雲。鉢注蓮花水，經翻貝葉文。重勞招白社，愧比陶徵君。

大雲寺蘭若

夙聞西土淨，今作上方行。蘿徑少人迹，松齋足梵聲。花隨雙鴿舞，樹隔一鐘鳴。何物僧爲性，潭心蘸月明。

寄題海上人蘭若

聞道幽棲處，門垂雙樹陰。鶴盤青嶂遠，僧臥碧蘿深。海月低禪榻，天風送梵音。西游定何日，蘆葉渡江心。

回光寺訪僧不遇

駐馬回光寺，山空人迹稀。祇園春不到，開士日相違。振錫知何處，聞鐘悵獨歸。那堪重回首，漠漠隴雲飛。

謁女媧祠墓次孫使君韻

上古媧皇氏，遺墟尚有村。荒丘松葉暗，古殿鳥聲喧。天缺元能補，神功未可言。乾坤開闢後，帝德至今存。

晉侯故城

馮高望不極，吊古意何窮。無復鑾輿駐，空餘雉堞雄。山河非晉業，禾黍變唐風。惟有梨園月，年年照故宮。

與吳宋畢呂陳氏叔侄城北登眺

郭外風烟好，相携並馬來。座移花影動，尊向竹林開。峭壁凌空起，春流繞樹回。多君揮醉墨，不謝建安才。

登　高

逆旅逢佳節，登高望故鄉。西風吹落木，朔雁下斜陽。酒泛黃花露，衣霑青女霜。遲留情未已，思逐隴雲長。

吾愛吾廬

吾愛吾廬好，瀟然暑不侵。清風三徑竹，流水一牀琴。枕石便高臥，銜杯勝苦吟。酣歌明月下，傲寄白雲深。

過呂舍人綠井莊望仙洞

綠井蕩秋光，追游興轉長。滿沽村市酒，同醉水雲鄉。鷗社開芳渚，漁歌載野航。欲扳神女洞，烟霧鬱蒼茫。

綠井莊與王竹澳宴集

內史耽清隱，山居傍水隈。波翻林影動，風遞鳥聲來。景與龍眠會，尊留鶴駕開。諸君好乘興，共踏月明回。

寄題李平石明府山居四首

北窗供晝寢，南畝歇春耕。宿雨石田足，涼波竹簟生。松花釀酒熟，雲物逼詩成。來往逢人客，無勞説姓名。

幽居人境外，觸目景常新。几杖堪隨事，縲簪不繫身。野花香拂袖，山翠冷侵人。長笑辭彭澤，惟餘漉酒巾。

百里辭青綬，十年臥碧山。無媒通野徑，有藥駐春顏。載酒黃花外，分題亂竹間。何時同醉月，携手放歌還。

自別鄉山久，誰憐客路貧。欲乘剡溪棹，還覓武陵人。寒盡那知歲，花開始見春。相從隨所適，物外一閑身。

重游汾上孔園登高二首

復值重陽日，還登百尺臺。人同前歲健，花似故園開。主客歡無極，風塵倦未回。況逢新酒熟，何待白衣來。

莫擬登樓賦，惟應對酒歌。黃花如舊好，白髮竟誰多。掃榻延雞黍，尋盟到薜蘿。獨憐重九日，兩度客中過。

題呂岫雲綠井別業

結屋長林下，鑿池亂竹間。心同碧水淨，人與白鷗閑。蔣詡新開徑，陶潛常閉關。樂爲松菊主，不負舊青山。

過呂岫雲山居次張爐山韻四首

訪君乘短棹，疑是剡溪來。鸑鷟盤空下，芙蓉傍水開。摘花香薦酒，題壁墨湮苔。風致常如此，何曾有俗埃。

拂袖成高蹈，歸山發浩歌。自開三徑隱，常抱一琴過。選杖分青竹，裁衣借碧蘿。憐君高臥久，其奈蒼生何。

雲水幽深處，移家向此中。行歌楊柳月，坐領芰荷風。洞口飛蒼靄，池心湛碧空。閑居應有賦，逸興自無窮。

落落山中相，悠悠物外心。投竿五湖水，結屋萬松林。明月頻來往，白雲自古今。誰知岩穴裹，時有臥龍吟。

張弘堂明府郊居四首

別業中條下，幽栖興洒然。栽花乘宿雨，鑿沼得春泉。峭壁丹霞映，高蘿碧樹懸。夜深遲明月，把酒醉嬋娟。

作客依山墅，披襟適野情。水邊傾桂醑，石上戰楸枰。嵐氣凌空翠，花光照眼明。何當常寄傲，杖履日閑行。

竹里人稀往，松門我獨尋。端居清世外，思入白雲深。烟樹團青蓋，風泉奏玉琴。客中多謾興，搔首一長吟。

長夏郊居靜，林深白板扉。曉雲橫石榻，寒翠濕麻衣。孤鶴山中怨，雙鳧海上歸。郎星在霄漢，夜夜動清輝。

社中諸君見招同文谷宴集南原別業

地僻炎氛淨，林深晝景遲。問花嬌不語，題竹雅相宜。白鳥隨供帳，清風倒接䍦。況同山簡醉，何謝習家池。

東皋王孫蘭雪堂作社會

一宵微雨歇，四座晚涼生。地即平泉墅，人同洛社英。松雲流几杖，蘭雪洒檐楹。不盡天真樂，其如地主情。

孔文谷先生與鄭鶴庵雨中見過

寄迹金蘭館，重門掩碧苔。驚回孤枕夢，幸有二龍來。烏角迎風折，青尊對雨開。西窗堪秉燭，車馬且遲回。

同劉石樓夜集呂舍人宅二首

幸逢花縣宰，同過紫薇君。大白浮春酒，清歌度夜雲。百年能幾會，半載惜離群。情洽方謀醉，蒼涼曙色分。

高館開清夏，華燈促晚筵。房櫳深却暑，花竹澹生烟。視草仙郎貴，彈琴茂宰賢。主賓傾倒處，安得夜如年。

孔宅同蘭軒宴集

同游虛白館，高咏豁襟期。莫厭杯行促，偏宜漏下遲。酒篘春熟候，梅放雪晴時。忘却他鄉念，相逢盡故知。

老母生辰值無逸王孫饋真珠酒

萱室逢初度，柴門曉正開。祇知青鳥集，復道白衣來。喜惠真珠釀，慚無琥珀杯。聊將介眉壽，春色醉蓬萊。

贈呂舍人歸田

自製歸田賦，孤高與世違。絲綸辭鳳閣，烟水占漁磯。海鶴凌空度，山雲出岫飛。漢庭徵舊德，未許臥岩扉。

贈胡惇庵將軍

三十虯髯將，風雲壯氣橫。龍沙秋破虜，虎帳夜談兵。劍拂胡霜白，旗飄塞月明。燕然須北望，計日勒勛名。

聞張爐山遷河南憲副遥贈二首

萬里蒼梧野，蠻烟翳渺冥。美人天共遠，芳草日常青。南極移卿月，中州動法星。夜深抱瑤瑟，未許戀湘靈。

數載難爲別，孤鴻杳不聞。登臺成浩嘯，倚劍對斜曛。蚤渡湘江水，還披少室雲。夷門抱關者，遥待信陵君。

贈劉金湖明府二首

地僻飛鳧遠，天空列宿明。風裁元楚望，詞賦即劉楨。翠壁環廳事，瑶琴寫宦情。夙懷經濟略，不獨有詩名。

百里才應屈，一官政自優。春風花作縣，勝地石爲樓。吏散鳥常下，簾垂山更幽。興來歌白雪，巴里詎能誂。

送崔子之維揚却上金陵訪王憲幕

白野霜華重，青山霽色開。呼童留別騎，爲爾薦離杯。興寄揚州鶴，書傳江浦梅。好同王子晉，長嘯鳳凰臺。

送康衢游桃花洞兼寄林皋

送爾尋幽境，中條路不賒。白雲飄緲處，石洞出桃花。定擬逢仙侶，相邀醉紫霞。無緣近笙鶴，寄此代瑶華。

春日月洲見過且有太原之行

蘿徑車塵遠，柴門樹影稀。春風隨客到，谷鳥傍人飛。暫解芙蓉劍，相褰薜荔衣。夙懷論未盡，遲爾晉陽歸。

月洲來自汾上持孔丈書復過却歸蒲坂

君歸寒食候，烟樹雨晴初。爲次汾陽道，遥傳闕里書。桃花紛送酒，芳草復牽裾。更約春湖上，扁舟夜打魚。

送守公還山

支公還舊社，滿路雨花生。自愧非玄度，相期入化城。紫雲隨杖去，白鴿出林迎。遥指中條月，依然定處明。

雨霽渡汾有懷舊游

路入汾河曲，空濛雨氣收。馬嘶青草渡，漁唱白蘋洲。旭日千峰曉，清風五月秋。據鞍頻極目，人在水西頭。

寄張敬庵山人四首

故人成隔越，世事轉蹉跎。萍迹天涯寄，花時夢裏過。開尊聊自飲，擊筑共誰歌。日暮停雲望，相思奈爾何。

杖履相違久，思君切素衷。褰衣望明月，搔首候歸鴻。白髮艱虞際，青春感慨中。爲言吾道在，未可嘆途窮。

憐君逢末路，倚劍發長嘆。名重遭時忌，才高處世難。風雲歸嘯旨，江海任漁竿。莫爲樊籠繫，緇塵暗鶡冠。

悵望雲千里，相思天一涯。經年懷玉樹，何日寄瑤華。路接平蕪遠，山銜落日斜。還期同掉臂，醉袖拂烟霞。

寄呂岫雲四首

矯矯青雲客，卜居汾水邊。清風千畝竹，旭日萬家烟。酒熟開吟社，荷香泛釣船。惟余生事拙，長向北窗眠。

暮倚西樓望，烟霏杳不分。未騎黄鵠去，長憶紫薇君。別夢牽湖月，幽居隔隴雲。懸知登眺處，應亦念離群。

憶昨逢初夏，曾來扣竹關。漁歌楊柳渡，舟艤蓼花灣。野席那分客，村醪亦解顔。不知從別後，誰與嘯青山。

近日臨東圃，披風坐石苔。自違高士久，安得好懷開。謝傅游山墅，阮公覓嘯臺。更憐花竹好，常待主人來。

寄懶雲上人

自著鳩巢集，江山興不窮。詩瓢長貯月，禪錫遠凌空。老鶴知心苦，閑雲與性同。吾將依净土，志在擬休公。

寄郭上林

憶昔河東日，同傾雙玉瓶。登樓山氣紫，倚劍海光青。一別書難達，相思鬢欲星。西窗夢回處，風雨夜冥冥。

守公自南畿取經還山寄贈二首

有道方袍侣，三秋會面稀。觀空登北固，卓錫至南畿。白雪多盈鬢，緇塵不染衣。雨臺游歷遍，却伴海雲歸。

聞道金陵返，生涯只舊瓶。臨風嗅蒼蔔，帶露服松苓。十笏青蓮宇，千函白馬經。此時應講閱，静聽有山靈。

客中見歸雁寄所知

久客山城下，斜陽獨倚樓。偶逢歸雁過，偏動異鄉愁。烟水連芳杜，蘼蕪接遠洲。尺書今附爾，爲我寄同游。

期劉定宇不至

袒葛乘清暑，翩翩逸思生。美人招不至，孤客若爲情。梅雨清苔徑，松雲傍石枰。臨風久延佇，野鳥自嚶嚶。

得梁山人書

故舊各南北，停雲思渺然。忽經三載别，今得一書傳。朔雁衝寒雨，秋江接暮天。幾時重把手，同和紫芝篇。

得孔文谷先生書

霞館曾分袂，雲林自索居。忽[二]聞千里雁，遥致八行書。遠道勞相憶，春盟定不虚。待將蚤梅發，先寄卧龍廬。

酬張崒崍使君見訪

蓬鬢從吾懶，柴門待客開。那期羅雀巷，却有臥龍來。斜日輝塵榻，清風掃石苔。相看一笑別，紫氣滿蒿萊。

酬呂岫雲綠井莊積雨見懷四首

四顧雲猶合，層空雨復來。石林多野趣，水館絕塵埃。白雪勞君贈，青尊待我開。扁舟不可渡，流水亂縈回。

目斷平山曲，山連雨氣昏。美人應有待，佳況欲長論。好解林中榻，重開竹下尊。新晴攜綠醑，擬過浣花村。

聞君栖綠野，風物自清怡。松吹還成曲，荷箌亦當巵。將尋鳳閣史，爲訂鹿門期。更剪西窗燭，同吟夜雨詩。

竹塢新開社，衡門舊有盟。只因黃鳥感，乃見白頭情。積水涵天影，空林落雨聲。思君獨不見，碧草喚愁生。

酬張罏山見贈兼惠秦酒且有龍祠之約

白馬珂鳴玉，來過汾水濱。遠攜桑落酒，獨饋草堂人。開卷詩逾健，論交意更親。明朝當振策，姑射共尋真。

次劉明府登文命閣韻 閣在蓮花池禹廟後

山縣梯新閣，芙蕖傍閣開。滄波流日月，紫氣擁池臺。夏后承天眷，劉昆豈吏材。相扳情不極，仿佛在蓬萊。

次謝山人述懷韻

大陸沉孤客，冥心息萬機。稽康元傲物，伯玉自知非。日采金光草，雲生白苧衣。故園松菊好，常待主人歸。

次韻答林皋待予不至

池館橫秋色，茅茨掩夕曛。一尊勞下榻，兩地各停雲。玉樹
誰相倚，清歌獨未聞。雁聲轉嘹嚦，應亦怨離群。

與表弟劉三話別

愧我空遲暮，憐君亦壯夫。銜杯話桑梓，回首嘆江湖。寒杵
鄉心碎，秋燈客夢孤。春來還舊業，相與共樵蘇。

與魏三江話別

蘭社忻相晤，萍踪復遠違。自憐爲客久，那忍送君歸。塵鬢
經秋改，鄉心逐雁飛。同游如見訊，代我致音徽。

哭馬雲樓先生六首

吾黨風騷士，倏然謝世氛。音書三月至，生死一朝分。舊社
遺玄草，新阡起白雲。漢庭如有詔，應索馬卿文。

懶作游梁客，歸來卧薜蘿。青山耽著述，白首尚蹉跎。日重
文園病，風淒蒿里歌。重過舊游地，邈若隔山河。

素幀成蕭瑟，清揚付杳冥。山川橫逸氣，霄漢失文星。烟草
牽愁亂，風花逐淚零。中條明月出，仿佛見英靈。

良晤三年阻，哀音百里聞。忽驚瑤樹折，應撰玉樓文。琴絕
高山調，笛橫故壠雲。懷君如有失，痙痺挹清芬。

江海從君逝，雲山共我愁。那知汾水別，竟作岱宗游。鶴髮
瞻如在，猿聲哭未休。袖中有長劍，終擬挂松楸。

痛汝登冥錄，憐予滯異鄉。含啼扳桂樹，望遠酹椒漿。身殁
名逾重，交深思不忘。欲書徵士誄，鳴咽不成章。

讀趙蓋齋郡丞榮親會編四首

捧讀榮親卷，儀刑見若翁。芳傳清獻後，祀入素王宮。道脉江河遠，文名日月同。至今汾上士，猶在舊春風。

梁木催何早，斯文失所從。芳華青史載，幽壟白雲封。夜冷烏栖月，風高鶴唳松。招魂空有賦，無處覓仙踪。

仰止東山境，天空隙少微。清風誰並駕，達孝世應稀。俎豆明時薦，弓裘奕葉輝。高門君不忝，五馬炫金緋。

昔擬閑居賦，今悲風木吟。泪隨江雨墮，思逐隴雲深。報國遵庭訓，榮親播德音。常存忠孝志，應慰九京心。

美人圖

想像揮毫彩，丹青品入神。翠眉應妬月，羅韈不生塵。延佇嬌無語，慵妝暗惜春。殷勤常在目，莫負卷中人。

與王明府坐御風岡鼓琴

箕坐鴻蒙石，登臨興不窮。紫雲淩劍舄，白雪洒絲桐。挂笏千峰出，盱衡萬象空。好期王子晉，常此御天風。

雁

萬里關河雁，隨陽自北歸。長橫霄漢去，不戀稻粱肥。彭蠡乘秋下，瀟湘帶雨飛。天涯留滯客，見爾獨依依。

孤　雁

雁度霜初下，山銜日已曛。低空愁學字，回首怨離群。孤影投寒渚，哀聲落斷雲。授衣時復至，悽惻不堪聞。

孤　鴛

睡羽因風整，鳴音竟日愁。寒塘憐獨浴，春水憶同游。夢落青蘋月，情牽白鷺洲。何時逢舊侶，交頸與沉浮。

探　花

自作林園客，探花日往來。倚闌問桃李，步屧印莓苔。緑酒應將熟，紅芳尚未開。東皇如有意，好起惠風催。

校勘記

〔一〕“叩”，悠然齋抄本作“扣”。

〔二〕“忽”，悠然齋抄本作“勿”。

七言律詩

積雨初晴秋林宴坐

高館秋深白露寒，雨晴山色翠宜看。烟霞散彩淩松蓋，桐竹交陰護石盤。入社忝從鶴髮老，忘形那正鹿皮冠。歡留欲待東山月，共對清光坐夜闌。

雪中柬呂舍人

瑶華零亂舞回風，積素山家處處同。滿地寒光疑是月，一川曉色竟連空。文尊徒繫青絲冷，詩律應題白戰工。欲訪高人破寥廓，扁舟擬泛剡溪東。

懷藐姑射山

姑射烟霞紫翠重，往年曾上最高峰。林穿活水分千派，寺對懸崖挂萬松。石磴有塵應雨洗，洞門無鎖自雲封。春來還續山中約，招引飛仙馭白龍。

宿藐姑射山洞有懷

夜半空山露氣清，尋真轉覺道心生。誰期鹿女乘雲去，獨倚鸞簫對月明。谷靜不聞鐘磬響，泉流疑振珮環聲。馮虛欲寄金光草，知在烟霞第幾城。

龍澍峪二首

踏磴扳蘿深復深，春山無處不登臨。雲盤鳥道青冥上，雨挂虹梁白晝陰。松外石壇留鶴迹，洞中山鬼聽龍吟。酒酣欲擬登高賦，萬里風烟壯客心。

踏徧西山第幾重，相將雲外坐高春。蒼烟不斷汾川樹，紫氣遙連姑射峰。野酌自携春甕酒，山行誰扣夕陽鐘。東風醉倚舒長嘯，谷口驚飛白玉龍。

夏日登西山最高頂

大壑風生暑乍消，携壺還上碧山椒。天橫紫氣蟠三晉，路接丹梯傍九霄。舒嘯未應驚帝座，馮虛聊共酌仙瓢。夕陽未盡登臨興，目送游雲萬里遙。

登霍鎮高處次孫使君韻

天開霍岳鬱崢嶸，萬壑松濤振欲驚。峭壁丹青呈霽色，陰崖草木被春榮。堯封北鎮皇圖壯，汾水西流白練橫。此際山靈應有待，願同孫楚共尋盟。

游藐姑射山龍子祠同甬東賦〔一〕

汾川曉雨散空濛，杖入西山野興濃。玉洞春雲飛五色，石林寒翠撲千峰。凌風我自騎黃鵠，破浪君能御白龍。況爾仙靈俱舊識，相逢先贈紫芙蓉。

游飛泉峽

芙蓉萬朵秀烟巒，笑領春風倚杖看。乳洞曉蒸雲氣濕，飛泉晴噴雪濤寒。岩前冰柱憑誰賦，石上丹霞待我餐。爲道此中堪習静，不妨來往跨青鸞。

再游飛泉峽二首

青天突兀插峰巒，振策重來雨後看。百丈泉流山翠爽，九皋鶴唳洞雲寒。曾收石液和春釀，更采松花帶露餐。喜共仙靈諧夙好，步虛聲裏夜驂鸞。

千峰旭日散晴暉，兩袖春風陟翠微。白幘更霑松桂露，青霞猶戀薛蘿衣。身隨曲磴雲間出，目送懸泉樹杪飛。擬草靈文示王烈，素書應抱月中歸。

再飲觀瀾亭

載酒重來訪薛蘿，小亭風送晚涼多。雲山猶自開青嶂，石竇依然瀉碧波。鶴侶爭迎前度客，鳥聲還作舊時歌。汀花岸草渾相識，乘興何妨百遍過。

汾上泛舟

遠山疊翠水明霞，垂柳陰陰逐岸斜。秋净芙蓉涵曉露，日高鸂鶒臥晴沙。漫乘白舫歌漁父，遥指青帘問酒家。我亦玄真同志者，垂綸元不在魚蝦。

聽客談王官谷山水

何處名山引興豪，王官形勝足游遨。雙人石對黃河立，一柱峰連紫極高。春在虞鄉宜振策，露凝秦硯待揮毫。欲尋表聖休休處，臥聽天風洒雪濤。

人　日

汾上去年曾作客，天涯此日喜逢人。合歡草具青尊滿，隨俗

花簪彩勝新。五畝園林堪抱甕，一竿烟水足垂綸。薄游憶昔風塵
倦，何似閑行故國春。

人日馬丈見過

入門高岸白綸巾，把手相看笑語親。人日幸扳千里駕，客居
又值一年春。花簪彩勝堪隨俗，雪煮雲腴不似貧。此地相從聊寄
傲，莫將長鋏嘆風塵。

元夜燕集值魏三江至自揚州

雪净天街春色多，東風簫鼓麗人歌。珠燈五夜懸星斗，火樹
千門照綺羅。月下飛觴霞作酒，陌頭游騎玉鳴珂。相逢騎鶴揚州
客，爲問虹橋近若何。

晚眺

搖落西風對夕暉，倚樓南望復懷歸。芙蓉花落猶爲客，碪杵
聲殘未授衣。旅態漸同黃菊瘦，離心長繞碧雲飛。故園鷗鷺應相
笑，閑殺滄浪舊釣磯。

秋　興

萬壑秋風木葉飛，孤城南望思依依。書傳黃耳愁中得，家在
青山夢裏歸。野渡舟橫漁唱遠，江天雲冷雁行稀。倚闌未就登樓
賦，何處砧聲送落暉。

七　夕

雲漢昭回萬里遥，夜凉烏鵲已成橋。欲扳靈駕尋牛渚，且對
芳尊引鳳簫。風帶幽香淩水檻，月含清景出山椒。秋衣不用裁荷
芰，自有天孫贈紫綃。

七夕雨

風雨瀟瀟獨倚樓，那堪搖落對新秋。雲移翠蓋天隨轉，水漲銀河夜倒流。鳳杼有絲應織恨，鵲橋無路暗生愁。祇知歲巧爭相乞，不道天孫苦未休。

客中七夕

客居[二]汾上值新秋，獨步虛檐望女牛。天上正逢歡洽會，人間偏動別離愁。白榆歷歷何年種，碧漢盈盈徹夜流。欲借王喬緱嶺鶴，乘風飛作故鄉游。

七月望夜立秋與鶴庵社長乘月登臺飲至大醉

久居蘭社始登臺，戍角城頭且莫催。遙指滄溟推月上，正逢白帝送秋來。百年交誼盟今夕，一片鄉心付此杯。共據胡牀眠未得，嬋娟應笑玉山頹。

十四夜獨酌

滿空寒翠濕巾紗，天籟無聲月鏡斜。到處風前飄桂粟，誰家笛裏落梅花。一尊濁酒乘秋興，萬里明河渡客槎。來夜浮雲須遠避，清光還許徧天涯。

十五夜對月

晚涼乘興據胡牀，高閣憑虛攬大荒。叢桂著花猶帶露，蕊珠隨月倍生光。中宵蟾吸金杯淺，一曲龍吟玉笛長。便欲駿鸞淩絕嶠，海天秋色正蒼茫。

十五夜與蘭社諸公對月同賦

碧天空闊海雲收，夜色蒼茫入望幽。天闕香飄金粟桂，露華涼侵玉壺秋。月從鸚鵡杯中吸，人在蟾蜍鏡裏游。況有諸君同嘯咏，風流不減庾公樓。

九日同呂岫雲登高二首

載酒同登百尺樓，西山遙望暮烟收。一天露浥黃花冷，萬壑風生碧樹秋。雲際新聲聊取醉，郢中高調若爲酬。危闌徒倚舒長嘯，未許龍山説勝游。

西樓烟景正依稀，勝賞還同呂紫微。卷幔清風吹客帽，倚闌蒼靄拂人衣。芙蓉香冷驚秋序，鴻雁聲寒下夕暉。此會風流殊不淺，更携明月醉中歸。

九日岫雲別業賞菊中有一本并蒂紫黃
二色者喜而賦之

筵開金谷對群芳，一本清標各鬥妝。秋色自能分二種，佳期相約過重陽。曉霜半濕胭脂冷，晴日偏生琥珀香。不識淵明曾見否，風流端可助詩狂。

九日西園賦得酒近南山作壽杯

秋高汾上露華零，授簡佳辰集廣庭。豈效龍山風落帽，且陪鶴駕日開瓶。南山瑞靄靉彤蓋，西苑晴霞徹翠屏。好采黃花同泛酒，年年持此祝仙齡。

客中九日

汾亭秋色上蒹葭，搔首西風對落霞。雁度重雲堪寄字，人逢九日倍思家。籬邊泛菊清尊滿，郭外登臺返照斜。四壁雖徒三徑在，也應開徧故園花。

十日小酌

碧天無際斷鴻哀，物候驚心但舉杯。紫塞已傳胡騎遁，黃花不負野亭開。樓臺處處堪凝望，風雨瀟瀟更莫催。清興有餘人不醉，誰能重遣白衣來。

綿上懷古次孔丈韻

白雲深鎖介山空，千載孤高見此公。田墓獨存綿上業，荊榛誰識晉家宮。清明尚禁三春火，赤日常懸一寸忠。我來不盡懷賢意，愁對秋林返照紅。

登通明閣

玲瓏峻閣倚空冥，與客登臨豁性靈。日射波光搖畫棟，雨收山翠落朱櫺。相將跨鶴招仙侶，不爲籠鵝寫道經。幾度馮虛成大嘯，洞簫吹徹暮山青。

與林皋登通明閣望藐姑射山分韻得霞字

仙宮與客飯胡麻，峻閣憑虛攬物華。秋入峰巒凌紫翠，泉飛岩洞濕雲霞。相携海上金光草，遙寄山中玉女家。欲跨晴虹臨絕頂，倚風三嗅石楠花。

登七星臺

郭外登臺眺八荒，滿空秋色鬱蒼蒼。幸無風雨妨佳節，惟有河山似故鄉。留客夕餐黃菊露，學仙時佩紫茰囊。坐依北斗呼明月，天上應聞笑語香。

題淩虚閣有序

故關三清觀，中有傑閣，其孤絶清虚，足覽河山之勝。舊無題，扁余命曰："淩虚俾續來者，借斯名以傳斯閣之不朽焉。"

玲瓏峻閣傍孤城，遠近山川入望平。曠代徒傳成勝迹，淩虚今始得佳名。海雲縹緲垂丹竈，潤水潺湲雜玉笙。兩袖春風扶醉去，惟餘詩扁付山精。

經廢觀

仙宫蕭索莽塵沙，燕麥風摇落日斜。碧海書沉青鳥使，瑶天笙斷玉清家。山中不返千齡鶴，石上猶存五色霞。縱使年年春色在，武陵誰復問桃花。

懷　仙

神游曾到海西涯，一笑相逢阿母家。玉洞花深迷鶴騎，彩雲香繞駐鸞車。吹簫共倚三珠樹，坐石同餐五色霞。此夜步虚人不見，碧天明月冷瑶華。

後游尋道士不值

洞門寂寂掩松筠，復此尋真未遇真。滿徑烟迷瑶草色，一溪雲鎖碧桃春。山靈已識非生客，野鶴還應報主人。我欲遠游蓬海去，不知誰共馭飇輪。

元夜集古峰洞

洞天香霧鬱霏霏，策馬相迎入翠微。方外烟花開夜色，望中燈火奪星輝。遥聞仙樂穿雲響，共引霞觴帶月揮。見説廣陵春似海，興來欲駕彩虹飛。

元夜集大雲寺

雪色春晴不夜臺，共看天女散花來。雲移寶筏空中度，月照青蓮水上開。燈火光搖金粟影，栴檀香浸紫霞杯。同游莫道諸天迥，挹乘還從覺路回。

過慈雲寺和孫使君韻

尋幽暫駐朝天節，命酒偏宜對景時。小洞春深留鶴迹，古壇松老發虯枝。山僧臥愛慈雲暖，役客行憐慧日遲。好向此中栖杖履，況多猿鳥屬相知。

游廣勝寺

曉攜藜杖漫登臨，萬壑香生蒼蔔林。身在諸天增逸興，坐當流水照禪心。浮圖影轉丹梯迥，古殿寒生翠柏深。欲向遠公聊借榻，倚風高臥聽龍唫。

宿上寺

遠來山寺寄行踪，坐臥猶憐野鶴從。洞古白雲橫舊榻，夜深清露洒長松。雙林影落前溪水，萬壑聲傳下界鐘。惆悵柴車衝曉發，諸天回首隔群峰。

同友人宿廣勝寺和孫使君韻

翩翩五馬歇珠林，與客山房共盍簪。一夜雨收空翠爽，滿廊風度落花深。燈前漫對青尊酌，竹下閑揮玉麈吟。幽興最憐方外好，石潭明月照禪心。

同友人訪休糧寺

曉來靈境漫尋真，此地相扳似有因。雲伴緇衣常避穀，林穿白鴿自鳴春。閑書貝葉留新偈，欲借慈航渡要津。他日重期蓮社約，還將金策振風晨。

宿香岩寺

黃昏燈火閉重城，寄宿禪扉聽梵聲。結社自携中聖酒，隨緣且作上方行。諸天夜繞空香細，片月秋懸法鏡明。一卧匡牀塵夢斷，白雲低傍枕邊生。

游靈岩寺

春行曾望靈岩寺，此日登游興不違。塔影直隨雲並起，珠光長與月同輝。青蓮出水池中見，白鴿凌風座上飛。徙倚雙林聽梵唄，貪看花雨便忘歸。

登天寧寺萬佛樓

雨後涼生五月秋，天風吹入化城游。脱巾自挂雙珠樹，振策還登萬佛樓。南望慈雲連霍岳，西來法鏡照汾流。呼僧好卓山中錫，欲借飛泉洗客愁。

題空上人蘭若_{上人游嵩岳初歸}

獨尋方外事清游，嵩少歸來半白頭。洗鉢夜吞滄海月，杖藜時眺碧山秋。空香細繞諸天静，法鏡高懸萬象幽。欲約淵明同結社，須開尊酒對林丘。

過湛公故居

獨驅羸馬扣禪扉，蓮社幽盟恨已違。洞口花開空有色，石頭雲去竟無衣。蒼龍不爲聽經出，白鴿還能傍客飛。堦下松枝西望久，何年擲錫更東歸。

七月晦日大雲寺燕集次林皋韻

滿空凉露洒衣襟，扢乘相扳衹樹林。地湧樓臺凝晚翠，雲流河漢澹秋陰。笙歌縹緲諸天迥，花木縈回一徑深。勝地可能留不去，秋風同擬惠休吟。

飲雨花堂尋僧不值

曉入叢林仗短藜，倚空臺殿接丹梯。白雲低護堦前樹，綠蘚長封石上題。經闡貝文誰證悟，酒携蓮社自攀躋。此來慚[三]負陶彭澤，惆悵無人送虎溪。

涑溪游五臺山回

靈岩北望鬱崔嵬，杖舄春游夏始回。水月有無金粟影，洞天曾否玉蓮開。山邀慧日懸雙樹，地擁曇雲抱五臺。再去可能同振策，馮君先乞一珠來。

金蘭館宴坐聞梵

居鄰廣慧青蓮宇，聽誦楞嚴貝葉文。月自諸天開法鏡，香從初地結慈雲。千林松吹空中起，萬派潮聲海上聞。便欲此生歸净域，常看花雨落紛紛。

春日游龍子祠

石竇潺湲瀉碧流，烟霏縹緲翳丹丘。鶯銜落絮穿林樾，鷺占平沙臥水頭。載酒遠過楊柳渡，踏歌同泛木蘭舟。年來會得滄洲趣，欲買漁磯挽釣鉤。

與王明府游栖霞洞

翠湛中條插太空，東來金氣鬱葱蘢。馬蹄度壑千盤上，鳥道穿雲一綫通。玉洞曉開岩日冷，碧蘿晴挂海霞紅。同游幸逐王喬輩，欲借雙鳧謁帝宮。

康衢游龍門回相訪

美人昨向禹門來，爲説河源自禹開。萬壑奔流翻雪浪，一峰砥柱插雲隈。長歌擊石蟠龍起，落日揚帆畫鷁催。醉墨已留蒼水使，可曾雙袖挾風雷。

游晉祠

三晉河山四望開，水宮高敞碧雲隈。虯蟠古柏凌霜勢，龍引飛泉噴雪堆。曉趁天風騎鶴至，夜逢神女弄珠來。泠然多少登仙思，一曲叢霄月滿臺。

謁晉公祠

匹馬還鄉謁上公，雲深臺殿肅生風。四朝曾紀興唐業，千載猶存破蔡功。今古江山開綠野，歲時蘋藻薦玄宮。吾家更有河東眷，仰止清光日月同。

謁淮陰侯祠墓

嶺樹陰森棟宇幽，將軍生氣尚橫秋。籌紆赤帝興龍日，劍送青山狡兔丘。汾水西流應寫恨，霍雲北向亦含愁。當時好謝封侯印，袖拂長風海上游。

靈石道中

汾陽南望亂山開，搖落秋聲動地來。自起天涯孤客思，那堪雲外斷鴻哀。百川噴薄鯨濤壯，萬樹縈紆鳥道回。欲借神鞭驅怪石，恐驚岩穴巨靈摧。

湧金樓晚眺

對月孤城漫倚樓，銀河清淺傍人流。風高鴻雁江天暮，露冷蒹葭水國秋。王粲飄零空有賦，張衡潦倒竟多愁。可憐歲久長為客，獨抱青萍事遠游。

西樓晚眺

湧金樓外挂長虹，雨積汾川水拍空。郡國河山秋色裏，人家烟樹夕陽中。干戈屢報邊聲急，江海徒悲客路窮。獨切憂時懷遠意，不堪搖落對西風。

登西城樓

獨上高城漫倚樓，白蘋風動水雲流。一尊落日舒長嘯，五岳何年遂遠游。笛裏梅花霑客淚，天涯芳草亂鄉愁。故園咫尺堪凝望，搖落空山薜荔秋。

胡將軍宴海光樓

御風長日共登樓，此地相逢話舊游。儵野翠屏當座峙，鹺池銀浪接天流。杯中影落千山暮，檻外凉生五月秋。賓主都忘羈旅思，雅歌還許擊吳鉤。

瑶臺新建樓成

東峙儵山翠作堆，重樓新起枕瑶臺。碧霄風引仙鳧下，畫棟雲迎海燕來。卷幔山川供曉望，憑軒桃李向陽開。文峰筆立三千丈，夜夜清光燭上台。

贈故關僧修橋功成

危橋新築虎溪傍，勝地東流水自香。跨海憑誰鞭彩石，當關賴爾駕虹梁。自成懋績千年在，莫道迷津萬里長。已渡衆生登覺岸，往來無復借慈航。

賦得吾與二三子高宴此城隅

風振珂鳴出九衢，花迎供帳宴城隅。鄴臺秀色揮彤管，漳水清波寫玉壺。七步才名推帝子，一時簪履盛文儒。何當共醉西園月，常把清輝佐遠圖。

擬許渾淩敲臺次其韻

武皇游幸昔年回，寂寞淩敲百尺臺。明月不隨雕輦去，彩雲曾傍翠華來。苑邊春草還應綠，閣外烟花悵獨開。此際轉深離黍思，那堪斜日照蒼苔。

卜居張氏別業柬呂舍人

山人近得幽栖處，獨臥清陰澹自如，姑射雲連三畝宅，華亭鶴伴一牀書。小闌向日花饒笑，曲徑經春草不除。寄語鳳凰池上客，肯揮彤管賦閑居。

卜居書懷

落魄年將四十餘，風塵澒洞未安居。家貧不受胡奴米，市隱常過長者車。且就蓬蒿栖仲蔚，敢論詞賦擬相如。鄰牆有燭難分照，只待青藜夜校書。

丙寅生日

寄迹鳴條意自幽，山中無曆紀春秋。草堂自結雞豚社，藜杖甘隨鹿豕游。谷口放歌雲不動，梅邊把酒月相留。春來暫謝山靈去，擬泛滄溟萬里流。

岫雲別業宴集

春入名園踏翠苔，東風挑醉此池臺。雙飛乳燕穿簾度，幾種穠花傍水開。把酒長呼山月上，放歌清振海雲回。不嫌杖屨頻相過，乘興還應看竹來。

過呂岫雲綠井莊

岩居相訪嘯烟霞，草樹遥連石徑斜。綠酒同傾陶令宅，青山重眺謝公家。窗雲曉拂千竿竹，池水秋鳴兩部蛙。便欲從君歸舊隱，西風垂釣白鷗沙。

過雙松別墅

美人家住石橋西，桃李無言自滿蹊。摩詰新開文杏館，杜陵高臥浣花溪。雪消春水涵天闊，雲斂晴空入望低。醉後不知歸路遠，東風吹送柳烟迷。

題漁家壁

采芳春過石橋西，相訪漁家路不迷。花淑泥香雙燕掠，柳塘風暖一鶯啼。班荆聊復開新釀，掃石還同續舊題。落日西山凌紫氣，欲從雲外躡丹梯。

再過嘉樹園謁文谷先生

園開嘉樹緑雲屯，山色青連背郭村。竹徑再逢前地主，桃花仍發舊仙源。碧筒注酒香猶在，翠壁分題墨尚存。忽漫相逢幾經歲，還同雞黍對牀言。

過清溪中尉石桐山屋

地僻朱門對水開，聯鑣同作賞秋來。千林竹翠淩山墅，萬壑松雲傍石臺。紅樹影移青玉案，黄花香泛紫霞杯。王孫苦愛應劉賦，預命山靈掃壁苔。

集王龍池桂子山莊

右丞新築輞川幽，元吉何來接勝游。春色正濃麋鹿柴，天香偏惹鶼鶼裘。青童折竹裁吟管，翠袖傳花當酒籌。坐見蒼山明月上，暖風扶醉更登樓。

西園宴集賦得菡萏溢金塘得香字

涵碧亭深清晝長，雁池流水泛晴光。飛觴酒溢蒲萄色，倚檻花開菡萏香。羅襪盈盈動微步，紅衣裊裊出新妝。洛妃最愛陳王賦，故引風熏睿藻香。

鶴林園避暑作社會柳川翁爲之主
文谷翁出陰字命作

綺園長夏晝沉沉，杖舄追涼過鶴林。碧草不除芳徑合，綠雲長護曲房深。誰期姑射山中客，同向耆英社裏吟。更愛主人移席處，月華清轉棣棠陰。

至日集文谷虛白齋聽劉元善作歌

天開晴日破重陰，地擁紅爐共盍簪。賓館又逢長至節，客居偏動故鄉心。數經霜雪貂裘敝，一望關河雁帛沉。此際未應論去住，銜杯且聽楚狂吟。

文翁見招與月洲同酌翠虛亭

一畝幽宮静可依，花香縹緲樹烟微。鶴知客至能先報，鷗信機忘竟不飛。菊影落杯紅漾酒，嵐光入座翠霑衣。接茵自愧非連璧，實借君家白雪輝。公出新聲見示，故及之。

慶成西園宴集應教

梁園臺榭與雲齊，香霧溟濛草色迷。花傍重樓開錦芛，柳穿雙燕掠紅泥。銜杯更許歌聲送，授簡何妨醉墨題。幸接清游倚飛蓋，不知月轉玉繩低。

奉和御書樓前建廣堂應教得巍字

綺構瓊樓拱帝畿，廣堂新起並崔巍。春生朱邸雲霞擁，花映金鋪燕雀飛。苑外青葱通御氣，案頭緗素賁宸輝。高居咸仰宗磐固，屏翰皇圖奕葉徽。

元夜慶成王燈宴應教

蕊宮碧殿敞春晴，十二珠簾挂月明。苑外烟花呈瑞色，樓頭簫鼓動仙聲。三山瑤島移朱邸，九曲虹梁借赤城。更愛王喬雙鶴舞，倚筵爭送紫霞觥。

元夜陪任憲副呂舍人宴李鄉寧劉石樓二明府

春宵開宴月初升，冠蓋翩翩紫氣淩。霄漢並飛雙玉舄，樓臺同戡九華燈。郢中雪曲歌堯甸，汾上烟花接廣陵。四海朋簪今幸盍，揮觴莫厭酒如澠。

夏日集呂舍人綠井莊

水村烟澹雨初晴，風送荷香入座清。芳草鋪茵留客卧，野塘開鏡照人明。尊空莫惜金魚換，地僻惟聞白鳥鳴。更喜仙郎情不極，醉邀華月坐吹笙。

夏日同蘭社諸君過小泉村居次唐人韻

載酒相携訪戴游，門垂碧柳纜漁舟。花間幽鳥淩風度，竹裏寒泉接地流。盧女歌聲飜白紵，王孫逸氣逼清秋。遲留盡日忘歸思，仿佛江陵醉倚樓。

西園夏宴

汾陽朱邸接丹丘，五月林塘宛似秋。客向平臺班草坐，觴隨曲水帶花流。鳳笙夜許山人聽，烏帽時同帝子游。欲對嬋娟呼月出，馮虛還上最高樓。

一泉中尉約游洪山偶值事阻未遂登眺賦此寄謝山靈

高蹈洪山杖短藜，携家如向鹿門栖。源頭鑿石分泉脈，綿上耕雲墾稻畦。挖乘已期同眺望，回車却恨未攀躋。洞天猿鶴應相怪，獨欠鴻蒙石上題。

丘山人見過留宿館中

春風吹客渡汾湄，一笑相逢若有期。顧我江湖非魯望，多君詞賦即丘遲。辭家不厭貂裘敝，把釣惟將豹席隨。暫住連牀同臥月，論心那問夜何其。

柬馬丈

熏沐呼童早致書，敢勞文旆過蓬廬。青袍已當中山酒，紫氣應隨下澤車。竹散午陰橫几榻，雪消春水净堦除。他鄉故舊真難遇，願假清光照索居。

贈王開府

堂堂開府蕭生風，曉日登壇一劍雄。化被羌胡投玉帳，恩承霄漢錫彤弓。汾陽凤抱安邊略，王濬今收不戰功。指日圖形麟閣上，太平勛業屬元戎。

贈金蘭詩社諸君

詞苑新開白晝閒，滿堦書帶草如蒀。西園月在金蘭社，北海春敷玉筍班。晉國群英追鄴下，隋珠千古照人間，我來何幸攀叢桂，招隱長歌大小山。

贈青蓮詩社諸君

秋來文酒會汾州，況復同游得仲宣。天派宗枝標玉樹，梵宮吟社結青蓮。詞華自出黃初右，風骨能追大曆前。何事一時稱大雅，元從闕里扣真詮。

汾上贈丘若泰使君

三湘秀出九苞文，高舉翩翩入紫氛。典郡羊城吟海嶠，趨庭熊軾駐河汾。生平抱劍長爲客，此日投珠幸識君。無奈乘春還北上，悵然回首隔重雲。

贈黃次龍

次龍往歲寓京邸，復游塞上，今春始還，訪予金蘭社中，因留酌，爲之贈云。

僑居蘭社獨徘徊，忽謾逢君客抱開。雁帛曾勞京國寄，鶡冠今自朔方來。琴彈紫塞應飛雪，臺控黃金孰愛才。一別兩年今復面，可能不醉夜光杯。

劉定宇張懷墅北上元日雪中見訪爲贈

山中春裊薜蘿烟，汾上勞過訪戴船。萬里雲霄趨上國，一尊風雪對新年。鴻才久已推公幹，龍劍今當贈茂先。此去好投雙白璧，曲江同醉杏花天。

贈月洲

蘆荻花開萬頃秋，美人家住水雲幽。爲攀天上清虛月，獨占沙邊白鷺洲。漢女相逢時解珮，姮娥常許夜隨舟。釣臺似少支機石，好泛靈槎問斗牛。

胡將軍壽席爲贈

堂堂虎帳擁春雲，南極清光照霍汾。今值紫髯開壽域，昔逢黃石授靈文。長歌慷慨揮雄劍，醉墨縱橫洒練裙。好挽天河洗兵甲，燕然終擬勒奇勛。

與劉元善夜酌談及海岳之游勃然興起援筆賦之以贈元善且訂後期云

汾水同君事薄游，不堪淪落鬢成秋。倚天星斗看長劍，特地風霜攬敝裘。自是楚人吞夢澤，還如海客話瀛洲。春來擬跨雙黃鵠，振袂三山最上頭。

慶成王壽章

黃花萬頃昌霜開，佳節忻逢岳降來。月引鳳笙低度曲，雲隨鶴駕漫登臺。八公同授淮南術，七子咸推鄴下才。願借芙蓉池上露，倚筵聊薦紫霞杯。

壽文谷先生

北望汾陽紫氣流，仙人龍臥在滄洲。薇垣蚤返山中駕，桂父長從海上游。世仰文星垂大鹵，天開華月照清秋。年年好泛金波飲，醉倚高寒十二樓。

呂舍人初度

風露高寒玉宇秋，紫薇香散鳳池頭。挂冠温室千年樹，濯足平湖萬頃流。霄漢不隨黃鵠舉，亭皋惟許白雲游。我來爲壽長春酒，鉒笛飛聲月滿樓。

送張使君之潁川

瓊章勞贈野人居，惆悵分襟九月初。天上綸音遷使節，客邊離夢逐征車。路經少室三花樹，目斷歸鴻一紙書。聞道潁川秋色好，西湖烟水泛紅蕖。

送馬丈還山

見訪人龍蟠涑水，風流夙抱長卿才。向來携賦游梁苑，此別乘春陟禹臺。三徑喜看修竹在，一尊應對野花開。獨慚留滯他鄉久，芳草年年怨不回。

客中送友人還平陽

孤館留連同對酒，無端離思亂紛紜。他鄉自愧常爲客，明日那堪又別君。南望蘼蕪連古道，北歸鴻雁帶斜曛。相逢故舊如相問，説向中條臥白雲。

送呂山人復還上黨

春夜揮觴挽薜衣，杖藜何事又東歸。青萍伴我常爲客，白幘憐君久息機。漳水群鷗應有待，壺關三老復相依。他年釣拂珊瑚樹，海上還應借石磯。

送吳郡丞之順慶二首

畫省仙郎楚郡英，來游汾水佐專城。佩刀忽動三秋色，別駕何辭萬里行。西土天開巴子國，南充日待使君旌。臨岐莫作輕離別，佇聽文翁化蜀聲。

萬壑霜飛木葉丹，使君西去路漫漫。抽毫且賦巴川勝，倚劍休歌蜀道難。錦纜曉牽秋氣爽，冰壺夜注露華寒。公餘坐嘯清輝閣，帝闕還依北斗看。

送劉金湖大理之任留都二首

長風擊楫大江流，地接三吳屬勝游。千里蘼蕪瓜步迥，一帆烟雨秣陵秋。行瞻北極應懷闕，坐對南雲獨倚樓。莫怪登臨飛白雪，郢中人在帝王州。

仙舟南下片帆開，取道湖湘畫錦回。江浦月明鴻雁集，石城雲繞鳳凰來。兩都自合班生賦，六代誰先楚客才。此別漸登霄漢去，幾時携手共銜杯。

送丘遜之游西岳

長歌倚劍欲銷魂，萬斛離情在一尊。南去青春爲客伴，西游紫氣接關門。振衣好上仙人掌，濯髮應翻玉女盆。安得茅龍同爾跨，相從白帝扣天閽。

送强逸人游上黨

客歲河汾獨倚樓，清裁如玉氣橫秋。下簾日玩先天易，振策春從上黨游。壯志自懷雙楚璧，貧交聊贈一吳鈎。莫嫌投足風塵裏，好濯清漳萬里流。

送徐憲使兵備吳淞

極天春色照行旌，夾道烟花擁傳明。漢詔今推新執法，吳門元屬舊專城。樓船夜奏江南曲，帶甲朝屯海上兵。莫訝風霜生幕府，使君夙志在澄清。

送柴憲使按察關中

澄清世仰外臺臣，百二山河攬轡巡。方陟藩垣參四岳，又移法象照三秦。雲開華頂青蓮出，路接函關紫氣新。不獨此行持憲節，天朝民物賴陶甄。

送蔡使君參知晉藩

曾躍青驄出建章，翩翩文彩漢中郎。提兵夜嘯風雷動，參岳春行草木芳。龍劍舊含滄海氣，豸袍新帶紫薇香。河東鎮静多遺愛，又布棠陰到晉陽。

送吳山人游西岳

山人垂釣海東頭，抛却綸竿事遠游。涑水相逢憐白髮，秦川獨去訪丹丘。青天翠削三峰曉，玉井蓮開八月秋。不有呼聲驚帝座，寰中誰識謫仙流。

送張崌崍中丞節制上谷二首

蜀道連雲攬轡行，知君此出爲蒼生。西來已建中丞節，北顧何憂上谷兵。檄草生風馳大漠，劍花飛雪照長城。只今驕虜咸歸化，漢闕無勞更請纓。

幕府重開鬢未斑，十年今復見芝顔。碧幢日擁過汾水，鐵馬風嘶度漢關。決勝威宣千里外，感時心在四愁間。待將麟閣功成後，海岳相從覓大還。

送劉元善赴酒泉李兵憲之招

壯游獨向玉關行，萬里風雲一劍橫。遠道騰驤存驥志，中宵起舞聽雞聲。烟消河外胡笳斷，春到安西塞草生。雄略好爲參幕下，況今開府即長城。

送守公游金陵

紫雲晴蓋碧山層，幸晤空門入聖僧。陸海從游雙白鴿，乾坤隨事一烏藤。談經亂落天花潤，定性虛涵水月澄。別後珠光時在望，木杯好去渡金陵。

得張中丞書

上谷風烟望渺漫，建牙秋氣肅生寒。已揮白羽清狐塞，更折瑤華寄鶡冠。幕下簪裾陪夜嘯，軍中笳鼓逐時歡。野人亦受昇平賜，常得朝霞石上餐。

憶昔

憶昔山中叢桂生，長歌招隱對張衡。豐城偶合龍光劍，緱嶺同吹鶴背笙。玉樹今宵頻入夢，滄洲何日更尋盟。天涯咫尺空凝望，愁絕西窗片月明。

四月六日積雨懷呂甬東

太行烟樹接汾流，汾上懷君漫倚樓。萍迹江湖俱是客，麥秋風雨不勝愁。悲歌獨洒中原泪，長鋏誰從上黨游。莫厭西園醉明月，小山叢桂日淹留。

懷呂岫雲中翰

長日登樓獨倚闌，天涯南北路漫漫。平泉風月開吟社，涑水菰蒲隱釣竿。心逐白雲飛隴上，愁連芳草遍江干。去年此日同杯酒，領略東風醉牡丹。

懷張爐山學憲時按部滇南

美人遥向滇南去，寶劍經年遂失雙。公嘗見"贈有雙劍偶相識"之句。却喜文翁今化俗，還思黃霸舊爲邦。望中奎壁明滇國，夢裏關山越錦江。萬里相思腸欲斷，青燈寒雨對西窗。

聞張弘堂明府入京過郡中見訪不值賦此寄懷兼呈劉定宇進士

秋來鄉思鬱紛紛，隔歲音徽此日聞。貂敝風塵猶作客，梟經汾霍未逢君。遥瞻列宿趨雙闕，更憶仙郎在五雲。竊喜二龍千氣象，可能回首念離群。

懷張東雍別駕

幾度思君君不見，天涯凝望獨登臺。別來長作關西夢，春至應傳隴上梅。千里雲連秦樹眇，五陵風起塞鴻哀。擬分明月追清賞，誰共長歌醉玉杯。

懷鶴庵社長

經旬不見鄭當時，風雪那堪遠道思。竹素欲題汾上字，梅花未發隴頭枝。朝尋白社誰聯轡，夜剪青燈獨賦詩。黃鶴不來因罷酒，瀟然閑却紫瓊卮。

月下有懷

碧空雲净夜漫漫，把酒長歌獨倚闌。華髮不堪明月照，清光今喜故園看。衣霑廣宇天香細，座傍高梧露氣寒。悵望美人隔千里，西風瑤瑟共誰彈。

春日登通明閣有懷

一登高閣俯長川，二月鶯花媚遠天。遥憶美人空對酒，回看芳草自含烟。春雲暖護燒丹竈，曉日晴熏種玉田。此際應須忘世味，不知曾著紫霞編。

中秋有懷

秋色沉沉桂樹芳，小樓明月照蒼茫。天空露洇瑤華冷，夜半風生玉宇涼。獨對嬋娟空凝賦，誰歌窈窕共揮觴。胡牀漫據勞相憶，回首關山入夢長。

中秋懷友

滿林松露洒亭皋，坐對西風首重搔。桂殿涼生雲葉净，海天晴挂月輪高。誰家玉笛流清響，到處金波蕩濁醪。忽憶美人隔千里，也應今夕念同袍。

中秋懷寄呂岫雲

露華零亂夜何其，玉宇高寒桂影移。秋色不堪千里望，月明又是一年期。他鄉白髮應憐客，此夕青尊知對誰。已貯天香三萬斛，因風遥寄鳳凰池。

九日懷林皋

向來風雨夜論文，別後音徽惜未聞。獨傍疏籬誰送酒，況逢佳節倍思君。黃花無語含秋色，白雁相呼下夕曛。此日登臺頻北望，心旌遙逐晉山雲。

紀　夢

昨夜神游到洞庭，碧波千里接滄溟。竹樓跨水天香度，桂楫穿花露氣零。自幸采珠逢漢女，復聞鼓瑟怨湘靈。夢回猶記題詩處，掃破君山萬仞青。

夢劉登山

別時風雪亂相催，別後音書久未裁。游子孤踪汾上住，美人千里夢中來。關河不斷清秋思，花月誰同濁酒杯。覺後復眠眠復起，可堪搖落雁聲哀。

夢與林皋對食檢墨帖

記君別去五年餘，高蹈湖邊與世疏。碧草牽情春望遠，瓊枝入夢夜窗虛。班荊爲設王孫飯，開篋同翻內史書。覺後獨看松際月，清光千里照離居。

寄孔文谷先生

自歸平水弄漁竿，幾度停雲憶舊歡。散帙簾垂清晝静，開尊亭敞翠虛寒。經年却恨違鷗社，對使應勞問鶡冠。此際鶯花供樂事，不妨游咏日加餐。

寄張中丞

聞道登壇節制雄，家傳一劍吐長虹。雲屯虎帳邊烽息，電掃龍沙虜障空。橫槊豪吟秋色裏，倚樓清嘯月明中。欲將洗却天山石，擬勒中丞第一功。

寄呂岫雲

長空黯淡雪紛紛，千里相思隔隴雲。汾上經年猶作客，夢中無夜不逢君。風塵澒落身多病，霄漢瞻依意獨勤。計到故鄉梅正發，滿傾春酒復論文。

寄慶成王

苦憶陳思動隔年，風流逸氣更翩翩。春游陌上王孫草，夜咏城南美女篇。曾接縗簪稱上客，獨將詞賦愧多賢。別來無復追文會，悵望西園片月懸。

寄王龍池方伯

往年曾共醉春芳，別後音徽竟渺茫。近自汾陽窺白雪，每從天際仰清光。鴻冥暫謝薇花省，龍臥新開桂子莊。却恐漢庭徵舊切，東山不得久徜徉。

寄李北山符卿

握符曾侍紫宸班，稅駕今歸綠野閑。滄海珠光明麗藻，岱宗霞色駐春顏。九苞鳳彩爭先睹，萬丈龍門未易攀。遠折瑤華聊寄贈，那能同策振三山。

王雁峰明府以季子節推迎養太原道次平陽見訪即寓造拜不值却寄

匹馬傳書到石扉，相尋何事却相違。扁舟拂曉留難駐，雙鳥凌空悵已飛。北上青雲隨道路，西來紫氣護庭闈。遙瞻法象垂三晉，更有重光接少微。

早春雪霽寄林皋

遠眺蒲陽首重回，風吹沃野凍雲開。薄游江海鄉心折，僵卧蓬蒿客鬢催。一派寒流奔巨壑，千山雪色照春杯。情知湖上梅花發，何惜南枝不寄來。

寄坪山中尉

憶昔高樓送遠行，別時花柳向朱明。客居不覺經秋色，旅況那堪聽雨聲。燈下兩行兒女泪，天涯四海弟兄情。綿綿遠道因君思，一夜霜華滿鬢生。

寄張山人

曉逐西風送客行，題詩聊慰故人情。投閑已作黄花主，恨別猶憐華髮生。兩度因風裁雁帛，幾時把酒續雞盟。知君著述年來富，閣上青藜照夜明。

寄范少府

解帶歸來已白頭，披雲長日卧林丘。天開南極清光動，地接東山紫氣浮。謝傳久耽泉石樂，范公猶切廟堂憂。懸知雅會多真率，安得趨陪杖履游。

寄林皋

王孫一別又經秋，千里相思獨倚樓。載酒誰同湖北寺，吹簫人伴月中游。緘書不遣雙魚寄，河水空環九曲流。愁絕西風搖落處，旅鴻哀斷白蘋洲。

寄鄭文學

經年不到鄭公鄉，欲覓仙踪路渺茫。汾上秋風誰共賦，隴頭明月各相望。天連雲樹人千里，露浥蒹葭水一方。記得西窗同聽雨，青燈白髮夜聯牀。

寄蘭社諸君

曾折梅花歲杪分，幾看芳草怨離群。寬愁自倚杯中物，寄遠難將隴上雲。家近青山成漫客，夢隨明月見諸君。春來應擬西園賦，莫使金聲杳不聞。

再寄林皋

山居自息漢陰機，五柳長垂白板扉。風雨愁看芳草徧，關河惜與故人違。春深花暗鶯無語，歲久書沉雁不飛。知爾久爲湖上主，願分荷茭作秋衣。

寄守公

自躡秋空振錫歸，白毫西望夜生輝。別來無復聞清梵，定處應知在翠微。月滿諸天塵不到，雲連雙樹鵲常依。春來擬過青蓮宇，好敕山靈候石扉。

丘山人游寓西岳懷寄二首<small>山人，山陰人也</small>

海上仙人掉臂行，西游重到石羊城。三峰雨浥青蓮色，萬壑風飄玉笛聲。雲水寄家無定住，洞宮隨寓不通名。懸知作客非寥落，賴有山中衛叔卿。

岩嶤華頂翠烟流，上有籠鵝道士游。兀坐長攀仙掌月，狂歌如對鏡湖秋。芝田采秀春相待，石鼎聯詩夜未休。儻是酒家仙媼在，可能招引醉爐頭。

舊篋中檢得蘭軒去歲見寄詩依韻追和

故園歸卧白雲深，憶昔難忘戀別心。長恨三秋書未達，遠勞千里夢相尋。<small>公有“清宵無夢不相尋”之句。</small>停雲獨起天涯思，把酒誰同月下吟。賓榻曾聯風雨夜，每因風雨倍霑襟。

寄　遠

萬里兼葭白露秋，美人遥隔楚江頭。天風漫曳青霞帔，海月相邀黃鶴樓。夜伴湘靈彈寶瑟，曉歸雲夢泛仙舟。欲從杖舄何由得，南極長瞻紫氣流。

李子書約過予以詩迎之

緘書昨寄水雲隈，紫氣今瞻鬱草萊。安道已將蘿徑掃，子猷應泛雪舟來。春風香暖梅花塢，夜月光搖竹葉杯。清興果能緣我發，好懷端爲待君開。

汾上得林皋書兼讀悼亡之作

寂寂孤燈照客堂，各天風雨倍淒凉。開緘猶見書中泪，泣玉應懷鏡裏妝。夢破烏啼秋欲暮，樓空燕子夜何長。誰家折柳哀橫笛，吹作潘郎兩鬢霜。

仲川宗君持孔丈書自汾上相迎

扠乘徵賢雅誼存，相逢重話舊寒溫。清輝自映金蘭社，小隱元非錦里村。幽谷白雲隨野客，春堤芳草戀王孫。願從左騎歸汾上，傾倒還同北海尊。

得夏縣馬丈河東張子書

謝客經秋臥草萊，病懷深喜故人開。他鄉勞寄雙魚至，此日如期二仲來。目極海光瞻玉樹，夢隨秋色上瑤臺。相思兩地悲搖落，白雁驚寒月下哀。

立秋日答林皋見寄

碧梧搖落萬山秋，孤館新涼拂敝裘。日遠浮雲當北起，天空大火向西流。風塵客計憑杯酒，烟水漁歌付釣舟。擬待芙蓉花正發，挂帆同作五湖游。

酬胡將軍見訪不遇〔四〕

陋巷經過元自少，柴門雖設未嘗開。當春祇爲尋花出，薄暮方知看竹來。却愧雞盟虛舊約，惟餘馬迹印蒼苔。將軍高興應難盡，惆悵無能薦一杯。

酬文谷先生雪中見過

春風忽動旅顏開，況復行厨載綠醅。杏館日留元吉住，荀家星聚太丘來。鉤簾遠眺千山雪，搦管長吟萬樹梅。笑殺子猷元興淺，扁舟空自夜深回。

酬林皋寄書兼訂姑射之約

秋夜襄陵醉玉尊，那期歲杪致寒溫。雙魚不憚黃河遠，五老長瞻紫氣屯。湖上叢林淹地主，山中春草憶王孫。欲扳杖履遙相待，命駕何時過蓽門。

酬張濮州寄書

瀟瀟華髮臥蓬廬，千里相思積歲餘。黃鳥新啼汾上柳，錦鱗遙寄濮陽書。漁樵混迹家無定，海岱行春政自如。見說東方稱郡治，漢庭畨晚賜金車。

酬呂舍人觀梅見憶之作

往歲梅開伴隱淪，今年梅發滯風塵。天涯夢入羅浮月，雪際香生庾嶺春。不復巡檐同索笑，那堪閣筆倍傷神。寄聲豈但瓊枝好，懷遠猶憐白雪新。

酬呂舍人見寄與劉石樓秋日賞菊之作

別後長懷滿徑花，多君此際興無涯。青雲客到飛雙舄，綠液尊開泛九華。共對夕陽歌楚調，獨憐秋色在陶家。何當遠示驚人句，展卷珠光射彩霞。

酬慶成王見惠芍藥名酒

鄴下陳王能愛客，令人懷抱客邊開。玉醽釀自中山出，紅藥分從內苑來。日借群芳常寓目，春生孤館漫銜杯。香風纔被心先醉，欲賦慚非謝眺才。

酬劉金湖寄書

海門烟樹曉陰陰，春盡停雲思獨深。千里望窮芳草路，一行書見故人心。仙舟擬泛金陵月，賓榻長懷玉樹林。我欲淩風登北固，憑君先作鳳凰吟。

答劉宜陽寄書

苦憶劉楨鄴下才，嵩雲南望日登臺。各天離思聞鶯起，遠道徽音托雁來。製錦懸知成五色，飛鳧終擬到三台。宜陽春似河陽好，花擁庭闈萬樹開。

答樊省齋見寄兼乞苑洛韓公遺編樊，即公之甥也

數年神晤未逢君，君在秦關我在汾。雁素不期雲外至，鳳簫無計月中聞。安能千里騎黃鵠，同向三峰擘紫氛。況是荊州賢宅相，欲從門下乞遺文。

答林皋見約西岳之游

美人湖上寄音徽，遠約西游陟翠微。勝具已將龍作杖，雅裝偏稱羽爲衣。秋令毛女收松子，日許文仙扣石扉。但愧驚人無麗句，相從賴有謝玄暉。

答孔文谷先生桐竹山房之招

萍踪栖泊旅情微，蘭社相留未忍歸。自放江湖垂白髮，每依山斗接清輝。牀連夜雨情如舊，座受春風願不違。況復人龍汾上臥，攀鱗終擬赤霄飛。

十六日得呂舍人書兼惠詩扇新刻奉答

孤館朝來中酒眠，夢魂飛越鳳池邊。佳音偶逐清風至，團扇堪同皓月懸。遠惠明珠汾上照，新來白雪郢中傳。相看若與瓊枝對，目極南雲倍惘然。

答林臯見寄

平湖欲作泛舟行，無那艱虞阻客程。長憶坐花同對酒，勞歌伐木總關情。鳳凰原上孤雲白，鸛鵲樓頭片月明。兩地相思過半載，不堪芳草喚愁生。

答强宇闌中秋見懷

萬山秋色繞孤城，兩地開尊悵月明。露下紫虛風漸爽，天回銀漢夜無聲。壞人遠隔汾川水，作賦深悲楚客情。莫道相思不相訊，音徽千里托芳蘅。

答張敬庵過訪言別

杖藜拂晚過柴荊，共對青燈話別情。遠寺疏鐘驚客起，虛堂寒雨逼愁生。交游此日憐張邵，婚嫁何時遂向平。世路艱難空浩嘆，且歸谷口事春耕。

答林臯見寄

涑水灘頭繫客槎，側身南望各天涯。長卿賦就才無敵，阮籍途窮鬢欲華。四野清秋吟蟋蟀，五湖明月照兼葭。美人咫尺音塵隔，腸斷西風雁字斜。

答馬丈見寄

獨倚青萍嘆索居，相違又是一年餘。祇緣杜甫愁多病，莫怪稽康懶作書。南浦兼葭秋未老，西窗風雨夜何如。春來擬訂瑤臺約，同御天風聽步虛。

答呂甬東潞安寄書兼惠詩扇

客居東望各風塵，十載重游潞水濱。命駕呂生千里遠，曳裾枚叟二毛新。詩傳白雪元高調，扇引清風即故人。却恨山中梅未發，無能先寄隴頭春。

答林皋游西岳見寄

爾向三峰駕鹿車，振衣長嘯天西涯。文仙擬贈金光草，彩筆曾干白帝家。岳色翠浮承露掌，河流洪泛挂星槎。騰身欲覓茅龍去，共噉山中日月華。

答壽峰見寄游華岳中條諸作兼致林皋

小山招隱桂叢邊，南北相望思渺然。千里獨憐芳草色，雙魚勞寄白雲篇。驚看岳色明高掌，宛對條峰挂瀑泉。好與同宗詞賦客，仙舟長泛鏡湖天。

汾上再遇月洲奉答林皋見寄

汾陽作客念交期，千里懷君鬢欲絲。非土聊為王粲賦，忘年獨幸孔融知。芙蓉衣敝秋風色，蟋蟀聲寒暮雨時。復遇惠連貽所寄，相看何異對瓊枝。

和呂岫雲夏日賞菊之作

瑞菊新開別業中，淡妝那與衆芳同。九華夙抱冰霜節，一種先分造化功。佳色爭看明夏日，素心不爲厭秋風。主人自是調元客，未許東籬作醉翁。

和呂岫雲九日賞菊忽見梅開懷寄之作

旅泊汾陽華髮新，遠勞存記重傷神。西風采菊悲遲暮，東閣看梅憶隱淪。九日未酣籬下酒，一枝先寄隴頭人。更貽白雪難爲和，幽谷俄生萬斛春。

和東皋夜聞鄰歌

積雪初晴片月臨，朱門深鎖夜沉沉。嬋娟應貯黃金屋，縹緲惟聞白紵音。湘浦曲終人不見，楚臺雲斷夢難尋。如何咫尺天涯隔，想像空勞賦客心。

和張弘堂擬署中聞鶯之作

熏爐香細惠風輕，省樹陰陰度曉鶯。日下遷喬自幽谷，花間求友出新聲。建章百囀春光早，上苑雙飛淑景明。漫道好音清在耳，虞庭還接鳳凰鳴。

與孔文谷先生話別〔五〕

十年汾上挹清輝，此日天邊見少微。客館遲留同皓月，奚囊滿載得明璣。青尊北海連宵醉，紅葉西風遠道歸。來歲定尋雞黍約，重看谷口白雲飛。公有“後期雞黍寸心然”之句。

仲川蘭軒二宗君鶴庵社長雲谷山人餞予孝義賦此爲別

多君相送暫相依，躑躅衝寒歲杪歸。白首交期情更戀，青驪曲度淚頻揮。疏林挂日留征蓋，殘雪隨風點客衣。此際可拚同醉別，須知前路故人稀。

秋夜與僧話別

漫揮松麈夜論歸，石壁孤燈照翠微。風竹遠隨天籟響，雨花長繞法筵飛。山中對月方欹枕，客裏經秋未授衣。他日重來尋舊社，願言支遁莫相違。

留別蘭軒

憶昨相逢破旅愁，月明同醉酒家樓。孤懷未著游梁賦，千里將回訪戴舟。野曠霜飛紅樹冷，天空雁度白雲秋。不知誰預登高會，好折黃花寄舊游。

留別張虞田

西風蕭瑟旅情孤，萬壑秋聲動碧梧。人在他鄉懷薜荔，雁隨明月下菰蒲。十年曾爲開賓館，此日還同醉酒壚。莫道行邊無所得，奚囊滿贈夜光珠。

索　居

曉林漠漠淡烟微，芳草青青蔓石磯。遠岫當門空翠合，落花隨雨亂紅飛。索居自是春歸早，破屋何嫌燕到稀。惟有白雲揮不去，似應相戀薜蘿衣。

客 至

考槃遥在碧山阿，杖舄勞君此重過。茆屋凉生新竹茂，石苔香襯落花多。草玄愧擬楊雄宅，把酒還同綺季歌。取醉不妨同臥月，惟餘清夢繞烟蘿。

垂 釣

兩岸兼葭一葉舟，年來生計付漁鈎。青山正對舒長嘯，白鳥相看總舊游。蘆管吹殘彭蠡月，蘭橈撐破洞庭秋。得魚盡買杯中物，傲睨乾坤入醉謳。

讀薛西原詩

譙國詩人今作者，風騷一代擅詞場。罷官未陟金華省，鳴世爭傳白雪章。織女勝裁雲錦色，驪龍新吐夜珠光。長歌擊節招仙駕，安得乘風下帝鄉。

書呂山人閏臘迎祥冊

身騎黄鶴佩龍精，醉插桃花嘯太清。野服曉披天姥翠，空樓夜聽海潮聲。百年岳降逢三閏，萬里仙游歷五城。曾向岱宗揮巨筆，風雲長護舊題名。

題梁承齋少參甕几卷

挂冠薇省偃林扉，高蹈梁鴻與世違。甕借楸枰爲淨几，身將荷葉作初衣。手談可賭山陰墅，力食渾忘漢上機。安得與君同據此，盱衡長送白雲飛。

劉登山舉第七子

中條天削翠芙蓉，曉望氤氳間氣鍾。筮簟夢熊佳兆叶，蘭幃啼鳳異香濃。遠過竇氏餘雙桂，可擬荀家待一龍。況復傳經俱不忝，雁行霄漢任登庸。

呂氏牡丹園雨後宴集

錦亭高宴共揮觴，爲賞名花倚靚妝。漫道巫娥歸楚岫，却憐妃子醉昭陽。嬌容似對春風笑，艷蕊猶含宿雨香。自是花神能著意，年年常伴紫薇郎。

呂中翰宅雨中賞并頭牡丹

綺筵清翫羽飛觴，一種名花并蒂芳。聯袂爲行巫峽雨，同心應妬漢宮妝。獨憐國色雙含泪，競吐春風百和香。寄語花神須著意，連枝長發鳳池傍。

花下獨酌〔六〕

茆屋新開面翠微，小闌獨倚惜芳菲。當窗曉霧籠花樹，入座春風振草衣。漫引青尊聊自酌，却憐黃鳥傍人飛。疏狂更有探春興，無日花前不醉歸。

移　竹

山家移竹南窗下，風送秋聲滿座聞。欲借繁枝供釣具，常分清影護爐熏。千竿夜落湘潭雨，三徑朝連渭水雲。爲問移來無恙否，幾時扶我吊湘君。

瑞菊詩

壬戌九日，岫雲別業賞菊，內一本並蒂黃紫二色，至癸亥復開，喜而賦之，以識瑞焉。

雨後看花興自幽，花神不減舊風流。重開佳色邀金蝶，更吐新香染繡毬。晚節平分三徑露，清標獨占一園秋。多情暗有重陽約，歲歲何曾負勝游。

秋夜同劉明府集呂舍人園亭觀菊二首

萬菊亭深片月斜，滿空寒翠露凝華。偶從句漏神仙令，來過潯陽隱士家。倚檻秋香熏墨綬，隨車春色媚黃花。風流我輩情非淺，共掇新英泛紫霞。

秉燭籬邊興若何，群芳爭笑醉顏酡。舍人飲客金莖露，仙令貽花白雪歌。夜轉清光鳧鳥近，秋來佳色鳳池多。殷勤更有看梅約，擬向春風聽玉珂。

憶　梅

寂寂茆堂近水濱，滿空寒翠濕松筠。回看姑射峰頭雪，却憶羅浮夢裏人。感興聊成三弄曲，經年誰寄一枝春。暗香疏影知何處，惆悵西湖月色新。

紅　梅

幾枝曾植上林傍，一樹今開白玉堂。疏影並堪和靖賦，穠華獨改壽陽妝。羅浮酒暈朱顏醉，庾嶺風吹絳雪香。更抱歲寒心自赤，不隨桃李競春光。

秋夜聽琴

一尊聊對萬松林，有客閑揮綠綺琴。今夕不彈流水調，此生誰識伯牙心。空山月冷猿秋嘯，滄海波寒龍夜唫。曲罷猶聞餘響在，滿天風露洒衣襟。

聽黃逸人鼓琴

客裏逢君幸盍簪，春風吹動薜蘿襟。花前共吸丹霞酒，膝上橫彈綠綺琴。月轉空林山鬼嘯，泉飛幽壑水龍吟。却憐舉世多塵耳，誰識猗蘭太古音。

秋夜聞笛

誰家吹笛向西樓，樓外蒼雲夜不流。三弄胡牀驚別夢，一聲清響動高秋。江城梅落花飛雪，水洞龍吟月上鉤。此際不堪欹枕聽，天涯獨起越鄉愁。

桃源圖

何年徙住武陵源，雞犬相聞竟日喧。甲子已忘秦歲月，衣冠誰識漢乾坤。雲溪曲泛桃花水，茅屋爭開竹葉尊。但恨重來迷舊路，滿山明月自黃昏。

憩留雲洞觀壁間畫梅

洞雲縹緲洞天開，雲臥天游尚未回。遠道不逢千里使，孤吟長對一枝梅。莫將疏影橫窗亂，好遞幽香入夢來。記得羅浮山下遇，月明同醉紫霞杯。

長門怨

獨坐花陰聽漏聲，玉釵敲斷不勝情。承恩未必如飛燕，買賦空勞覓長卿。楊柳風吹羅薦冷，梧桐月傍綺疏明。忽聞御輦長門過，幾向高臺吸鳳笙。

征婦怨

一從游子事戎行，幾度看花欲斷腸。但恨紅顏不自保，却將金粉爲誰妝。雲中書寄征鴻杳，月下愁隨搗練長。怪爾頻年空作戍，請纓何日繫名王。

無　題

簾外紅英落翠茵，留春不住復傷春。笙歌聲斷杯空月，金粉香消鏡掩塵。薄倖何時回玉勒，相思長日泣羅巾。天涯渺渺情無極，腸斷東風寄綠蘋。

挽韓北野先生

稅駕河汾自引年，忽騎箕尾謝林泉。家傳簪紱中朝貴，世仰文章北斗懸。總帳雲深來吊鶴，椿庭花落怨啼鵑。仙踪縹緲知何處，逸氣長淩日月邊。

哭王方齋明府

怪爾郎星折海濱，一官三月遽還真。風雲氣散名猶在，經濟才高志未伸。鳧脫王喬天上舄，花催潘岳縣中春。夜來誰弄山陽笛，腸斷西風洒泪頻。

挽無逸王孫

遼鶴雙飛吊碧松，晉陽天奪大磐宗。自歸泰岱雲中去，不復緱山月下逢。蓋倚西園懷繡虎，劍沉北斗化蒼龍。含毫欲擬招魂曲，一夜悲風涕莫從。

悼鄭謝二山人前後淪歿

神交千里挹清芬，劍化雙龍破紫氛。靈運竟歸春草夢，子真應勒玉樓文。鳥栖鄴館啼明月，鶴返吳門度白雲。一代風騷垂不泯，江湖逸氣鬱氤氳。

爲仲川悼馬

聞道孫陽恨未窮，房星夜墮太行東。櫪邊尚繫青絲絡，天上誰收白玉驄。燕市千金難再得，吳門匹練竟成空。敝帷從此埋芳土，不復長追萬里風。

校勘記

〔一〕詩題，悠然齋抄本作《游藐姑射山龍子祠甬東賦》。

〔二〕“居”，悠然齋抄本作“中”。

〔三〕“慚”，悠然齋抄本作“有”。

〔四〕詩題，悠然齋抄本作《酬將軍見訪不遇》。

〔五〕詩題，悠然齋抄本作《與文谷先生話別》。

〔六〕詩題，悠然齋抄本作《花下自酌》。

五言排律詩

上 元

帝里風光勝，宸游樂事饒。苑中開帳殿，天上奏簫韶。風閃鸞旌動，香隨鳳蓋飄。上陽春御宴，太乙夜臨朝。劍舄千官擁，梯航萬國謡。炬欺星斗爛，雲讓綺羅嬌。烟市通丹籥，燈樓接絳霄。銀花紛錯落，玉輅轉迢遥。月照千門雪，虹飛五色橋。禁城魚鑰啟，馳道馬聲驕。粉黛歌欹扇，金張醉解貂。幸逢熙皡運，千載頌唐堯。

秋日同呂岫雲汾上泛舟

雨過西汾渡，相携泛野航。遠山呈霽景，沃野帶秋光。岸夾青楓合，波翻白練長。同登河朔宴，宛在水雲鄉。鼓枻聊乘興，投竿欲釣璜。中流魚自樂，前渡雁成行。帆影摇歌扇，荷華映筆牀。沙邊漁唱晚，風外酒尊凉。主客情何極，江湖計莫忘。歸來棹明月，散髮和滄浪。

中秋樓燕

極目秋光淡，馮虚露氣清。玉繩簷外度，銀漢座間横。芳桂開蟾窟，行雲駐鳳笙。却憐今夜月，不負隔年情。鸞鶴翩翩下，關山處處明。天風如可御，吾欲覓瑶京。

秋日登通明閣

乘秋登峻閣，振袂出丹霄。牛女呼應至，烟霞静可邀。紗窗
飛宿霧，翠幔捲凉飆。坐聽潮聲近，回看雁影遥。青山明月上，
緑酒故人招。醉眼空銀漢，狂歌倚洞簫。勝游追庾亮，仙侣得王
喬。便欲騎黄鵠，飄然謝市朝。

文苑清居

文苑何其勝，紅塵自不侵。地開青嶂遠，門掩紫苔深。空翠
淩修竹，晴烟出茂林。草香麋鹿柴，雲冷薜蘿襟。鐘磬流清響，
池塘蘸緑陰。懸車足高蹈，載酒任幽尋。錦里先生社，碧山學士
心。采芝容鶴伴，坐石聽猿吟。策許山靈振，杯令木客斟。醉呼
明月上，嘯發鳳鸞音。

題東皋別業次孔丈韻

地卜河汾勝，天開紫翠居。且堪學鳳吹，自是卧龍廬。水石
饒三徑，烟霞傍四陂。徵賢過魏鄩，授簡及應徐。花檻春携酒，
藜燈夜校書。看花扡玉杖，聽雨卧瓊疏。山色淩空碧，池光蘸月
虚。同游俱白髮，大雅逼黄初。淇竹裁吟管，張梨當飲儲。倚筵
曾命賦，獨愧漢相如。

與吕岫雲昆季集緑井莊

騎馬游山墅，狎鷗傍水潯。渚雲晴漠漠，嵐翠晚沉沉。衣染
芙蓉色，尊開薜荔陰。池臺過習氏，兄弟即岑參。勝覽都忘倦，
清酣且復吟。探幽盟已定，不憚數登臨。

與吕甬東過吕岫雲綠井莊有懷張崛崍

並騎游山墅，尋幽到水涯。紅芳如有待，白鳥自相知。丘壑甘龍臥，風雲謝鳳墀。懸車竹里館，把釣藕花池。柳色隨供帳，松陰覆奕碁。情高忘旦暮，眺遠豁襟期。越客留詩草，吴歌送羽巵。茂先曾過此，醉墨洒淋漓。

集張條岩招隱園

招隱名園勝，尋幽夏日長。草堂開綠野，花嶼接滄浪。往歲曾題竹，今來數舉觴。入門迎舊鶴，移座傍新篁。翠浥烟蘿洞，嵐侵薜荔裳。半窗梅雨過，一榻蕙風凉。投轄情逾切，登樓興復狂。醉歌明月下，不計在他鄉。

寄題王龍池方伯別墅

聞道名園麗，人間別有天。林巒壓鄭谷，樹石盛平泉。高蹈渾忘俗，幽栖不計年。種松成偃蓋，引水瀉鳴弦。路斷虹橋接，山回霧礴連。曲亭通竹里，芳桂插雲邊。簾捲薔薇雨，窗開楊柳烟。鵝池牽荇帶，鷗渚疊荷錢。花擁移春檻，鶴迎載酒船。手搴[一]瑶草秀，衣惹翠微鮮。漫鼓雲和瑟，長歌秋水篇。地疑金谷境，人是紫薇仙。良夜投車轄，香風落舞鈿。坐花應舉白，揮麈定談玄。樂聖情何極，忘形喜欲顛。吾將聊紀勝，安得筆如椽。

萬壽節送徐南野僉憲入賀

新春游上苑，落日祖長亭。駟牡騑燕甸，雙旌出晉寧。霜飛龍劍白，柳拂豸袍青。紫氣分黄道，清光近使星。班隨鵷鷺序，朝會海山靈。虎拜瞻天表，嵩呼達帝庭。九重開鎬宴，萬國紀堯蕡。擬獻千秋鑒，明時羨九齡。

己卯生日諸友見過

雲護青蘿館，風欹白氎巾。又逢初度日，今對故園春。雪漸添雙鬢，年將逼五旬。徒勞淹歲月，自覺厭風塵。天地容吾拙，漁樵任此身。盍簪忘是客，帶索不知貧。地暖紅爐擁，杯香綠醑新。相逢真莫逆，俱是醉鄉人。

壽孔文谷先生

全晉元鍾秀，河汾乃降申。家聲蜚玉牒，世美繼朱輪。丹穴騫靈鳳，清時見瑞麟。夙馳山斗望，自負廟廊珍。策獻三千字，臚傳第二人。鴻才餘八斗，鳳藻麗三辰。彩筆能干帝，青雲蚤致身。不求金馬貴，厭惹玉京塵。憲府曾開浙，文旌復駐秦。修明周禮樂，啓迪漢儒紳。聖代旬宣使，堯庭岳牧臣。官拘紫薇省，夢繞碧山春。北闕陳歸疏，西河理釣綸。青蘿裁野服，白首戀漁巾。華構飛蘭雪，幽栖藉草茵。雲應隨懶漫，鶴亦愛清真。身繫邦家重，恩沾雨露均。金聲聞闕里，紫氣徹汾津。景屬中秋候，花開上古椿。貝宮雲葉净，仙掌露華新。外史逢初度，耆英結近鄰。孔鸞當座舞，簫鼓雜前陳。皓月依人近，嫦娥送酒頻。東山時選伎，北海夜留賓。綠野公爲主，斑衣子悦親。雅懷同謝傅，豪興過陳遵。出處三高并，春秋五福臻。餐霞增氣色，漱石壯精神。放鴿知無算，登龍幸有因。惟期仁者壽，中岳並嶙峋。

蔡兵憲母夫人壽章

憲府春暉永，慈闈淑景長。汾川清瀉玉，姑射翠生光。山水連西岳，風雲護北堂。碧空懸寶婺，紫氣徹黄岡。桃實三千茂，萱齡八十强。賢譽同孟母，懿范並陶姜。鶴髮身常健，熊丸教不

忘。餐霞躋上壽，愛日見中郎。志遂三牲養，才高八俊行。青驄
巡建業，繡斧照江鄉。參岳曾齊甸，提兵復晉陽。親榮緣子貴，
家慶際時昌。萊服增金豸，姜泉湧赤魴。海籌添舊屋，宸眷荷今
皇。誥錫回鸞字，冠葳插鳳梁。姮娥貽大藥，織女剪銷裳。鳥逐
承顏舞，花迎設帨香。幽蘭朝泡露，列柏歲凌霜。座擁孫枝秀，
名垂奕葉芳。僭陳難老頌，德澤播無疆。

壽慶成王殿下

岳降逢佳節，登臺望沕瀯。銀潢流玉派，朱邸接璚霄。沆瀣
千秋結，雲霞五色飄。汾波青瀲灔，霍岳翠岩嶤。氣奪山河秀，
恩承雨露饒。苴茅分晉土，屏翰壯天朝。玉立年方妙，金聲德孔
昭。桂叢依茂苑，花萼出清標。奕葉賢爲最，連枝貴不驕。文名
稱繡虎，詞客擁金貂。宴擬龍山盛，賓應鶴使邀。鄴中七子賦，
淮上八公謠。風月收吟卷，乾坤貯酒瓢。廣庭延顧景，飛蓋逐華
鑣。獻壽投雙璧，徵歌舞六幺。香分黃菊露，座擁翠雲翹。秋色
輝玄袞，仙聲協洞簫。蘭臺風淅淅，蓮漏夜迢迢。睹鳳爭先快，
登龍不憚遥。願言多景福，睿算等松喬。

贈胡惇庵將軍

推轂膺天寵，承家珥漢貂。夙諳黃石略，今見紫髯飄。虎奮
聲逾振，鷹揚志更驍。洗兵臨涑水，拂劍倚中條。節鉞經年駐，
氛祲到處消。帳前霜氣肅，樓外海光搖。野曠堪調馬，秋閑好射
鵰。笑談揮白羽，尊俎接清宵。名入三臺薦，威宣萬里遥。誓將
身許國，不讓霍嫖姚。

王碩輔見訪有贈

有客乘春至，羈愁仗酒寬。風塵今日遇，桃李昔年看。白髮

同元吉，清才羨子安。爾非鸞鍛羽，我以鶡爲冠。話舊情逾切，含悽泪不乾。獨懷曾子屈，誰念范生寒。旅食他鄉久，行歌畏路難。風雲須有待，終自起龍蟠。

贈張醫士

鴻術鳴先世，家傳迥不同。業承張仲景，師事太倉公。金匱能探秘，玄珠並折衷。真成醫國手，累積活人功。接迹衣冠列，流芳海宇中。門迎長者駕，人挹上皇風。袍染松雲綠，顏隨杏日紅。襟期元曠達，德譽日淵冲。服石清華錄，懸壺紫氣通。還將雙赤手，爲世拯疲癃。

月洲雪中見過因留酌却憶乃兄林皋

地僻惟高枕，天寒只敝裘。忽聞蒲坂客，來駕剡溪舟。徑雪呼童掃，尊醪與婦謀。老懷忻慰藉，佳會且遲留。望鶴寒雲外，探梅峻嶺頭。阿兄長在念，安得此同游。

呂山人將游龍門過我言別

二月山城下，尋幽過草萊。漫言方外約，且盡掌中杯。駐馬情難別，登龍興益催。三門經禹鑿，一境自天開。峭壁侵雲起，洪濤捲雪回。揚舲看曉渡，倚窒聽春雷。濟勝幽人具，登高賦者才。地靈應有待，知爾探珠來。

任憲使雨中見招同呂舍人劉明府

速客衝泥至，多君倒蹝迎。亂雲低徑度，幽鳥傍人鳴。幔卷沉烟裊，筵開爽氣生。百花含雨液，萬竹動秋聲。掃榻延清話，彈碁賭玉觥。都忘軒冕貴，共適薜蘿情。愧預三才列，叨陪二妙行。翰華推呂向，詞藻重劉楨。剪韭時方洽，烹葵歲有成。祇緣投轄誼，那惜醉深更。

送張崛崍中丞節鎮姑蘇

節使按江程，梅花照雪晴。風塵隨我住，霄漢望君行。晉甸
蒼生借，吳門候吏迎。洗兵苕水曲，開府閶闔城。茂苑霜飛肅，
楓橋月轉明。旌旗翻海色，鼓角動潮聲。好展匡時略，猶懷戀闕
情。勛名雙鬢黑，官況五湖清。倚劍歌逾壯，臨岐酒謾傾。登高
如有賦，儻復寄柴荊。

送劉憲副之任井陘

簡命天邊至，軺車歲杪行。勝游宜攬轡，雄略在提兵。玉帳
霜猶肅，冰壺月轉明。陘山隨指顧，蔓水賴澄清。出塞軍容壯，
連營殺氣橫。邊風嘶萬馬，朔雪捲千旌。節鉞歸南仲，韜鈐事北
征。殊勛垂竹帛，赤日照葵誠。仗劍歌離曲，臨岐薦別觥。飛騰
千里志，聚散百年情。白首憐交誼，黃沙念去程。安攘自有策，
不用請長纓。

送毛我山副憲之任湖南

執憲承新命，褰帷足勝游。楚雲隨使節，襄水泛仙舟。候吏
沙邊集，征帆天際浮。烟開衡岳曉，霜落洞庭秋。黃鶴凌空舞，
銅鞮入夜謳。看花習氏墅，乘月庾公樓。騰踏心逾壯，澄清志已
酬。坐移江漢俗，心切廟堂憂。青眼蒙相顧，緇衣頌未休。知君
多政績，應勒峴山頭。

送楊守戎之任偏關

閫外掄豪俊，將軍衛霍同。英風原蓋世，壯氣鬱成虹。自奮
匡時志，常懷報國忠。風雲揮霍外，尊俎笑談中。勛業鳴昭代，

絲綸出漢宮。渾瑊新授鉞，魏絳已和戎。剖竹分金虎，搴旗控銕驄。車徒行塞日，箛鼓動邊風。倚劍軍容壯，登壇廟略雄。一關嚴虎豹，萬竈擁羆熊。疆場巡應徧，烽烟掃欲空。分携情戀戀，結束意匆匆。圖像須麟閣，傳書必塞鴻。燕然一片石，待爾勒奇功。

送馬雲樓還夏縣

自愧非元吉，何緣識馬融。詞華明麗日，逸氣貫長虹。雅誼忘年好，他鄉寄傲同。一琴隨去住，雙劍合雌雄。數柱過茅宇，相招隱桂叢。青袍償酒債，白雪載詩箭。出谷應三聘，還山謝八公。枚生辭兔苑，莊忌返吳中。碧草牽征袂，青春伴去驄。竹花迎地主，猿鳥候仙翁。杯泛瑤臺月，綸垂涑水風。養高心自逸，望遠思無窮。情逐鶯聲感，書憑雁足通。弋人何所篡，霄漢任冥鴻。

送陳少府之吳下

漢殿飛梟鳥，堯庭起鳳凰。三吳欽仲舉，半刺得元方。騰踏雲霄路，從容山水鄉。鐘聲鳴野寺，帆影挂江航。卿月依人白，華風露冕凉。菱歌翻子夜，漁火照滄浪。蓋擁湖山色，衣霑荇藻香。行春應自逸，吊古詎能忘。鹿卧蘇臺草，烏啼桂苑霜。宦情殊磊落，秋色轉蒼茫。怨別難爲賦，遲留數舉觴。分携千里外，何處采瓊芳。

留別張弘堂

十載河東客，何期此更游。庭花渾舊識，尊酒正新篘。雞黍開文館，鶡冠續勝游。連牀同聽雨，作賦獨登樓。蘭誼多青眼，萍踪漸白頭。雲霄須遠到，丘壑自冥搜。坐攬中條翠，行吟涑水

洲。綈袍情戀戀，逆旅思悠悠。來值黃梅雨，歸逢白帝秋。游驂
今北向，大火況西流。碧草牽離夢，金風送別愁。悲時非楚客，
斫地有吳鉤。雲樹勞相憶，關河詎阻修。會翁歸葬日，還擬臨
松楸。

答林皋歲暮見寄次來韻

孤踪猶塊處，高蹈必叢林。白社隨緣住，青山抱膝吟。欲扳
玄度駕，未遂尚平心。護落風塵久，分携歲月深。終期龍劍合，
長夢鹿車臨。雪阻扁舟興，雲垂萬壑陰。折梅將寄遠，品藻復開
襟。羨爾乘春起，珠生湖水潯。

聞林皋將游西岳寄此以壯其行

遠道思無極，長吟興未休。龍盤吾寄傲，鶴駕爾尋幽。夙訂
三峰約，春隨萬里游。烟霞生浩嘯，林壑待冥搜。華頂凌虛上，
黃河抱日流。采芝逢玉女，借榻卧丹丘。積翠沾雲舄，空青亂綺
裘。松花分作釀，蓮葉截爲舟。逸侶行忘倦，山精苦欲留。好將
鐵如意，搥碎灝靈樓。

寄壽張大夫

系出清河氏，公爲白馬生。五常推伯仲，三戟萃冠纓。博識
窮千卷，雄詞擅兩京。天邊曾擢桂，潁上獨蜚聲。皂蓋行春擁，
丹心向日傾。進趨龍虎仗，入計鳳凰城。遽謝朝簪貴，難將世網
嬰。雲霄甘勇退，丘壑長高情。種柳方陶令，鉏瓜即邵平。青門
招舊隱，黃菊訂幽盟。蘿洞披雲卧，芝田帶雨耕。賢哉林下老，
偉矣洛中英。子得芝蘭秀，恩霑雨露榮。遐年逢萬曆，壽酒豈三
行。日跨浮丘鶴，風吹子晉笙。晚香飄客座，空翠濕仙旌。按節
狂歌發，掀髯逸氣橫。松筠看并傲，人月信雙清。徒切思瓊樹，

無緣把玉觥。惟盱千里目，長望少微明。

寄贈謝山人

四溟有狂客，聞道即宣城。草向池邊夢，花應筆上生。騷壇誰並駕，藝圃獨菁英。自脫區寰累，難逃曠代名。江湖由浪迹，天地在盱衡。遠陟三山賦，冥搜二室精。已成黃髮老，不負白雲情。梁苑從飛蓋，洹洲采杜蘅。曳裾稱趙客，携劍入燕京。篇什傾都重，衣冠倒屐迎。千金排友難，六子訂詩盟。風雅臻高調，詞華總大成。因風懷寶樹，擊節賞金聲。幸汝今游晉，慚余未識荆。烟迷漳水闊，天接太行平。鳳彩凌空見，驪珠奪月明。吟筒聊遠寄，文葢憶同傾。青壁看題字，滄浪伴濯纓。登龍期未定，結駟願非輕。儻借尋山屐，相將五岳行。

題鄭鶴庵林皋清尚卷次孔丈韻

梁苑辭榮日，汾亭抱道年。賦成枚叔右，歸在季鷹先。獨占狎鷗渚，躬耕養鶴田。門垂彭澤柳，池種漢陽鯿。不計山中曆，常逃醉裏禪。風流蘭社長，曠達竹林賢。鴝硯臨流洗，龍香帶露研。夙欽三絕筆，爲贈五雲箋。顧我非裴迪，多君即鄭玄。他時覓高蹈，谷口自便便。

哭劉登山僉憲

昔奉天邊詔，歸投潁上簪。冥鴻飛遠漢，倦鳥向幽林。志已終丘壑，名將冠古今。白頭聊玩世，清操不遺金。惟托杯中物，那爲澤畔吟。醉鄉方自適，厄運苦相侵。老去狂猶在，年來病不禁。鳴條收閒氣，蒿里動悲音。邈矣魂游岱，潸然淚滿襟。人龍奄化去，法象竟銷沉。世惜豐年玉，時傷大國琛。山川愁漠漠，風雨晦陰陰。獨起亡琴嘆，遥懸挂劍心。哀君君不見，極目隴雲深。

校勘記

〔一〕"搴"，悠然齋抄本作"攀"。

七言排律詩

元夜答呂岫雲見贈

烟市樊樓結繡薨，香風縹緲雪初晴。九霄鳳吹傳仙樂，五色虹橋接帝京。羅綺隨燈紛照耀，輪蹄夾道競縱橫。冰壺影射長春苑，火樹光搖不夜城。佇看銀花風外閂，聯騎寶馬衆中行。何緣見遇金閨彥，自分相期白首盟。度曲不妨游陸海，傳柑却憶侍承明。青尊交錯狂吞月，綠袖淋浪醉鼓笙。薐蘭聊將酬令節，木桃難以答高情。與君更著飛雲舄，汗漫長歌游太清。

雨晴西樓晚眺寄呂岫雲

獨倚危樓宿雨晴，天開翠壁俯西城。長河影截殘虹斷，極浦光搖返照明。烟樹迷茫漁火暗，風波清淺釣舟橫。馮虛薄靄霑衣濕，卷幔新凉拂座生。遙望碧山懷鳳侶，況依喬木聽鶯聲。百年已作江湖計，四海猶多韋布情。林卧自非焦處士，水游君即孟雲卿。何當共奏清商曲，擬向芳洲采杜蘅。

送毛我山使君入覲

北風縹緲拂雙旌，遠送君侯謁帝京。共仰德華同玉潤，夙知心迹奪冰清。專城久屈調元手，受計長懷濟世英。鶴伴孤琴天上去，珂隨五馬日邊鳴。熊幡已帶風雲色，虎拜應霑雨露榮。幸際漢皇新御極，況多循吏舊知名。直言汲黯才無敵，高卧淮陽政已成。此去定知難借寇，廟堂久矣待持衡。

寄李平石戒庵昆季

　　遙望桐鄉紫氣重，悵然無路覓仙踪。河東自昔稱三鳳，涑水于今卧二龍。春服相將裁薜荔，秋江同涉采芙蓉。機雲聲價誰爭長，靈惠詞華並可宗。自分鹿馴甘放逸，何勞鴞薦及疏慵。年來膽有懷君夢，飛越中條第一峰。

巢雲詩集卷七

五言絕句詩

長安曲

驕馬嘶芳陌，流鶯度狹邪。烟花開萬種，春在五侯家。

相逢行

君將三輔去，我欲五陵游。相逢對尊酒，相贈解吳鉤。

團扇郎二首

歌呈白團扇，泪濕紅粉妝。願流明月影，時時照阿郎。

皎皎白團扇，動搖生清風。阿郎不相棄，願托懷袖中。

子夜四時歌四首

春山空黛色，春水空碧波。王孫去不歸，其奈春草何。

綠窗睡初起，照影臨橫塘。信手摘蓮子，打去雙鴛鴦。

采采芙蓉花，汎汎木蘭舟。恨殺秋江水，不將雙鯉浮。

隴頭雪晴時，梅花開滿枝。欲寄不知處，天涯空爾思。

自君之出矣三首

自君之出矣，日上望夫臺。隻身將化石，存心不成灰。

自君之出矣，春去復秋深。心馳雲外樹，泪灑月中砧。

自君之出矣，夜夜獨含悲。將身化明月，隨君君不知。

白鼻騧

翩翩白鼻騧，晚出狹邪路。鳴鞭過酒家，調笑當壚婦。

月下獨酌

月下獨傾杯，自歌還自和。白雲滿地流，伴我蒼苔臥。

雨懷二首

孤館對疏燈，客懷轉寥廓。欹枕不成眠，夜雨瀟瀟落。

南國佳人杳，西風別思深。不堪長夜裏，蟋蟀雨中吟。

山居雜興四首

卜山方結廬，未許高軒過。竟日不開關，恐踏蒼苔破。

雨過夕陽時，山光翠如削。空外忽聞聲，飛泉洞口落。

朝來中酒眠，日午眠方醒。愛爾石林僧，敲門獻春茗。

物外寄高踪，山中成淨業。一秋賸得詩，書遍芭蕉葉。

清溪八景

龍隱山

層巒淩紫翠，峭壁削芙蓉。雲氣何常濕，山中有臥龍。

萬松嶺

種子成松林，蒼然秀冬嶺。風傳萬壑聲，付與陶弘景。

八仙臺

望仙臨高臺，紫氣徹晴昊。時有八公來，爲君授鴻寶。

雲根洞

鑿石開洞天，雲生洞深處。飛去復飛來，相戀幽人住。

浴景池

方塘開一畝，風動清漣漪。夕陽凌倒景，宛若在咸池。

勝覽亭

山回碧雲合，亭敞翠微空。萬象浮春氣，都歸玄覽中。

煉丹所

窈窕紫霞居，一塵飛不到。中有雙玄猿，時時守丹竈。

欄柯處

玄圃烟霞勝，仙家歲月遲。山花幾開落，不盡一枰碁。

林皋五姓湖上四咏

學釣臺

築臺學垂釣，生計未全疏。日日弄烟水，取適非取魚。

魚市

沽酒石邊橋，賣魚沙上市。愛爾往來人，各有江湖思。

蘆花浦

寒蘆雪作花，迷却木蘭槳。月明没處尋，試聽漁歌響。

荷花灣

綠水出新荷，花開簇雲錦。何當借碧筩，滿注流霞飲。

吕岫雲別業四首

花下倒青尊，臨風如意舞。但醉碧桃春，不知紅日午。
柴門臨水開，苔石淨于掃。溪上雨晴時，相期踏春草。
獨眠花竹陰，雷息驚飛鳥。枕簟受香風，夢回山月小。
一春不啓關，滿徑堆香絮。開簾放燕飛，自來還自去。

題金蘭社十二事

群雅堂

吟社結金蘭，信是同心者。勿以日群居，相期振大雅。

剪雪亭

誰剪澄江練，都成白雪飛。郢客翻爲曲，歌餘和者稀。

留雲洞

雲愛洞天幽，我愛白雲住。雲閑我亦閑，相留不歸去。

嘯月臺

高臺遠眺空，長嘯清輝發。欲招天上人，共噇杯中月。

藥徑

蔣氏開三徑，今歸鄭子真。不知羊仲輩，曾見廣陵春。

蔬圃

開畦種野蔬，欲借鄭之圃。抱甕不辭勞，何如漢陰父。

翠筠窗

翠洒千竿竹，涼生六月秋。朅來窗下臥，夢入瀟湘游。

梧井

我本灌園人，渴來汲丹井。銀牀月上時，披拂梧桐影。

憩客軒

茅檐滴寒翠，竹牖生虛白。憩久令人清，不知身是客。

栖真館

古壁挂龍精，閑堦印鶴迹。日與紫陽君，相將煮白石。

鏡池

芳池肖鏡開，風浪何曾起。鑒此平生心，泠然湛秋水。

金石亭

天垂象緯文，雲護龜龍字。虛亭四面開，勝迹千年志。

秋懷

秋入千峰翠，霜酣萬木紅。一聲江浦雁，離思浩無窮。

秋夜獨酌

秋夜疏林坐，露華凝我衣。東山上明月，把酒弄清輝。

登樓

此日聊登嘯，飛樓納晚風。倚闌擡望眼，獨鶴下秋空。

聞砧

別院砧聲急，空閨夜色新。敲殘青隴月，祇爲玉關人。

漁父

白鷺飛秋浦，青山帶夕曛。臨流弄蘆管，吹破滿溪雲。

贈樵者四首

山中有樵者，綠髮芙蓉顏。逢人不作語，心與白雲閑。

笑指赤城隈，移家向此住。長歌帶斧斤，常斫扶桑樹。

薛荔堪爲服，松花可療饑。曉披空翠去，暮挑斜陽歸。

閑酌甕中春，醉臥松下石。野鹿與同游，世人那能識。

留別見送諸君二首

曉出中條境，臨岐酒漫傾。不因今日別，那見故人情。

黃鳥留人語，青山送客還。勞歌須盡醉，去住片時間。

寄　遠

白芷連湘浦，青山隔楚雲。西風獨延佇，無日不思君。

寄遠曲四首

思君在遠道，無語自含悲。桃李開還謝，一春總不知。

曉起臨妝臺，朱顏鏡中朽。妾已多病身，不知郎健否。

春暮思無極，危樓倚斜陽。行人杳何處，烟樹空蒼蒼。

鎮日顰蛾眉，今春愁不淺。和淚折瑤華，殷勤聊寄遠。

寄所知二首

自別天涯遠，誰同月下歌。蒼茫雲樹渺，惆悵奈君何。

寄遠詩頻作，停雲思未休。桃花春放日，還擬武陵游。

賞菊二首

　　諸君携酒至，相約看花來。太真初出浴，爭進紫霞杯。_{醉楊妃。}

　　盈盈苧籮女，何日出吳宫。冶容猶帶酒，無力舞秋風。_{醉西施。}

七言絕句詩

五岳吟五首

東尋海岱扣天門，阿閣重雲護帝孫。自借扶桑懸劍舄，誰鞭赤日照乾坤。

衡陽秋色翠氤氳，南望蒼梧隔楚雲。回首重華招不返，月明瑤瑟怨湘君。

西風控鶴入嵩游，笑折三花插滿頭。願接山中王子晉，玉笙吹斷白雲秋。

西出秦關挹華峰，霓旌縹緲蕩天風。披雲夜宿文仙谷，駕鹿朝尋白帝宮。

日高恒岳玉生輝，百丈玄泉落翠微。擬躡星虹瞻北極，五雲常傍紫宸飛。

塞上曲六首

沙漠秋高雁陣橫，黃雲低繞白登城。將軍按劍紆籌策，欲挽天河洗甲兵。

朔氣淩空海日昏，漢家戎馬似雲屯。天子勿勞頻北顧，捷書早晚獻金門。

草白沙長苜蓿肥，長驅銕馬出金微。單于遙望旌旗影，部落紛紛盡北歸。

秋風瑟瑟馬蕭蕭，怒挽駃弓射皂雕。志在平胡圖報國，敢將功業擬嫖姚。

萬竈羆熊破虜巢，賀蘭山下解弓刀。西風半醉蒲萄酒，臥見轅門月正高。

龍荒漠漠陣雲收，白草黃榆萬里秋。夜半橫戈不成寐，斷鴻飛過鎮邊樓。

少年行三首

白馬乘春綺陌行，金丸還借錦囊盛。經過野橋偏著意，碧桃花外聽流鶯。

白苧輕衫拂曉風，連鑣結伴出城東。黃金買斷青樓月，醉臥胡姬錦帳中。

結客聯騎白鼻䯀，春明門外踏春花。酒酣笑解芙蓉劍，留贈扶風豪士家。

采蓮曲三首

曲曲溪流似若耶，畫船簫鼓是誰家？采蓮少女顏如玉，爭采溪頭并蒂花。

日照荷華疊錦圍，風搖香露濕紅衣。含情轉入花深處[一]，不分鴛鴦作對飛。

十里香風繞鏡塘，盈盈秋水照紅妝。畫船迷入花深處，錯認荷花似阿郎。

曉渡汾水橋有懷孔丈

曉雲紅映萬山遙，汾水秋風渡石橋。回首西河增悵惘，蒹葭白露冷瀟瀟。

汾上夜歸

一蒿烟水碧潺湲，幾片秋雲度遠山。最愛白蘋洲上月，夜深常送釣舟還。

春　宵

春宵爛醉紫霞觴，誤入仙人紫翠房。睡起開窗看明月，滿身披拂杏花香。

春游曲四首

拂曉鳴鞭度狹斜，一春長醉杜陵花。千金不惜揮于土，興在胡姬賣酒家。

元夜相邀集五陵，春風香散綺羅層。玉人爭妬千門月，寶鈿能欺萬樹燈。

十二重樓醉玉醪，倚闌笑拍董妖嬈。樓頭明月窺歌扇，樓下垂楊學舞腰。

鳳城歌吹遏雲回，夾道烟花萬種開。花外香風携滿袖，玉銜騎馬過章臺。

秋　夜

草堂獨臥冷瀟瀟，酒醒燈殘夜轉迢。何事秋聲驚客思，小窗風雨戰芭蕉。

秋　思

西風江上倚危樓，兩岸芙蓉一色秋。烟水茫茫雲樹渺，知他何處纜歸舟。

九　日

四野蒼茫暮雨收，西山爽氣襲重樓。故園凝望堪惆悵，紅葉黃花各自秋。

題留雲洞壁

洞天窈窕白雲深，舒卷元無出岫心。何事長年留不去，祇應相伴臥龍吟。

白龍洞

坐倚丹爐對碧峰，海雲斜挂洞門松。道人夜弄穿雲笛，驚起寒潭雙白龍。

寄白龍洞

蘿月松風滿洞天，石牀人伴白雲眠。夜深忽作淩虛夢，飛入鴻蒙萬里烟。

宴珂山彩雲洞賞桃花

洞天春暖碧桃開，風引花香撲酒杯。莫道主人不盡醉，雙雙舞燕爲誰來？

夜集珂山洞中

重重花影護青苔，冰簟涼生石洞開。坐愛月華明似練，玉笙吹引鳳凰來。

下休糧山憩興唐寺

踏磴扳蘿路轉通，滿空雲氣鬱蔥蔥。夜深坐嘯諸天上，鶴夢驚回月正中。

説法臺

招尋白社來山境，披拂清風坐石臺。萬法已空人竟杳，惟餘鳥迹印蒼苔。

龍子祠雜歌四首

雲水鄉中駐紫鸞，清音亭外倚高寒。如何水泛桃花色，萬樹霜凝木葉丹。

西山秋色錦成堆，碧樹蒼雲入望來。更愛沙邊雙白鳥，翩翩舞送掌中杯。

披雲曾作望仙游，葉落空山幾度秋。雞犬無聲人不見，丹房深鎖白雲流。

白石灘頭弄月光，夜深無賴水風凉。凌波仙子深相愛，爲剪芙蓉補舊裳。

還　家

烟柳青青烟草菲，青春相伴故園歸。東風似識幽人意，爲掃溪邊舊石磯。

訪道人不值

碧草萋萋滿徑新，重來不見步虛人。洞門深鎖山雲冷，落盡桃花二月春。

漁父詞

碧波春水白鷗汀，長日扁舟傍柳停。獨酌瓦甌篷底醉，一聲款〔二〕乃暮山青。

送人游浙中

萬樹桃花江上開，赤城霞氣護天台。憑君歷遍東南境，袖得龍湫雁蕩來。

暮春懷寄舊游十首集句

遠別悠悠白髮新，耿湋。故園猶得見殘春。杜甫。真成獨坐空搔首，高適。風起楊花愁殺人。李益。

春城無處不飛花，韓翃。獨自憑闌到日斜。劉得仁。惟有別時今不忘，杜牧。烟籠寒水月籠沙。李商隱。

白衣顦顇更離群，許渾。雁過汀洲不可聞。皇甫冉。莫怪臨風倍惆悵，溫庭筠。落花飛絮正紛紛。鄭谷。

石路無塵竹徑開，溫庭筠。滿山寒葉雨聲來。劉滄。何當共剪西窗燭，李商隱。一曲雜歌酒一杯。許渾。

天涯此別恨無窮，劉長卿。多少樓臺烟雨中。杜牧。無那楊花起愁思，李頻。但將懷抱醉春風。朱灣。

雲樹連天阻笑歌，張謂。空令歲月易蹉跎。李頎。相思相見知何日，李白。怨入東風芳草多。劉滄。

水國春寒陰復晴，劉長卿。烟花零落過清明。崔魯。思君獨步華庭月，賈至。一曲哀歌白髮生。李群玉。

檐前片雨滴春苔，郎士元。僚倒新停濁酒杯。杜甫。別恨轉添何處寫，李端。一彈瑤瑟自成哀。劉滄。

夜思千重戀舊游，李端。寂寥燈下不勝愁。陳羽。何時最是思君處，元稹。長笛一聲人倚樓。趙嘏。

寂寞山窗掩白雲，權德輿。獨悲孤鶴在人羣。皇甫曾。眼前所寄選何物？杜甫。惟有松枝可寄君。盧綸。

西樓晚眺有懷四首集句

春風回首仲宣樓，杜甫。草暖沙長望去舟。李羣玉。獨倚闌干意難寫，崔魯。碧天無際水空流。冷朝陽。

高樓獨上思依依，皇甫冉。晴日東馳雁北飛。高適。時憶故交那得見，韋應物。白雲芳草與心違。司空曙。

鶯聲不散柳含烟，包何。風景依稀似去年。趙嘏。別後依依寒食裏，韓翃。西樓望月幾回圓。韋應物。

城上高樓接大荒，柳宗元。青山重疊樹蒼蒼。姚合。不堪吟罷東回首，來鵬。月落猿啼欲斷腸。孟浩然。

寄遠二首

紅葉蕭蕭萬樹秋，美人遙隔大河洲。昨宵賸有停雲思，夢繞浦東鸛雀樓。

美人一別又經秋，烟水迷茫杜若洲。開到梅花君不見，暗香零落水西樓。

美人圖

惜春長日倚闌干，斜抱琵琶不忍彈。獨向東風寂無語，一簾紅雨杏花寒。

見 雁

西風搖落雁爲羣，一字排空夜度汾。欲草尺書將附爾，可能飛寄洞庭君。

聞　砧

霜風淅淅月華陰，萬戶秋聲起暮砧。多少天涯羈旅客，一宵應碎故鄉心。

枕上聞簫二首

爐烟縹緲竹風清，湘簟疏簾卧晚晴。客夢欲成渾又覺，誰家玉管弄秋聲。

山房寂寂夜漫漫，風遞簫聲韻彩鸞。腸斷玉人無覓處，半窗明月照闌干。

呂岫雲別業賞花四首集句

雨歇南山積翠來，王維。兩人對酌山花開。李白。眼看春色如流水，崔惠。直取流鶯送酒杯。郎士元。

蒲〔三〕萄美酒夜光杯，王翰。花裏逢君醉一回。韋應物。爲報習家多置酒，盧中集。林花不待曉風開。王維。

花源忽傍竹陰開，郎士元。萬竹青青照客杯。杜甫。能向花中幾回醉，崔敏童。留連不畏夕陽催。郎士元。

花園四望錦屏開，李適。遠水長穿綠樹來。趙嘏。欲待主人林上月，郎士元。隔籬呼取盡餘杯。杜甫。

賞　花

萬種春花倚靚妝，花前歌笑引杯長。醉來席地眠芳草，一枕梨雲入夢香。

賞　菊

幾種黃花傍石臺，曉含秋色帶霜開。西風不是無情物，解送幽香入酒杯。

宮怨四首

愁眉鎖黛鬢飛蓬，自惜鉛華落鏡中。腸斷東風無限思，年年春在上陽宮。

寶殿凉生午夜分，蛾眉猶自泣羅裙。鑾輿又幸平陽第，縹緲歌聲駐彩雲。

月暗瓊樓罷鳳簫，凭闌幾度欲魂銷。誰言牛女東西隔，猶得年年度鵲橋。

雪擁深宮畫不開，玉容寂寞懶妝梅。夜來聞道長楊獵，誰薦君王萬壽杯。

校勘記

〔一〕“含情轉入花深處”，悠然齋抄本作“生憎菡萏連枝發”。

〔二〕“欵”，應作“欸”。

〔三〕“蒲”，悠然齋抄本作“葡”。

巢雲詩集後序

　　辛巳，余濫竽平校，偶讀山人詩，勁麗而有餘韻，清婉而諧典，則乃嘆曰："飀飀乎！太古之遺響也！"既而造山人之廬，目厭容，瑩然溫；耳厭譚，淵然粹；稽厭履，脩然舉，矞然蛻。復嘆曰："卓卓乎明世之逸民也！"

　　以此獲與山人爲莫逆游。每質疑問奇，得習挹其高雅。能使就者神颺，慕者意往，賢者式，不賢者愧且化。間嘗勸之歷覽寰勝，用廓才情，山人深拒之，蓋不欲假游以衒聞也。凡名公鉅卿，折簡招之者，山人輒不往，蓋不欲濡迹以干澤也。由是其養益邃，其學益博，其著述益醇且富。擬諸其人，殆古所謂有德有言之隱君子者耶？抑亦唐孟浩然、宋魏野之儔耶？讀是集者，不專重其詩焉可也。余辱知山人最深，因寄數言於末簡。若夫山人詩學之粹，世系之詳，孔太史、呂中舍二鄉哲備言之矣，茲不復贅。

　　萬曆甲申春，平陽府儒學訓導、上黨張黃裳撰

附：軼詩二首

中岳外史篇壽孔方伯

憶昔外史中岳來，躋攀二室登三臺。高冠岌岌帶長劍，呼吸之氣成風雷。遂令民物歸元化，更布陽春徧草萊。露冕行憐隻鶴伴，盱□時見三花開。坐對三花日清暇，偶逢仙侶浮邱話。大藥相期海上求，初衣遂返山中駕。山中高蹈離塵氛。吸露餐霞望白雲。洞霄烟景真堪咏，朝市喧聲終不聞。朝游汗漫青天上，夜著琳琅玉佩文。外史系出宣聖後，文瀾洙泗傳來久。千機雲錦奪天葩，萬丈寒芒煥星斗。生平自負掞天才，不獨多文更多壽。覽揆此日信非偶，列仙之儒同聚首。海月看成白五盤，汾流釀作青罇酒。我□□秋介壽來，把酒邀月相徘徊。記得明月曾訂約，清光緒照萬年杯。

錄自清康熙《平陽府志》

姑射神人歌壽呂舍人

吾地仙山有姑射，千峰萬峰如列戟。下看倒景插汾流，上逼蒼冥不盈尺。烟霏縹緲洞宮虛，蓮花翠擁神人居。神人綽約元氣鍾，雪爲肌膚冰爲容。箕坐指揮玉如意，盱□攬結青芙蓉。朝飲五華之瑞露，夜吸萬壑之冷風。納交薊子兮調笑韓，傲睨乾坤發長嘯。乘彼白雲兮御飛龍，物外周游不計歲。今來玩此熙明世，援毫吐天葩拂劍。引霞袂，看花醉，領曲江春，走馬踏徧長安地。手捫日月扣閶闔，直至九霄謁上帝。匪時曾獻萬言書，自負平生在康濟。不獨堪追稷契踪，欲將力返唐虞治。惜與時違不見用，其如四海蒼生痛。紫薇蚤謝鳳凰池，黃金迅脫驊騮鞚。歸來還臥山中雲，優游日與猿鶴群。或尋五岳三芝秀，或草琅函玉笈文。久擬潛光闕石室，縱有蒲論徵不出。駐世何須太乙丹，結髮已受長生術。況君霞舉□仙才，甲子今周第一回。天開元圃迎霄駕，河□黃流作□杯。儻許山人陪几杖，永真同步金銀臺。

録自清康熙《平陽府志》